복음주의 역사 시리즈 5

복음주의 세계확산

빌리 그레이엄과 존 스토트의 시대

브라이언 스탠리 지음
이 재 근 옮김

기독교문서선교회

기독교문서선교회(Christian Literature Crusade: 약칭 **CLC**)는
1941년 영국 콜체스터에서 켄 아담스에 의해 시작되었으며
국제 본부는 영국의 쉐필드에 있습니다.
국제 CLC는 59개 나라에서 180개의 본부를 두고, 약 650여 명의
선교사들이 이동도서차량 40대를 이용하여 문서 보급에 힘쓰고 있으며
이메일 주문을 통해 130여 국으로 책을 공급하고 있습니다.
한국 CLC는 청교도적 복음주의 신학과 신앙서적을 출판하는
문서선교기관으로서, 한 영혼이라도 구원되길 소망하면서
주님이 오시는 그날까지 최선을 다할 것입니다.

The Global Diffusion of Evangelicalism
The Age of Billy Graham and John Stott

Written by
Brian Stanley

Translated by
Jaekeun Lee

Copyright © 2013 by Brian Stanley

Originally published in English under the title of
The Global Diffusion of Evangelicalism
by Inter-Varsity Press,
Translated and used by the permission of Inter-Varsity Press
Norton Street, Nottingham NG7 3HR, England

All rights reserved.

Korean Edition
Copyright © 2014 by Christian Literature Crusade
Seoul, Korea

추천사 1

황대우 박사
고신대학교 교회사 교수

복음주의에 대한 최근의 가장 주목받는 역작이 『복음주의 세계확산: 빌리 그레이엄과 존 스토트의 시대』라는 제목으로 번역 소개된다는 고무적인 소식을 접하고 기쁜 마음으로 독자들에게 일독을 강력히 추천한다. 일독을 강권하는 이유는 네 가지 정도로 요약할 수 있다.

첫 번째 이유는 이 책이 "세계기독교"(World Christianity) 연구의 전문가이며 명망 있는 대가인 에든버러대학 브라이언 스탠리(Brian Stanley) 교수의 대표적인 저술이기 때문이다. 스탠리 교수는 확실히 현대 복음주의 연구의 대가들 가운데 한 명이다. 복음주의라는 용어를 분석하고 분류하기가 꽤 곤혹스러운 것임에도 불구하고, 영미 계통의 영어 사용권을 중심으로 현대 복음주의가 어떻게 진행되어 왔는지 그 자신의 관점으로 일목요연하게 설명하고 있다.

두 번째 이유는 이 책의 내용을 가장 잘 이해하고 있는 젊은 한국 신학자 이재근 박사께서 이것을 번역했다는 사실 때문이다. 역자는 복음주의에 관한 전문서적들을 이미 여러 권 번역 소개한 전력뿐만 아니라, 영국

에든버러대학에서 저자에게 직접 사사 받으면서 공부했기 때문에 이 책 번역을 위해 그보다 더 탁월한 전문가를 찾기란 상당히 어려울 것이다. 이재근 교수는 전문가답게 "번역 일러두기"를 통해 번역 원칙뿐만 아니라, 비슷한 용어 사용에 대한 오해를 방지하기 위해 용어해설까지도 친절하게 제시하는데, 본문에서도 필요한 경우 "역주"를 달아 독자가 내용을 더 잘 숙지할 수 있도록 한다.

　세 번째 이유는 책의 백미라 할 수 있는 인명과 지명, 그리고 전문용어에 대한 색인이 책 말미에 첨부되어 있기 때문이다. 한글 번역서 가운데 색인을 달고 출판되는 책들은 그렇게 많지 않다. 영어로 저술된 신학 전문 학술서들의 거의 대부분에 색인이 달려있는데, 한글 번역서는 그 색인을 생략하고 출판되는 경우가 많다. 이런 전문번역서의 실태를 감안하면 이 책이 수고로운 색인을 제공하고 있다는 것은 큰 장점이 아닐 수 없다.

　네 번째 이유는 이 책의 내용에 있다. 이 책은 주로 제2차 세계대전 이후부터 최근까지 복음주의 역사와 흐름을 상세하게 관찰하고 분석한 전문서적이다. 그래서 때론 수많은 생소한 인물과 기구의 소개 및 특수 상황에 대한 상세한 설명 때문에 어렵거나 친숙하지 않게 느껴질 수도 있다. 하지만 반대로 생각하면 이것은 이 책의 큰 장점이다. 왜냐하면 그만큼 정밀하고 정확하게 연구한 결과물이라는 반증이기 때문이다.

　본서는 복음주의 확산이 20세기 신생 선교운동과 선교협회 및 세계적인 복음주의 전도집회 등과 밀접하게 연결되어 있다는 사실을 지적한다. 또한 본서가 5장에서 여러 현대 복음주의 변증학의 대표자들을 설명하는데, 코넬리우스 반틸을 칼뱅주의의 합리적 변증가로, 에드워드 카넬을 정통신학 변호자로, 칼 헨리를 계시 지향 변증가로, 프란시스 쉐퍼를 세속 문화에 대한 복음주의 심문관으로, 엘빈 플란팅가를 복음주의 철학자로, 레슬리 뉴비긴을 서구 문화에 파송된 선교사로, C. S. 루이스를 기독교적 상상력의 사도로 소개하는 것도 인상적이다. 그리고 6장에서는 로잔대회를 집중적으로 조명하고 있다.

끝으로, 독자들은 이 책을 통해 복음주의가 오순절운동과 은사주의운동까지도 포함할 정도로 상당히 광범위하고 포괄적인 용어라는 사실을 다시 한 번 확인하게 될 것이다. 그래서 저자는 현재 진행형인 복음주의의 세계적 확대와 확산이 다양한 내적 갈등으로 인해 자칫 복음주의의 붕괴로 귀결될 가능성에 대해 우려하면서 본서를 마무리한 것인지도 모른다.

추천사 2

김선일 박사
웨스트민스터신학대학원대학교 실천신학 교수

　경험적으로 정말 좋은 책들의 공통적 특징이 있다. 한 번 손에 잡으면 다 읽을 때까지 손을 뗄 수 없게 만든다는 점이다. 이 책이 그랬다. 나는 『복음주의 세계확산』을 펴고서는 단숨에 다 읽었다. 첫 페이지를 펼 때는 끝까지 읽을 요량은 아니었는데도, 그냥 자석에 이끌리듯 책에 끌려갔다. 나는 역사신학을 전공하지도 않았고, 시시콜콜한 역사적 서술을 탐독하는 스타일은 더더욱 아니다. 그럼에도 나로 하여금 이 책에 몰입하게 한 것은 바로 내 신학과 소명의 기억, 이야기, 그리고 전통을 다루기 때문이었다.

　이 책은 영미권의 복음주의 신앙 운동이 20세기 이후 어떻게 세계적인 차원의 운동으로 확산되었는가를 상세하고 객관적으로 풀어간다. 19세기와 20세기 초반까지 자유주의 신학의 맹위 앞에 초라해졌던 복음주의자들은 20세기 초반 이후로 신학적 전열을 정비하면서 신학과 사회윤리, 선교, 성경해석, 변증의 각 영역에서 다양하게 발전하기 시작했다. 저자인 브라이언 스탠리는 20세기 복음주의 운동이 미국의 빌리 그레이엄과 영국의 존 스토트라는 양대 기반을 중심으로 영어권을 벗어나 어떻게 라틴아메리카와 아프리카, 아시아 지역에서 꽃 피웠는지를 생생하게 묘사한다.

이 책은 건조하거나 추상적으로만 전개되지 않는다. 이름만 들어도 설레게 하는 빌리 그레이엄, 존 스토트, 마틴 로이드 존스, 제임스 패커, 프란시스 쉐퍼, 레슬리 뉴비긴, C. S. 루이스, F. F. 브루스, 코넬리우스 반틸 등과 같은 20세기 복음주의 운동의 리더들, 혹은 이 운동에 심오한 영향을 준 이들(뉴비긴과 루이스의 경우)과 관련된 감칠맛 나는 이야기들이 풍성하다. 신학은 교회와 신앙에 기여해야 한다는 가치 지향적 속성 때문에, 종종 해석과 판단이 관찰과 사실보다 과잉 개입되는 경우가 많다. 아마도 충실한 역사학도의 소임은 가급적 있는 그대로의 상황을 발굴하고 전달하는 일이 아닐까 싶다. 신학적 선명성을 중시하는 이들은 복음주의 운동의 '혼합주의적 성향'을 의심하기도 한다. 심지어는 복음주의를 아예 불온하게 취급하는 과격한 순결주의자들도 있다. 그러나 이 책은 복음주의의 노선을 놓고 서로 비판하며 입장을 달리했던 이들 대부분이 복음주의적 경건이라는 모체로부터 서로 협력하거나 논쟁하면서 분화되었음을 보여 준다. 서로의 이질성 부각을 통해 자신의 차별적 존재감을 확인하는 것도 필요하겠지만, 서로의 가족적 유사성을 겸손히 인정하는 것도 선민 의식적 교만에 빠지지 않도록 우리를 지켜주는 장치가 될 것이다.

최근 한국의 젊은 그리스도인들과 신학도들 사이에서 신앙 전통의 정체성에 대한 문제 제기가 활발하게 일어났다. 한 마디로 "복음주의자인 우리는 누구인가?"하는 질문이다. 사실 한국교회의 신앙지형을 평가하자면, 소속 교단의 신학과 관계없이 거의 대부분의 교인들과 목회자들이 보수적 입장을 견지한다 해도 과언이 아니다. 성경해석만 보수적일 뿐 아니라, 각종 사회 문제들에서도 세상의 보수적 노선을 그대로, 심지어는 공격적으로 추종하고 있다. 견고한 복음적 신앙의 풍토에서 자란 이들이 사회 현실의 모순과 직면해서 자기들의 신앙 전통이 지닌 협소함과 완고함에 적잖

이 고민하는 모습을 보인다. 이 책은 역사적 자료에 근거한 현대 복음주의 운동의 확장성과 포괄성을 소개하며 그러한 고민과 질문에 대한 해답의 실마리를 제공할 것이다. 또는 복음주의를 소수의 지엽적 신앙 운동으로 애써 축소하고 무시하는 견해도 있다. 특히 일반대학교나 주류교단에 속한 이들에게서 이러한 자세를 종종 엿볼 수 있는데, 이 책은 그러한 시선이 얼마나 무모한 편견인지를 보여주며, 그러한 태도를 교정하기에 충분한 자료들로 넘친다. 더군다나 저자가 복음주의 신학교 안에서 자기 진영을 옹호하는 자가 아니라, 세계기독교 연구에 관한한 최고의 권위를 지닌 스코틀랜드 에든버러대학의 교수라는 점이 더욱 객관적인 신뢰감을 준다.

번역서의 경우, 원 저자가 아무리 학문적 권위를 지니고 있다 하더라도 정확한 번역으로 중개되지 않으면 그 의미가 반감되거나, 아예 전달되지 못하는 경우도 많다. 이 책의 한글 번역은 그러한 우려를 상쇄하고도 남을 만큼 탁월한 전문성이 돋보인다. 역자인 이재근 박사는 저자 브라이언 스탠리를 사사하고 현대 복음주의 운동을 철저하게 진단하고 분석할 수 있는 독보적인 역사신학자다. 그러기에 이 책의 한글 번역본이 독자들에게 가져다 줄 즐거움은 한층 더 풍성해질 것이다.

추천사 3

김병규 목사
전 새물결플러스 편집장/라비블 본부장

    출판사에 근무하면서 미국 IVP 출판사에서 다섯 권으로 된 복음주의 역사를 개괄하는 시리즈를 기획한다는 소식을 들었을 때부터 가졌던 기대와 계약하지 못한 아쉬움이 이제 기쁨으로 변하고 있다. 아직 원서가 출간되지 않은 제4권을 제외하면, 그 나머지 책들이 모두 번역되어 복음주의의 역사를 개괄할 수 있게 되었기 때문이다. 그 중에서도 이번 제5권은 특별히 의미가 있다. 20세기 후반, 곧 우리시대의 복음주의의 형성과 전개를 전세계적 관점에서 그려주는 까닭에 그렇다. 여기서 주목할 부분은, '20세기 후반', '복음주의의 형성과 전개', '전세계적 관점'이다. 그 시기에 있어서는 1950년대를 전후해서 현재까지를 다루고, 그 주제에 있어서는 오늘날 느슨하지만 일상적으로 사용하는 '복음주의'가 어떻게 자리매김하게 되었는지를 살피며, 그 지역성에 있어서는 미국(빌리 그레이엄)과 영국(존 스토트), 그리고 대다수 세계(세계 확산)에서의 복음주의의 역사를 고찰한다. 그런데 이 책은 '복음주의'라고 하는 대단히 광범위한 주제가 그 시기나 지역에 있어서 매우 촘촘하게 엮여 있음을 보여줌으로써, 그 시대를 살았음에도 불구하고 그 특징들과 전개 양상을 제대로 파악하지 못했던 동시대인들에게 그 윤곽을 소상히 그려주고 있다. 이를 통해서 복음주의가 고정된 정의가 있지 않았으며, 특히 북미에서는 논쟁 가운데 정체성을 찾아가는 과정이 중요한 역할을 했고, 복음주의권의 주요 인물들 및 운동과 밀접한 관계가 있음을 확실히 보여준다.

그렇다면 복음주의는 이처럼 확산되고 발전하는 양상만 가진 것일까? 이 질문에 대한 답을 제시함에 있어서 브라이언 스탠리는 뛰어난 역사가로서의 공정함을 우리에게 보여준다. 말하자면, 저자의 입장은 독자들이 (이안 머리로 대표되는) 보수적인 개혁주의 입장에서 본 부정적 의미의 복음주의 전망과 (알리스터 맥그라스로 대표되는) 기독교의 미래로 불리는 낙관적 입장의 복음주의 전망 사이에서 균형을 잡을 수 있도록 역사가로서 접근하고 있는 것이다. 그래서 그는 제5장에서부터 8장에 이르기까지 복음주의 안에 여전히 도전과 갈등 요소가 존재하고 있음을 다루면서 다양성과 변화가능성이라는 장점을 지닌 복음주의가 여전히 확산과 분열의 기로에 서있음을 잘 지적하고 있다. 본서를 읽으면서 저자가 지닌 역사가로서의 공정함을 확인한 것은 마틴 로이드 존스와 존 스토트의 결별을 다루는 부분과 오순절 운동을 다루는 부분이었다. 또한 학자로서의 성실함은 그가 다루고 있는 최근의 문헌들을 통해 알 수 있는데, 이 책의 원서가 출간되기 바로 직전까지 입수할 수 있었던 주요 자료들을 저자가 모두 참고했다는 데서 확인할 수 있다.

사실 개신교인으로서 역사적 서술 작업을 할 때, 자신이 가진 신학적 입장을 은연중에 반영할 수밖에 없다. 그런데 브라이언 스탠리는 그 점에 있어서 철저하게 훈련된 '역사가'로서의 면모를 유감없이 보여주고 있다는 점에서, 이 책을 읽고 나서 저자에 대해 감탄하지 않을 수 없었다. 마크 놀이나 조지 마스덴 같은 역사가들이 우리에게 준 유익이 얼마나 큰가 생각해보면 금방 이해가 될 것이다. 더욱이 미국쪽에서 연구하는 이들과 영국에서 연구하는 이들로부터 얻을 수 있는 유익이 어느 정도 다를 수밖에 없으므로 저자의 이 책은 더욱 값지다. 이런 면모는 그가 영국복음주의를 다룰 때 두드러지며, 그가 대다수 세계 기독교 (선교) 역사에 전문가라는 것도 이 책의 구성과 기술을 통해 금새 확인하게 된다. 그래서 이 책은 분량에 있어서나 그 관심도에 있어서 미국과 영국, 대다수 세계 간에 균형을 잘 잡아줌으로써 북미 일변도의 논의에서 벗어날 수 있게 해준다.

학자와 교수로서 학계에서 활동하는 다른 추천자들과 달리 출판계에 관여하는 이로서 이 책에서 얻을 수 있는 유익은 남다르다. 현대 복음주의 역사는 복음주의의 주요 인물들과 사건들, 그리고 그들의 영향력이 확대되어 가는 과정 가운데 문서 운동의 양상이 주가 되어 나타나기 때문이다. 그래서 신학생들과 목회자들뿐만 아니라 개신교 출판계에서 일하고자 하는 이들이라면 이 책을 반드시 읽어야 지금 우리가 서있는 지점이 보인다. 신학생과 목회자들, 그리고 성서학자들이라면 이 책을 통해 어떻게 (특히 북미) 복음주의 성서학계가 안정적인 학문성을 갖추게 되었는지를 확인할 수 있고, 왜 여전히 영국이 성서학계에서 여전히 저력을 지니고 있는지도 간접적으로 확인할 수 있다. 물론 기독교회의 역사라는 측면에서 볼 때, 그리스도인이라면 누구나 이 책을 통해 큰 유익을 얻을 수 있음은 말할 필요도 없겠다.

이 책을 읽고서 이렇게 뛰어난 역사가를 스승으로 둔 역자 이재근 박사가 부러워졌다. 좋은 스승에게서 배운 신진 교회사가에게서 앞으로 어떤 연구성과들이 나올지 기대된다. 무엇보다 그토록 버거운 박사과정 중에도 개신교계를 위해 번역가로서 애쓴 모습을 기억하고 있고, 또 개신교 출판계에서 번역서, 그것도 수많은 인명과 지명, 단체명으로 가득한 역사책을 낸다는 것이 어떤 의미인지 알기에, 역자의 수고에 진심으로 감사하며 이 책을 추천하고 싶다.

  수많은 장점으로 빛나는 책이지만 한 가지 약간 아쉬운 점도 있다. CCM을 다루는 부분에 있어서 독자들이 느끼기에는 약간 피상적으로 보일 수 있겠다 싶을 정도로 자세히 다뤄지지 않은 부분이 있다는 점 정도? 하지만 그런 아쉬움은 성서학자였던 마크 포웰이 예전에 CCM 백과사전을 냈던 걸 기억하며 여유로운 웃음으로 이해하고 넘어가도 좋을 듯하다.

한국어판 서문

　내가 최근 저술한 책의 짧은 한국어판 서문을 써 달라는 요청을 받은 것은 엄청난 기쁨이자 특권이었다. 이 책은 한국에 대해서는 두 군데서만 언급하고 있는데다, 그 중 양이 어느 정도 되는 것은 한 군데 뿐이다. 1973년에 서울에서 열린 빌리 그레이엄 전도 집회에 대한 이야기인데, 이 집회는 기독교 역사상 가장 많은 사람, 즉 약 100만 명 이상의 군중이 모인 기독교 집회로 기록에 남았다. 책의 전체 이야기에서 한국에 대한 언급이 별로 없는 유일한 이유는 이 책이 복음주의의 전 세계 역사를 다루는 것이 아니라 영어권 세계 복음주의 기독교 역사를 기술하기 위해 헌정된 다섯 권짜리 시리즈 중 하나이기 때문이다. 책의 원래 의도가 세계 모든 지역을 다루는 것이었다면 한국인 지도자 한 사람의 이름이 빌리 그레이엄이나 존 스토트의 이름처럼 아예 소제목을 가진 한 장이나 단락에 추가될 수 있었을 것이다. 1945년부터 2000년까지 기간은 정말로 한국 복음주의 기독교가 세계기독교의 주도적 세력으로 부상한 시기였다. 한국 대형교회들이 새로운 유형의 교회생활과 지도력을 개척하고 발전시킨 것과 같은 시기에, 한국 선교사들은 거의 전적으로 유럽과 북미가 주도하던 사업이었던 기독교 선교를 모든 대륙에서 영향을 서로 주고받는 운동으로 탈바꿈시킨 대변혁을 가장 눈에 띄게 대표한 주역으로 등장했다.

시리즈가 다루는 범위 제한에도 불구하고, 이 책은 필연적으로 시리즈에 속한 다른 책 네 권보다는 다루는 범위가 지리적으로 훨씬 넓을 수밖에 없다. 첫 장에서 설명하듯이, 1945년 이후 시기는 유럽과 북미에서 기원한 복음주의 전통들이 전 세계로 확산된 것이 큰 특징이다. 이는 서구 신학 전통이 단순히 전달되고 복제된 이야기가 아니라, 이 전통이 현지의 토착 영향들과 다방면에 걸쳐 적응, 재해석, 수정, 융합된 과정을 보여주는 훨씬 복잡한 이야기다. 현대 세계기독교 역사에 대한 이런 관점은 UCLA의 옥성득 교수가 최근에 개진한 한국 개신교역사에 대한 해석과 일맥상통한다. 한국 개신교사의 가장 이른 시기에 대한 글을 쓰면서 옥성득 교수는 한국 개신교 전통 형성기를 미국의 종교적 보수주의라는 단일 모델이 한국에 단순히 전달된 것으로 파악하지 않고, 오히려 북미에서 기원한 기독교 전통들과 중국개신교, 한국 전통 토착종교 전통들이 여러 모양으로 융합된 과정이었다고 설명했다. 옥교수의 논지는 내 책의 후반부에서 다루는 내용에도 동일하게 적용 가능하다. 이 책에서 탐구하는 주제들, 즉 부흥 및 전도운동의 번성, 복음주의 신앙의 성경적 토대와 기독교 선교의 의미와 범위를 분석하고 변증하려는 열의, 오순절 유형 기독교의 등장, 교회 지도력 구도에서 여성 역할의 변화 등의 주제는 모두 1945년 이후 시기 한국교회사에도 해당되는 시의적절한 주제들이다. 이런 주제들이 모두 동아시아 기독교 및 토착 종교 전통에서 파생된 영향들이 상호 교차하는 과정에서 탄생하고 형성된 것이기 때문에, 이들이 한국 상황에서 어떻게 생겨나고 어떤 기능을 했는지를 탐구하는 것은 한국인 복음주의 연구자들이 앞으로 수행해야 할 과제로 남아 있다.

브라이언 스탠리
에든버러대학교 신학부
2014년 3월

감사의 글

이 책을 완성하기까지 시간이 너무 많이 걸렸다. 따라서 나는 이 책이 등장할 때까지 아주 오래도록 기꺼이 인내하며 기다려 준 두 명의 시리즈 편집자, 마크 놀(Mark Noll) 교수와 데이비드 베빙턴(David Bebbington) 교수와 IVP의 필립 듀스(Philip Duce)에게 우선 감사를 표해 마땅하다. 마크와 데이비드는 부드러운 격려, 건설적 비판, 단단한 조언의 끊임없는 원천이었기에, 이들에게 빚을 많이 졌다. 이 책이 쓰여지던 초기 단계에서 휘튼컬리지에 다니던 자기 학생 이선 샌더스(Ethan Sanders)를 내 대학원 과정 학생으로 받을 수 있게 해 준 데 대해서도 마크에게 감사를 표한다. 이선은 이후 내 첫 번째 케임브리지대학 대학원 과정 제자가 되었고, 이어서 데릭 피터슨(Derek Peterson)의 제자가 되었다. 미국에서 발간된 정기간행물을 골라내고 편집하는 과정에서 그가 준 도움의 가치는 이루 말할 수 없다. 또 한 명의 대학원 학생 제임스 엔스(James Enns)는 세계대전 후 독일에서 진행된 미국인들의 선교활동에 대한 박사 학위 논문을 통해 전후 개신교 선교 개념들의 발전에 대한 주제가 얼마나 중요한지 내가 깨달을 수 있도록 해 주었다. 이외에도 많은 사람들이 자신들의 지식과 통찰, 기억을 나누어 줌으로써 이 책을 풍성하게 해 주었다. 특히 앤드류 애더스턴, 알리스터 채프먼, 래리 에스크리지, 레이튼 포드, 로버트 포레스트, 존 가투,

팀 그래스, 스티븐 그레고리, 그레이엄 킹스, 피터 라이엄, 브루스 밀른, 쥬디 폴스, 이언 랜달, 로저 셔프를 언급하고 싶다. 나는 나이도 많은 데다 운도 좋아서, 이 책에 등장하는 많은 인물을 개인적으로 알고 있다. 물론 이들 중 일부는 이미 이 세상 사람이 아니다. 살아 있는 사람들 중에는 내가 자신들에 대해 쓴 내용에 동의하지 않는 이들도 있겠지만, 그럼에도 불구하고 나는 그들이 내 삶과 개인 경험, 복음주의 전통에 대한 이해의 여러 단계에서 부지불식간에 내게 제공한 여러 영향에 대해 감사한다.

제6장의 내용 일부가 포함된 논문이 「저널 오브 이클리지애스티컬 히스토리」(*Journal of Ecclesiastical History* 64:3) 2013년 7월호에 따로 출판될 것이다. 그 내용을 더 확장해서 이 책에 실을 수 있도록 허락해 준 편집자들에게 큰 감사를 드린다.

마지막으로, 다함이 없는 지지와 사랑을 늘 보내주는 아내 로지(Rosey)에게 감사를 표하며, 이 책을 아내에게 헌정한다.

역자 서문

　영국 IVP가 미국 IVP와의 협력 하에 2003년부터 펴내고 있는 복음주의 역사 시리즈는 잉글랜드에서 감리교가 탄생하고 미국에서 1차대각성이 일어난 1730년대를 복음주의 태동기로 인식하고, 이 시기부터 새로운 밀레니엄이 시작된 21세기 직전까지 약 300년에 걸친 복음주의세계의 역사 속에서 활약한 주요 인물과 일어난 사건, 등장한 단체, 운동, 사상, 실천을, 때로는 이야기 서술 방식으로, 때로는 주제 분석의 방법으로 일목요연하게 정리한 대형 출판기획이다. 스코틀랜드 스털링대학교의 데이비드 베빙턴(David W. Bebbington)과 미국 노틀담대학교의 마크 놀(Mark A. Noll)이라는 걸출한 두 역사가가 이 시리즈의 총편집자로 위촉되었다. 이 두 사람은 중립성과 객관성을 중시하는 종합대학에서 기독교역사를 연구하는 영국과 미국의 대표 역사가로, 실제로 이 분야에서 학문적 탁월성을 보여준 최고의 학자들로 명성을 떨쳐왔다. 그러나 잘 알려진 대로, 이들은 단지 복음주의를 연구하는 학자(scholars of evangelicalism)로만 유명한 것이 아니라, 스스로 복음주의 신앙을 고백하는 학자(evangelical scholars)로서도, 흔히 학문성의 무덤이라 불리는 복음주의 신앙과, 반대로 성경적 신앙의 무덤이라 불리는 일급 학계의 학문성을 탁월하게 조화시킨 아름다운 모델이 된 인물로도 유명하다. 실제로 신앙고백적 기독교인으로서의 이들의 저술

대부분은 신앙을 갖지 않은 일반 학자들에게도 권위 있는 저작들로 널리 인정을 받으며 광범위하게 인용되기에, 18세기 이후 근현대 영미기독교를 연구하는 학자들은 누구도 이들의 저술을 피해갈 수 없다.

베빙턴과 놀이 다섯 권으로 구성된 이 시리즈를 기획하면서, 자신들에 더하여 저자로 초청한 나머지 세 학자는 각각 잉글랜드 오픈대학교의 존 울프(John Wolffe), 호주 뉴사우스웨일즈대학교의 제프 트렐로어(Geoff Treloar), 스코틀랜드 에든버러대학교의 브라이언 스탠리(Brian Stanley)였다. 이들 세 역사가도 역시 복음주의 신앙을 고백하는 신앙인이면서도 동시에 학문의 객관적 탁월성을 고양시킨 것으로 유명하다. 마크 놀이 쓴 제1권 『복음주의 발흥』(The Rise of Evangelicalism)은 2003년, 제2권인 존 울프의 『복음주의 확장』(The Expansion of Evangelicalism)은 2007년, 데이비드 베빙턴이 쓴 제3권 『복음주의 전성기』(The Dominance of Evangelicalism)은 2005년에, 마지막 제5권인 브라이언 스탠리의 『복음주의 세계확산』(The Global Diffusion of Evangelicalism)은 2013년에 영국과 미국에서 출간되었다. 제프 트렐로어의 제4권 『복음주의 분열』(The Disruption of Evangelicalism)은 아직 출간되지 않았다.

한국에서는 CLC를 통해 제2권이 가장 먼저 2010년에 이재근 박사의 번역으로 『복음주의 확장: 윌버포스, 모어, 차머스, 피니의 시대』라는 제목으로 출간되었고, 이어서 2012년에 제1권과 제3권이 각각 한성진 박사와 채천석 박사의 번역으로 『복음주의 발흥: 에드워즈, 휫필드, 웨슬리의 시대』, 『복음주의 전성기: 스펄전과 무디의 시대』라는 제목으로 번역 출간되었다. 그리고 제2권 『복음주의 확장』을 번역한 이재근 박사의 번역으로, 이번에 본서 브라이언 스탠리의 제5권 『복음주의 세계확산: 빌리 그레이엄과 존 스토트의 시대』가 출간되었다. 앞으로 나올 제프 트렐로어의 제4권도 2권과 5권을 번역한 이재근 박사가 번역할 예정이다.

이미 책이 출간될 때마다 각 권의 저자와 역자는 각 책이 다루는 핵심 내용과 특정 시대, 특정 인물 및 운동, 사상의 독특한 특징에 대한 해설을 서문과 역자서문에 실었다. 그러나 이 다섯 권 시리즈 전체를 관통하는 공통의 관점을 소개할 필요가 있는데, 그것은 대략 다음과 같은 특징을 지닌다.

첫째, 정의하기가 점점 더 어려워지는 '복음주의'라는 용어를 다섯 저자는 데이비드 베빙턴이 그의 고전 『영국의 복음주의: 1739-1980』(Evangelicalism in Modern Britain: A History from the 1730s to the 1980s, 한들, 1998)에서 정의내린 대로, 네 가지 복음주의 핵심요소에 따라 규정하기로 합의했다. '베빙턴의 사각형'이라는 이름으로도 불리는 이 복음주의 정의는 회심주의, 성경주의, 십자가중심주의, 행동주의가 사각형의 네 꼭짓점을 차지하며, 각 특징은 서로 분리되어 개별적으로 존재한다기보다는, 한 요소가 다른 요소의 상호 원인과 결과가 되는 관계, 즉 선으로 서로 연결된 인과 관계로서의 특징을 지닌다.

둘째, 복음주의는 하나의 특정 신학이나 교단 전통을 대변하는 체계가 아니므로, 범위와 한계를 정하는 것이 무척 어렵다는 것이다. 따라서 독자는 각 저자가 그 범위와 한계를 정하는 것이 제각각이라고 판단할 수 있고, 특히 독자가 어떤 특정 전통에 속하여 그 전통의 관점에서 판단할 경우, 저자가 규정한 그 범위가 너무 넓다고, 혹은 너무 좁다고 비판할 수도 있다. 이는 복음주의 발흥 초기부터 발생한 이슈였지만, 시간이 갈수록 복음주의의 범위를 규정하는 것이 점점 더 어려운 작업이 되었음을 보여주는 것으로, 저자들도 빈번히 그 어려움을 토로한다.

셋째, 이 시리즈를 쓴 저자가 모두 신학자가 아니라 역사가라는 사실이 중요하기 때문에, 독자는 이 사실을 염두에 두어야 한다. 이를 염두에 두어야 하는 이유는 한국의 특수한 상황과 관련이 있다. 기독교 역사가 짧고, 기독교세계(Christendom)라는 역사적 현실을 경험한 적이 없는 한국 상황에서는 일반 종합대학 역사학과 소속으로 기독교역사를 전문으로 연구하는 기독교인 역사가의 존재에 대한 인식이 사실상 없다. 따라서 위 다섯 저자 뿐 아니라 조지 마스덴, 네이선 해치, 니콜라스 월터스토프, 앨빈 플란팅가 등, 명문 종합대학이라는 세속 대학에서, 세속 학계에서, 다수가 기독교인이 아닌 학자와 학생을 대상으로 소통하고 가르치고 활동하는 이들 역사가, 또는 철학자가 쓴 글의 논조가 (대체로!) 중립적이고 객관적이고 때로는 냉담하고 비판적이라는 사실에 당혹감을 느끼는 한국인이 많다. 한국에서 이들의 글을 읽는 독자 대부분은 기독교인이며, 더구나 대부분 신학교에서 특정 교파적 배경에 따라 교육을 받은 학자나 학생, 그리고 목회자다. 따라서 이들 한국기독교인은 특정 신학적 내용을 변증하기보다는 역사적 사실과 배경을 부각시키고, 신앙적, 신학적 논증보다는 사회문화적 주제와 배경 탐구에 더 집중하며 판단을 독자 스스로 내리도록 유도하는 역사가의 글을 읽는 것이 낯설다. 한국에서 번역 출간된 위 세 권의 책에 대한 지금껏 나온 서평 다수가 책과 저자의 이런 특징과 의도를 정당하게 인식하지 못했기 때문에, (기독교) '역사' 서적을 (역사) '신학'적으로 읽음으로써 과녁에서 한참 빗나간 비판의 화살을 날렸다. 요컨대, 역사를 신학으로 읽어서도, 역사가를 신학자로 오해해서도 안 된다는 뜻이다.

이 시리즈의 마지막 공통 특징은 다루는 범위의 국제성이다. 영어권 세계의 복음주의라는 표현에서도 나타나듯, 18세기 이후 전 세계를 대상으로 무역과 식민지 확장에 전념한 영국/대영제국의 세계 진출과 복음주의 확장과 확산은 밀접한 관련이 있다. 이 확장은 처음에는 잉글랜드인, 스코틀랜드인, 웨일즈인, 북아일랜드인을 망라하는 영국인이 이민을 통해 미국과 캐나다, 호주, 뉴질랜드, 남아공 등지에 식민지 이민자 공동체를 형성한 것으로 시작되었지만, 이후 식민지 지배를 통해 타민족이 영국 문화권으로 편입된 역사로 연결이 되고, 최종적으로는 선교와 영어라는 매개체를 통해 전 세계에 영미 복음주의 신앙이 이식되는 거대한 흐름으로 발전했다. 이 점에서 초기 단계에서 주로 영국과 북미 간에 이루어진 복음주의 신앙의 상호 교류가 20세기 후반기에는 영미권 복음주의 신앙의 전 세계화라는 현상으로 나타난다는 사실을 주목할 필요가 있다.

본 시리즈 마지막 권 『복음주의 세계확산』은 이런 시리즈 공통의 특징을 큰 변화 없이 그대로 따른다. 세 권이 완성된 후에 이 기존 저서들의 논의를 바탕으로 저술을 시작했기에 큰 흐름을 거스르지 않고 통일성과 연속성에 충실할 수 있는 혜택을 누린 것이다. 그러나 두 차례 세계대전 이후의 복음주의 세계는 그 이전 시기보다 지리적으로, 신학적으로, 문화적으로 훨씬 다양한 복음주의 세계, 즉 지리적으로, 인종적으로 더 세계화되고, 신학적으로, 문화적으로 더 다원화된 복음주의 세계를 다루어야 했기 때문에, 다루는 범위와 주제가 더 복잡하고 다양할 수밖에 없었다.

그러나 스탠리의 이 책이 출간된 후에 나온 다양한 영미권 서평자들의 반응과 본 역서에 실린 세 추천자들의 평가를 통해서도 볼 수 있듯이, 저자 스탠리는 너무도 복잡하고 다양해서, 통일성이라는 것을 찾아내기도 어렵고, 핵심을 짚어내기도 어려울 것 같은 20세기 후반 복음주의 세계를 존 스토트와 빌리 그레이엄 및 여러 핵심인사들의 활동과 네트워크를 중심으로, 선교와 전도, 부흥이라는 실천적 요소, 성서학과 해석학, 변증학이라는 신학적 요소, 성과 성차, 사회참여 및 사회정의라는 윤리적 요소, 그리고 오순절과 은사주의, 세계기독교라는 신기독교운동적 요소의 여러 복잡다단한 구슬을 꼼꼼하게 꿰서 아름다운 목걸이로 주조해 내는 데 성공했다. 이는 복음주의 역사에 대한 방대한 지식에 더하여, 20세기 이후 새로 등장한 세계기독교학, 즉 서구 기독교 선교역사와 비서구 기독교의 등장과 성장을 전문적으로 연구하는 새로운 학문의 전 세계적 수장 중 하나인 저자 브라이언 스탠리의 능력과 명성을 확고히 과시한 것이다.

저자 브라이언 스탠리는 케임브리지대학교 출신의 역사가로, 침례교 평신도다. 베빙턴과 함께 영국 복음주의 역사학계를 이끄는 핵심인사 중 하나로, 실제로 두 사람은 절친한 친구이기도 하다. 베빙턴이 영국과 미국 등 영미권 복음주의 신학, 사회, 정치역사에 주로 연구를 집중하는 데 반해, 스탠리는 학생으로 연구하던 시절부터 연구의 범위가 국내보다는 국외 쪽이었다. 즉, 영국 복음주의 운동의 국내 양상보다 국외 양상, 즉 해외선교운동이 그의 집중 연구 영역이었다. 따라서 그는 오늘날 전반적으로 힘을 잃고 있는 영국 선교역사학계에서 얼마 남지 않는 간판스타로, 앤드류 월스(Andrew Walls)의 뒤를 이어 에든버러대 세계기독교연구소를 이끄는 가장 훌륭한 적임자로 널리 인정받는다. 케임브리지에서 모든 학위를 한 후 영국 복음주의권 대표 신학대학이라 할 수 있는 런던 스퍼전스컬리지와 브리스틀 트리니티컬리지에서 교회사를 가르친 후에, 케임브리지로 돌아가 학생들을 지도하며 헨리마틴선교연구소 소장으로 오래 봉직하다 2009년에 에든버러로 이동했다. 스탠리는 인도 전문가인 로버트 프리켄버그(Robert Frykenberg)와 함께 미국 Eerdmans 출판사에서 발간하고 있는 기독교선교역사 연구(Studies in the History of Christian Missions) 시리즈의 총 편집자이기도 하다. 이 시리즈에서 2009년에 나온 책으로 『1910 에든버러 세계선교사대회 어떻게 볼것인가』(*The World Missionary Conference, Edinburgh* 1910)가 있다. 브라이언 스탠리가 10년에 걸쳐 쓴 이 분야 결정판으로, 2009년에 에든버러 세계선교대회 100주년에 맞추어 출간되고 수상까지 한 역작이다.

필자의 지도교수였던 스탠리는 인격과 학문의 깊이에서 많은 학생과 동료교수, 학자의 큰 칭찬과 존경을 받은 인물로, 신학부에 있는 모든 교수 중 자신이 지도하는 학생들을 가장 많이 만나고, 가장 많은 시간을 들여 꼼꼼하게 글을 읽어주고 조언하는 것으로, 심지어는 석사 과정 학생의

700단어짜리 논문개요도 허투루 넘어가지 않는 것으로도 유명하다. 스승과 제자 관계를 1:1 도제관계로 설정하여 성실함과 꼼꼼함을 생명으로 여기는 영국학계 종사자의 가장 탁월한 모델을 보여주는 인물로, 역자가 박사 과정의 지도교수로 스탠리를 만난 것은 하나님께서 역자에게 주신 인생의 가장 큰 복 중 하나였다고 확신한다. 그러므로 이 작은 역서를 역자를 진정한 학자의 길로 이끌어준 존경하는 스승 스탠리 교수께 헌정한다. 박사 과정의 막바지와 귀국 후 정신 차릴 수 없을 정도로 난제로 가득했던 그 혼돈의 시기에 손을 굳게 붙들고 함께 걸어 준 사랑하는 아내 지영과 두 보물 희원과 유진에게 진심을 담은 사랑을 전한다. 독촉과 요청에 시달리면서도 늘 따뜻한 편지와 웃음으로 격려해 주신 세 편집자 전희정, 백승현, 정희연님께, 출판계의 어려움 속에서도 좋은 책을 과감하게 기획하고 출간해 주신 박영호 대표님께도 깊은 감사를 드린다.

2014년 4월 27일

역자 **이재근**

역자 일러두기

1. 본 번역서는 영국과 미국 IVP에서 2013년에 출판된 영문 원서를 대본으로 사용하였다.

2. 원문에 'England(English)'로 기록된 경우에는 '잉글랜드', 'United Kingdom'과 'Britain'은 '영국,' 'British'는 '영국인, 영국의'로 각각 번역했다. 저자가 'Britain' 대신 'England'로 표현한 경우는 반드시 지리적으로 'Scotland'와 'Wales' 및 'Northern Ireland'를 제외한 영국 제도의 남부/남동부 지역만을 의도한 것이기 때문에, '영국'이라고 번역할 경우 저자의 의도를 놓치게 된다. 언어를 의미하는 경우의 'English'는 '잉글랜드어'라고 하지 않고, 널리 수용된 표현인 '영어'로 옮겼다.

3. 'Anglican Church'는 '성공회'로, 'Church of England'는 '잉글랜드국교회'로 번역했다. 'Church of England'를 주로 '영국국교회'로 번역하지만, 이 교회는 영국 전체의 국교가 아니라 잉글랜드와 웨일즈, 북아일랜드의 국교일 뿐이다. 따라서 '영국국교회'로 번역할 경우 전혀 다른 교회 정치제도와 문화를 보유한 장로교(Church of Scotland)를 독립적으로 국교로 정하고 있는 스코틀랜드 때문에 혼돈과 오류가 생긴다. 이 교단이 미국 및 해외로 진출하면서 교회정치 형태를 따서 정착시킨 이름인 'Episcopal Church'는 모두 '감독교회'로 번역하고 경우에 따라 괄호 안에 역주로 '성

공회'라는 표기를 부가했다.

4. 'Roman Catholic Church'는 한국 가톨릭교회의 공식표기법에 따라, 개신교 일반에서 흔히 쓰이는 '카톨릭'이라는 용어를 지양하고 '로마가톨릭교회'로 번역했다.

5. 인명 및 현지 지명 등은 백과사전 및 영어사전에서 공통으로 표기되는 대로, 사전에 나오지 않는 경우는 현지에서 쓰이는 발음에 가깝게 번역했다. 노르웨이어, 네덜란드어, 프랑스어, 스페인어, 포르투갈어 인명 및 지명은 국립국어원에서 정한 외래어 표기법을 따랐다(http://www.korean.go.kr/09_new/dic/rule/rule_foreign_index.jsp).

6. 도서명은 한국에 번역된 책으로 확인된 경우는 사용된 도서명을 그대로 따르되, 원서와 번역서의 제목이 현격히 달라 원서의 의도를 제대로 살리지 못하는 경우에는 필요에 따라 원서명을 소개하고 역주를 달았다. 잡지나 신문 등의 정기간행물은 제목을 번역하지 않고 외래어표기법에 따라 발음나는대로 옮겼다(예, 「크리스채니티 투데이」, 「타임」, 「뉴스위크」, 「처치 오브 잉글랜드 뉴스페이퍼」).

약어표

AEAM	Association of Evangelicals of Africa and Madagascar
AIM	Africa Inland Mission
BCMS	Bible Churchmen's Missionary Society
BDE	*Biographical Dictionary of Evangelicals*, ed. Timothy Larsen, David Bebbington and Mark A. Noll (Downers Grove: IVP Academic, 2003)
BGCA	Billy Graham Center Archives, Wheaton College, Illinois
BGEA	Billy Graham Evangelistic Association
BJRL	*Bulletin of the John Rylands University Library of Manchester*
CC	*Christian Century*
CEN	*Church of England Newspaper*
Chm	*Churchman*
CICCU	Cambridge Inter-Collegiate Christian Union
CLAME	Comunidad Latinoamericana de Ministerios Evangélicos

CMS	Church Missionary Society (Church Mission Society from 1995)
CSSM	Children's Special Service Mission
CT	*Christianity Today*
EA	Evangelical Alliance
EFI	Evangelical Fellowship of India
EFMA	Evangelical Foreign Missions Association
ETS	Evangelical Theological Society
EvQ	*Evangelical Quarterly*
FGBMFI	Full Gospel Businessmen's Fellowship International
IBR	Institute for Biblical Research
ICBI	International Council on Biblical Inerrancy
ICCC	International Council of Christian Churches
IFES	International Fellowship of Evangelical Students
IFMA	Interdenominational Foreign Missions Association
IMC	International Missionary Council
INFEMIT	International Fellowship of Evangelical Mission Theologians(from the Two-Thirds World)
IRM	*International Review of Mission(s)*
IVCF	Inter-Varsity Christian Fellowship
IVF	Inter-Varsity Fellowship
IVP	Inter-Varsity Press
JEH	*Journal of Ecclesiastical History*
LCCWE	Lausanne Continuation Committee for World Evangelization

LCWE	Lausanne Committee for World Evangelization
MM	*Moody Monthly*
NAE	National Association of Evangelicals
NEAC	National Evangelical Anglican Congress, Keele, 1967
OM	Operation Mobilisation
Pneuma	*Pneuma: Journal for the Society of Pentecostal Studies*
RTR	*Reformed Theological Review*
SCH	Studies in Church History
SCM	Student Christian Movement
SOMA	Sharing of Ministries Abroad
SST	*Sunday School Times*
SU	Scripture Union
TynB	*Tyndale Bulletin*
UCCF	Universities and Colleges Christian Fellowship
USQR	*Union Seminary Quarterly Review*
WCC	World Council of Churches
WEC	Worldwide Evangelization Crusade
WEF	World Evangelical Fellowship
YMCA	Young Men's Christian Association
YWAM	Youth With a Mission

목차

추천사 1 (황대우 박사_고신대학교 교회사 교수) / 5
추천사 2 (김선일 박사_웨스트민스터신학대학원대학교 실천신학 교수) / 8
추천사 3 (김병규 목사_전 새물결플러스 편집장/라비블 본부장) / 11
한국어판 서문 / 15
감사의 글 / 17
역자 서문 / 19
역자 일러두기 / 26
약어표 / 28

제1장 **전세계 관점에서 본 복음주의 기독교** / 33

제2장 **'복음주의자', '보수 복음주의자', '근본주의자'** / 55

제3장 **선교, 전도, 부흥: 복음주의 네트워크의 세계화** / 105

제4장 **학문, 성경, 설교** / 151

제5장 **문화환경 변화와 신앙 변증** / 191

제6장 **기독교 선교와 사회정의:**
　　　로잔 1974와 대다수 세계의 도전 / 235

제7장 **성령의 누룩: 새로운 은사주의 및 오순절운동** / 277

제8장 **해석학, 여성과 남성, 성윤리** / 321

제9장 **복음주의: 확산인가 붕괴인가?** / 357

참고문헌 / 376
색인 / 413

제1장

전세계 관점에서 본 복음주의 기독교

20세기 후반 복음주의 기독교 이야기는 지리적 확산, 문화적 지향, 신학적 강조라는 측면에서 복음주의 운동이 기원한 18세기 초 이후 어떤 시기보다 훨씬 더 다양한 양상을 띠었다. 국가의 경계를 넘어서고 교파의 경계를 초월하는 운동으로서의 복음주의는 처음부터 상당한, 심지어는 자주 문제가 되기도 한 다양성을 품은 운동이었지만, 이 다양성은 대서양 양편의 복음주의자들이 공유한 공통성 덕에 상호 균형이 맞춰졌다. 이런 공통성 중에서도 가장 두드러진 것은 복음의 본질적 내용에 대한 분명한 합의, 그리고 다양하고 폭넓은 기독교 배경 속에서 살았던 이들에게 회개와 믿음을 통해 그리스도께로 돌아서는 의식적이고 개인적인 결단의 긴급한 필요성을 각성하고 깨닫게 하는 일의 우선성이라는 공유된 의식이었다.

복음주의와 기독교세계(Christendom) 구조와의 관계는 모호했다. 이 관계는 영국 역사와 영토 내 대부분 지역에서 그랬던 것처럼 법적으로 교회와 국가가 하나된 제도적 형태를 취하고 있는 경우도 있었고, 나라가 실제로 기독교적(실은 개신교적) 정체성과 관련된 가정들의 핵심 요소들을 공유하고 있음에도 불구하고 국가와 교회는 서로 날카롭게 분리되어 있다고 그 관계를 헌법으로 규정함으로써 마치 아닌 것처럼 위장하고 있는 미국에서 발전한 좀 더 파악하기 어려운 사례도 있었다. 복음주의자들은 거룩한 종교를 국가가 인정해야 한다는 도덕적 명령이 한 특정 교단을 국가가 인정해야 하는 것인지 아닌지의 문제에서도 서로 다른 입장을 보였지만, 기독교세계 경계 안에서 태어나거나 세례 받는다고 해서 그 자체로 기독교인이 되는 것은 아니라는 점에 모두 동의했다.

그러나 복음주의자는 사회적으로 받아들여질 수 있는 기독교에 명목상으로만 소속되어 있는 형태를 벗어나 자신들의 신앙과 헌신을 차별화해야 할 당위를 확보하는 방식으로, 자기를 둘러싼 기독교세계의 문화에 역설적으로 의존하는 독특한 복음주의적 정체성을 형성했다. 또한 이 정체성은, 강단에서 전해지든 가정에서 이루어지든, 거리에 모인 청중이 대상이든, 들판에 모인 이들이 대상이든, 일상적인 비교 구문을 사용하자면, 그 전도자가 칼뱅주의자든 아르미니우스주의자든, 성공회 신자든 비국교도든, 또한 구별선이 더 분명한 표현을 사용하자면, 청중이 미국인이든, 영국인이든, 캐나다인이든, 호주인이든, 사회적으로 신분이 높은 계층 출신이든 빈민 계층 출신이든, 이 모든 차이를 다 뛰어 넘어 기독교 교리와 언어의 근본 진리에 전반적으로 친숙해 질 수 있게 함으로써, 입으로 전달하는 복음 전파를 가능하게 만들었다.

1. 복음주의의 난제: 급변하는 상황에 어떻게 대응할 것인가?

제2차 세계대전 종전 후 이어진 수십 년 동안에는 이런 상황의 공통성, 심지어 신학적 기반의 공통성이 복음주의 세계에서 더 이상 당연한 것으로 여겨질 수 없게 되었다. 특히 영국, 호주, 캐나다에서는 세속의 영향이 19세기 신앙의 유산인 기독교의 산만한 구조들을 지속적으로 붕괴시키면서, 결국 기독교세계라는 개념이 와해되기 시작했다.

브롬턴 소재 홀리트리니티교회(Holy Trinity Church, Brompton)의 교구 사제 대리이자 지도적인 잉글랜드 전도자였던 브라이언 그린(Bryan Green)은 1948년 램버스대회(Lambeth Conference, 10년마다 한 번씩 열리는 성공회 주교회의-역주) 직전에 열린 성공회 복음주의자 모임에서, 런던 주교가 그렇지 않아도 최근에 부인했음에도 불구하고, "잉글랜드는 이 단어가 뜻하는 어떤 평범한 용례에 비추어보아도 이교(pagan) 국가입니다"라고 말했다.[1] 이 모임의 의장을 맡은 유명한 평신도 케네스 그럽 경(Sir Kenneth Grubb)도 잉글랜드에 편만한 세속의 영향력에 대해 언급하며, 로체스터 주교가 위원장이 되어 조사한 후 『잉글랜드의 회심을 위하여』(Towards the Conversion of England)라는 충격적인 제목으로 발간된 최근 위원회 보고서를 인용했다.[2]

물론 복음주의자들은 언제나 해외뿐만 아니라 국내 선교에도 헌신적이었지만, 제도권 기독교에 무관심한 대중의 수가 엄청나다는 충격적인 사실을 점점 깨닫게 되면서, 다양한 반응을 쏟아내기 시작했다. 좀 더 개혁파(Reformed) 성향을 가진 복음주의자들은 "하나님께서 그분이 정하신 좋은 때에 부흥을 주심으로 그분의 말씀이 전파되는 것을 영화롭게 하시리라는 기대 속에서 고전적인 복음 진리를 계속 전파하기만 하는 것으로 충분한가"라고 묻는 경향을 보였다. 좀 더 자유주의적(liberal) 복음주의자들은 "사태가 너무 심각하니 기독교 복음이 현대인에게 제시되는 방식을 더

---

1) *Evangelicals Affirm in the Year of the Lambeth Conference: The Proceedings of the Congress Held in London, April 13th-14th, 1948* (London: Church Book Room Press, 1948), 34.

2) Ibid., 8. Church of England, Archbishops' Commission on Evangelism, *Towards the Conversion of England* (Westminster: Press and Publications Board of the Church Assembly, 1945)를 보라.

급진적으로 재고해 봐야 하지 않겠는가"라고 질문했다.

심지어 신학적으로는 분명히 같은 입장의 보수 복음주의자들임에도 불구하고, 대서양 양편 모두에서 전략을 어떻게 세워야 하는가에 대해서는 다양성이 두드러졌다. 전쟁 이전 시기에 현대주의와 전장에서 맞붙어 싸운 근본주의자들의 전투적이고 비타협적인 입장이 이후에도 계속 필요한가? 아니면 지성의 영역을 더 진지하게 취급하고, 논리적이고 학문적으로 성경을 연구하며, 교단과 에큐메니컬 활동에 동시에 참여하기도 하면서, 스스로 지성적 기반을 갖춘 상태에서 자유주의자들과 맞설 준비가 된 덜 공격적인 신학적 보수주의가 필요한 것인가? 앞으로 제2장과 제4장에서 살펴보겠지만, 1940년대와 1950년대에 대서양 양편 모두에서 상당한 비율의 복음주의 지도자들이 후자를 대안으로 선택했다. 교회와 국가의 미래 지도자가 될 가능성이 있는 대학생들을 전도하는 데 주력하는 정책과 종종 더불어 내려진 이런 전략적인 결정은 눈에 띄게 성공적이었다는 것이 증명되었다.

따라서 이 시기는 영어권 복음주의가 교회에 미친 영향력이 여러 지역에서 양적으로 상당히 성장했음을 보여준 기간이었다. 그러나 교회에 복음주의 영향력이 커졌다고 해서, 그것이 문화와 사회에 대한 폭넓은 영향을 보증하는 것은 아니었다. 1960년대 이후 대서양 양편에서 계속해서 정통 기독교 가치들은 점점 주류 문화의 변방으로 밀려났다. 미국에서는 전후 시대 신복음주의보다는 고전적인 근본주의와 공통요소가 더 많았던 집단 '신 기독교 우파'(New Christian Right)가 세속적, 자유주의적 가치의 확산에 반대하여 지연 전술에 기반한 정치운동을 벌이며 시선을 크게 끌었지만, 궁극적으로는 성과가 없었다. 급진적이고, 자주 스스로 '세속적'이라고 공언한 신학들이 1960년대와 1970년대에 대중의 관심을 많이 받았고, 이들의 영향력이 학계에서 이후에 어느 정도 유지가 되기는 했지만, 세속

인본주의와 거의 구별되지 않았던 이런 유형의 기독교 급진주의는 자유주의 교회들의 급격한 쇠퇴와 함께, 예상했던 대로 학계 너머에까지는 매력적으로 받아들여지지 않았다.

그 결과, 한편으로는 근본주의에 대비되는 정체성으로, 다른 한편으로는 '자유주의적 복음주의'(liberal evangelicalism)에 대한 반대를 정체성으로 삼으며 1950년대에 등장한 '보수 복음주의자들'(conservative evangelicals)은 1980년대 혹은 1990년대가 되면 자신들이 각자 소속된 교단에서 점점 다수파 자리를 차지하는 데까지 부상하고 있음을 깨닫게 된다. 복음주의자들이 자신들이 더 이상 멸시 받는 소수파가 아니라 더 폭넓게 수용되는 전반적인 흐름을 대표하는 존재라는 사실을 알게 되면서, 오히려 그 결과 필연적으로 보수 복음주의의 응집력이 약해질 수밖에 없었다. 처음부터 영향력을 더 넓히자는 주장에 반대했던 개혁파 또는 준(quasi-)근본주의 성향의 복음주의자들은 이제 "우리가 전에 이미 그렇게 말했잖아요"라고 대답하며 자신들이야말로 복음주의 전통의 참된 계승자라고 주장했다.

1960년대 후반 이후 시대를 살았던 복음주의자들이 본문의 권위에 의존하는 진리 체계의 의미에 의문을 제기하고 그 대신 인간 경험에 권위를 부여한 포스트모더니티(postmodernity)의 문화적, 철학적 가정에 의해 종종 무의식적인 영향을 받자 이들의 염려는 더 깊어졌다. 제7장의 은사주의 운동 연구에서는 복음주의 정체성의 안정을 위한 은사주의 갱신의 주요 결과들을 살펴보고, 이 운동을 포스트모더니티와 관련된 문화적 변화들과 기독교가 만난 결과 탄생한 작품으로 설명할 수 있는가 하는 질문을 제기한다. 따라서 이 책의 제목 『복음주의 세계확산』은 단지 성장과 지리적 확장의 과정만을 지칭하는 것이 아니라, 이 기간 내의 다양한 시점에서 (특히 이 기간의 시작 지점과 끝 지점에서) 복음주의자들이 자신들의 정체성의 경계를 설정하는 과정에서 난제에 직면했다는 것도 암시한다. 제2장과 제9장에서는 이런 주제들을 더 길고 세밀하게 탐구하려 한다.

2. 대다수 세계[3]에서의 기독교 성장

복음주의 세계에서 한때 당연한 것으로 간주되었던 공통성과 응집력이 약해진 또 다른 주요 이유는 복음주의자들이 두드러지게 활약한 세계 선교 사업의 큰 성공이었다. 유럽이나 북미 출신의 선교사들은 소속된 선교 기관을 통해 세상을 복음화할 만큼 수가 많지는 않았지만, 여러 사례를 보건대, 그들의 삶과 말을 통한 증거, 특히 성경번역 노력으로 후에 일어날 회심운동의 씨를 뿌렸고, 그 결과 토착 복음전도자들이 아프리카와 아시아, 라틴아메리카와 오스트랄라시아에서 자기 민족과 이웃 민족에게 고유의 현지어와 현지 문화에 맞게 복음 메시지를 전달했다. 그리고 특히 기존의 사회 구조 속에서 억압받거나 소외된 집단의 사람들이 이 메시지에 빠르고 준비된 반응을 보이는 경우가 많았다.

이런 집단 또는 대중 회심운동은 남부 인도의 티루넬벨리(Tirunelveli, 프란치스코 하비에르가 인도에서 최초로 선교한 지역-역주)의 개신교 배경에서 18세기 끝 무렵에 일어났고,[4] 19세기에도 태평양 도서지역과 서부 및 동부 아프리카 일부 여러 지역에서 간헐적으로 표면에 떠올랐다. 1914년 이후

---

3) 이 책에서는 아프리카, 아시아, 라틴아메리카 대륙과 오스트랄라시아(Australasia)의 저개발 도서 지역에 사는 세계 인구의 다수를 지칭하는 데 세계기독교를 연구하는 많은 학자들의 사용 용례를 따라 '대다수 세계'(majority world)라는 용어를 사용한다. 이전에 사용하던 '제3세계'(Third World)나 '3분의 2세계'(Two-Thirds World), '개발도상 세계'(developing world), 또는 (더 근래에 사용되고 있는) '글로벌 사우스'(Global South)도 각각의 용어가 가진 약점들에도 불구하고 이 책 여러 곳에서 간헐적으로 등장한다.

4) R. E. Frykenberg, *Christianity in India from Beginnings to the Present* (Oxford: Oxford University Press, 2008), 163, 207-225를 보라.

에는 이 운동이 더 널리 확산되어, 인도 북동부의 여러 부족들이 사는 지역에도 깊은 영향을 주었고, 한국에서는 뿌리를 내리고, 중국과 동남아시아 일부에도 확산되고, 사하라 이남 아프리카의 광대한 지역을 주로 기독교가 지배적인 지역으로 탈바꿈시켰다. 좀 더 늦은 1950년대 이후에는 라틴아메리카에서 다른 종류의 강력한 종교적, 이데올로기적 변화의 물결이 일어나 대륙 전체에 영향을 끼쳤다. 이 대륙의 종교 환경은 광대하지만 피상적인 기반 위에 세워졌던 히스패닉 가톨릭 세계의 복제품에서 벗어나, 마르크스주의자와 로마 가톨릭 전통주의자와 가톨릭 해방주의자가 1950년대 이전에는 아무도 진지하게 취급하지 않았던 부상하는 대중 기독교 운동, 즉 오순절운동과 대중의 지지를 놓고 경합하는 경쟁의 장으로 재편되었다.

  20세기 중, 후반기에는 역사에 유례 없는 비율로 대다수 세계의 많은 지역에서 교회가 성장했다. 전세계적으로 경제적으로 곤궁하고, 정치적으로 억압받고, 교육 혜택을 많이 받지 못한 남녀들이 이전에 대부분의 영미권 복음주의에 공통적이었던 요소와는 상당히 다른 문화적, 신학적 색깔을 띤, 대중적인 동시에 전반적으로 복음주의적인 유형의 기독교를 수용하고 있었다. 그럼에도 불구하고 이 기독교는 노예제도 시대에 시작된 이래 미국에서 아프리카계 미국인 교회들을 특징지은 유형의 복음주의 신앙과는 유사한 점이 많았다. 이렇게 지리적으로, 문화적으로 복음주의가 다양하게 확산되면서, 복음주의의 통일성을 유지하는 것이 점점 더 어렵게 되는 것은 당연했다.

  다섯 권으로 된 이 시리즈는 세계 복음주의의 역사가 아니라, 영어권 복음주의의 역사에 초점을 맞추어 기획되었기 때문에, 자국 언어와 어법에 맞게 기독교를 번역하는 과정에서 고유의 문화적, 영적 활력에 의존하며 비서구 세계에서 태어난 이런 운동들은 이 책의 범위를 벗어난다. 이 책은

1945년 이래 성장한 모든 유형의 복음주의 기독교를 종합적으로 분석한 세계사 서적이 아니다. 이런 책을 쓰는 일은 훨씬 크고, 훨씬 광범위하고, 끝이 없을 만큼 복잡한 기획이고, 필수불가결한 1차 사료 연구와 구전 연구(oral research)도 많이 해야 하고, 각 지역을 구성하는 수많은 개교회 역사를 통해 수많은 사례를 분석해야 하는 등, 학자들의 더 많은 연구가 절실한 분야다. 그럼에도 불구하고 이 책은 시리즈에 속한 다른 네 권의 책보다 그 지리적 범위가 훨씬 넓을 수밖에 없고, 그래야 마땅한 이유가 최소한 세 가지는 있다.

3. 통신 혁명

먼저, 1945년 이후는 교통, 통신, 경제 관계의 국제적 네트워크라는 측면에서 전례 없는 혁명이 일어난 시기였다. 1950년대까지도 대륙간 항공여행은 각 대륙을 연결하는 주요 교통수단으로 발전하지 못했다. 1949년에 제트 여객기가 발명되고, 특히 1958년 말부터 항공 서비스에 보잉707기가 도입되면서, 유럽과 북미의 많은 부유한 사람들이 비행기를 타고 세계를 돌아다닐 수 있게 되었다. 고속 항공여행으로 18세기에 탄생한 복음주의에 필수불가결했던 대서양 양편의 상호 연결망이 유례없이 탄탄해졌다. 북미 출신 전도자들, 기독교 음악과 문헌은 이제 훨씬 효율적인 시설과 빈도로 유럽 및 다른 지역을 넘나들 수 있게 되었다.

그러나 흐름이 언제나 한 방향이었던 것은 아니었다. 저명한 영국 기독교인, 예컨대 1970년대와 1980년대의 존 스토트 같은 인물은 모국에서 주요 목회 사역에 큰 방해를 받지 않으면서도 미국에서 강연과 설교 여행을 통해 특히 대학생을 중심으로 영향력을 확장할 수 있었다. 그러나 더 중요한 것은 서구와 비서구 세계 사이 공간의 거대한 간격, 여기서 파생된 시간적 간격까지도 좁힐 수 있게 해 준 항공 여행의 역할이었다. 1960년대에 빌리 그레이엄이 기독교계 인사로서 단지 대서양 양편에서만 아니라 전세계에서 성취한 필적할 대상이 없는 공헌은 현대 항공 교통의 발전 덕에 가능했는데, 이를 통해 그와 그의 지원단이 1946년에서 1958년까지 초기 전도대회가 개최되었던 북미나 유럽에서만 아니라 모든 대륙에서 전도대회를 열 수 있었던 것이다. 전세계에서 열린 대규모 집회 영상을 동시 중계한 위성 텔레비전의 역할도 그를 세계적인 유명 인사로 만드는 데 크게 공헌했다.

제3장에서는 그레이엄의 사역이 진행된 지리적 범위가 얼마나 광범위했는지도 살펴보려 한다. 번역 사업, 현대 위성 기술의 활용, 빠른 항공교통을 통해 그레이엄은 그의 일부 전임 미국 전도자들처럼 단지 영국에서만 유명 종교인이 된 것이 아니라 참으로 전세계 무대의 유명 종교인사가 되어, 심지어 20세기 초에 알 R. A. 토리(R. A. Torrey)가 영향력을 발휘한 지리적 범위를 능가하는 대활약을 보였다.

몇 주 혹은 몇 달을 기한으로 정하고 주로 학생과 젊은이로 구성된 선교단이 참여한 북미와 유럽의 단기 선교도 선교사가 비행기가 아니라 배를 타고 이동하던 시절에는 상상도 못했던 현대 선교 현장의 뚜렷한 특징이 되었다. 대륙간 항공 여행은 비쌌고, 여전히 비싸기 때문에 자금력이 풍부한 미국이나 유럽 기독교의 영향력을 나머지 세계로 수출한 경우가 토착 영성 운동이 그 반대 방향으로 전달되는 경우보다 훨씬 더 많았다. 그럼에도 불구하고 일부 중요한 '역 영향력'의 통로들도 있었다. 제3장에서 동아프리카부흥(East African Revival) 운동을 중심으로 이 주제를 다룰 것이다.

게다가, 경제력 차이가 결정한 남북 관계의 영향력 불균형이 반드시 남반구기독교가 점점 더 동질화되는 것, 즉 기독교인이 되는 것과 신학을 이해하는 면에서 낯선 '북반구' 유형에 더 일치해야 한다는 것을 의미하는 것만은 아니다. 물론 이런 식으로 세계기독교의 현재 흐름을 전반적으로 설명하는 해석자들이 있는 것도 사실이다.[5] 그러나 남반구기독교의 기원이 북반구에 어느 정도 있다는 사실을 추적할 수 있는 경우가 자주 있음에도 불구하고, 이들 남반구 신자들은 기독교 예배와 신앙의 방식을 적용하고, 그 틀을 새로 짜고, 혼합하는 데 전문적인 능력이 있음을 보여주었을 뿐만 아니라, 자신들의 문화적 상황에서 태어난 독특하고 진정한 자신들의 기독교를 주조해 냈다.[6] 제7장에서는 오순절파 기독교의 세계 확장을 중심으로 이 주제를 더 자세히 살피고자 한다.

항공 여행은 또한 경제적 욕구에 따른 인류의 남반부에서 북반구, 동양에서 서양으로의 이주를 가속화했고, 이로써 수없이 많은 아시아, 아프리카, 라틴아메리카 기독교인이 북미와 유럽의 여러 도시에 정착했다. 한국인 교회, 중국인 교회, 나이지리아인 교회, 가나인 교회가 특히 눈에 띄고, 이 때문에 북반구 도시들의 종교 환경은 거의 전세계적인 특징을 띠게 되었다. 근래에 연구자 일부는 남반구기독교의 이런 북부 진출을 새로운 선교 운동이라며 환영했고, 새로운 '어둠의 대륙' 유럽에 빛을 가져다 준다는 이런 열정적인 선교 구호는 유럽에 새로 생긴 아프리카 디아스포라 교회

---

5) 아프리카의 오순절 기독교를 종교적 세계화의 한 유형으로 해석하는 가장 설득력 있는 해설에 대해서는 다음 책들을 보라. Paul Gifford, *African Christianity: Its Public Role* (London: Hurst, 1998); *Ghana's New Christianity: Pentecostalism in a Globalising African Economy* (London: Hurst, 2004); *Christianity, Politics and Public Life in Kenya* (London: Hurst, 2009).

6) 이 대안적 시각을 뒷받침하는 탁월한 사례 연구로는 David Maxwell, *African Gifts of the Spirit: Pentecostalism and the Rise of a Zimbabwean Transnational Religious Movement* (Oxford: James Currey; Harare: Weaver Press; Athens, Ohio: Ohio University Press, 2006). (비록 오류가 많음에도 불구하고) 아프리카 오순절 신앙이 아프리카 대륙의 본질적인 토착신앙이라고 주장하는 도전적이고 폭넓은 연구서로는 Ogbu Kalu, *African Pentecostalism: An Introduction* (Oxford: Oxford University Press, 2008)이 있다.

들에 이미 흔하게 퍼져 있다.[7] 그럼에도 불구하고 이런 많은 이민자 교회들은 시간이 지나면서 주로 정착자들의 교회가 되기 때문에, 19세기 남아프리카와 오스트랄라시아의 백인 정착자교회들이 그랬듯 주위의 현지인들에게 별로 영향을 끼치지 못한다.

여행 방식에서 일어난 혁명은 사회학자들이 '한 지역에서 일어나는 일이 멀리 떨어진 다른 지역에서 일어난 사건들에 의해, 또는 그 반대 방향으로 형성되는 것처럼' 지구의 모든 지역을 연결하는 '세계화'의 과정에서 없어서는 안 되는 것으로 묘사하는 통신과 경제 체제의 복잡한 상호 연동이라는 변화 과정의 일면일 뿐이다.[8] 처음 등장한 라디오, 이어서 1960년대에 나온 텔레비전은 설교자와 전도자가 지리와 이념이 세워 놓은 장벽을 뛰어 넘어 청중을 확장하고 '목표를 정할 수'(target)있게 해 주었다. 이는 서유럽이나 북미 출신 선교사가 동유럽에 물리적으로 접근하는 것이 불가능했던 냉전 시대에 특히 중요했다. 이어서 오픈릴식의(reel-to-reel)의 테이프 녹음, 카세트 테이프, 비디오 테이프, CD와 DVD로 이어지는 새로운 소리와 영상 디지털 재생장치들을 모두 교회와 선교단체가 열정적으로 받아들여 복음 사역이 진행되는 곳에 설치했고, 자주 실제 복음이 전해진

---

7) Afe Adogame (ed.), *Who Is Afraid of the Holy Ghost? Pentecostalism and Globalization in Africa and Beyond* (Trenton, N.J.: Africa World, 2011; Afe Adogame and James Spickard (eds.), *Religion Crossing Boundaries: Transnational Religious and Social Dynamics in Africa and the New African Diaspora* (Leiden: E. J. Brill, 2010); Frieder Ludwig and J. Kwabena Asamoah-Gyadu (eds.), *African Christian Presence in the West: New Immigrant Congregations and Transnational Networks in North America and Europe* (Trenton, N.J.: Africa World, 2011); Jehu Hanciles, *Beyond Christendom: Globalization, African Migration, and the Transformation of the West* (Maryknoll: Orbis Books, 2008)을 보라.

8) Anthony Giddens, *The Consequences of Modernity* (Stanford: Stanford University Press, 1990), 64, Donald M. Lewis, 'Globalization: The Problem of Definition and Future Areas of Historical Enquiry', in M. Hutchinson and O. Kalu (eds.), *A Global Faith: Essays on Evangelicalism and Globalization* (Sydney: Centre for the Study of Australian Christianity, 1998), 27에서 재인용.

원 장소에서 멀리 떨어진 지역에서도 청취되거나 방영되었다. 이 모든 것 중 가장 큰 혁신은 아마도 1970년대 초에 컴퓨터 간에 주고 받는 전자 편지 체계, 즉 '이메일'을 미국에서 실험한 후 1990년대 초반부터 공용화되기 시작한 것과, 이에 더해 1989년과 1991년 사이에 영국에서 웹(World Wide Web)이 발명되어 인터넷으로 전세계를 연결함으로써, 즉각적인 통신과 지식 전파가 가능한 단일 네트워크 안에서 점점 더 많은 인류가 상호 소통하게 된 것이었다. 19세기 초에는 인도와 유럽 간 선교서신이 험난한 대양로를 따라 희망봉을 타고 도는 길이었기 때문에 보낸 후 답장을 받는데 까지 걸린 시간이 18개월에서 4년에 이르렀다.[9] 그러나 이제는 인도와 유럽, 혹은 북미의 교회 및 선교 지도자 간 이메일 교환에 드는 시간은 채 몇 분도 되지 않는다.

따라서 이 책이 다루는 시기에 세계 통신 분야에서 일어난 경이로운 혁신은 '영어권 세계'(the English-speaking world)라는 개념을 상대화시켰다. 즉, 영어가 모국어가 아닌 지역에 영어권 세계의 문화적 영향력이 확산되었고, 동시에 서구 바깥 세상에서 발생한 사건과 영적 운동들이 서구에 사는 기독교인의 경험을 교정하고 이해의 지평을 재설정하게 만들 가능성도 점점 더 커진 것이다. 후자의 주제를 조만간 다시 다루려 한다. 19세기와 20세기가 지나면서 개신교인 간의 교제는 그 범위와 구조에서 점진적으로 전세계화되어 갔는데, 초기 단계에 이 발전을 부분적으로 보여주는 사례는 1846년의 복음주의연맹(Evangelical Alliance) 결성과 1855년의 YMCA 세계연맹(World Alliance of YMCA's)이었다. 그러나 개신교 국제주의가 정말로 대륙의 경계를 넘어서는(intercontinental) 관계가 된 것은 20세기 후반의 일이었고, 국제복음주의학생회(International Fellowship of

---

9) Frykenberg, *Christianity in India*, 213을 보라.

Evangelical Students, 1947), 세계교회협의회(World Council of Churches, 1948), 세계복음주의협회(World Evangelical Fellowship, 1951), 로잔세계복음화위원회(Lausanne Committee for World Evangelization, 1974)가 모두 증명하듯, 성격상 더 이상 대서양 양편(trans-atlantic) 교제에만 국한되지 않았다.

4. 영어 및 영어교육의 세계화

내가 이 책을 더 광범위한 지리적, 문화적 관점에서 접근하려고 하는 두 번째이자 처음 것과 연관된 이유는 이것이다. 20세기에는 영어 사용자의 지리적 확장 정도가 경이적이었다. 1880년에서 1930년까지 약 50년 동안 영국이 통제권을 주장하는 영토가 광대하게 확장되어, 기존의 제국령, 즉 캐나다, 호주, 뉴질랜드, 영국령 서인도제도, 인도 대륙과 홍콩에 더하여 사하라 이남 아프리카의 많은 지역, 태평양 여러 도서지역, 말레이 반도, 사라와크(Sarawak, Borneo섬 북서부를 차지하는 말레이시아의 주로, 주도는 Kuching-역주), 브루나이, 이라크, 트란스조단(Trans-Jordan, 오늘날의 요르단-역주), 팔레스타인 및 아라비아만 지역의 많은 부분이 영국의 문화적 영향권에 편입되었다.

20세기 전반에 엄청나게 확장된 대영제국 경계 내에서 영어는 단지 식민지 행정과 사법에만 사용된 언어가 아니었다. 오히려 이 언어는 다양한 민족과 언어 배경을 가진 현지 토착 정치인이 서로 소통하는 데 사용한 언어였고, 이로써 '민족 및 국민' 정체성이라는 새로운 개념 형성을 가능하게 한 도구였다. 이에 더하여 가장 중요한 것은 영어가 중등학교 이상 거의 모든 교육에 사용된 언어였다는 것이다. 영어를 할 수 있는 능력은 정부 기관, 전문직 직장과 상업계 취업을 쉽게 만드는 힘있는 여권과도 같았다.

제국주의를 연구하는 역사가 앤드류 포터(Andrew Porter)는 대영제국을 '세계 역사상 최대의 교육 사업체'라고 묘사한 바 있다.[10] 1945년 이후 영국인은 식민지에 대학을 확장하는 대형 프로그램을 시행하기 시작했고, 많은 식민지 출신 학생에게 영국 대학에서 공부하라고 권했다. 이들 중 1959-60학년에만 2만9천명이 영국에서 공부했다. 서인도제도, 나이지리아, 가나 출신이 제일 많았는데,[11] 이들 중 상당수가 영국에 도착하기 이전에 이미 기독교인이었든지 최소한 미션스쿨에서 공부하면서 기독교의 영향을 상당히 받은 이들이었다. 일부는 영국 내 해외학생 대상의 전도사역이 발전하면서 기독교인이 되기도 했다.

이 사역은 기독학생회(IVF) 임원으로 합류하기 전에 케냐의 엘리트 학교 얼라이언스고등학교(Alliance High School)와 런던 동양아프리카학대학(School of Oriental and African Studies, SOAS라 불리며 University of London 소속이다-역주)에서 가르쳤던 F. H. 크리텐든(F. H. Crittenden)이 시작한 중요한 사역이었다.[12] 중등학교에서는 식민지 지역 학생들이 영국에서 출판된 영어 교과서로 공부했고, 유명한 케임브리지대학지역시험평의회(University of Cambridge Local Examinations Syndicate) 등의 영국대학 시험위원회가 마련한 공립시험을 치렀다. 평의회(지금은 케임브리지평가단[Cambridge Assessment])가 전세계에서 수행한 역할은 식민지가 붕괴된 이후에도 살아남았고, 21세기 초가 되면 이 기관은 150개 국가에서 한 해에

---

10) Andrew Porter, 'Empires in the Mind', in P. J. Marshall (ed.), *The Cambridge Illustrated History of the British Empire* (Cambridge: Cambridge University Press, 1996), 194.

11) A. J. Stockwell, 'Leaders, Dissidents and the Disappointed: Colonial Students in Britain as Empire Ended', *Journal of Imperial and Commonwealth History* 36 (2008), 491.

12) Douglas Johnson, *Contending for the Faith: A History of the Evangelical Movement in the Universities and Colleges* (Leicester: Inter-Varsity Press, 1979), 304-313.

약 8백만 명이 치르는 시험을 주관하는 단체가 된다.[13]

영국 식민 통치 하에서 영어로 말하고 쓸 수 있는 능력은 교회, 특히 제국의 확장된 영역과 거의 정확히 일치하는 영역에 진출한 성공회 교회에서 목회 지도자가 되기를 열망하는 이들에게 점점 더 필수적인 조건이 되어갔다. 영국 식민지 혹은 이전 영국 식민지의 거의 모든 신학대학과 수준 있는 성경학교는 수업을 영어로 진행했다. 아프리카, 혹은 아시아 교회의 가장 뛰어난 후보자 일부는 대학, 혹은 대학원 과정의 신학교육을 위해 영국으로 파견되기도 했다. 영국에서는 1960년대, 혹은 1970년대에 런던성경대학(London Bible College, 지금은 London School of Theology)에 다닌 학생 중에 나이지리아 출신의 바이앙 카토(Byang Kato, 1936-75)가 있었는데, 카토는 아프리카 및 마다가스카르 복음주의 연맹의 첫 번째 아프리카인 총무가 된 인물이었고, 가나 장로교인 크와메 베디아코(Kwame Bediako, 1945-2008)는 아프리카인 신학자로서 세계적인 명성을 지속적으로 이어간 인물이었으며, 싱가포르 출신의 추아위히안(Chua Wee Hian)은 국제복음주의학생회(IFES)의 제2대 총무로 활약했다.[14]

1965-66년, 다시 1968-71년에는 브리스틀의 틴들홀(Tyndale Hall in Bristol)에서 데이비드 기타리(David Gitari)가 훈련받았는데, 그는 1996년부터 2002년까지 케냐의 대주교였고, 대니얼 아랍 모이(Daniel arap Moi)가 이끈 케냐 정부의 부패를 공개적으로 두려움 없이 비난한 인물이었다.[15] 반면 2005년에 잉글랜드 요크 대주교로 서임된 우간다인 존 센타무(John

---

13) Sandra Raban, *Examining the World: A History of the University of Cambridge Local Examinations Syndicate* (Cambridge: Cambridge University Press, 2008)을 보라.

14) Ian M. Randall, *Educating Evangelicalism: The Origins, Development and Impact of London Bible College* (Carlisle: Paternoster Press, 2000), 157, 161, 168, 179.

15) 틴들홀은 1972년 1월에 클립턴컬리지(Clifton College), 달턴하우스(Dalton House)와 합병되어 브리스틀 트리니티컬리지(Trinity College, Bristol)가 되었다.

Sentamu)는 1974년부터 1979년까지 케임브리지 셀윈컬리지와 리들리홀(Selwyn College and Ridley Hall, Cambridge)에서 신학을 공부했다. 센타무는 지금까지 그의 전 목회 사역을 우간다국교회(Church of Uganda)가 아니라 잉글랜드국교회에서 감당했다. 베디아코의 사례처럼, 센터무의 사례는 이런 교육 연결망이 단지 영국의 영향력을 대다수 세계에 수출하는 것에 그치지 않음을 잘 보여준다. 이들은 오히려 북반구 기독교인에게 복음주의 제자도에 대한 아프리카 및 아시아적 접근법을 소개하는 역할을 했다.

이런 다양한 방식으로 영국과 영국의 현 식민지, 이전 식민지는 과거에도 그랬고 여전히 지금도 문화적, 교육적 연결고리로 밀접하게 연결되어 있다. 비슷하기는 하지만 한층 더 다양한 연결 양상이 풀러신학교, 트리니티복음주의신학교, 휘튼컬리지, 밴쿠버 리전트컬리지 같은 주도적인 북미 복음주의 기관에 아프리카, 아시아, 라틴아메리카 학생이 입학하면서 나타났다. 남침례교 계열 신학교들도 이 점에서 그들이 전세계에 전파한 침례교 공동체 내에서 결정적으로 중요한 역할을 수행했다. 북미 신학기관이 재정을 지원할 수 있는 역량이 더 커지면서, 1990년대에는 대다수 세계의 복음주의 지도자에게 신학교육을 제공하는 그들의 역할이 영국의 역량을 뛰어 넘었다. 지미 스웨것(Jimmy Swaggart) 같은 미국 텔레비전 전도자, 릭 워렌(Rick Warren) 같은 미국 대형교회 목회자도 출판물과 설교 여행을 통해 대다수 세계 여러 지역에 큰 영향력을 끼칠 수 있었다. 세계기독교 역사에서 이런 연결고리의 의미와 중요성은 여전히 역사가들의 관심을 기다리고 있는 미개척 분야다.

대부분의 아프리카나 일부 다른 지역 영토에서 영국 식민통치 기간이 비교적 짧았던 경우에도 영국식 교육의 유산과 영어 지배력은 영구적으로 살아남아 있다는 것이 입증되었다. 대영제국이 1947년에 인도 독립 이후 다시 몰락하기 시작했고, 1960년대에 급속하게 해체되기 시작했음에도 불구하고, 세계의 많은 지역에서 미국의 문화적, 경제적 영향력이 압도적으로 커지면서 영어의 세계적 지배력도 그치지 않고 지속되었다. 또한 영어는 과학과 기술, 국제 외교, 항공교통 통제, 인터넷, 학술대회의 언어이기도 하다. 인도는 현재 (미국에 이어) 세계에서 두 번째로 큰 영어 사용국(말하기와 읽기)이고, 이 나라의 모든 지역에서 사용되는 유일한 언어이며, 정부와 사업계의 공식 언어다.[16]

따라서 영어가 세계기독교협의회(WCC) 및 관련 기관 모임 뿐만 아니라 로잔운동, 세계복음주의협의회(WEF) 같은 복음주의 기관을 포함한 세계 주요 개신교 대회에서 거의 보편적인 소통 언어로 선정된 것은 거의 당연한 것으로 받아들여졌다. 연사가 영어가 아닌 다른 언어로 모임에서 연설하는 경우는 극히 드물어졌다. F. F. 브루스(F. F. Bruce) 지도 하에 맨체스터대학에서 신약으로 박사학위를 취득한 에쿠아도르인 르네 파디야(René Padilla)가 1974년 로잔회의에서 모국어인 스페인어로 연설하기로 결정하자 그 연설이 정치적인 내용을 담고 있으리라 예상한 이가 있었다. 실제로 파디야의 연설이 미국형 단순 '문화기독교'(culture Christianity)를 가혹하게 비판하는 것이었던 것처럼, 영어 이외의 언어로 연설하는 일은 극히 드물다.[17] 따라서 사도시대에는 그리스어가 기독교신학의 언어였고, 중세 기독교세계에서는 라틴어가 그 역할을 했던 것처럼, 20세기 후반에는 영어가 복음주의 신학을 논하고 정의하는 지배적 도구가 되었다. 그런 점에서 이 시기 복음주의가 '영어권 세계'에 영향력을 떨쳤다고 주장하는 것은 그리 지나친 과장은 아니다.

---

16) Frykenberg, *Christianity in India*, 341.
17) 제6장, 165-166을 보라.

5. 대다수 세계에서 기원한 복음주의의 영향력

이 책이 영어권 복음주의 이야기를 더 광범위한 전세계적 맥락에서 논하려고 의도하는 세 번째 중요한 이유가 있다. 서구 세계의 현대 복음주의 역사에서 가장 중요한 흐름 중 얼마는 유럽 바깥에 사는 기독교인들의 경험을 추적해야 파악할 수 있다. 보수 복음주의자에게서 아주 복합적이거나, 심지어 적대적인 반응을 유발하는 발전의 결과물인 에큐메니컬 운동은 그 자체로 기독교인이 전체 인구 중에서 얼마 되지 않은데다 핍박이 잦았던 환경에서, 서구식 교파 차이가 전도에 방해와 제한이 된다고 인식한 인도와 중국 기독교인의 경험에서 그 기원의 많은 부분을 빚졌다.

아마도 현대 복음주의 선교학을 선도한 가장 영향력 있는 학파의 이론 및 실천 체계로 알려진 '교회성장 이론'(church growth theory)은 1950년대에 미국인 도널드 맥가브란(Donald McGavran, 1897-1990)이 그리스도의 제자 교단 인도 선교사로서 자신이 경험한 종족 회심운동을 기반으로 처음 만들었다고 할 수 있을 것이다. 인도에서는 카스트제도의 계급분화가 너무 엄격해서 고립된 각 개인이 회심하는 일이 극히 어려웠다. 교회성장 이론의 결론적인 근본 원리, 즉 사람들이 거대한 문화적 장벽을 넘어설 필요가 없을 때 그리스도께로 회심하기가 가장 쉽다는 것을 사람들이 인식한다는 이 원리는 서구와 비서구, 양 지역에서 전도 전략에 종합적으로 접근하는 체계를 만들어냈다.

물론 많은 복음주의 신학자는 그리스도의 몸된 교회가 내부의 인종적, 문화적 분리선을 초월해야 한다는 당위를 무시하는 것처럼 보이는 교회성장 이론의 접근법에 불편해 했다. 당대에 유행하는 청중의 문화적 가정과 기호에 맞추어 복음을 표현해야 한다고 주장하며 접근하는 오늘날의 '구도자 예배'(seeker services, 1980년대에 시카고 근교 윌로우크릭교회가 개발한 접근법) 및 모든 전도 전략은 그 기원을 대개 교회성장 이론이라는 수단을 통해 유럽 바깥에서 습득한 교훈에서 찾을 수 있다는 것이다. 현대 서구 문화에 대한 더 깊고 지적으로도 예리한 선교학 접근법을 처음 발전시킨 인물은 레슬리 뉴비긴(Lesslie Newbigin, 1909-98)으로, 1947년에 창립된 남인도교회(Church of South India) 창립 주교 중 하나로 섬기다가 인도에서 영국으로 1974년에 돌아온 그는 원래는 스코틀랜드국교회(Church of Scotland, 장로교 원리를 따르는 스코틀랜드국교회의 정식 명칭-역주) 소속 선교사였다.[18] 뉴비긴은 현대 영국에서 그가 직면한 세속성의 정도와 모든 영역의 인간 사상과 행동에 적합한 일종의 '공적 진리'(public truth)로서 복음을 전하려는 어떤 시도에도 저항하는 모국의 분위기에 압도당하고, 혹은 절망했다. 그 결과로 나온 '복음과 우리 문화'(Gospel and Our Culture) 운동은 미국과 영국에서 상당한 힘을 규합했고, 다른 지역에서도 비슷한 운동들이 일어났는데, 그 중 가장 대표적인 뉴질랜드의 딥싸이트트러스트(DeepSight Trust)는 이 운동의 세계관을 뉴비긴과 (서아프리카에서 활동한) 전 장로교 선교사 해럴드 터너(Harold W. Turner, 1911-2002)에게 빌려왔다.[19]

이어지는 장과 단락에서 나는 서구 복음주의에 끼친 비서구의 영향이라는 주제를 더 깊이 파고들 것이다. 제3장은 동아프리카 부흥 혹은 발로콜레 부흥(East African or balokole Revival)의 국제적인 영향을 탐구한다. 제5장에서는 레슬리 뉴비긴의 보수적 기독교 변증학의 중요성을 더 자세히 해설한다. 제6장에서는 1974년 로잔회의에 참석한 아프리카와, 특히 라틴아메리카 복음주의자들이 끼친 심대한 영향을 분석할 것인데, 이 회의

---

[18] 뉴비긴의 삶과 저술에 대한 탁월한 해설서로는 Paul Weston, *Lesslie Newbigin Missionary Theologian: A Reader* (London: SPCK, 2006)이 있다.

[19] 터너에 대해서는 그를 기념하는 논문집, Edited by Andrew F. Walls and Wilbert R. Shenk, *Exploring New Religious Movements: Essays in Honour of Harold W. Turner* (Elkhart, Ind.: Mission Focus, 1990)을 보라.

에서 스페인어권 젊은 복음주의자 세대 대표자들의 독특한 강조점이 회의의 주요 대화 주제가 되었다. 제7장에서는 대부분의 학자들이 동의하는 대로, 미국식 대중종교의 다른 세계 확산이라는 단순 논리로만은 이해할 수는 없는 세계 오순절운동 현상을 살펴보려 한다. 1960년대에 대서양 양편의 역사적 교단들 안에서 부상한 은사주의 갱신이 처음에는 대다수 세계의 신앙 운동과 별로 분명한 연결고리를 보여주지 않았음에도 불구하고, 은사주의 갱신 사역을 주로 비서구 지역에서 행한 주요 인물들도 다룰 것이다. 특히 전직 볼리비아 선교사이자 교회성장 이론가인 피터 와그너(C. Peter Wagner, 1930–)와 그의 사상에 영향을 받은 1980년대 '이적과 기사'(Signs and Wonders) 운동 창시자이자 비니어드(Vineyard) 교회들의 주요 기획자인 존 윔버(John Wimber, 1934–97), 1966년부터 1982년까지 싱가포르 및 말라야(Malaya, 말레이 반도를 지칭하며 오늘날의 말레이지아의 일부-역주) 최초의 현지인 성공회 주교이자 1972년에 방콕에서 세계교회협의회(WCC)가 주최한 '오늘날의 구원'(Salvation Today) 대회에 참석했다가 은사주의 경험을 하며 교구 사역에 새로운 전기를 맞은 인물 치우반잇 주교(Bishop Chiu Ban It)를 살펴본다.[20]

제8장에서는 해석학적 이슈와 논쟁의 시기에 복음주의자들이 이 주제를 점점 더 깊이 인식하게 된 상황과, 이 발전 과정에서 대다수 세계에서 기원한 관점들에 어떤 것들이 있었는지 고찰한다. 비록 전부는 아니지만 많은 비서구 복음주의자들이 성경이 여성이 안수받아 사역하는 것을 허용하느냐 하는 문제에서 보수적인 입장을 취해 왔음에도 불구하고, 세계성공회 (Anglican communion)에서 여성의 사제 안수를 지지하는 현대 캠페인은 1940년대 홍콩 교구에서 일어난 사건들로 기원을 거슬러 올라갈 수 있

---

20) Michael Green, *Asian Tigers for Christ* (London: SPCK, 2001), 7; *CEN*, 8 Aug. 1975, 7. 본서 제7장, 307을 보라.

다. 20세기 말에 기독교인이 점점 더 심각하게 논쟁을 벌인 다른 주요 해석학적 이슈, 즉 동성애 문제와 관련해서는, 남반구 (특히 아프리카) 복음주의자들은 동성애 허용이 신학적으로도 문제가 있을 뿐만 아니라, 북반구의 많은 자유주의 기독교인이 서구의 세속적 도덕 기준에 양보함으로써 전략적인 재앙을 초래했다고 믿으며 현 상황에 대한 저항을 주도했다.

따라서 1945년부터 2000년까지 반세기 동안 '영어권 세계'의 복음주의 역사(즉, 시리즈 다섯 권에서 공언한 주제)는 세계기독교의 역사와 점점 더 얽히고 설킬 수밖에 없었다. 이 책이 20세기 후반의 세계기독교 역사를 쓴 책이 아니고, 이 시기 복음주의형 기독교의 세계사에 대한 것도 아니지만, 기원이 18세기 유럽과 북미의 문화, 정치 환경에 기원과 뿌리를 둔 한 종교운동이 어떻게 전세계에서 가장 강력한 종교 세력 중 하나가 되었는가 하는 이야기, 또 이 과정에서 이 운동이 어떻게 그 깊고 큰 변화를 자체적으로 겪게 되었는가 하는 이야기를 나는 이 책에서 들려주려 한다.

The Global Diffusion of Evangelicalis

제2장

'복음주의자', '보수 복음주의자', '근본주의자'

　이 시리즈의 다른 네 권과 마찬가지로, 이 책은 기독교의 복음주의 전통에 대해 다룬다. 서론격인 제1장에서 강조한 것처럼, 이 시기는 세속주의가 서구 기독교세계의 지성, 도덕, 사회 구조를 잠식한 상황에 대한 복음주의자의 다양한 전략적 대응이 있었던 시기였을 뿐만 아니라, 문화적, 지리적 교류가 점증함에 따라 복음주의 전통의 다양성과 다각화도 두드러지던 시대였다. 그러나 1945년 이후의 복음주의 역사 이야기를 신학적 일치와 명료함이라는 1945년 상황으로부터, 다양하고 많은 신학 중 하나이자 분명한 정체성의 결핍이라는 2000년 상황으로의 전면적 후퇴(또는 독자의 신학적 관점에 따라, 진보)로만 설명하는 것은 너무 단조롭다. 이 시기 내내 복음주의 정체성의 의미와 범위에 대한 논쟁이 흔했고, 사용된 용어도 지리, 문화, 교파 배경에 따라 다양했지만, 가장 큰 다양성은 미국과 영국의 복음주의자 간 상호 차이였다.

　복음주의 정체성의 범위와 윤곽은 이 운동의 역사 내내 다양하고 유동적이었다. 1780년대부터 1820년대까지 시기처럼 상대적으로 안정된 시기도 있었고, 1890년대부터 1930년대에 이르는 기간처럼 경계선의 변화가 두드러진 때도 있었다. 1945년 이후의 영어권 복음주의 이야기는 대략 세 시기로 구분될 수 있다.

첫 시기는 1940년대 중반부터 이어진 첫 단계로, 복음주의 운동의 중간 입장에 있던 지도자들이 자신들의 목표와 정신을 한편으로는 분리주의적 근본주의자와 다르게 하고, 다른 한편으로는 교리적으로 애매모호한 '자유주의적 복음주의자'(liberal evangelicals) 및 신정통주의 지지자들과 거리를 둔 시기다.

두 번째 시기는 시작 시기와 종결 시기가 지역과 교단 상황에 따라 다르기는 하지만, 대개 '긴 1960년대'(long 1960s, 대략적으로 1958년에서 1974년 사이의 시기)라는 용어가 지칭하는 시기와 일치하는 중간기다.[1] 이 시기에 결과를 도출해 낸 합의, 즉 미국에서는 '복음주의' 혹은 '신복음주의'로 자체 정의를 내리고, 영국, 캐나다, 오스트랄라시아에서는 '보수 복음주의'로 자주 불린 이 합의는 꽤 굳건했기에 그 영향력도 계속 커졌다.

세 번째이자 마지막 시기는 이 중간기에서 시작해서 오늘날까지 이어지는 복음주의 유형의 기독교의 양적 성장이 지속되지만, 성장의 궤도는 점점 더 다양해졌다. 제9장에서 설명하겠지만, 이 다양성 때문에 21세기를 여는 첫 십 년 동안 과연 누가 '복음주의자'고 누가 '복음주의자'가 아닌가를 정확히 결정하는 것이 다시 한 번 문제가 되었다.

이 장의 초점은 이 세 시기 중 처음 두 시기인데, 1945년부터 대략 1974년까지, 즉 로잔 세계복음화회의가 열린 때까지다. 이전 20년 동안 형성된 복음주의 연합전선이 처음만큼 그렇게 연합된 상태를 유지하지 못하

---

1) '긴 1960년대'는 Arthur Marwick, *The Sixties: Cultural Revolution in Britain, France, Italy and the United States, c. 1958–1974* (Oxford: Oxford University Press, 1998), 7에 나오는 표현이며, Hugh McLeod가 *The Religious Crisis of the 1960s* (Oxford: Oxford University Press, 2007), 1에서 인용했다.

고 있는 것 같은 징조들이 이미 1960년대 후반에 다양한 상황 속에서 표출되었다는 사실도 고찰할 것이다. 제3장에서 제8장까지는 1970년대, 80년대, 90년대 복음주의 기독교가 이룬 지속적인 성장과 진보에 대해 분석하지만, 1970년대 초부터 표면에 나타나고, 위기에 이르렀다가 결국 노골적인 분열에 이르게 되는, 기저에 깔린 여러 긴장과 갈등의 특별한 양상들에 대해서도 살펴보려 한다. 제9장은 세 번째 시기에 대한 전체적인 해석이며, 20세기 후반기 복음주의 이야기에 대한 결론적 분석도 제시한다. 오늘날 언론에서 복음주의 기독교를 대표한다며 그려지는 가장 대중적인 인상과는 달리, 이 이야기는 '근본주의'와 '복음주의' 간의 간극이 지속적으로 더 넓어지고 있음을 보여준다. 대체로, 1970년대 중반까지는 이 분화 과정이 복음주의가 의미하는 것이 도대체 무엇인가 하는 질문을 명확히 하는 데 도움을 주었다면, 1970년대 중반 이후에는 같은 과정이 연속되고 있음에도 불구하고 같은 질문에 대답하는 것이 실제로 더 어려워졌다고 주장할 수 있다.

1. 미국: 서서히 진행된 복음주의의 근본주의 이탈, 1942-57

북미, 특히 미국에서는 두 세계대전 기간 사이에 벌어진 근본주의자와 현대주의자 간 쓰라린 갈등의 유산이 자주 여러 분리주의적 근본주의 교파와 신학기관을 설립하는 결과로 이어졌고, 다른 어떤 곳에서보다 더 심각한 교회 충성도와 사용 용어의 양극화를 야기했다. 1940년대에는 기독교를 종교적 진리에 대한 현대식 접근법, 과학의 권위, 성서비평과 조화시키려던 현대주의자의 시도를 비난했던 이들이 '근본주의자'라는 딱지를 기꺼이 받아들이는 경향이 있었다. '복음주의자'라는 용어는 1930년대에는 미국에서 상대적으로 사용 빈도가 낮았는데,[2] 1940년대에 '근본주의자' 라는 표현과 연결된 이들과는 다른 대안 목소리를 내던 이들이 스스로를 정의하는 기술어로 점차 다시 부상하고 있었다. 역사가들이 1940년대 '신복음주의' 등장의 두드러진 분기점으로 규정하는 사건 중 하나는 칼 헨리 (Carl F. H. Henry, 1913-2003)가 1947년에 작은 책 『복음주의자의 불편한 양심』(*The Uneasy Conscience of Modern Fundamentalism*, 한글 번역서와는 다른 원제 [현대 근본주의의 불편한 양심]를 주목할 것-역주)을 출판한 일이었는데, 당시 헨리는 시카고 소재 노던침례신학교(Northern Baptist Seminary) 소속 소장파 교수였다.

제6장에서 미국 복음주의자의 사회 의식이 성장한 가장 이른 시기의 신호 중 하나인 이 작품의 중요성을 살펴볼 것이지만, 여기서 헨리가 책 전체에서 '근본주의'와 '복음주의'를 상호 교차적으로 사용했다는 점을 지적할 필요가 있다.[3] 헨리의 친구이자 동료였던 보스턴 파크스트리트교회 (Park Street Congregational Church in Boston) 목사 해럴드 오켕가(Harold J. Ockenga, 1905-85)는 이 책 서문에서 헨리가 변호하던 방식으로 사회 문제에 참여하는 '진보적 근본주의'를 요청했다.[4] 비록 1947년에 자유주의 주류 교파 기독교에 속한 이들은 '진보적 근본주의'라는 표현을 용어상 부조리한 모순으로 치부하는 경향이 있었음에도 불구하고, 오켕가나 헨리 모두 이 단계에서는 이 용어가 모순이라고 생각하지 않았다. 그러나 자신들

---

2) George M. Marsden, *Understanding Fundamentalism and Evangelicalism* (Grand Rapids: Eerdmans, 1981), 66; David W. Bebbington, 'British and American Evangelicalism Since 1940', in Mark A. Noll, David W. Bebbington and George A. Rawlyk (eds.), *Evangelicalism: Comparative Studies of Popular Protestantism in North America, the British Isles, and Beyond 1700-1990* (New York: Oxford University Press, 1994), 367.

3) Carl F. H. Henry, *The Uneasy Conscience of Modern Fundamentalism* [1947], new ed. (Grand Rapids: Eerdmans, 2003), 1-3, 39-40.

4) Ibid., xx.

에게 필요한 것은 그저 개조된 근본주의가 아니라, 많은 근본주의자가 사랑하는 순진무구한 신학적 전투주의와는 분명한 거리를 두는 일종의 고전적이고 성경적인 정통이어야 한다는 결론에 점차 이르렀다.

해럴드 오켕가는 1942년 4월에 세인트루이스에서 결성되고 1943년 5월에 시카고 회의장에서 공식 시작된 '전미복음주의협회'(National Association of Evangelicals, 이하 NAE)의 창립회장이었다. NAE는 미국과 미국 정부에 복음주의의 연합된 대의를 대변하는 기관이 되고자 했다. 주로 자유주의적인 연방교회협의회(Federal Council of Churches, 이하 FCC)에 대응하는 분명한 대안이 되려는 것이었지만, 동시에 1941년에 '성경 장로교인'(Bible Presbyterian) 칼 매킨타이어(Carl McIntire, 1906-2002)가 설립한 미국기독교회협의회(American Council of Christian Churches, 이하 ACCC)보다는 더 폭이 넓은 기관으로 자리매김하고자 했다. ACCC는 모든 근본주의자와 복음주의자를 대변한다고 주장했지만, 사실은 역사적 개신교 교파가 아닌 다른 교회 집단에 속해 있는 이들만을 대변하고 있었을 뿐이었다.

반면 NAE도 그들의 연합 전선 안에 이런 분리주의자 중 일부는 참여시키고 싶어했기에, 실제로 신앙적으로 근본주의자 노선에 서 있던 이들의 에큐메니즘을 구현했다. 이들이 발간한 월간지 이름도 「유나이티드 이벤절리컬 액션」(*United Evangelical Action*)이었다. 그러나 분리주의 지도자들을 이사회에 편입시키려던 이들의 노력은 부분적인 성공만을 거두었는데, 레이먼드 에드먼(V. Raymond Edman, 1900-67) 같은 인사 영입이 대표적이었다. 에드먼은 1940년부터 1965년까지 휘튼컬리지 총장을 역임한 인물로 그의 근본주의는 교회 분리를 상대적으로 덜 강조하는 편이었다. 많은 분리주의적 근본주의자가 새로 설립된 NAE를 외면하자 1950년 후반이 되면 거의 당위적 명제가 되는 것, 즉 복음주의자는 자신들을 근본주의자와는 분명히 구별된 존재로 간주한다는 원리가 당연시되는데, 복음주의자는 근본주의자에 교리적으로 동의하지 못했다기 보다는 기질이 더 온건했다는 점, 여러 역사적 교파 내에서 정통 신앙을 확산시키기 위해 조직화되려는 의지와 결단이 더 강했다는 점이 근본주의자와는 달랐던 것이다.

그러나 1947년에는 이런 용어상의 구별이 미국에서 아직 분명하지 않았다.[5] 그럼에도 불구하고 이 시기 NAE에는 이 단체 회원 백삼십만 명이 복음주의 대의를 위해 포섭하고 싶어했던 주류 교단 출신이 아니라 주로 약 30개의 소규모 미국 교파 출신이었음에도 불구하고, 확고히 뿌리는 내렸다. 주도적인 보수 교회 집단 중에서 NAE 합류 비율이 저조했던 교단은 남침례교단(Southern Baptist Convention)이었는데, 이는 이 교단이 사실상 남부 지역의 여러 주에서는 (거의 국교회 수준의) 주류 교회 지위를 누리고 있었기 때문에 NAE가 대표하는 복음주의적 교제의 더 넓은 기반을 확보할 필요가 없었기 때문이다.[6] 그럼에도 불구하고 NAE는 1957년부터 오켕가가 대중화시킨 용어 '신복음주의'의 성장을 위한 필수불가결한 첫 기반, 즉 전국구 조직과 집단 행동을 제공하는 데 성공했다.

1947년은 신복음주의의 두 번째 핵심 요소가 미국에서 등장한 중요한 해였다. 「유나이티드 이벤절리컬 액션」 1947년 9월호에는 캘리포니아 주 패서디나에 문을 여는 '복음주의학문연구소'(a center of evangelical scholarship)에서 공부할 학생들을 모집한다는 광고가 게재되었다. 이 학교는 유명한 라디오 방송 '디 올드 패션드 리바이벌 아워'(The Old Fashioned Revival Hour)로 널리 이름을 떨친 인물이자 로스앤젤레스성경학교(Bible

---

5) 지금껏 분석한 내용은 주로 Joel Carpenter, *Revive Us Again: The Reawakening of American Fundamentalism* (New York: Oxford University Press, 1997), 84, 144–160에서 빌려왔다. George M. Marsden, *Reforming Fundamentalism: Fuller Seminary and the New Evangelicalism* (Grand Rapids: Eerdmans, 1987), 10–11; Robert Wuthnow, *The Restructuring of American Religion: Society and Faith Since World War II* (Princeton: Princeton University Press, 1988), 173–181도 보라.

6) Marsden, *Understanding Fundamentalism and Evangelicalism*, 70.

Institute of Los Angeles, 오늘날의 Biola대학은 원 학교명의 머릿글자를 모아 만든 이름이다-역주)에서 루벤 토리(Reuben A. Torrey)에게 배운 찰스 풀러 박사(Dr Charles E. Fuller, 1887-1968)가 창립자이자 이사장이었기 때문에 그의 이름을 따라 풀러신학교(Fuller Theological Seminary)가 되었다. 1948년 9월 입학생을 모집하는 광고에도 불구하고, 그 이전 이미 1947년에 학생 39명이 학교에 등록되어 있었다.[7] 새 신학교 총장은 해럴드 오켕가가 되었는데, 오켕가는 이 직무를 맡으면서도 (미국을 가로지르는 항공여행이 가능해졌기 때문에) 보스턴 목회직도 계속 유지하기로 했다. 칼 헨리는 신학을 가르치러 시카고에서 와야 했다. 헨리의 친구로 미국사로 박사학위를 받은 젊은 뉴욕 침례교인 해럴드 린셀(Harold Lindsell, 1913-98)이 교무를 맡았고, 달라스신학교에서 명예박사 학위를 받고 시카고 무디성경학교에서 가르치던 장로교인 윌버 무어헤드 스미스(Wilbur Moorehead Smith, 1894-1976)가 변증학 교수가 되었으며; 달라스신학교 교수로 있던 에버릿 해리슨(Everett F. Harrison)이 신약교수로 영입되었다.

신학교의 근본주의 색깔은 확실했다. 풀러는 아마도 당시 미국에서 가장 유명한 부흥 방송설교자라 할 수 있었고, 새로운 학교를 주로 해외선교사를 양성하는 기관으로 인식했다. 정신 없이 책을 읽고 모은 스미스는 「선데이스쿨 타임즈」(Sunday School Times)와 세대주의 기관지 「아우어 호프」(Our Hope) 같은 유명한 근본주의 신문들에 정기적으로 글을 실었다. 그는 베드로후서 3장에 나오는 '뜨거운 불에 녹아지는' 물질이 핵으로 인한 대참사를 예언하는 것이라고 믿었다. 오켕가와 해리슨은 장로교 근본주의 정통의 방어자 그레셤 메이첸(J. Gresham Machen)의 제자였다. 린셀과 헨리는 나무랄 데 없는 보수주의 경력을 이어간 인물들이었다.[8]

---

7) Marsden, *Reforming Fundamentalism*, 54-55.
8) 더 자세한 설명은 다음 두 책, ibid., chs. 1, 2 and 4와 Carpenter, *Revive Us Again*, 190-204에

그럼에도 불구하고 뒤돌아 보면 풀러신학교 설립이 일종의 전환점, 즉 근본주의와 복음주의가 가는 길이 분화된 첫 단계였음이 분명하다. 풀러는 힘이 넘치는, 스미스는 좀 더 절제된 감각의 옛 대중 근본주의를 대표한 인물이라면, 헨리와 오켕가는 새로운 유형을 대변하는 인물들이었다. 헨리는 신약성경에서 핵폭탄을 지목하는 구절을 찾는 것보다 서구 문명의 기저에 깔린 인본주의 전제들에 도전하는 데 더 관심이 많았다. 1946년에 출간된 첫 저술의 제목은 『현대 지성의 재형성』(Remaking the Modern Mind)이었는데, 개혁파 철학신학의 세 투사 고든 클락(Gordon H. Clark), 윌리엄 젤레마(William H. Jellema), 코넬리우스 반틸(Cornelius Van Til)에게서 영감을 끌어왔다.[9] 헨리는 확고한 복음주의적 세계관을 명료하게 설명하려고 했는데, 그의 두 번째 저술 『복음주의자의 불편한 양심』에 따르면, 이것은 개인 영혼의 구원에만 관심을 기울이는 것이 아니라 사회 문제에 대해서도 복음주의적으로 사고하는 것을 분명히 한다는 것을 의미했다.[10] 오켕가는 헨리보다는 덜 학문적이었지만, 성경적 정통의 부흥을 통하지 않고는 서구 문화에 미래가 없다는 점을 비슷하게 인식한 전략가였다. 이런 부흥에는 분리주의자의 길을 계속해서 추구하는 근본주의적 방식이 아니라 '교회론적으로 긍정적인' 교회정책이 필요하다는 것이었다.

1950년대 말에 '신복음주의'로 알려지게 되는 운동은 무엇보다도 지배적인 문화 및 신학 의제를 변화시키려는 선교 의식 때문에 독특하게 된 것으로, 이 선교 의식은 신학적으로 오류가 있는 이들을 떠나 지조 있는 고

나온다.
9) Carl F. H. Henry, *Remaking the Modern Mind* (Grand Rapids: Eerdmans, 1946). 본서 제5장, 206을 보라.
10) Marsden, *Reforming Fundamentalism*, 75-82.

립을 지키기 보다는 흔들림 없는 영향력을 떨친다는 것을 뜻했다.[11] 제4장과 제5장에서 다시 이 주제를 다루려 한다. 또한 문화를 새롭게 형성할 수 있는 실력있는 복음주의 지성의 형성을 추구함으로써 결국 옛 근본주의에 특징적이던 여러 태도를 무너뜨리는 결과가 나타났음을 보게 될 것이다. 그럼에도 불구하고 비록 영향력이 컸다고는 하지만 신학교 하나가 새로 세워졌다고 해서 새로운 복음주의 문화가 당장 만들어졌다고 말하기는 어렵다. 헨리와 오켕가가 구상한 선교를 '진보적 근본주의'가 이루어 내기 위해서는 두 가지 추가 요소, 즉 공적으로 이 운동의 간판이 될 인물, 그리고 사상을 정기적으로 전파할 출판기관이 필요했다. 전자의 필요를 채운 사람이 빌리 그레이엄, 후자를 해결한 잡지가 바로 「크리스채니티 투데이」(*Christianity Today*)였다.

빌리 그레이엄이 1949년 '로스앤젤레스 지역을 그리스도께로' 집회를 열면서 성급하고 젊은 남침례교 전도자로 미국 언론의 헤드라인을 처음으로 장식하기 전까지는 그를 근본주의 전통에 속한 수많은 다른 부흥사들과 구별할 만한 요소가 별로 눈에 띄지 않았다. 그러나 윌리엄 랜돌프 허스트(William Randolph Hearst)가 보유한 전국 신문 네트워크를 통해 로스앤젤레스 전도대회 소식이 주요 언론 지면을 장식하고, 방송인이자 경주마 소유자 스튜어트 햄블렌(Stuart Hamblen), 전직 올림픽 선수 루이스 잠페리니(Louis Zamperini), 악명 높은 조직폭력배 짐 바우스(Jim Vaus) 같은 지역 유명인사들이 회심하면서 그레이엄은 더 넓은 무대로 진출할 수 있었다.[12] 오켕가는 1950년 새해에 그레이엄에게 보스턴에서 집회를 열어달라고 부탁했는데, 아일랜드계 가톨릭 신자의 강력한 요새였던 이 지역에서 복음주의의 눈에 띄는 영향력이 미미했음에도 불구하고 다시 한 번 큰 성

---

11) Ibid., 60-68.
12) *SST*, 17 Dec. 1949, (3) 1127-(4) 1128.

공을 거두었다.[13] 1948년 후반까지 십대선교회(Youth for Christ, 이하 YFC)에 소속된 피고용인이었던 그레이엄은 그 해 9월에 자신의 선교단체, 빌리 그레이엄 전도협회(Billy Graham Evangelistic Association)를 설립했고, 오켕가가 회장이 되었다. 이후 1957년에 그레이엄은 풀러신학교 이사로 임명되었다. 그레이엄의 신학과 양식은 여전히 미국 근본주의의 특징을 보이고 있었기에, 그의 전도단이 1954년 3월에 런던에 도착했을 때 영국 교회 지도자와 많은 언론의 첫 반응은 그의 근본주의를 진지한 관심과 존경을 보일 가치가 없는 것으로 보고 멸시하는 것이었다.[14] 그러나 결국 해린게이(Harringay)에서 열린 런던 지역 전도대회는 다양하고 광범위한 영국 교회지도자들의 지지를 받아냈고, 이것이 선례가 되어 그레이엄이 다른 지역에서도 이어서 집회를 열 수 있다는 자신감을 갖게 만들었다. 그 중 유명한 것이 1955년에 기반이 광범위했던 뉴욕시 개신교협의회가 그에게 1957년 여름에 매디슨스퀘어가든에서 집회를 열어 달라고 요청한 사건이었다. 이런 광범위한 지지 기반 덕에 원칙상 그레이엄이 회심자와 구도자 명단을 신학적 입장이 다양한 모든 전도대회 참석 교회들에 보낼 수 있었던 것이다.[15]

복음주의 역사의 중요한 분수령이 된 이 사건에 대한 해석은 다양하다. 풀러신학교에 대한 조지 마스덴의 학문적인 연구서는 이 사건을 신복음주의 등장에 대한 분석이라는 틀 안에서 해석하며, 비록 마스덴이 점점 더 유연해지는 그레이엄의 입장을 인정하고 있다고 생각하는 사람이 있음에도 불구하고, 그가 그레이엄에 대해 분명한 신학적 판단을 내리지는 않는

---

13) Marsden, *Reforming Fundamentalism*, 92; Carpenter, *Revive Us Again*, 224–229.
14) 1954년 런던 지역 전도대회(The Greater London Crusade of 1954)로 그레이엄은 영국에서 종교계 유명인사로 떠올랐으나, 이 행사가 그의 첫 번째 영국집회는 아니었다. 이미 1946-7년에 YFC 소속으로 영국 제도에서 집회를 연 경험이 있었다.
15) Marsden, *Reforming Fundamentalism*, 159, 162.

다. 그레이엄의 전기를 쓴 여러 작가 중 일부는 1954년과 1957년 사이에 그레이엄이 만난 사람들의 범위가 확장된 상황의 중요성을 완전히 간과한다. 오직 윌리엄 마틴의 방대한 전기만이 1957년 뉴욕 전도대회를 근본주의에서 복음주의로 차별화되는 분수령으로 바르게 이해하고 있을 뿐이다.[16]

단호한 개혁파 관점에서 글을 쓴 이언 머리(Iain Muray)는 그레이엄의 새로운 정책이 더 폭이 넓은 기독교 협력관계를 추진하라는 다방면의 압박에 치명적으로 굴복한 결과, 필수불가결한 신학적 타협을 낳았다고 비난한다. 머리는 이런 압박의 세 근원을 그럴듯하게 제시한다. 즉 그레이엄의 장인이자 은퇴한 중국 주재 선교사, 남장로교단의 치리장로였던 넬슨 벨(L. Nelson Bell)이 끼친 개인적인 영향, 선오일(Sun Oil) 회사 소유주이자 (비록 개인적으로는 매우 보수적이었음에도 불구하고) 다른 주류 교단인 북장로교단 소속 신자였던 그레이엄의 가장 부유한 지원자 하워드 퓨(J. Howard Pew)의 재정적 유혹, 마지막으로 자기 교단의 지역 목회자들이 근본주의자들이 회심자들에게 주는 건강에 나쁜 패스트푸드를 끊어버리게 하고 자기 교단의 정체된 성장률을 끌어올리려는 심산으로 그레이엄의 전도대회를 이용하고자 했던 주류교회 지도자들의 꾸준한 구애를 그레이엄이 의심 없이 받아들인 것이 바로 그레이엄이 받은 세 가지 압박이었다는 것이다.[17] 수치도 모르는 실용주의라며 머리가 비난한 내용을 그레이엄 자신은 전도자로서의 사명의 자연스런 결과로 간주했는데, 즉 사람들을 그리스

---

16) William Martin, *A Prophet with Honor: The Billy Graham Story* (New York: William Morrow, 1991), 222–224. Marshall Frady, *Billy Graham: A Parable of American Righteousness* (Boston, Mass.: Little Brown, 1979)와 John Pollock, *Billy Graham: The Authorized Biography* (New York: McGraw-Hill, 1965)는 이 점에 대해 아무 언급이 없다.

17) Iain H. Murray, *Evangelicalism Divided: A Record of Crucial Change in the Years 1950 to 2000* (Edinburgh: Banner of Truth Trust, 2000), 28–30, 33, 55, 58.

도께로 인도하려는 열정이 모든 당파적 충성심과 어떤 집단에서 오는 비난도 다 이겨내고 극복해 내게 했다는 것이었다. 그레이엄은 하나님이 자신과 함께 하고자 하는 사람이 있으면 마다하지 않고 그와 함께 복음 전파 사역을 하라는 소명을 자신에게 주셨다고 믿었다.[18] 1950년대 중반에 다양한 상황에 대한 반응으로 그의 에큐메니컬 정신은 더 폭이 넓어졌는데, 이는 단지 1954년 봄의 해린게이 경험의 결과만은 아니었다. 이미 그 해 2월에 주류 개신교 신학교 중 가장 저명한 학교였던 뉴욕 유니언신학교 학생과 교수진에게 연설해 달라는 초청이 들어왔을 때, 처음에는 그레이엄에게 호의적이지 않았던 교수 한 명이 '전도자로서의 그의 전체 전략은 이제 에큐메니컬적'이라고 확신할 수 있을 정도로 그레이엄은 신중한 언어를 사용했다.[19]

'신복음주의' 정체성 형성의 네 번째 중요한 요소는 1956년의 「크리스채니티 투데이」 창간이었다. 이미 1951년에 윌버 스미스는 '너무 중요한 책이라 미국의 모든 진지한 기독교 목회자들이 절대적으로 반드시 읽게 될' 정기간행물에 대한 꿈을 그레이엄과 공유했다. 1954년 크리스마스에 그레이엄과 넬슨 벨은 주류 기독교의 「크리스천 센추리」(Christian Century)와 경쟁할 새로운 복음주의 잡지를 펴낼 계획을 세웠다. 곧이어 스미스가 편집자 청빙을 받았지만 숙고 끝에 그는 거절했다. 이어 린셀은 칼 헨리가 대신하면 좋겠다고 제안했다. 그레이엄은 헨리가 잡지를 편집하기에는 너무 근본주의적이라고 생각하며 주저했고, 그가 '길 한복판에 복음주의 깃발을 꽂고, 보수적인 신학 입장을 취하기는 하지만, 사회 문제에 대해서는

---

[18] Billy Graham, *Just as I Am: The Autobiography of Billy Graham* (London: Harper Collins, 1997), 303-304.

[19] John C. Bennett, 'Billy Graham at Union', *USQR* 9 (1954), 13. 베네트는 유니언신학교 기독교신학과 윤리학 교수였다.

명확한 자유주의적 접근법', 즉 '신학을 타협하지 않고도 근본주의에서 가장 좋은 것과 자유주의에서 가장 좋은 것'을 조화시키는 입장을 취하기를 바랐다.[20] 그럼에도 불구하고 이들은 1955년에 헨리에게 접근했다. 그레이엄이 예상한 대로, 헨리는 자신의 신학 입장이 지나치게 비타협적인 보수주의여서 잡지와 어울리지 않고, 동시에 자신의 정치적 입장도 이 잡지에 자금을 대려고 하는 하워드 퓨를 안심시키기에는 너무 진보적일 수 있다는 생각에 이 제안을 받아들이기를 꺼려했다. 결국 헨리가 편집자로 임명되었지만, 모든 발간물의 사전 조사를 요구하는 퓨의 위협에 굴복하여 결국 스스로 사임하고 말았다. 해럴드 오켕가가 편집위원회 위원장직을 맡았다.[21]

「크리스채니티 투데이」의 격주간 첫 호는 1956년 10월 15일에 발간되었다. 헨리의 첫 사설은 잡지의 목적을 분명히 보여 주었다. 즉 복음주의 기독교는 너무 오래도록 '무시되고, 모욕당하고, 바르게 대변되지 못했기에,' '확신과 사랑을 담아 말하고, 세상의 위기에 대해 바른 입장과 그 입장의 타당성을 표명하는 분명한 목소리'가 필요하다는 것이었다. 헨리는 세 가지 목적을 특히 강조했다.

첫째, 「크리스채니티 투데이」는 '전세계의 점증하는 복음주의 학자 집단'이 현 세대에 적합하고 타당한 방식으로 신앙을 해설하고 변호하는 도구가 되어야 한다. 즉, 이 잡지는 생각하는 남녀를 위한 잡지다.

둘째, 이 잡지는 '하나님의 기록된 말씀'으로서의 성경의 '완전한 신뢰성…권위…온전한 영감'에 대한 입장을 타협하지 않을 것이다. 즉, 이 잡지

---

20) Graham이 Lindsell에게 쓴 편지, 25 Jan. 1955. Marsden, *Reforming Fundamentalism*, 158에서 재인용.

21) Ibid., 157-161; Carl F. H. Henry, *Confessions of a Theologian: An Autobiography* (Waco: Word Books, 1986), 144-163.

는 길 한복판에 애매모호하게 서 있는 잡지가 아니다.

셋째, 이 잡지의 목적은 힘과 권세의 회랑을 뚫고 전진하는 것이지, 신학교 강의실에서 강의만하고 마는 것이 아니다. 즉 「크리스채니티 투데이」는 삶의 모든 영역에 복음 메시지 전부를 적용함으로써 현대 사회의 위기에 성경 계시를 적용할 것이다. 이는 근본주의가 '자주 실패한' 것이다. 워싱턴에 문을 연 「크리스채니티 투데이」 사무실은 헨리의 야망과 목표를 상징적으로 보여주었다. 10층에 위치한 방에서 편집자들은 '펜실베이니아 애브뉴(Pennsylvania Avenue)를 매일 내려다 보고, 백악관(White House), 블레어하우스(Blair House) 및 다른 미국의 전략적 중심지들을 바라볼 수' 있었다. '따라서 「크리스채니티 투데이」는 공화국 한 복판에서 복음주의 신앙을 증언하는 장소의 상징'이었다.[22] 용어 '근본주의'는 이 사설에 단 한번 등장했고, 복음을 사회 문제에 적용하는 데 실패했다는 것을 애통하는 맥락에서만 인용되었을 뿐이었다. 반대로, '복음주의,' '역사적 복음주의' 같은 용어는 헨리의 글에 반복적으로 등장했다. 「크리스채니티 투데이」는 신학에서는 타협이 없지만, 지적 기반에서는 학문적이고, 분위기에서는 평화적이며, 범위상으로는 모든 이들을 포용하는 '신복음주의'의 목소리로 자리매김하고자 했다.

2. '신복음주의' 합의의 취약한 토대, 1958-74

오켕가에 이어 1954년 후반부터 풀러신학교 총장이 된 에드워드 카넬(Edward J. Carnell, 1919-67)은 '신복음주의'라는 용어가 오해를 초래한다는

---

[22] *CT*, 15 Oct. 1956, 20-21. 블레어하우스(Blair House)는 미국 대통령을 방문한 손님들이 공식적으로 머무는 공간이다.

사실을 깨달았다. 1958년 12월에 카넬은 교수진에게 이 용어를 신학교의 신학적 입장을 묘사하는 표현으로 사용하지 말라고 지시해야 했다. 그는 대신 과거에 사용된 적이 없는 용어 '역사적 기독교'(Historic Christianity)를 사용하라고 권했다. 시간이 지날수록 미국에서 풀러신학교, NAE, 빌리 그레이엄, 「크리스채너티 투데이」가 대표하는 신학정신을 따르고 싶어하는 이들은 ('신'이라는 수식어를 빼고-역주) 그냥 '복음주의자'라는 표현을 자신들을 지칭하는 용어로 사용하는 것이 지혜롭다는 생각을 하게 되었고, 이로써 '신'(new, 또는 neo-, 근본주의자는 neo를 신복음주의자에게 붙이고 싶어했다) 복음주의자가 '신정통'(neo-orthodoxy)과 거리를 두는 것보다 옛 복음에서 떠나는 것을 더 중요시한다고 주장한 근본주의자의 공격을 피하려고 했다.

1960년 7월에 「크리스채너티 투데이」는 '근본주의자를 위한 자리가 있는가?'라는 제목의 기사를 실었는데, 이 기사는 '근본주의자'는 '공격적인 것 혹은 공격적인 사람을 지칭'하는 용어라고 주장했다. 비록 이 질문에 대한 답은 긍정적이었지만, 내포된 가정은 잡지를 읽는 독자 누구도 이제 자신들에게 이 이름을 붙이고 싶어하지 않으리라는 것이었다. 이는 악용된 용어로서, '그들이 속해 있는 교회의 성경 및 신학 전통에' 충실하게 서 있기를 원하는 이들이 지불해야 할 대가의 일부라는 것이었다.[23]

미국 복음주의자의 근본주의로부터의 언어적, 개념적 분리는 1959-60년, 즉 카넬이 『정통신학론』(The Case for Orthodox Theology)을 출간하고, 이어서 '탈근본주의 신앙'(Post-Fundamentalist Faith)과 '정통: 광신 대 고전' (Orthodoxy: Cultic vs. Classical)이라는 도발적인 제목의 두 글을 「크리스천 센추리」에 실은 해에 결정적인 추진력을 확보했다. 이 책은 표면상으로는 신학적 자유주의에 대항하는 복음주의 변증서였음에도, 동시에 근본주

---

23) Ibid., 18 July 1960, 6–7.

를 향해서도 총구를 겨누었는데, 여기서 카넬은 근본주의를 '지적 부정직'이자 '윤리적 위선'이라고 정죄했다. 그는 세대주의의 정제되지 않은 용어들과 분리주의의 편협함에 대해 글을 쓰면서, 두 번째 글에서는 심지어 그레섬 메이첸을 너무 엄격하다며 비판하기까지 했다.[24] 한편에서는 근본주의 지도자들, 다른 한편에서는 메이첸의 개혁파 지지자들이 대경실색하며 이에 대응했고, 해럴드 린셀은 카넬이 단지 잘못된 종류의 근본주의만을 비판한 것이라며 자기 학교 총장을 변호해야 했다. 그러나 복음주의와 근본주의 간 벌어지고 있던 간극을 중재하려는 린셀 같은 인물은 소수파였다. 카넬은 대담한 공격 덕에 개인적으로 큰 대가를 치러야 했다. 논쟁 때문에 육체적, 감정적으로 소진하고, 풀러의 재정상태를 안정적으로 유지해야 하는 책임 부담이 너무 컸던 탓에, 그는 교수진에는 계속 남았지만, 결국 1959년 5월에 풀러 총장직을 내려놓아야 했다.[25]

새로운 미국 복음주의의 설계자들은 자신들이 원하는 형식의 정통이 무엇인지 거의 정확히 알고 있었고, 하나님께서도 그것을 원하신다고 확신했지만, 그들이 자유주의와 근본주의 사이에 매달아 놓은 팽팽한 밧줄 위로 걷기에는 너무 어렵고 위험하다는 것도 이미 알고 있었다. 1960년대가 시작되면서, '신복음주의자'(new evangelicals)라는 정체성에 어쩔 수 없이 내재된 모호함이 점차 더 두드러졌다. 1966년에 베를린에서 빌리 그레이엄 전도협회가 소집한 세계전도회의(World Congress of Evangelism) 같은 공적 상황에서는 복음주의 연합 전선의 결속이 여전히 단단했다. 그러나 표면

---

24) Edward J. Carnell, *The Case for Orthodox Theology* (Philadelphia: Westminster Press, 1959); Murray, *Evangelicalism Divided*, 188-189. 카넬이 *Christian Century*에 처음으로 기고한 글은 1959년 여름에 실렸고, 두 번째 글은 1960년 3월에 실렸다.

25) 카넬의 삶에서 일어난 이런 여러 에피소드에 대해서는 Marsden, *Reforming Fundamentalism*, 141-196; Rudolph Nelson, *The Making and Unmaking of an Evangelical Mind: The Case of Edward Carnell* (Cambridge: Cambridge University Press, 1987), 106-112을 보라.

아래에서는 긴장이 팽팽해지고 있었다. 제4장에서 보수적 성경영감 교리와 순전한 학문적 헌신 간에 안정적인 평형을 어떻게 찾아내고 유지할 것인가 하는 과제를 놓고 복음주의자들이 직면한 중심 문제에 대해 살펴볼 것이다. 풀러신학교는 1960년대와 1970년대에 이런 주제들을 놓고 가장 공적 논란이 많이 벌어진 장소였다. 1979년부터는 논쟁의 초점이 신복음주의 역사에서 지금까지 별 역할이 없었던 미국 기독교의 초대형 교파, 즉 남침례교단으로 옮겨졌다. 「크리스채니티 투데이」사무실에서는 칼 헨리가 1960년대에 편집장 역할이 점점 더 불편해지는 현실을 체감했다. 신학적으로 그는 잡지를 타협 없는 보수주의 입장에 계속 매어두었으나, 정치적, 교회론적 측면에서 그의 편집 정책은 에큐메니컬 운동과 이 운동의 점점 더 급진화하던 대의에 강경하게 반대하는 입장을 원한 하워드 퓨에게는 너무 폭이 넓어 보였다. 1968년에 헨리는 편집장직을 물러났고, 그 자리를 이어받은 해럴드 린셀의 보수주의도 헨리의 것과 마찬가지로 단지 신학에만 국한되지 않고 정치와 사회 영역에까지 뻗어있었다.[26] 1968년부터 린셀이 은퇴한 1978년까지 신복음주의 핵심인사들은 복음주의 운동의 더 오래되고 더 근본주의적인 계파들과 아주 분명하게 차별화되지 않은 목소리를 냈다.

따라서 1974년 로잔회의라는 국제 무대에서 나눠진 내용들, 특히 남반구에서 등장한 더 급진적인 '신복음주의'를 대했을 때 미국 복음주의자들의 신경체계에 가해진 충격은 엄청난 것이었다. 1979년부터 팻 로벗슨(Pat Robertson), 제리 폴웰(Jerry Falwell), 제임스 답슨(James Dobson) 같은 이름과 연결된 신기독교우파(New Christian Right)의 영향력이 미국 보수 개신교에 점점 더 커지면서 복음주의자와 근본주의자의 거리가 더 좁혀졌다. 오직

---

26) Marsden, *Reforming Fundamentalism*, 260; Henry, *Confessions of a Theologian*, 264-301.

소수의 미국 복음주의자만이 자신들을 폴웰의 도덕적 다수(Moral Majority) 운동과 동일시했음에도 불구하고, 확고한 성경적 원리로 세워진 나라로서의 미국이라는 가정된 역사적 상태로 미국을 회복시키는 데 헌신된 신기독교우파의 더 광범위한 정치 캠페인은 많은 복음주의자들의 지지를 얻는 데 성공했다.[27]

3. 잉글랜드국교회: 서서히 진행된 '복음주의' 와 '보수 복음주의' 의 간극 축소, 1945-67

미국에서와는 대조적으로, 영국에서는 20세기 중반 극소수의 복음주의자만이 자신을 근본주의자라 규정했다. 대서양 건너편 상황과는 대조적으로, 대부분의 영국 복음주의자에게는 '근본주의자'(fundamentalist)라는 용어는 언제나 반대자들이 이들에게 적용한 오점과 경멸의 용어에 다름 아니었다. 비록 영국도 1920년대에 근본주의 논쟁을 경험했음에도 불구하고, 이 논쟁들은 미국에서처럼 대규모도 아니었고 교회에 미친 결과가 파괴적이지도 않았다. 영국의 교파 구도는 미국에서처럼 그렇게 파편적이지 않았기에, 대부분의 복음주의자는 여전히 역사적 교단들을 떠나지 않고 그 안에 소속되어 있었다.[28] 영국의 복음주의권 분리주의자는 미국에 비해서 숫자가 훨씬 적었기에, 비분리주의적 복음주의자가 자신들을 근본주의자와 차별화하기 위해 신경을 많이 쓸 필요가 없었다. 미국에서는 전후

---

27) Mark A. Noll, *American Evangelical Christianity: An Introduction* (Oxford: Blackwell, 2001), 188-191; Wuthnow, *Restructuring of American Religion*, 205-207.

28) 이런 대조적 차이점에 대해서는 David Bebbington, 'Evangelicalism in Its Settings: The British and American Movements Since 1940', in Noll, Bebbington and Rawlyk, *Evangelicalism*, 365-388을 보라.

시기에 복음주의 정체성을 규정하는 과제가 분리주의적 근본주의자와 복음주의자를 구별하는 과정을 통해 만들어진 반면, 영국에서 우리 시대가 시작되는 시점에서의 핵심 논제는 복음주의자와 좀 더 자유주의적인 입장을 가진 이들 사이에 선을 정확히 어디에 그어야 하는가 하는 점이었다.

영국에서는 잉글랜드국교회(성공회-역주)와 스코틀랜드국교회(장로교-역주) 같은 국교회에도, 잉글랜드의 자유교회들(비국교회-역주)에도 '복음주의자'(evangelical)라는 용어가 대전 직후에 느슨하게 적용되었는데, 이는 1970년대 이전에 복음주의 정체성을 정의하는 데 아무런 문제가 없었다는 주장에 모순되는 것이다. 성공회 복음주의자의 연례 이슬링턴 성직자대회(Islington clerical conference)가 1947년 1월에 전후 처음으로 재개되었을 때, 이슬링턴 교구 주관자 대리 휴 고(Hugh Gough)는 성공회 복음주의의 다양한 집단이 공통으로 붙잡고 있는 것이 정확히 무엇인지 윤곽을 정하기 위해 대회 주제를 '복음주의의 본질들'(Evangelical essentials)로 정했다. 그는 주교교구복음주의회(Diocesan Evangelical Fellowship) 위원회 위원으로 뽑혔음에도 불구하고 개인적인 구원 경험이 없다고 고백한 성직자의 사례로 경고를 담아 언급했다.

그러나 (해럴드 언쇼-스미스[Harold Earnshaw-Smith]와 함께 1930년대에 IVF의 첫 두 순회 총무 중 하나였던)[29] 고는 '더 이상 '하이픈(-)이 들어간'(수식어가 들어간-역주) 복음주의자가 되어서는 안 될' 시간이며 다시 한 번 '순전하고 단순한 "복음주의자"'가 되어야 한다고 주장하며 '진보적', '보수적' 따위의 딱지를 버려야 한다고 주장했다.[30]

---

29) Oliver Barclay, *Evangelicalism in Britain 1935-1995: A Personal Sketch* (Leicester: Inter-Varsity Press, 1997), 28.

30) *Evangelical Essentials: Report of the 113th Islington Clerical Conference, Held in the Church House, Westminster, January 14th, 1947, Under the Chairmanship of the Rev. HUGH R. GOUGH, O.B.E., M.A.* (London: Church Book Room Press, n.d. [1947]), 13-14.

이어서 그는 복음주의 정체성이 명확해야 하는 다섯 영역, 즉 권위, 예배, 설교, 교회, 개인을 선정했는데, 각 영역은 대회 보고서의 주제였다. 이어진 다섯 연설은 복음주의 성공회 신자가 자기 정체성의 정의에 대해 합의를 내리는 작업만해도 얼마나 어려운지를 보여주었다. 소더와 만(Sodor and Man) 지역 주교 J. R. S. 테일러(J. R. S. Taylor)는 '권위의 본질들'이라는 주제에 대한 연설을 성경이 아니라 39개 신조와 연결시키며 시작했다.

성경의 권위를 논하는 과정에서 그는 T. M. 린지(T. M. Lindsay)의 『종교개혁의 역사』(History of the Reformation) 를 다소간 선택적이고 부정확하게 인용했다. "권위와 무오성은 우선은 하나님의 말씀에, 그 다음으로 성경에 해당되는 것이다…믿음으로 이해되지 않는다면 성경에는 권위나 무오성이 귀속되어 있지 않다." 테일러는 하나님의 말씀은 성경이 아니라 주로 그리스도와 동일시된다고 주장했고, 복음주의자를 좁은 성직자 중심의 표현, 즉 '복음의 사람, 말씀의 종, 복음을 우리 사역의 가장 앞에 두는 성직자'로 정의했다.[31] 성경의 영감에 대한 두드러지게 보수적인 관점을 제시한 인물은 성경성직자선교회(Bible Churchmen's Missionary Society, 이하 BCMS, 오늘날에는 Crosslinks로 주로 알려져 있다) 총무 A. T. 휴턴(A. T. Houghton)으로, 그는 '개인의 본질들'에 들어가는 목록에 하나님의 말씀에 대한 헌신을 포함시켰다.[32]

1947년 이슬링턴대회에서 성경의 권위에 대한 언급이 상대적으로 적었던 것은 이 시점에서 영국과 미국의 복음주의에 큰 차이가 있었다는 사실을 반증하는 것이다. 1922년에 BCMS의 형성으로 이어진 교회선교회(Church Missionary Society, 이하 CMS, 오늘날은 Church Mission Society로 개명)

---

31) Ibid., 18–21; 테일러는 T. M. Lindsay, *History of the Reformation*, 2 vols. (Edinburgh: T. & T. Clark, 1906-7), I, 464를 꼼꼼하지 않게 인용한다.

32) *Evangelical Essentials*, 71.

내부 분열 이래 잉글랜드국교회 내 좀 더 자유로운 복음주의파로부터 보수파를 분열시킨 주요 단층선이 복음주의 입장이 현대 성서비평의 수용과 공존할 수 있는가 하는 질문에 대한 대답을 따라 나뉘었다는 사실이 이 상황을 충분히 설명해 준다. 복음주의 신학 진영에 속한 모든 이가 공유한 가장 분명한 공통점은 그저 이들이 전도에 우선순위를 두었다는 것이었다. 아주 비슷한 결론이 1948년에 램버스 성공회주교회의(Lambeth Conference of Anglican bishops) 전야에 CMS 총무 막스 워렌(Max Warren, 1904-77)이 소집한 복음주의 성공회 신자 모임 보고서를 통해 드러난다.

이 모임은 복음주의 정체성이 아니라 '신약성경에 충실한 어떤 전도에도 근본이 되는' 것을 규정한 9개 선언문을 램버스에 막 모인 주교들에게 연설을 통해 제시했다. 이들 중 오직 마지막 선언문만이 성경에 대한 내용을 담고 있었고, 자유주의적 복음주의자든 '중도파'(centrist) 복음주의자든 모두가 받아들일 만한 느슨한 용어로 표현되었다. "우리는 교회가 성경에 계시된 바 하나님의 말씀 아래 서 있다고 선언하며, 교회의 신앙과 질서, 예배와 생활방식이 그에 맞추어 판단 받아야 한다고 선언한다."[33] 전년의 이슬링턴에서처럼 런던 중심부 랭엄플레이스의 올소울즈교회(All Souls, Langham Place) 교구 사제 해럴드 언쇼-스미스(Harold Earnshaw-Smith)는 좀 더 보수적인 견해를 표명했는데, 그는 '복음주의적'(evangelical)이라는 단어와 '전도의'(evangelistic)라는 단어가 사실상 상호 호환성이 있는 단어가 아니며, 효과적인 전도의 회복을 위한 유일하게 확실한 기반인 '성경 목회'로

---

33) *Evangelicals Affirm in the Year of the Lambeth Conference: The Proceedings of the Congress Held in London, April 13th-14th, 1948* (London: Church Book Room Press, 1948), xii. 전후 영국의 '중도파 복음주의자'가 '자유주의적 복음주의자'와 구별되어야 한다는 주장에 대해서는 David W. Bebbington, *Evangelicalism in Modern Britain: A History from the 1730s to the 1980s* (London: Unwin Hyman, 1989), 251-253을 보라.

돌아가야 한다고 주장했다.[34]

　이 시기에 성공회 복음주의 공동체의 폭이 얼마나 넓었는가 하는 점은 성공회복음주의그룹운동(Anglican Evangelical Group Movement)과 복음주의 신학문헌회(Evangelical Fellowship for Theological Literature)를 살펴보면 파악할 수 있다. 1923년에 형성된 전자는 복음주의의 극단적으로 자유주의적인 유형과의 연결고리가 뚜렷했고, 1950년대에는 실제로 광범위한 성공회 중도파와 거의 구별할 수 없을 정도가 되었다.[35] 주로 막스 워렌의 주도로 1942년에 형성된 후자는 복음주의 신학의 성장을 도모하기 위한 목적으로 만들어졌고, 복음주의에는 '자유주의적' 혹은 '보수주의적' 같은 수식어가 붙지 않아야 한다는 워렌의 확신을 반영했다. 복음주의신학문헌회는 처음에는 시드니 무어컬리지의 아일랜드계 학장 T. C. 해먼드(T. C. Hammond, 1877-1961) 같은 보수주의자부터 모리스 와일스(Maurice Wiles, 1923-2005)처럼 결정적으로 자유주의적 방향으로 이동하고 있던 인물까지 다양한 신학 성향을 지닌 인물들을 포용했다. 와일스는 케임브리지대학간기독인연합(Cambridge Inter-Collegiate Christian Union, 이하 CICCU) 전 회원이자, 1952년부터 1955년까지 케임브리지 리들리홀(Ridley Hall, Cambridge) 교목이었으며, 1970년에는 옥스퍼드대 레기우스 신학교수(Regius Professor of Divinity)가 되었다. 1977년에 그는 급진적 논문 모음집 『성육하신 하나님의 신화』(*The Myth of God Incarnate*)의 기고자로 선정되었고, 어떤 의미에서도 더 이상 복음주의자로 간주될 여지가 없었다. 소속 회원들의 학문적 지위에서는 엄청나게 탁월했음에도 불구하고, 신학문헌회는 시간이 갈수록 점점 더 복음주의적 특징을 잃어갔고, 1972년에 워렌

---

34)　*Evangelicals Affirm*, 47, 52.
35)　Bebbington, *Evangelicalism in Modern Britain*, 201-202, 252-253.

의 표현대로, '일이 이제 정말로 끝났다'는 명목으로 해체되었다.[36]

따라서 전쟁 직후 시기 잉글랜드국교회 복음주의는 분명한 교리적 합의를 이루어내기 위해 분투했다. 1950년대에는 이런 합의 도출의 과제가 두 가지 이유 때문에 눈에 띄게 더 쉬워졌다. 첫 번째 이유는 이 운동 내 좌파 진영의 자유주의화 과정 때문이었는데, 여기에 속한 사람들은 스스로에게 '복음주의자'라는 딱지를 붙이기를 점점 더 꺼려했고, 따라서 점차 복음주의 진영에서 멀어졌다. 첫 번째 이유의 기저에 깔린 원인일 수도 있는 두 번째 이유는 잉글랜드와 스코틀랜드에 끼친 초기 그레이엄 전도대회의 영향으로, 이 대회는 엄청나게 거대한 미국식 인기영합주의의 유혹 때문에 지적 온전성을 희생한 근본주의적 복음주의자들을 무너뜨리려 한 신학적 반대자들에게 큰 기회를 제공했다. 따라서, 여러 입장의 다른 기독교인들과의 관계 범위를 늘린다는 이유로 미국 근본주의자들의 공격을 받고 있던 그레이엄은 동시에 처음에는 영국 언론 일부에게, 이후에는 장기적으로 일부 주류교회 지도자들에게 전형적인 미국 근본주의자로 인식되었다.

1955년 8월 15일부터 27일까지 「더 타임즈」(The Times)에 근본주의를 주제로 토론을 주고 받은 서신이 실렸는데, 그레이엄의 케임브리지대학 선교활동이 이 서신교환의 원인이었다.[37] 1956년 초 당시 더럼 주교이자 요크 대주교 임명을 앞두고 있던 마이클 램지(Michael Ramsey)도 '근본주의의 위협'이라는 제목으로 교구 잡지에 글을 기고하기도 했는데, 여기서 그는 그레이엄을 분파적이고 이단적인 인물로 정죄했다.[38] 그레이엄 전도대

---

36) F. W. Dillistone, *Into All the World: A Biography of Max Warren* (London: Hodder & Stoughton, 1980), 60; 또한 Michael Hennell, 'An Episode in Twentieth Century Church History', *Theology* 76 (1973), 480–483; Leonard Hickin, 'The Revival of Evangelical Scholarship', *Chm* 92 (1978), 125–133을 보라.

37) *The Times*, 15, 17, 18, 19, 20, 22, 23, 24, 25, 26, 27 Aug. 1955.

38) Owen Chadwick, *Michael Ramsey: A Life* (Oxford: Clarendon Press, 1990), 92.

회가 촉발한 공적 논쟁의 열기는 그레이엄과의 연대를 희망하던 이들에게 그들이 해야 할 것과 하지 않아야 할 것이 무엇인지를 정확히 알려주는 결과를 낳은 것이다.

1950년 6월에 언쇼-스미스를 이어 랭엄플레이스 소재 올소울즈교회의 교구 사제가 된 존 스토트(John Stott)는 1955년 11월과 1956년 5월에 잡지 「크루세이드」(Crusade)에 두 편의 글을 기고하며 싸움에 끼어들었다. 여기서 그는 신앙의 근본을 붙들고 있는 유형의 근본주의를 지지하고 그리스도께 확고히 헌신하자고 요구하는 그레이엄의 사역을 옹호했다. 그럼에도 불구하고 스토트는 특히 미국에서 유행하는 근본주의의 '과장'과는 거리를 두었다. 이 두 글은 짧은 소책자 『근본주의와 전도』(Fundamentalism and Evangelism)로 재출간되었다.[39] 뒤돌아보면 이 소책자는 스토트가 런던 중심부에서 그의 전략적인 설교 사역을 통해 보여준 것만큼이나 명쾌한 저술활동을 통해 자신의 분명한 의견을 개진한 첫 사례로, 그는 이후 영국판 '신복음주의'의 가장 영향력 있는 설계자가 된다. 미국에 있는 신복음주의 동료들처럼, 스토트의 마음을 지배한 열정은 복음주의 기독교의 영향력을 교회와 사회 사다리꼴의 더 높은 영역에까지 퍼뜨리는 것이었다.[40]

같은 사례의 좀 더 실질적인 발언은 1958년 3월에 브리스틀 틴들홀 교수이자 청교도 신학에 열정을 지닌 제임스 패커(J. I. Packer)가 주로 성공회 가톨릭파(Anglo-Catholic, 가톨릭교회 전통에 충실한 성공회 내 고교회파 신자-역주) A. G. 허버트(A. G. Hebert)의 책 『근본주의와 하나님의 교회』(Fundamentalism and the Church of God)에 대응한 발언이었다.[41] 패커의 IVF

---

39) Alister Chapman, *Godly Ambition: John Stott and the Evangelical Movement* (New York: Oxford University Press, 2012), 47, 177; John R. W. Stott, *Fundamentalism and Evangelism* (London: Crusade Booklets, 1956).

40) Chapman, *Godly Ambition*, 여러 쪽.

41) Gabriel Hebert, *Fundamentalism and the Church of God* (London: SCM Press, 1957).

포켓용 소책자 『근본주의'와 하나님의 말씀』('Fundamentalism' and the Word of God, 따옴표는 저자 Stanley의 의도-역주)은 1년 간 2만부가 팔렸고, 특히 영국과 (허버트가 살았던) 호주 학생에게 복음주의 변증의 표준 저작이 되었다. 인용 부호들이 중요했다. 허버트 및 다른 비평가들이 '새롭고, 기괴하며, 사실상 받아들일 수 없다'고 주장했듯, 19세기 프린스턴 신학자 찰스 하지와 B. B. 워필드를 통해 16세기 개신교 종교개혁자들에까지 거슬러 올라가면서, 존재 교리보다 복음주의 성경교리가 더 존경해 마땅한 역사적 계보를 갖고 있음을 보여준 것이 패커의 사례였다. 패커는 "근본주의는 비록 우리 판단에 그리 좋거나 유용한 이름은 아닐지라도, 그저 역사적 복음주의의 20세기식 명칭일 뿐"이라고 주장했다.[42] 패커는 실제로 '역사적 복음주의'를 변호한 것이지, 반복음주의적 논증을 일삼는 '근본주의'를 변증한 것이 아니었다.

성공회 복음주의 정체성이 굳게 세워지는 또 하나의 중요한 이정표는 『처치 오브 잉글랜드 뉴스페이퍼』(Church of England Newspaper, 이하 CEN)를 두 보수 복음주의 평신도가 1959년에 매입한 후, 이어서 이 신문의 보조편집자, 부편집장, 편집장을 역임하고 1954년부터 온건파 조직 현대성직자연합(Modern Churchmen's Union) 총무까지 맡았던 아서 돌(Arthur Dawle)을 대신하여 존 킹(John King)을 편집장으로 임명한 사건이었다.[43] 대략 1959년부터 잉글랜드국교회 내 복음주의는 예리하고, 신학적으로 더 보수적이

---

42) J. I. Packer, 'Fundamentalism' and the Word of God: Some Evangelical Principles (London: Inter-Varsity Fellowship, 1958), 11, 19 및 여러 쪽. 이 책의 기원 및 영향에 대한 상세한 이야기는 Alister McGrath, To Know and Serve God: A Biography of James I. Packer (London: Hodder & Stoughton, 1997), 80-88을 보라.

43) CEN, 29 Jan. 1960, 3; Bebbington, Evangelicalism in Modern Britain, 252-253; Kenneth Hylson-Smith, Evangelicals in the Church of England 1734-1984 (Edinburgh: T. & T. Clark, 1988), 288-289. 두 명의 새로운 소유자는 보수당 국회의원 존 코들(John Cordle)과 유명한 기업인 알프레드 오웬(Alfred G. B. Owen)이었다.

지만 지적으로는 훨씬 세련된 이미지의 집단으로 거듭났다. 새로운 세대의 복음주의 성직자들이 등장해서 굳건한 정통 신학을 분파주의 거부 태도와 종합했다. 이들은 협회와 협력 활동을 조직하기 시작했다. 1955년에 스토트는 절충주의협회(Eclectic Society, 원래 이 협회는 18세기 말에 번영했다)를 40살 이하 복음주의 성직자를 위한 런던 토론 모임으로 재건했다. 원래의 18세기 협회처럼, 새로 재건된 절충주의협회도 잉글랜드국교회를 내부에서 개혁하기 위해 태어났다.[44] 1년 후 리즈 소재 세인트조지교회의 교구주관자 대리 레이먼드 터비(Raymond Turvey)는 고립되어 있다는 느낌에 잉글랜드 북부의 흩어져 있는 복음주의 성직자 집단을 소집했다. 1960년에 이들의 모임은 요크에서 열린 제1회 북부복음주의대회(Northern Evangelical Conference)로 발전했는데, 당시 북부 주 전역에서 250명의 성직자가 참여했다. 1964년에 평신도대회도 열렸고, 1965년에는 제2차 북부복음주의대회도 열렸다.[45]

이런 뿌리들을 통해 제1회 전국복음주의성공회회의(National Evangelical Anglican Congress, 이하 NEAC)가 1967년 4월에 킬대학(Keele University)에서 열려, 평신도가 약 절반을 차지하는 천 명이 모여 보수 복음주의자로서 '잉글랜드국교회의 현재와 미래'에 '깊이 헌신한다'는 것이 무엇을 의미하는지 논의했다.[46] NEAC는 잉글랜드국교회 내 젊은 복음주의자들이 전례 없는 비율로 이 신학적으로 다원화된 교회에 전적으로 참여하여 헌신하기로 결단한 모임으로, 교회 내 결정적인 분위기 변화의 증거였다.[47] 보수 복

---

44) Chapman, *Godly Ambition*, 81–82.
45) Philip Crowe (ed.), *Keele '67: The National Evangelical Anglican Congress Statement* (London: Falcon Books, 1967), 7.
46) Ibid., 38.
47) Andrew Atherstone, 'The Keele Congress of 1967: A Paradigm Shift in Anglican Evangelical Attitudes', *Journal of Anglican Studies* 9 (2011), 175–197.

음주의자가 근본주의자의 게토(ghetto)에서 빠져 나와 성공회 역사에서 전례 없는 주도적 영향력을 발휘하는 시기로 진입하고 있었던 것이다.

4. 잉글랜드의 자유교회들: 복음주의의 폭넓은 표현 양식 지속, 1945-c. 1971

잉글랜드의 자유교회들(국교인 성공회가 아닌 비국교회 교회들-역주)에서도 여러 다양한 신학 견해가 2차대전 이후에 '복음주의자'라는 이름과 연결되어 있었으나, 그 기간은 잉글랜드국교회에서보다 더 길어서 1970년대 초반까지 이어졌다. 후기 빅토리아 시대의 많은 잉글랜드 비국교도 학자와 목회자는 새로운 성서고등비평을 받아들였으나, 신학적으로는 여전히 광범위하게 복음주의적 접근법을 유지했기에, 이런 종합의 유산이 1950년대와 심지어 1960년대까지도 명시적으로 살아남아 있었다.[48]

자유교회 복음주의를 에큐메니컬, 때로는 자유주의적 방향으로 이동시킨 부가 영향력은 많은 자유교회 지도자와 학생기독교운동(Student Christian Movement, 이하 SCM)과의 밀접한 관계였다. 여러 역사적 자유교회 출신의 학생은 성공회가 주도하는 경향이 있는 IVF보다 기독교형제단(Christian Brethren)의 영향을 많이 받은 SCM을 더 편하게 여겼다.[49] 가장 영향력 있는 성경신학자로 더럼대학교 교수였던 C. K. 바레트(C. K.

---

48) Willis B. Glover, *Evangelical Nonconformists and Higher Criticism in the Nineteenth Century* (London: Independent Press, 1954); 'The Old Evangelicalism and the New', *Religion in Life* 23 (1954), 286-296.

49) 이 시기 침례교회와 SCM의 밀접한 관계에 대해서는 Ian M. Randall, *The English Baptists of the Twentieth Century* (Didcot: Baptist Historical Society, 2005), 219-221, 260-261, 304를 보라.

Barrett, 1917-2011)는 신학에서는 정통파였고 바울신학적이었지만, 성경관이 그렇게 뚜렷하게 보수적이지는 않았다. 감리교 신학대학 중에는 순회목회자보다 평신도 사역자 훈련에 더 전문성이 있던 더비셔의 클리프컬리지(Cliff College in Derbyshire)만이 복음주의적 헌신이라는 측면에서 분명히 보수적이었다.

그러나 각 교회 회중 수준에서는 복음주의 영성을 생명력 있게 유지한 힘이 감리교에 있었다. 이들 중 두드러진 것은 찰스 웨슬리의 찬송이 오래도록 인기를 유지한 것이었다. 런던의 웨스트민스터센트럴홀(Westminster Central Hall)에서는 1939년부터 1954년까지 W. E. 생스터 박사(Dr W. E. Sanster)의 직접적이고 열정적인 전도설교가 큰 영향을 끼쳤다.[50] 1942년에서 1947년 사이에 특별한 영국 도시들을 목표로 했던 '코만도작전'(Commando Campaigns)에서부터 1979년에 그 해 감리교총회 총회장이던 도널드 잉글리쉬(Donald English)가 시작한 전국전도대회(Nationwide Initiative in Evangelism)에 이르기까지, 감리교인들은 또한 전도 노력에서도 두드러졌다.[51]

잉글랜드 자유교회 중에서 신학적으로 가장 자유주의적인 교회는 회중교회였다. 그럼에도 불구하고 이 교단 학자들은 1940년대와 50년대에 카를 바르트(Karl Barth)의 신학 및 '제네바 학파'(Genevan school)의 영향을 크게 받았다. 이 학파는 옥스퍼드대 맨스필드컬리지의 너새니얼 미클럼(Nathaniel Micklem, 1888-1976)이 이끈 일파로, 정통과 존중, 예배의 예전적 질서를 촉진하려고 했다. 그러나 교단 내 보수 복음주의자들은 수에서도

---

50) 생스터에 대해서는 *BDE*, 578-580; Paul Sangster, *Doctor Sangster* (London: Epworth Press, 1962)을 참조하라.

51) David W. Bebbington, 'Evangelism and Spirituality', in Alan P. F. Sell and Anthony R. Cross (eds.), *Protestant Nonconformity in the Twentieth Century* (Carlisle: Paternoster Press, 2003), 201, 207.

극소수였고 영향력도 미비했다.

역사적 잉글랜드 자유교회 중에서 보수 복음주의가 가장 잘 보존된 곳은 침례교연합(Baptist Union)으로, 여기서는 찰스 스퍼전(C. H. Spurgeon)의 유산이 많은 교회, 특히 런던과 남동부 잉글랜드 교회들의 특징 형성에 지속적으로 영향을 끼쳤다. 그러나 보수 신학이 교단 사다리꼴의 더 높은 자리에까지 널리 퍼진 것은 1991년에 보수 복음주의자 데이비드 코피(David Coffey)가 침례교연합의 총무로 임명되면서부터였다. 많은 지도적 잉글랜드 침례교 학자, 특히 브리스틀침례교대학(Bristol Baptist College)이나 옥스퍼드 리전트파크컬리지(Regent's Park College in Oxford)의 학자들은 성경에 대한 다소 비평적인 견해를 받아들이면서도 자신들을 복음주의자로 간주했다. 1951년부터 1967년까지 침례교연합 총무를 지낸 어니스트 페인(Ernest A. Payne, 1902-80)은 보수 복음주의자와는 거의 접촉관계가 없던 인물로 WCC의 핵심인사였다. 심지어 잉글랜드 침례교 대학 중에서 언제나 가장 보수적이었던 스퍼전스컬리지(Spurgeon's College) 교수진도 1950년대, 1960년대에 기대했던 것만큼은 보수적이지 않거나 심지어 일관되게 보수적이지는 않은 복음주의 유형을 대표했다.[52] 비국교회 목회자가 지닌 특정 자유교회 정체성이 범복음주의 정신보다 더 강한 힘으로 남아있는 한, 역사적 잉글랜드 자유교회들이 영국의 전후 복음주의의 운명을 주조해 내는 능력을 과시할 기회는 많지 않았다.

---

52) 1955년부터 1957년까지 대학 학장이던 Eric Worstead는 도덕재무장운동(Moral Re-Armament) 지지자였다. 1957년부터 1973년까지 학장을 지낸 조지 비슬리 머리(George Beasley-Murray)는 핵심 강조점에서는 의심의 여지 없는 보수주의자였지만, 예수가 재림(parousia)의 때를 예측하는 데서 오류를 범했다고 주장한 영향력 있는 마가복음 13장 주석을 출간했다. Ian M. Randall, *A School of the Prophets: 150 Years of Spurgeon's College* (London: Spurgeon's College, 2005), 116-117를 보라. 1965년부터 1975년까지 구약을 가르친 렉스 메이슨(Rex A. Mason)은 보수 복음주의자라기보다는 '중도파'로 분류될 수 있다.

5. 스코틀랜드국교회: 바르트신학과 복음주의 협력

스코틀랜드국교회(Church of Scotland, 스코틀랜드의 국교로, 잉글랜드와는 달리 장로교-역주)에서는 보수파와 자유주의파 양편에 속한 복음주의자들의 수가 잉글랜드국교회에서보다 적었고, 전반적으로 대다수는 신학적으로 중간 지대에 몰려있었다. 스코틀랜드국교회의 역사적 개혁파 유산과 신앙의 근본 표준으로서의 웨스트민스터신앙고백(Westminster Confession of Faith, 1647)의 지위가 부분적으로 이런 상황에 책임이 있었다. 또한 관련이 있는 것은 카를 바르트(Karl Barth, 1886-1968)의 신정통주의 신학의 엄청난 영향으로, 그의 옹호자 중에는 에든버러대학에서 1936년부터 1952년까지 기독교 교의학 교수로 활약한 G. T. 톰슨(G. T. Thomson, 1887-1958)과 그의 후계자 토머스 토랜스(Thomas F. Torrance, 1913-2007) 등이 있었다. 중국내지선교회(China Inland Mission, Hudson Taylor가 세운 믿음선교 단체로, 오늘날 OMF의 전신-역주) 선교사의 아들 토랜스는 한동안 신학생 대상의 IVF 사역을 이끌었으나, 보수 복음주의 진영에서 그가 보기에 성경의 권위에 지나치게 기계론적으로 접근하는 것에 불만을 품게 되었다.[53]

풀러신학교 교수진에 합류하기 위해 1958년에 에든버러대 뉴컬리지(New College, Edinburgh, 에든버러대 신학부-역주)를 떠난 성공회 학자 제프리 브로밀리(Geoffrey W. Bromiley, 1915-2009)와 함께, 토랜스는 톰슨(Thompson)이 1권 1장 번역을 시작한 방대한 바르트의 13권짜리『교회교의학』(Church Dogmatics)의 영어 번역을 감독했다. 또한 잉글랜드국교회보다 스코틀랜드국교회에 전도가 우선순위라는 더 광범위하게 헌신된 합의

---

53) Alister E. McGrath, *Thomas F. Torrance: An Intellectual Biography* (Edinburgh: T. &. T. Clark, 1999), 25-26; Barclay, *Evangelicalism in Britain*, 54. Torrance의 첫 저술은 소책자 *The Modern Theological Debate: Notes of Three Addresses Delivered at the T.S.P.U. Conference, Bewdley, Dec. 30-Jan. 2, 1941* (1941)로, IVF의 Theological Students' Prayer Union이 출간했다.

가 있었다. 1947년부터 1950년대 후반까지 스코틀랜드국교회는 다른 교회들과 함께 후에 '스코틀랜드에 말하라'(Tell Scotland)로 알려지는 전국 평신도 전도 프로그램을 진척시켰다. 1957년 '스코틀랜드에 말하라' 상임위원회 의장은 SCM과 세계학생기독연맹(World Student Christian Federation, 이하 WSCF)의 전임 총무였던 로버트 매키(Robert Mackie, 1899-1984)였다.

그러나 이 캠페인은 SCM 뿐만 아니라 IVF 출신자도 끌어들였고, 지도자 중 하나였던 톰 앨런(Tom Allan)은 빌리 그레이엄을 강하게 지지했다.[54] 스코틀랜드 대학, 특히 에든버러대학교에서는 이 학교의 뉴컬리지 소속 신학생들이 IVF와 SCM 지도자로 활동했고, 이 학교의 기독인연합(Christian Union)은 톰 토랜스 같은 신학부 선임 교수들 및 유명 설교자 제임스 스튜어트(James S. Stewart, 1896-1990)[55]의 지지를 받았는데, 이 학교에서 이 두 기독학생운동의 상호 관계는 1950년대 초반 잉글랜드 어느 학교에서보다 가까웠다. 1951년부터 IVF와 연결된 에든버러대학의 기독인연합은 SCM과 함께 연합 주간 모임을 열고 함께 기독교를 증거하는 활동에 참여했는데, 이는 결국 런던 IVF가 에든버러대학 기독인연합을 1953년 9월에 제명하는 조치로 이어졌다.[56] 이는 보수 복음주의자들이 스코틀랜드에서 협력을 통해 '중도' 복음주의 안에 머물러 그 일부가 되는 것이 얼마나 어려운 일인지를 보여준 상징적인 사건이었다.

비록 토랜스 같은 일부 '중도파' 스코틀랜드 복음주의자들이 잉글랜드

---

54) Bebbington, *Evangelicalism in Modern Britain*, 253; Robin Boyd, *The Witness of the Student Christian Movement: 'Church Ahead of the Church'* (London: SPCK, 2007), 59, 118; Frank Colquhoun, *Harringay Story: The Official Record of the Billy Graham Greater London Crusade 1954* (London: Hodder & Stoughton, 1955), 199-200.

55) 스튜어트에 대해서는, BDE와 Myles S. Krueger, *James S. Stewart* (Cambridge: James Clarke, 2009)를 보라.

56) SCM 관점에서 본 전체 이야기는 Boyd, *Witness*, 86-89을 보라.

중도파들이 그랬던 것보다는 훨씬 더 주저 없이 자신들을 복음주의자로 계속해서 지칭했음에도 불구하고,[57] 에든버러 논쟁은 용어 변이의 과정에 기여했는데, 이는 국경의 남쪽(잉글랜드를 의미-역주)에서 훨씬 더 두드러졌던 논쟁과 비견되는 것이었다. 스코틀랜드에도 '복음주의자'라는 용어가 점차 보수 복음주의자만을 특징적으로 지칭하는 용어가 되어갔는데, 이들의 영향력 있는 지도자는 윌리엄 스틸(William Still)로, 그는 1945년부터 1997년까지 아버딘의 길컴스턴사우스교구교회(Gilcomston South Parish Church in Aberdeen) 목사였다.

6. 영국 내 보수 복음주의 합의의 등장과 붕괴

1960년대는 서구 기독교세계 전역에서 종교가 심대한 위기에 처한 시기로, 교인 숫자가 급감하고 교리적 정통이 교회 내부에서도 점점 더 의문시되었으며, 공공 기독교 도덕을 떠받치던 법적 기반도 지속적으로 붕괴되었다.[58]

이 중요한 십 년이 열리면서, 스코틀랜드국교회와 잉글랜드의 자유교회들은 성공회 복음주의자가 1950년대 후반에 처음 직면했던 것과 똑같은 상황에서 선택을 내려야 했다. 복음주의의 중도파 혹은 자유주의파 진영을 유지하고 지지할 수 있는 영역이 점차 좁아졌기 때문에, 영국 교회들은 두 가지 근본적인 선택을 하지 않을 수 없게 되었다. 즉 남아있는 자신들의 복음주의를 자유주의적이고 점점 더 세속화되어 가는 지배 분위기에 맞추든지, 아니면 전쟁 이전 시대에 취했던 대부분의 태도와 언어를 버리

---

57) McGrath, *Torrance*, 26.
58) McLeod, *Religious Crisis of the 1960s*.

고 이제는 적극적이고 대외적이며 새로운 확신에 찬 보수 복음주의를 기경하는 것이다.

옛 세대 교단 지도자들을 성장시켰던 SCM은 이 십 년 시기에 시대에 굴복한 후 일종의 유사 마르크스주의 정치적 행동주의에 투신하며 기도와 성경연구를 변방으로 좌천시켰고, 전통적인 의미에서의 어떤 선교활동에 대해서도 여지를 남겨두지 않았다.[59] 지금껏 복음을 전하는 일에 대한 원래의 헌신을 어느 정도 유지했던 자유주의 유형의 복음주의도 1960년대에 대서양 양편 에큐메니컬 개신교를 통해 세계를 휩쓴 공공연한 세속 및 정치 신학의 대유행 물결에 거의 흡수되어 버렸다.

대학의 SCM 그룹이 쇠락하여 힘을 잃으면서, 1975년에 이름을 대학기독인회(Universities and Colleges Christian Fellowship, 이하 UCCF)로 바꾼 IVF가 영국 고등교육의 엄청난 확산으로부터 큰 결실을 거두었다. 1960년대에 과학기술대학(polytechnics)과 고등교육이나 연장교육을 책임지는 여러 컬리지(colleges)에 더하여 21개의 새 대학교(universities)가 영국에 세워졌다. 비록 새 대학교와 과학기술학교의 정신이 주로 세속적인 것이었다고는 해도, 세속 의제와는 가장 분명하게 구별된 모습을 보여준 유형의 여러 기독교가 세상에 적응하려 한 기독교보다 대학생들에게 훨씬 더 잘 받아들여졌다.[60]

IVF의 전국 회원수가 1949년 2,000명에서 1959년에 6,000명으로 늘었고, 1977-8년에는 UCCF에 속한 학생이 14,000명이 되었다.[61] 기독인연

---

59) Boyd, Witness, 112-116; Risto Lehtonen, *Story of a Storm: The Ecumenical Student Movement in the Turmoil of Revolution, 1968-1973* (Grand Rapids: Eerdmans; Helsinki: Finnish Society of Church History, 1998), 122.

60) McLeod, *Religious Crisis of the 1960s*, 209에 세속주의 성장과 종교적 보수주의 성장 간의 공생적 관계에 대한 설명이 나온다.

61) Pete Lowman, *The Day of His Power: A History of the International Fellowship of Evangelical*

합의 활동으로 학생 시절에 신앙을 갖게 된 이들은 대학을 떠난 후에 다닐 교회로 보수 복음주의 교회를 찾았다. 런던의 주도적인 보수 복음주의 성공회 교회들의 교인 투표자 명부에 오른 숫자는 1950년대 후부터 1970년대 초까지 꾸준히 늘어난 반면, 자유주의 혹은 성공회 내 고교회파(Anglo-Catholic) 교회는 쇠퇴하는 경향을 보였다.[62] 상당수의 복음주의 학생이 계속해서 목회자나 다른 종류의 기독교 사역자가 되기 위해 훈련을 받았다. 지적으로 가장 탁월한 학생 일부는 신학을 공부했다. 대학원 과정에서 이런 공부를 한 이들은 자주 (1945년에 IVF가 세운) 틴들협회(Tyndale Fellowship)에 합류했는데,[63] 협회 회원 일부는 1970년대와 1980년대에 신학대학이나 종합대학에서 교수직을 얻었다.

1940년대부터 1960년대 중반까지 영국 내 보수 복음주의 르네상스를 이끈 정신과 영혼은 웨일즈 출신의 의사로 목사가 된 마틴 로이드 존스(Martyn Lloyd Jones, 1899-1981)였다. 1943년부터 1968년까지 런던 웨스트민스터채플(Westminster Chapel) 담임목사이자 '더 독터'(the Doctor)로 널리 알려진 그는 놀라운 강해 설교, 저술 및 강연 사역을 통해 그 교회의 많은 회중과 영국 및 다른 세계의 수없이 많은 사람의 지성을 살찌우고 영혼을 소생케 했다. 칼뱅주의 감리교도로서, 로이드 존스는 교리에서는 엄격한 개혁파였다.

그러나 1904-5년 웨일즈 부흥에 대한 살아 있는 기억으로 충만한 어린 시절의 경험 덕에, 같은 수준으로 그는 기독교인이 성령의 능력을 체험해야 한다고 소리 높여 외쳤고, 생애 후기에는 비록 방언이 성령세례의 정상

Students (Leicester: Inter-Varsity Press, 1983), 96, 99; McLeod, *Religious Crisis of the 1960s*, 211에는 1960년 IVF 회원수가 훨씬 적은 '약 3,000명'이었다는 내용이 들어있다.

62) Chapman, *Godly Ambition*, 61-62.
63) 더 상세한 이야기는 제4장을 보라.

적인 증거라는 주장은 반박했음에도 불구하고 은사주의 갱신의 진정성에도 열린 태도를 보였다. 건전한 복음주의자라면 아르미니우스주의자와도 교제를 나눌 준비가 충분히 되어 있는 인물이었다. 1950년대, 1960년대 청교도신학 부흥의 주역이었는데, 이를 여러 수단을 통해 촉진했다. 즉 1945년 런던에 문을 연 복음주의도서관(Evangelical Library)을 지원하고, 1950년부터 연례 청교도(후에 '웨스트민스터') 학회를 개최하고, 1955년에 잡지 「더 배너 오브 트루스」(The Banner of Truth)를 발간하고, 2년 후 같은 이름의 출판사를 설립하며, 1955년에 공식 설립된 웨일즈복음주의운동(Evangelical Movement of Wales)을 장려했다.[64]

신학적인 내용에서 보면 로이드 존스의 신학이 전쟁 이전 보수주의자의 것과 특히 다를 것은 없었다. 그는 광범위한 독서가였음에도 불구하고, 공식 신학교육을 받은 적이 없었다. 또한 기독교 정체성은 전제되어 있는 성경의 진리 체계를 믿음으로써만 정의된다는 확신 때문에 교회론에서 점점 분리주의자가 되어 갔다. 이런 최소한의 기독교 교리에 동의하지 않는 이들은 기독교인으로 간주될 수 없다고 주장했다.

따라서 그는 복음주의 정통에 대한 그의 관심을 공유하고 있던 여러 '혼합'(mixed, 복음주의자와 자유주의자가 공존하는-역주) 교단 소속의 동료 복음주의자가 마치 그 교단에 있는 자유주의자 동료를 동료 기독교인인 것처럼 계속 취급하고 있는 상황을 이해할 수가 없었다.

독터의 이 확신은 1966년 10월에 웨스트민스터센트럴홀(Westminster

---

64) BDE, 370-374; Bebbington, *Evangelicalism in Modern Britain*, 262. 로이드 존스에 대한 풍성한 자료들은 Andrew Atherstone and David Ceri Jones (eds.), *Engaging with Martyn Lloyd-Jones: The Life and Legacy of 'the Doctor'* (Nottingham: Apollos, 2011); John Brencher, *Martyn Lloyd-Jones and Twentieth-Century Evangelicalism, 1899–1981* (Carlisle: Paternoster, 2002); Iain H. Murray, *David Martyn Lloyd-Jones: The Fight of Faith 1939–1981* (Edinburgh: Banner of Truth Trust, 1990)을 보라.

Central Hall)에서 열린 제2차 전국복음주의자회의(National Assembly of Evangelicals)에서 그가 개회연설을 하며 복음주의자들에게 '때에 따라서만이 아니라 언제나 함께 나오라'고 요청하고, 모든 복음주의자가 '복음주의 교회의 교제 혹은 연합'으로 뭉치게 되는 날을 하나님께서 빨리 이르게 하시리라는 소망을 피력했을 때 논란이 되었다. 모임의 의장이었던 존 스토트는 당연히 이를 잉글랜드국교회 같은 역사적 교단에서 분리하라는 요청으로 이해했다. 모임을 마치며 그는 자신이 보기에 성경과 역사 어느 것도 로이드 존스가 주장한 입장을 지지하지 않는다고 판단했다. 이 사건은 여러 문헌에서 많이 다루어졌기에, 여기서는 따로 더 분석하지 않을 것이다.[65] 다만 여기서는 두 가지 점만 지적하려 한다.

먼저, 로이드 존스 자신이 신앙적으로 복음주의적이지 않은 사람들과의 대화를 기피한 적이 없다는 것이다. 심지어 공동 증언을 주창한 더 이른 시기에도 그랬다. 이언 머리가 쓴 로이드 존스 전기에는 1948년 11월에 제임스 바가 조직한 에든버러대학 연합선교회에 대한 이야기가 나온다. 에든버러대학 기독인연합 회원이던 바는 이후 보수 복음주의에서 떠난 후 1977년 저서 『근본주의』(Fundamentalism)에서 성경 교리를 신랄하게 공격했다.[66] 선교회의 두 위원장이 되기로 한 인물은 로이드 존스와 알렉 비들러 박사(Dr Alec Vidler)로, 비들러는 후에 케임브리지대 킹스컬리지 학장이 되는 자유주의 성공회 고교회파였다. 결국 로이드 존스는 병 때문에 이 일

---

65) Murray, *Fight of Faith*, 522–528; Brencher, *Martyn Lloyd-Jones*, 92–106; Chapman, *Godly Ambition*, 93–95; Timothy Dudley-Smith, *John Stott: A Global Ministry* (Leicester: Inter-Varsity Press, 2001), 65–71을 비교해 보라. 가장 최신의 상세한 논의는 Andrew Atherstone, 'Lloyd-Jones and the Anglican Secession Crisis', in Atherstone and Ceri Jones, *Engaging with Martyn Lloyd-Jones*, 261–292에서 볼 수 있다.

66) 유명한 성경신학자가 되어 에든버러, 맨체스터, 옥스퍼드, 미국에서 저명한 교수로 활동한 바(1924–2006)에 대해서는 그의 *Fundamentalism* (London: SCM, 1977)과 *Escaping from Fundamentalism* (London: SCM, 1984)를 보라.

을 맡을 수 없었고, 그를 대신해서 IVF 전국 고문단 위원이던 톰 토랜스가 이 자리를 맡았다.[67] 로이드 존스는 또한 1948년에 세인트폴스교회 주임 사제 W. R. 매튜스(W. R. Matthews)와도 복음주의연맹에서 함께 활동했는데, 매튜스의 복음주의 신앙은 심각한 의혹을 받았다.[68]

따라서 최소한 1948년의 로이드 존스는 철저한 분리주의자가 아니었다. 후에 그는 그레이엄 전도대회 경험을 바탕으로 보수 복음주의자와 다른 기독교인과의 전도 협력을 위해 가능한 공통의 기반이 있는지를 확인하기 위한, 결국에는 무익한 것으로 판명된 노력의 일환으로 1957년과 1961년 사이에 영국교회협의회(BCC)가 주최한 일련의 사적 모임에 꾸준히 참석하기도 했다.[69]

두 번째로 언급하고 싶은 것은 1966년 10월에 있었던 유명한 에피소드가 영국 보수 복음주의 합의 상태에 나타나기 시작한 균열의 첫 징조 중 하나였다는 것이다. 로이드 존스는 1940년대와 1950년대 가장 중요한 범복음주의 기관에 깊이 관여하고 있었다. 1939년에서 1964년 사이에 다섯 차례 IVF 회장을 지냈고, 이 조직의 운영에 경쟁자가 없을 정도의 영향을 끼쳤다.[70] 설립된 해 1947년부터 1959년까지는 국제복음주의학생회(International Fellowship of Evangelical Students, IFES) 의장이었고, 1959년부터 1967년까지는 회장이었다. 초기에 런던성경대학(LBC)의 유명한 후원자였고, 틴들하우스 설립에도 관여했다.

그러나 1960년대 초부터 IFES에 계속 참여했음에도 불구하고, IVF에

---

67) Murray, *Fight of Faith*, 189-190.
68) Ian Randall, 'Schism and Unity: 1905-1966', in Steve Brady and Harold Rowdon (eds.), *For Such a Time as This: Perspectives on Evangelicalism, Past, Present and Future* (London: Evangelical Alliance; Milton Keynes: Scripture Union, 1996), 170.
69) Murray, *Fight of Faith*, 314-320.
70) Brencher, *Martyn Lloyd-Jones*, 216.

대한 지지가 점점 약해졌는데, 이유는 이 단체가 성공회의 영향을 더 많이 받게 되었기 때문이었다.[71] LBC의 경우는 이 학교가 세속 학계의 인가를 추진하고, 졸업생들이 침례교연맹의 인정을 받게 된다는 사실에 저항하며 훨씬 일찍부터 거리를 두었다.[72] 에큐메니컬 운동과 '혼합' 교파들에 대한 입장은 1960년대에 더 강경해져서, 그는 웨스트민스터채플을 1966년 1월에 회중교회연합(Congregational Union)에서 탈퇴(이어서 잉글랜드 및 웨일즈 회중교회로 소속을 바꾸었다)시켰다.[73] 웨스트민스터센트럴홀 모임에서의 그의 제안은 결국 보수 복음주의가 당시 취한 폭넓은 연대로부터 자신을 떨어뜨려 놓으려고 시도한 이탈 과정의 일부였을 뿐이다. '독터'가 복음주의자에게 혼합된 교단에서 떠나라고 요청한 것이라는 해석은 그의 언급, 특히 1964년 이래 성공회 복음주의 성직자가 교단을 떠나 비국교회에 합류한 몇 차례 눈에 띄는 사례가 있었다는 사실을 고려할 때 논리적이고 타당성이 있다.[74]

그럼에도 불구하고 영국 복음주의자 대다수는 로이드 존스에 반대했다. 1966년 10월 이후, 개혁파 신학에 확고했던 성공회 복음주의자 알렉 모티어(J. Alec Motyer)는 "그를 지도자로 볼 수도, 똑같이 지혜로운 사람으로도 볼 수가 없었다"고 했다.[75] 잉글랜드 보수 복음주의 운동에 속한 대다수는 변방에 고립된 독터와 그의 제자들을 서서히 떠나고 있었다. 웨일즈에서는 다른 상황이 전개되었다. 여기서는 웨일즈 복음주의운동(Evangelical

---

71) Ibid., 220–221.
72) Ibid., 199; Ian M. Randall, *Educating Evangelicalism: The Origins, Development and Impact of London Bible College* (Carlisle: Paternoster, 2000), 106.
73) Brencher, *Martyn Lloyd-Jones*, 119–120.
74) Atherstone, 'Lloyd-Jones', 262–269.
75) Brencher, *Martyn Lloyd-Jones*, 226에서 재인용.

Movement of Wales)이 로이드 존스의 영향을 영구히 이어갔다.[76]

7. 영국 및 타 지역 보수 복음주의 형성에 끼친 기독교형제단의 공헌

기독교형제단(Christian Brethren)은 오순절 및 구세군 신자와 더불어 전후 시기에 보수 복음주의를 유지한 영국 비국교회 내 얼마 안 되는 집단 중 하나였다. 고립주의를 추구했던 형제단 운동의 '배타'(exclusive) 혹은 '교파'(connexional) 진영은 다른 복음주의자에게 별 영향을 끼치지 못한 반면, '개방'(open) 혹은 '독립'(independent) 형제단은 1940년대 후반부터 영국 및 세계의 보수 복음주의자에게 상당한 영향력을 행사하기 시작했다.[77] 독립 형제단 출신의 저명한 사업가, 예컨대 건설계 거물 존 랭(John Laing, 1879-1978)과 스코틀랜드 보수당 의원이자 농산물 수입자 상사 회장이던 존 헨더슨(John Henderson, 1888-1975)은 그레이엄의 1954년 런던 지역 전도대회의 열렬한 지지자였다. 해린게이대회 당시 고문단의 28%나 되는 많은 사람이 형제단 배경을 갖고 있었고, 이 비율은 1959년 호주 대회 때에도 그만큼 혹은 그 이상 높았다고 한다.[78] 랭은 이 시기 보수 복음주의 성경신학 르네상스에도 재정으로 크게 기여했는데, 특히 리버풀대학에서 히브리어

---

76) Noel Gibbard, *The First Fifty Years: The History of the Evangelical Movement of Wales, 1948-98* (Bridgend: Bryntirion Press, 2002)를 보라.

77) '배타', '개방'이라는 더 전통적인 용어와 반대되는 '교파', '독립'이라는 표현 사용의 정당성에 대해서는 Roger Shuff, *Searching for the True Church: Brethren and Evangelicals in Mid-Twentieth-Century England* (Milton Keynes: Paternoster Press, 2005)를 보라.

78) Ibid., 151-153; Stuart Piggin, *Evangelical Christianity in Australia: Spirit, Word and World* (Melbourne: Oxford University Press, 1996), 166, 182를 보라.

와 셈어를 연구하고 강의한 친구 W. J. 마틴(W. J. Martin)의 영향을 받은 탓도 있었다.[79] 랭은 런던성경대학과 케임브리지의 성경연구소 틴들하우스에도 재정을 많이 투자했다. 제4장에서 더 길게 다루겠지만, 이런 기관들은 영국 국경 너머에까지 영향을 떨쳤다.

비록 이 시기에 형제단이 자신들의 소명을 성취하기에는 환경이 너무 협소하다고 판단하고 다른 교단으로 이탈한 일부 때문에 난항을 겪기는 했지만, 원래 형제단 배경에서 자란 남녀는 전후 영국의 더 날카롭고 지성적으로 더 확신에 찬 보수 복음주의 정체성을 주조하고 표현해 내는 데 크게 공헌했다.[80]

그 중 두드러진 사례는 더글러스 존슨(Douglas Johnson, 1904-91)으로, 그는 1928년부터 1964년까지 IVF 총무를 지낸 의사였다.[81] 대개는 잉글랜드 국교회와 침례교에, 더 구체적으로는 스코틀랜드 지역에서 형제단 출신의 재능 있는 젊은이들이 형제단을 떠나 이 교단들에 가입하면서 큰 유익을 주었다. 형제단에 남아 있던 이들도 이 운동의 규모와는 상관 없이 영향력을 발휘했는데, 아마도 참된 기독교적 교제에 대한 형제단의 이상이 본질적으로 범복음주의적이며 비교파적인 것이었기 때문일 것이다.

또 한 명의 의사이자 평생 형제단 소속이었던 스코틀랜드인 존 레어드(John M. Laird, 1905-88)도 뉴질랜드에서 어린이특별선교회(Children's Special Service Mission, 이하 CSSM)와 십자군운동(Crusaders movement)을 지도하며 엄청난 열매를 거둔 후, 1945년 말에 영국으로 돌아가 런던에서

---

79) Shuff, *Searching for the True Church*, 77.

80) David Bebbington, 'The Place of the Brethren Movement in International Evangelicalism', in Neil T. R. Dickson and Tim Grass (eds.), *The Growth of the Brethren Movement: National and International Experiences: Essays in Honour of Harold Rowdon* (Milton Keynes: Paternoster Press, 2006), 258–260.

81) *BDE*, 333–334.

제2장 '복음주의자', '보수 복음주의자', '근본주의자' 95

국제 CSSM운동과 자매기관 성서유니온(Scripture Union)의 공동 총무, 이어 단독 총무직을 맡았다. 1947년에 레어드는 일종의 '탈식민화' 작업을 시작했는데, 대영제국 전역의 다양한 성서유니온 기관들이 '영연방 지위'로 성장할 수 있게 하고 런던 지부가 자치권을 얻게 함으로써, 궁극적으로 특히 서아프리카 지역에서 중요한 의미를 지닌 국제화 과정을 주도했다.[82] 레어드는 또한 형제단 경계 너머에서 떠오르는 재능 있는 복음주의자를 찾아내는 데도 능력이 있었다. 아프리카 탕가니카 지역의 호주 의료 선교사 폴 화이트(Paul White, 유명한 『정글의사』(Jungle Doctor) 어린이책 시리즈 저자)에게서 빌려온 방식을 사용하여, 레어드는 'BWW'(Blokes Worth Watching, '지켜 볼 만한 녀석들') 목록을 만든 후 이를 그의 기도와 격려의 대상으로 삼았다. 1940년대 후반에 이 목록에 들어간 이름 중에는 존 스토트, 프레드릭 캐서우드(Frederick Catherwood, 후에 유명한 기독교 사업가이자 정치가가 되고, 마틴 로이드 존스의 사위가 된 인물), 마이클 그리피스(Michael C. Griffiths, OMF 대표이자 1980년부터 1989년까지 런던성경대학 학장이 된 인물)가 있었다.[83]

형제단은 또한 전후 시대의 가장 저명한 보수 복음주의 성경신학자 F. F. 브루스(F. F. Bruce, 1910-90)를 배출했는데, 그는 1955년부터 1959년까지 쉐필드대학 성서역사 및 문헌 교수, 1959년부터 1978년까지 맨체스터대학 릴랜즈 성서비평 및 주해 교수를 지냈다.[84] 보수 신약학자로서의 브

---

82) John Laird, *No Mere Chance* (London: Hodder & Stoughton and Scripture Union, 1981); Nigel Sylvester, *God's World in a Young World: The Story of Scripture Union* (London: Scripture Union, 1984), 117-118, 155-160, 246-247. Peter J. Lineham, *No Ordinary Union: The Story of Scripture Union Children's Special Service Mission and Crusader Movement of New Zealand, 1880-1980* (Wellington: Scripture Union in New Zealand, 1980). 1950-60년대 성서유니온의 탈식민화 과정에 대한 더 상세한 이야기는 제3장에서 다룰 것이다.
83) Laird, *No Mere Chance*, 120-121.
84) T. Grass, *F. F. Bruce: A Life* (Milton Keynes: Authentic Media, 2011).

루스의 역할은 몇몇 다른 형제단 학자, 특히 리버풀대학의 W. J. 마틴과 그의 후계자 A. R. 밀라드(A. R. Millard), 1961년부터 1982년까지 런던대학의 아시리아학 교수를 지낸 도널드 와이즈먼(Donald J. Wiseman), 1949년부터 1955년까지 런던성경대학에서 가르친 H. L. 엘리슨(H. L. Ellison)이 구약 및 셈어 연구에서 했던 역할과 유사했다.[85]

1966년에는 브루스와 같은 형제단 소속이던 그의 맨체스터 대학원생 워드 가스크(W. Ward Gasque)가 세계 복음주의 수위 학술 기관 중 하나가 되는 기관의 탄생에 함께 기여했다. 밴쿠버 리전트컬리지(Regent College, Vancouver)는 주요 대학 캠퍼스 안에 기독교 대학원을 설립하는 사안에 대해 수년간 생각해 온 옥스퍼드 지리학자이자 또 다른 형제단 학자 제임스 휴스턴(James M. Houston)과 밴쿠버 지역의 많은 형제단 신자 사이에서 이루어진 협력을 브루스와 가스크가 도운 결과물이었다. 형제단 지도자들에게 수준 높은 신학교육을 제공한다는 브루스의 생각이 밴쿠버 형제단의 관심사와 맞물렸다. 휴스턴이 리전트컬리지 초대 학장이 되어, 1970년에 첫 번째 정규 학생을 받았다.[86] 아마 다들 놀랍게도, 1960-70년대에 보수 복음주의가 얻은 새로운 지적 확신은 한 때 그 특징이 전적으로 근본주의적인 것으로 간주된 한 집단 덕에 얻을 수 있었다. 즉 기독교형제단에 진 빚이 어마하다는 것이다.

---

85) Shuff, *Searching for the True Church*, 82–87.

86) John G. Stackhouse, Jr., *Canadian Evangelicalism in the Twentieth Century: An Introduction to Its Character* (Toronto: University of Toronto Press, 1993), 154–158.

8. 호주, 뉴질랜드, 캐나다: 다른 유형의 근본주의와 복음주의

호주 및 뉴질랜드에서와 마찬가지로, 가장 이른 시기의 전후 캐나다 복음주의 기독교 역사는 미국보다는 영국과 더 관계가 깊다. 1928년에 영국에서 IVF의 결성으로 조직 형태를 갖추게 된 기독학생회 운동은 거의 처음부터 좁은 국가 경계 내에서 이루어진 것이 아니라 전체 제국의 영역을 포괄하고 있었다.

1929년 9월의 캐나다 기독학생회(Canadian IVCF) 결성은 우선 1927-8년에 세계복음화십자군(Worldwide Evangelization Crusade)의 노먼 그럽(Norman Grubb)이 캐나다를 대표 방문하고, 이어서 영국 IVF의 하워드 기니스(Howard Guinness, 1903-79)가 캐나다 대학들을 방문한 일련의 사건의 결과였다. 대부분의 캐나다 복음주의자는 문화적으로나 개인적으로 미국보다는 대양 건너 영국과 더 깊은 관계를 맺고 있었고(장로교인이나 침례교인은 특히 스코틀랜드 및 얼스터), 혹은 이 시기에 점점 더 호주와 가까워지고 있었다.[87]

따라서 토론토, 해밀턴, 밴쿠버 같은 영어권 도시에서는 1930년대와 1940년대 근본주의가 현대주의, 진화론, 공산주의라는 위기에 대항하여 기독교 문명을 방어한다는 미국식 전투적 근본주의보다는, 국내 혹은 국외 선교에 대한 올곧은 집중 투자를 동반한 전통적인 스코틀랜드 혹은 북아일랜드(얼스터-역주)식 반(anti)-가톨릭주의 특징이 더 강했다. 북미 지역에서는 토론토에서 시작된 중국내지선교회(China Inland Mission)나 수단내지선교회(Sudan Interior Mission) 같은 국제적인 초교파 '신앙선교회'에 대한

---

[87] 20세기 캐나다 복음주의와 호주 복음주의 간 다중 관계에 대해서는 Mark Hutchinson, "'Up from Downunder": An Australian View of Canadian Evangelicalism', in George A. Rawlyk (ed.), *Aspects of the Canadian Evangelical Experience* (Montreal: McGill-Queen's University Press, 1997), 21-37을 보라.

캐나다의 기여가 이 나라 인구수를 대비할 때 기대할 수 있는 수준을 넘어섰다.[88] 심지어 미국 근본주의자들과 더 가까운 관계를 맺고 있던 위니펙 같은 도시에서도 그 관계는 분리주의적 근본주의자들과의 관계라기 보다는 세계선교와 성결신학을 강조하는 휘튼컬리지 전통과 더 가까웠다.[89]

비록 (1948년에 WCC의 경쟁기구라 의식하며 설립된) 칼 매킨타이어의 국제기독교교회협의회(International Council of Christian Churches, 이하 ICCC)의 교리 선언문을 작성한 토론토 침례교 목사 T. T. 쉴즈(T. T. Shields, 1873-1955) 등, 매킨타이어의 전투적 분리주의형 근본주의를 지지한 캐나다인이 있었음에도 불구하고, 쉴즈와 그의 제자들은 전후 시기에 캐나다 복음주의의 쇠락하는 소수파였을 뿐이었다.[90]

전후 캐나다에서 부상한 비근본주의적 보수 복음주의는 먼저는 하워드 기니스, 1934년부터는 호주의 스테이시 우즈(C. Stacey Woods, 1909-83)의 대학생 사역을 통해 전쟁 전에 만들어진 기반에 큰 빚을 졌다. 기니스는 성공회 신자로 자랐고, 우즈는 1933-4년에 성공회 신자가 되었기 때문에, 근본주의의 분리주의 유형에는 거의 공감하지 않았다.[91] 1948년부터 캐나다 IVF 총무를 지낸 윌버 서덜랜드(Wilber Sutherland)는 심지어 세상에서 분리되는 쪽으로 기운 모든 종류의 복음주의에 강하게 반대했고, 생애 후기에는 복음주의 운동의 전통적인 전도 강조를 대학 내 예술, 문화, 지성

---

88) Ian S. Rennie, 'Fundamentalism and the Varieties of North Atlantic Evangelicalism', in Noll, Bebbington and Rawlyk, *Evangelicalism*, 342–345; Mark A. Noll, 'Canadian Evangelicalism: A View from the United States', in Rawlyk, *Aspects*, 14, 18.

89) Bruce Hindmarsh, 'The Winnipeg Fundamentalist Network, 1910–1940: The Roots of Transdenominational Evangelicalism in Manitoba and Saskatchewan', in Rawlyk, *Aspects*, 303–319.

90) Stackhouse, *Canadian Evangelicalism*, 32–34.

91) *BDE*, 272–274, 749–751. Woods는 호주 형제단 운동에서 양육 받았지만 휘튼컬리지에서 공부하는 동안 성공회 신자가 되었다.

생활에서 기독교적 가치를 진착시키는 활동과 결합함으로써 논쟁을 촉발시키기도 했다. 비록 그가 IVF 운동이 엄청나게 성장하던 시기에 회장직을 맡기는 했지만, 서덜랜드의 관점이 이 단체에 속한 일부 사람들에게는 너무 넓어 보였기 때문에 그는 1969년에 사임하지 않을 수 없었다.[92] (1972년부터) 서덜랜드의 자리를 계승한 인물이 페루인 침례교도 사무엘 에스코바르(Samuel Escobar)였는데, 우리가 제6장에서 보게 되겠지만, 그의 보수 복음주의도 역시 다른 유형이었지만 그렇다고 근본주의적인 것을 강조한 것은 아니었다. 1970년대 초 다른 지역에서와 마찬가지로, 캐나다에서도 '신복음주의'의 통일성에 균열의 징조가 나타나고 있었다.

하워드 기니스는 1930년에 캐나다를 떠나 호주와 뉴질랜드로 가서 1936년에 IVF 호주 및 뉴질랜드 지부들을 설립했을 뿐만 아니라, 영국 십자군연합(British Crusaders Union)과 어린이특별선교회(Children's Special Service Mission, CSSM) 남반구 지부도 개설했다.[93] 이 두 나라 모두에 이미 기존의 SCM 모임이 있었지만, 전후에는 특징상 복음주의로 인정받기 어려웠고 서서히 쇠퇴하는 중이었다. 1970년대 후반이 되면 호주 전역의 SCM 회원수는 100명에 그치게 된다.[94] 호주에서 '복음주의적'이라는 용어는 점점 더 IVF 전통 및 이와 깊이 관련된 성공회 조직, 특히 케임브리지 졸업생으로 CICCU 전통을 가장 잘 대변한 인물 하워드 몰(Howard Mowll)이 1933년부터 1958년까지 오래도록 봉직한 시드니 교구와 연결된 용어

---

92) Stackhouse, *Canadian Evangelicalism*, 98–108.

93) 더 자세한 이야기는 Geoffrey R. Treloar, *The Disruption of Evangelicalism: The Age of Mott, Machen and McPherson* (Leicester: Inter-Varsity Press, forthcoming); Stackhouse, *Canadian Evangelicalism*, 89–94; Lineham, *No Ordinary Union*; Pete Lowman, *The Day of His Power: A History of the International Fellowship of Evangelical Students* (Leicester: Inter-Varsity Press, 1983), 54–65를 보라.

94) Piggin, *Evangelical Christianity in Australia*, 188.

로 정착되어 갔다.[95] 멜버른 교구와, 특히 이 교구와 연결된 리들리컬리지(Ridley College)는 꽤 독특한 유형으로 명성을 떨친 보수 복음주의를 발전시켰는데, 1945년부터 1959년까지 부학장, 1964년부터 1979년까지 학장을 지낸 레온 모리스(Leon Morris, 1914-2006)와 구약학자 프랜시스 앤더슨(Francis I. Andersen) 같은 인물을 통해 보수 성경신학 부흥에 크게 공헌했다.[96]

그럼에도 불구하고 호주의 보수 복음주의 전통은 전후 영국 사례에서보다는 좀 더 근본주의적인 향취를 유지했다. 여기에는 네 가지 이유가 있었다.

첫째, 1960년대까지 호주대학에 신학과가 없었기 때문인데, 이 정책은 신학을 더 넓은 지성세계의 흐름에서 고립시키려 했던 세속주의자들의 원리를 받아들인 결과였다. 따라서 대학교 신학과의 부속기관이었던 잉글랜드 신학대학 모델이나 대학교를 통해 교단 목회자를 양성하던 스코틀랜드 국교회 모델과 유사한 것이 호주에는 이 시기까지 없었다.[97] 미국에서처럼, 호주에서는 멜버른성경학교(Melbourne Bible Institute, 1920년 설립) 같은 독립 성경대학들이 원래의 보수 복음주의의 분위기를 대변했다. 심지어 성공회 복음주의 학교인 시드니 무어컬리지와 멜버른 리들리컬리지도 옥스퍼드나 케임브리지에 있는 같은 성공회 학교보다 1950년대와 1960년대에 더 날카로운 보수주의의 날을 유지했다.

둘째, 이유는 영어권 세계에서 1940년대부터 일어난 개혁신학의 부흥

---

95) Mowll은 1911-12년 CICCU회장이었고, 1947년 이래 호주의 성공회 대주교였다. Mowll에 대해서는, BDE, 455-456; Ian Breward, *A History of the Churches in Australasia* (Oxford: Oxford University Press, 2001), 304-306; Piggin, *Evangelical Christianity in Australia*, 128-133을 보라.

96) Piggin, *Evangelical Christianity in Australia*, 139; BDE, 448-449.

97) 1960년대부터 대학이 신학을 가르치거나, 대학이 인가한 신학 과정이 도입된 정황에 대해서는 Piggin, *Evangelical Christianity in Australia*, 177-180을 보라.

이 영국보다 호주에서 더 현저하고 파급력이 컸기 때문이었다. 점점 더 많은 수의 호주 복음주의자가 자신을 개혁파로 규정하기 시작했다. 멜버른 장로교인 로버트 스완턴(Robert Swanton)은 개혁파 견해를 전하는 중요 수단이 된 「리폼드 리뷰」(Reformed Review)를 창간했다.[98] 무어컬리지와 엄격히 보수적인 대주교의 계속된 부임으로 성공회 시드니 교구는 강력한 개혁파 성공회 복음주의를 전파하는 영향력 있는 수원이 되었고, 스스로 근본주의로 규정하지는 않았음에도 불구하고, 외부인에게는 거의 그런 유형의 조직으로 널리 인식되었다.[99]

셋째, 1940년대, 1950년대 호주 복음주의의 분위기가 더 거칠었던 이유는 윤리적이고 정치적인 것이었다. 1972년까지 호주 정권들은 '백호주의'를 유지하며 아시아 이민자의 유입을 엄격하게 제한했다. '우리 민족의 전체 특징'을 보존하고 호주 기독교인의 '태평양 전도'에 이 정책이 필수불가결하다고 믿은 T. C. 해먼드(T. C. Hammond), 심지어 대주교 몰 등 복음주의 지도자들도 이 정책을 강하게 지지했다.[100] 소수 백인 지배 마지막 10년 시기의 남아프리카공화국과 로디지아(짐바브웨)에서처럼, 기독교 문명의 순전함에 대한 잘못된 관심과 대영제국의 섭리적 운명에 대한 지속적인 믿음으로, 일부 호주 복음주의자들은 1940년대부터 1960년대까지 은연 중에 인종주의라 할 수 있는 미국 근본주의자들의 정치적 선입견과 유사한 입장을 채택하게 된 것이었다.

---

[98] Ibid., 134–135.
[99] Ibid., 184–188.
[100] T. C. Hammond, 1940. Breward, *History of the Churches*, 321–322에서 재인용. 1941년 시드니 교구 연례요람을 보면 하워드의 표현을 후에 몰이 거의 똑같이 사용한 것을 알 수 있다. Brian Fletcher, 'The Diocese of Sydney and the Shaping of Australian Anglicanism 1940-62', in Geoffrey R. Treloar and Robert D. Linder (eds.), *Making History for God: Essays on Evangelicalism, Revival and Mission in Honour of Stuart Piggin* (Sydney: Robert Menzies College, 2004), 116.

넷째, 전후 호주 복음주의 일부 진영에 근본주의적이고 반가톨릭주의적인 색채를 입힌 요인은 상당히 많은 수의 아일랜드 개신교도의 존재였는데, 이들 중 해먼드 같은 성공회 성직자는 뉴사우스웨일즈와 오스트랄라시아의 오렌지당 지부(Orange lodges, 북아일랜드 개신교 정치조직-역주) 간부이기도 했다.[101]

뉴질랜드 복음주의는 호주 복음주의에 비해 성공회 영향을 덜 받았다. 넬슨 교구를 제외하고는, 뉴질랜드 성공회는 성격상 더 고교회적이었다. 남섬에서 특히 강했던 장로교는 뉴질랜드를 잉글랜드보다는 스코틀랜드와 연결시켜 주었고, 따라서 스코틀랜드에서처럼 이 시기에 신학의 폭도 넓었다. 더니든(Dunedin) 소재 녹스컬리지(Knox College) 학장이 1966년에 예수의 부활이 일반적인 의미에서 역사적 사건으로 설명될 수 있는가 하는 의문을 제기하며 소요를 일으켰다.[102]

반대로, 뉴질랜드는 전후 시기 개혁신학 부흥에서는 자기 몫을 누렸다. 한 무리의 장로교인이 청교도 신학 증진을 위해 1950년에 웨스트민스터 협회(Westminster Fellowship)를 세웠다.[103] 개혁파 관점에 영향을 받은 '장로교 주장'(Presbyterian AFFIRM)이 탄생하여 모든 보수 복음주의자를 아오테아로아 뉴질랜드장로교(Presbyterian Church of Aotearoa New Zealand,[104] '아오테아로아'는 뉴질랜드에 대한 마오리식 이름-역주) 안에서 통합하여 교단 내 성경적 정통의 부흥을 촉진하려 했다. 아마도 전세계 어느 나라보다 인구 대비 신자 비율이 높았을 기독교형제단도 뉴질랜드 복음주의 신앙생활

---

101) Fletcher, 'Diocese of Sydney', 112; *BDE*, 287.
102) Allan K. Davidson and Peter J. Lineham (eds.), *Transplanted Christianity: Documents Illustrating Aspects of New Zealand Church History* (Auckland: College Communications, 1987), 338-343.
103) Breward, *History of the Churches*, 319.
104) http://www.presaffirm.org.nz (접속일: 5 May 2012)를 보라.

과 선교 활동에 지속적으로 강한 영향을 끼쳤는데, 특히 서로 밀접하게 연결된 CSSM-성서유니온-십자군운동-IVF를 통해 그 영향을 이어갔다.[105] 복음주의 운동에 끼친 장로교와 형제단의 영향이 커지면서, 또 복음주의 정체성을 규정하는 과정에서 여러 초교파 청년 운동의 독특한 역할이 강조되면서, 1945년 이래 뉴질랜드 복음주의의 궤도는 스코틀랜드 복음주의 운동과 가장 유사성을 띠게 되었다.

마크 허친슨은 1950년대에 호주인 스테이시 우즈가 캐나다와 미국 IVF 모두를 이끌고 있었음에도 불구하고, 두 미국인, 찰스 트라우트먼(Charles H. Troutman)과 워너 허친슨(Warner Hutchinson)이 2차대전 즈음에 호주로 파견되어 호주와 뉴질랜드 IVF를 이끌었다는 재미있는 아이러니를 지적한다.[106] 우즈와 트라우트먼은 계속해서 라틴아메리카선교회와 협력하여 라틴아메리카의 여러 대학에서 일하며 우리가 결국 제6장에서 다루게 될 큰 영향력의 근원이 된다. IVF 네트워크는 비논쟁적이고, 본질적으로 꽤 영국적인, 심지어는 성공회적인 보수 복음주의를 대륙과 제국의 경계 너머에까지 전파했다. 영국 역사에서 제국의 시대는 1960년대에 종말을 고하지만, 제국의 동맥을 통해 퍼져 나간 IVF 운동은 탈식민지 시대에도 계속해서 국제 보수 복음주의의 성장을 위한 자양분을 공급했다.

---

105) Peter J. Lineham, *There We Found Brethren: A History of Assemblies of Brethren in New Zealand* (Palmerston North: G. P. H. Society, 1977), 11, 159. 뉴질랜드에서는 CSSM, 성서유니온, 십자군이 각각 다른 이름으로 활동하지만 실제로는 하나의 운동이다.

106) *BDE*, 750.

The Global Diffusion of Evangelicalis

제3장

선교, 전도, 부흥: 복음주의 네트워크의 세계화

    1730년대가 시작될 때부터 복음주의 운동은 지리와 언어, 정치의 경계를 뛰어 넘었다. 그러나 18세기와 19세기에는 복음주의 네트워크의 국제적 성격이 주로 북대서양을 사이에 두고 북미와 유럽, 특히 영국 제도(British Isles) 사이에서 영적, 문화적 영향력의 상호교환이라는 측면에서 두드러졌다. 아시아, 오스트랄라시아, 아프리카 및 (규모가 많이 작기는 했지만) 라틴아메리카는 복음주의 선교 활동의 대상이었지만, 다양한 국적의 복음주의자가 상호관계하는 공식, 비공식 네트워크에 편입된 신자는 극소수였다.

    20세기에는, 특히 1945년 이후에는 복음주의적 국제주의의 성격이 지리상으로는 모든 대륙을 망라할 정도가 되고, 어떤 면에서는 영적 영향력이 원래의 서쪽에서 동쪽, 북쪽에서 남쪽 방향 뿐만 아니라 그 반대로 뻗어나갈 정도로 변하고 다양해졌다. 복음주의 국제주의가 점점 더 다방면, 다방향 특징을 띠게 된 사실은 세계선교, 전도, 영적 갱신 및 부흥 확산의 영역에서 가장 두드러진다. 이 장은 복음주의 네트워크의 이런 세계화 과정의 중요성을 상호 겹치는 이 세 가지 활동 영역과의 관련성 속에서 살펴보려 한다. 영적 갱신이라는 주제를 세계 은사주의 운동과 오순절 운동과의 특별한 관계 속에서 더 상세히 살펴보기 위해 제7장에서 이 주제로 다시 돌아갈 것이다. 여기서는 우선 이 시기 복음주의적 국제주의의 발전을 세속 정치 맥락을 중심으로 살펴보자.

1. 냉전과 기독교 국제주의의 새 국면들

1945년 이후 시기의 국제 관계를 지배한 것은 '냉전'이었다. 전후의 두 초강대국 미국과 소련이 군사와 이념 영역에서 세계의 주도권을 놓고 경쟁했다. 냉전의 철저한 이념적 성격은 소련이 단지 경제 체제에서만 공산주의가 아니라 종교 영역에서는 공격적인 무신론을 주창했다는 분명한 사실에서 비롯되었다. 많은 미국 복음주의자와 다른 지역의 일부 복음주의자에게 서구에서 복음과 '자유 세계'를 지키는 일은 이제 상호 밀접하게 연결된 대의가 되었다.

해럴드 오켕가는 1947년에 정부 후원 하에 새로이 해방된 유럽을 방문한 여행에서 서구 기독교 문명의 미래는 먼저는 미국에서, 다음으로 미국 복음주의 선교회들의 활동을 통해 영적으로 빈궁해진 유럽에서 기독교 신앙과 삶, 국가 문화가 얼마나 복음주의적으로 갱신되느냐에 달려 있다고 확신하며 귀국했다. 그는 독일의 황폐한 전후 상황을 개신교 종교개혁이 시작된 이 나라의 영적 타락의 슬픈 상징으로 이해했다.[1] 연합군 점령 지역, 즉 '서독'이 되는 지역은 미국 근본주의자에게 중요한 선교지로 빠르게

---

1) George M. Marsden, *Reforming Fundamentalism: Fuller Seminary and the New Evangelicalism* (Grand Rapids: Eerdmans, 1987), 61–63; 또한 Joel Carpenter, *Revive Us Again: The Reawakening of American Fundamentalism* (New York: Oxford University Press, 1997), 149를 보라.

떠올랐는데, 무신론적 공산주의의 전진에 대항하는 전투의 전략적 우선순위 지역이었기 때문이었다. 청년을 대상으로 밝고 부드러운 분위기의 전도 집회를 연 십대선교회(YFC) 운동은 1940년대 초반에 시카고 및 수 많은 다른 미국 도시들의 특징이 되었으며, 1945년 이후에는 아시아 및 라틴아메리카 일부 지역에서처럼, 유럽의 미군 주둔지와 군목과의 연계 하에 집회를 여는 국제 사역을 발전시켰다. 특히 YFC는 서독에서 미국식 전도활동을 개척하고, 곧이어 미군부터 독일 젊은이에 이르기까지 사역 범위를 확장했다.[2] '자유' 유럽과 공산 유럽 사이에 세워진 새로운 철의 장막 양편의 유럽에 복음을 전하는 것을 목표로 하는 새로운 선교단체들, 대표적으로 대유럽선교회(Greater Europe Mission, 1949)와 트랜스월드라디오(Trans-World Radio, 1954)도 세워졌다.[3]

제2차 세계대전이 미국 복음주의자를 자극해서 세계복음화를 위해 새로운 갱신과 지리적 확장에 투자하게 한 반면, 1945년에 유럽에서 발생한 7백만 난민의 곤경은 북미와 영국의 주류 교단에 속한 기독교인이 대규모 원조 활동에 참여하게 한 동력이었다. 유럽 원조 활동을 위해 이들이 설립한 이 단체들은 시간이 지나면서 유럽 바깥의 빈국의 경제 '발전'에 헌신된 광범위한 유형의 기독교 국제주의의 도구가 된다. 예컨대, 루터교세계구호단(Lutheran World Relief)은 미국과 캐나다의 루터교 신자가 독일과 스칸디나비아의 루터교 난민을 지원하려는 수단이었던 반면, 영국에서는 오늘날의 기독교원조회(Christian Aid)가 '유럽 기독교 재건단'(Christian Reconstruction in Europe)으로 시작했다가 후에 영국교회협의회의 교회간

---

2) Marsden, *Reforming Fundamentalism*, 51; Carpenter, *Revive Us Again*, 164-165, 178-179, 182; James Enns, 'Saving Germany – North American Protestants and Christian Mission to West Germany, 1945-1974' (University of Cambridge PhD thesis, 2012), 150-166.

3) Carpenter, *Revive Us Again*, 182.

원조 및 난민 봉사 부서(Department of Interchurch Aid and Refugee Service)가 되었다.[4] 복음주의연맹구제기금(TEAR Fund, The Evangelical Alliance Relief Fund, 1968년 탄생)의 기원은 복음주의연맹이 1959년(세계 난민의 해)에 난민 구제를 위해 만든 기금이었다. 원래 이름은 (The의 T를 뺀-역주) EAR Fund 였다.[5] 많은 복음주의자가 이런 구제 노력을 지지하고 후원했기 때문에, 복음주의자가 전반적으로 전후 세계의 특징이 된 인류의 고향 상실과 이주라는 위기에 무관심했다고 주장하는 것은 분명히 잘못이다. 1950년에는 뜨겁고 열정이 넘치는 YFC 전도자 밥 피어스(Bob Pierce)가 한국전쟁 시기에 한국에서 전도대회를 진행하던 중 만난 고아들의 곤경을 보면서 월드비전(World Vision, 한국에서는 오래도록 '선명회'로 불렸으나, 현재는 '월드비전'으로 이름을 바꾸었다-역주)을 창설했다. '하나님의 마음을 아프게 하는 것들이 내 마음을 아프게 하라'가 그의 구호였다. 월드비전은 이후 전세계에서 가장 큰 구호단체 중 하나로 성장하게 된다.[6]

그럼에도 불구하고 일반적으로 기독교 국제주의의 넓어진 영역이 분화되었다는 것을 전후 시기에 분명히 관찰할 수 있었다. 전쟁 전에 아시아와 아프리카에서 전도활동에 열심을 냈던 주류 개신교단 선교회들은 인도와 중국에서 민족주의자들, 특히 중국 공산당이 선교사들을 비난하며 붙인 제국주의자 딱지에 크게 불편해 했고, 그 결과 1949년에서 1952년 사이에 중국에서 선교사들을 철수시켰다.[7] 이들은 점차 전도 활동의 주도권을 부

---

4) 루터교 세계구호단의 기원에 대해서는 Enns, 'Saving Germany', 57, 296을 보라.
5) Timothy Chester, *Awakening to a World of Need: The Recovery of Evangelical Social Concern* (Leicester: Inter-Varsity Press, 1993), 13-14, 41. 이름이 1966년에 복음주의연맹구제기금으로 바뀌었는데, 이것이 1968년 TEAR Fund 조성의 기반이 되었다.
6) Carpenter, *Revive Us Again*, 182; Tim Stafford, 'The Colossus of Care' and 'Imperfect Instrument', *CT*, March 2005, 51-56.
7) Brian Stanley, *The Bible and the Flag: Protestant Missions and British Imperialism in the Nineteenth and Twentieth Centuries* (Leicester: Apollos, 1990), 14-16.

상하는 현지 민족교회에 양도했고, 주로 의료와 교육 사역에 노력을 집중했다. 전통적인 선교활동에 매력을 더 이상 느끼지 못하게 된 자유주의 개신교인은 지금까지 거의 보편적으로 공유된 목표였던 세계복음화 사명을 근본주의자 및 복음주의자에게 대부분 넘겨주고, 국제 무대에서 새로운 구제와 개발사역 단체에 집중하는 것으로 자신들의 신앙 양심의 목표 대상을 바꾸었다.

미국에서는 하나님이 이 세상을 위해 국가적, 민족적 특별 운명을 자신들에게 부여하셨다는 역사적인 미국인의 의식, 특히 한 때 기독교적 구원 사상에 굳건히 뿌리 박혀 있던 이 의식이 전후 시기에는 좀 더 세속적인 용어로 표현되었는데, 그럼에도 담론의 기독교적 틀이 완전히 사라지지는 않았다. 그러므로 전후 재건에 대한 미국 정책의 기본 틀을 제시한 해리 트루먼 대통령의 1949년 1월 20일 취임 연설에는 '우리의 과학 선진성과 산업 발전의 유익을 저개발 지역의 향상과 성장을 위해 사용할 수 있게 하는 대담한 새 프로그램'이라는 표현이 들어 있었다.[8] '저개발 지역'을 위한 트루먼 선언의 구조에는 그의 침례교 배경이 반영되어 있었다. 미국 전도자의 옛 복음에서처럼, 이 연설은 인간 조건의 절망적 상태에 대한 그림 같은 묘사 후에 '역사상 처음으로,' 미국의 기술과 경제 능력을 통해 지속적인 행복과 변화를 성취하는 수단이 생겨났다고 선언하고, 청중에게 미국 자체의 계속된 번영 뿐만 아니라 지구의 가난한 이들을 세상에서 구원하기 위한 필수불가결한 행동을 하라고 촉구하는 것에서 절정에 이른다. 트루먼은 19세기의 '문명' 신조에 비해 결코 그 힘이 약하다고 할 수 없는 '개발'을 새로이 부상하는 전세계의 신앙으로 설정한 것이다.[9]

---

8) *Public Papers of the Presidents of the United States, Harry S. Truman*, Year 1949, 5 (Washington, D.C.: United States Government Printing Office, 1964), 114–115.

9) Gilbert Rist, *The History of Development: From Western Origins to Global Faith* (London: Zed

처음에는 경제 개발의 대상이 아프리카나 아시아 만큼이나 전쟁으로 찢긴 유럽이었는데, 마셜 계획(Marshall Plan)을 통한 지원이었다. 그러나 1950년대 말부터는 독일의 경이적 경제 회복(Wirtschaftswunder)이 이루어지면서, 새로운 국제 개발안이 소위 '제3세계'(Third World, Tiers Monde)에만 독점적으로 적용될 수 있게 되었다. 제3세계라는 용어는 프랑스 작가 알프레드 소비(Alfred Sauvy)가 열대 식민지 혹은 예전 식민지를 묘사하기 위해 만든 용어로, 1960년대에 널리 유통되는 표현이 되었다. 이미 오래 전에 '개발'이라는 단어를 자본주의 확산을 위해 자기 이익을 추구하는 프로그램으로 어느 정도 정당하게 이해한 좌파 이론가들은 이 단어를 비판했다. 제6장에서 다루게 되겠지만, 그럼에도 불구하고 복음주의자는 영원한 구원에 절대적인 우선순위를 지속적으로 두는 세계선교 접근법과, 세계적 인도주의와 경제 발전에 대한 새로운 강조점을 수용한 형태의 접근법 사이에서 한 가지를 선택해야만 하는 상황에 직면했다. 빌리 그레이엄의 국제 사역이 딛고 선 시대적 배경이 바로 이것이었다.

2. 미국 전도의 세계화: 빌리 그레이엄의 국제 사역

빌리 그레이엄(1918-)은 세계적 명사라 불릴 수 있을 만한 지위를 얻은 20세기 후반의 유일한 복음주의 기독교인이었다. 실제로, 역사상 다른 그 어떤 복음주의자도 그레이엄만큼 종합적이고 지속적인 세계적 명성을 누리지 못했다. 그가 얻은 국제적 공인의 지위는 텔레비전이라는 새로운 시

Books, 1997), 70-80. Truman의 연설에 대한 Rist의 해설은 비록 통찰력이 넘치기는 하지만, '발전' 철학을 서구의 주도권을 영구화하기 위한 또 다른 전략일 뿐이라고 생각하는 반-자본주의 관점에 따라 기술된 것이다.

각 매체에 힘입은 바 컸는데, 그레이엄과 그의 고문단은 1951년 중반에 결단의 시간(The Hour of Decision)이라는 텔레비전 방송을 처음 시작한 후 점점 더 이 매체에 숙달된 모습을 보였다(같은 이름의 라디오 방송은 1950년 11월에 시작되었다).[10] 그레이엄이 주도한 영역에서 오랄 로버츠(Oral Roberts), 제리 폴웰(Jerry Falwell), 짐 베이커(Jim Bakker), 팻 로버트슨(Pat Robertson) 같은 이들이 이어 활동했다. 그러나 그레이엄의 뒤를 이어 전국적인 명성을 획득한 이들, 즉 미숙하고 자주 논란의 주인공이 된 '텔레비전 전도자들'(televangelists) 중 아무도 그레이엄이 드와이트 아이젠하워부터 조지 W. 부시에 이르기까지 미국 대통령들과 맺은 비교조차 불가능한 개인적인 우정의 유익을 누리지 못했다. 물론 백악관과의 가까운 관계, 특히 1972-74년 사이 리처드 닉슨 재임기에 터진 워터게이트 추문 기간에 특히 두드러졌던 사건이 그의 명성에 악영향을 끼친 사례도 있었다.[11]

이런 요인 이외에도, 그레이엄의 공인으로서의 명성은 미국 바깥에서의 전도 집회는 영국 제도에서 네 차례와 캐나다 및 멕시코에서 간헐적으로 벌인 집회 뿐이었던 전임자 D. L. 무디(D. L. Moody, 1837-99)의 영역을 훨씬 뛰어넘은 그의 사역의 전례 없는 지리적 확장 상태를 반영했다.[12] 그레이엄의 대형 전도 방식은 찰스 피니, 무디, 빌리 선데이의 미국 부흥운동 전통의 연장선상 위에 확고히 서 있었고, 그의 전도 집회의 지리적, 문화적 상황과 관계없이, 경력 내내 이 전통과의 본질적인 연속성을 유지했다. 같은 연속성을 보인 것으로는 그의 집회의 중심에 있는 팀으로서, 이 팀은 1950년에 빌리 그레이엄 전도협회(Billy Graham Evangelistic Association,

---

10) William Martin, *A Prophet with Honor: The Billy Graham Story* (New York: William Morrow, 1991), 136–137.
11) 워터게이트 시기 닉슨과 그레이엄의 관계에 대해서는 ibid., 424–435를 보라.
12) *BDE*; David W. Bebbington, *The Dominance of Evangelicalism: The Age of Spurgeon and Moody* (Leicester: Inter-Varsity Press, 2005), 42–43.

BGEA)가 조직되기 이전부터 1980년대 말에 이르기까지 인적 구성에 거의 변함이 없었다. 사업 담당자 조지 윌슨(George Wilson)은 조직과 재정을 책임졌다. 월터 스미스(Walter Smyth)는 팀 활동 대장이었는데, 후에 그레이엄의 국제 사역을 책임지는 특별 임무를 수행했다. 그래디 윌슨(Grady Wilson)은 (비록 1970년대 후반부터 건강이 좋지 않다가 결국 1987년에 사망했지만) 부전도자였고, 그의 형 T. W. 윌슨(T. W. Wilson)은 그레이엄의 개인 보좌관이자 여행 동료였다. 클리프 배로스(Cliff Barrows)는 '예수로 나의 구주 삼고'(Blessed Assurance) 같은 고전적인 전도단 찬송 합창을 이끌었다. 테드 스미스(Tedd Smith)는 피아노를 치고, 조지 비벌리 쉐이(George Beverley Shea)는 풍성한 베이스-바리톤 목소리로 성가를 독창했다.[13]

영국 복음주의 지도자 길버트 커비(Gilbert Kirby)는 그레이엄의 팀을 1세기에 소아시아의 전략 도시들로 복음을 들고 간 사도 바울과 그의 동료들에 적절하게 비유했다.[14] 그레이엄의 국제 사역은 YFC 전도단의 일원으로 그가 시카고를 떠나 런던으로 가서 영국과 유럽을 46일 간 일주하며 대회를 진행한 1946년에 이미 시작되었다.[15] 6개월 간의 추가 영국 여행이 1946년 가을과 겨울에도 있었는데, 이 때의 방문 집회는 1954년에 해린게이에서 열린 런던전도대회에 더 많은 대중의 관심이 몰린 탓에 쉽게 잊혀졌다.[16] 스칸디나비아, 독일, 네덜란드를 방문한 첫 번째 주요 유럽 순회는 1955년에 있었다. 이미 1952년에는 일본과 한국을 방문하여 주로 미군을 대상으로 복음을 전했다. 첫 번째 아시아권 대중 전도대회는 인도와 대

---

13) Martin, *Prophet with Honor*, 136, 559–573.
14) Ibid., 573.
15) Ibid., 95.
16) Graham은 1948년에도 영국을 방문했다. 이런 초기 영국 전도대회들에게 대해서는 Ian Randall, 'Conservative Constructionist: The Early Influence of Billy Graham in England', *EvQ* 95 (1995), 312–318을 보라.

만(Formosa, Taiwan의 옛이름-역주), 하와이, 홍콩, 일본, 한국, 필리핀을 찾은 1956년에 열렸다. 1958년에는 카리브해 지역, 멕시코, 과테말라에서 집회가 열렸다. 첫 호주와 뉴질랜드 방문은 1959년에 있었다. 3개월 간의 아프리카 순회, 첫 브라질(리우데자네이루) 집회가 1960년에 뒤따랐다. 그레이엄은 1960년대, 1970년대, 1980년대 내내 전세계를 순회하며 전도하는 강행군을 이어갔고, 1990년대가 되어서야 해외 사역의 규모를 축소하기 시작했다.[17]

그레이엄의 국제 사역이 어떤 분명한 문화적 재앙 없이 이토록 광범위한 지리적 확장을 이루어냈다는 사실은 그의 전도대회가 모든 상황과 배경에서 거의 동일한 형태로 이루어졌다는 것을 고려할 때 놀랍다. 그럼에도 불구하고 그가 가장 자연스러운 편안함을 느낀 것은 백인 미국인이나 미국과 유사한 문화 환경에서 사역할 때였다. 그레이엄은 위험을 두려워하지 않았다. 1954년에 처음 열린 독일 전도대회는 베를린 경기장에서 열렸는데, 1936년 올림픽이 히틀러의 후원 아래 열린 곳이었다. 1955년에 두 번째로 독일에 갔을 때에는 뉘른베르크의 체펠린(Zeppelin, 경식 비행선을 만든 인물로, 백작이었다-역주) 비행장이 집회장소였다. 이 곳도 히틀러가 한 때 나치 관중을 광란으로 몰고 간 연설 장소였다. 사람들이 서독 언론에 보낸 편지 일부에는 그레이엄이 군중을 조종한다고 비난하며 그와 히틀러를 냉혹하게 비교하는 내용도 있었는데, 그럼에도 그의 집회는 독일에서 의심의 여지 없는 성공을 거두었다.[18] 배우기 더 어려운 교훈을 준 상황과 배경도 있었다.

미국에서는 인종별로 좌석을 구별해서 앉힌 정책이 심각한 문제가 되었

---

17) 빌리 그레이엄의 생애 연대기 및 빌리 그레이엄 전도협회의 역사는 다음 웹싸이트를 참고하라. http://www.wheaton.edu/bgc/archives/bgeachro/bgeachron02.htm(접속일: 27 Apr. 2012).
18) 이 부분은 내 PhD 학생이었던 James Enns가 알려 준 내용이다.

다. 그레이엄은 남부에서 열린 여러 집회에서 이 지역 관습에 따라 인종별로 분리된 좌석 정책을 시행하고, 유명한 인종차별주의자의 환대를 받아들였다는 이유로 비난 받았다. 그럼에도 불구하고 그레이엄은 1952년에 미시시피 주 잭슨에서 처음으로 인종분리에 반대하는 발언을 조심스럽게 꺼냈고, 이듬해에 테네시 주 채터누가에서 열린 대회에서는 '몸소 흑인 청중과 백인 청중을 구분하려고 쳐 놓은 밧줄을 치웠다. 후에 그레이엄 선전용 소책자에 사용된 채터누가 집회 사진에는 백인과 흑인이 함께 앉아 있는 장면이 있다.'[19] 이 사건은 미국 대법원이 학교에서의 인종 구별이 헌법에 위반된다고 선언하기 일년 전에 일어났다. 이 사건 이후 그레이엄은 인종 통합 좌석을 고집했다. 그러나 그의 집회에 참석한 아프리카계 미국인의 수는 상대적으로 적었는데, 이는 민권운동에 대한 그레이엄의 주저하는 태도에 이들이 저항을 표현한 것이었다.[20]

오래도록 그레이엄은 남아프리카 정부가 그가 여는 집회에 법으로 부과한 인종 분리 정책에 저항하는 의미에서 이 나라에서는 집회를 열기를 거부했다. 1973년에만 한 차례 이 보이콧을 철회했는데, 당시에는 여러 인종이 차별 없이 함께 모인 더반과 요하네스버그 집회에서 설교하기로 합의했다. 이는 남아프리카 역사에서 인종 구별 없이 모인 첫 주요 공식 집회로 기록되었다. 그레이엄의 공인 지위 때문에 남아공 정부에 다른 선택의 여지가 없었고, 결국 집회를 눈감아 주었던 것이다.[21] 그러나 참석한 청중 대부분이 백인이었던 1960년 2월의 남아프리카 및 로디지아(짐바브웨) 이

---

19) Steven P. Miller, 'Billy Graham, Civil Rights, and the Changing Postwar South', in Glenn Feldman (ed.), *Politics and Religion in the White South* (Lexington: University Press of Kentucky, 2005), 160–161.

20) Martin, *Prophet with Honor*, 168–172, 409, 413–414.

21) Ibid., 410–413; Michael Green, *Adventure of Faith: Reflections on Fifty Years of Christian Service* (Harrow: Zondervan, 2001), 213.

외의 아프리카 대륙은 그레이엄의 전도 집회 무대로서는 적합한 곳이 아니라는 사실이 곧 드러났다. 라고스(Lagos, 나이지리아 최대 도시이자 옛 수도-역주)를 제외하고는, 집회 참석자 수가 많지 않았고, 더구나 선교사들의 관습적인 격언, 즉 그리스도께로 오려면 반드시 '부족 종교'(tribal religion)를 완전히 내버려야 한다고 되풀이해서 외치며 아프리카인들의 문화적 관점을 인식하고 인정하는데 애를 먹었다. 1960년의 그레이엄은 '원시'(primal) 종교 배경에 속한 이들이 아마도 교회 역사상 가장 위대하다고 할 수도 있는 기독교 회심운동에 곧 참여하려 한다는 사실을 전혀 인식하지 못하고 있었다.[22] 1973년 남아프리카 방문을 제외하고는, 그레이엄은 다시는 아프리카에서 주요 집회를 열지 않았다.

그레이엄의 국제 사역은 전세계가 대상이었지만, 그가 복음주의 역사에서 차지하는 의미는 단지 지리적 확산의 문제에 국한된 것이 아니다. 빌리그레이엄 전도협회(BGEA)는 런던, 베를린, 파리, 홍콩, 도쿄, 시드니, 부에노스아이레스 같은 핵심 도시들을 망라하는 전세계에 사무실망을 만들었다. 비록 그레이엄이 이 국제 사무실 조직을 1986년 이후에는 해체하기 시작했지만,[23] BGEA는 마치 WCC가 에큐메니컬 운동의 공식 대표로서 전세계 종합 네트워크를 가진 것처럼 복음주의 진영에서 그 때까지 유사한 역할을 수행했다고 주장할 수도 있다. 공개적으로 그레이엄 전도단과 자신들을 연관 지은 다양한 국적의 기독교인은 특정한 가족 연대와 소속감을 선택함으로써, 자신들을 세계 기독교 지도의 특정 지역에 위치시킨 것이었다. 독일에서는, 비록 전부는 아니지만, 이런 지지자 대부분이 비국교회 출신이었는데, 이들은 루터교 국교회, 즉 종교개혁 이후 단순히 '개

---

22) Kwame Bediako, *Christianity in Africa: The Renewal of a Non-Western Religion* (Edinburgh: T. & T. Clark, 1995).

23) Martin, *Prophet with Honor*, 341, 519, 608.

신교도'라는 의미의 복음주의자(evangelisch)로 불린 이들과 구별하기 위해 1960년대 중반경 자신들을 (영어의 evangelical과 유사하게-역주) 복음주의자(evangelikal)로 묘사하기 시작했다.[24] 새로운 유형의, 또한 특별히 전세계적인 유형이 된 개신교 정체성을 반영하기 위해 독일인들이 단어까지 바꿔야 했던 것이다.

비록 BGEA가 인도와 라틴아메리카 출신의 현지인만을 활용하기는 했지만, 세계화는 필연적으로 어느 정도의 현지화(indigenization, 또는 토착화)를 수반하기 마련이다. 이들 중 가장 저명한 인물이 아크바르 압둘 하크 박사(Dr Akbar Abdul-Haqq)로, (당시 파키스탄 라호르[Lahore]에 소재한) 헨리 마틴 이슬람학 연구소(Henry Martyn Institute for Islamic Studies) 직원으로 있던 젊은 감리교인이었으며, 1956년 2월에 뉴델리에서 열린 집회 때 그레이엄의 통역자로 다소 억지로 고용된 인물이었다. 그레이엄은 압둘 하크에게 깊은 인상을 받고 그가 '동양에서 이런 유형의 전도를 위해 하나님께 택하신 그릇'이라 믿었다.[25] 그레이엄은 그를 미국으로 초대했는데, 10월에 루이빌에서 열린 그레이엄 전도대회에서 압둘 하크는 '새로운 불'과 전도자로서의 소명을 발견했다. 1957년 3월이 되면 압둘 하크는 칸푸르(Kanpur)에서 자신만의 전도 집회를 열게 되는데, 이 때 2,500명이 모였다. 1960년에는 BGEA의 협력 전도자가 되어, 가진 재능으로 인도와 세계 전역에서 아주 영향력 있는 전도 사역을 1998년경 은퇴할 때까지 펼쳤다. 1960년대와 1970년대에 북미 대학과 신학교 캠퍼스에서 정기적으로 전도자로 설

---

24) Erich Geldbach, '"Evangelisch", "Evangelical", and Pietism: Some Remarks on Early Evangelicalism and Globalization from a German Perspective', in M. Hutchinson and O. Kalu (eds.), *A Global Faith: Essays on Evangelicalism and Globalization* (Sydney: Centre for the Study of Australian Christianity, 1998), 157; Enns, 'Saving Germany', 188–189, 200–201, 230–231.

25) Robert J. McMahon, *To God Be the Glory: An Account of the Evangelical Fellowship of India's First Twenty Years*, 1951–1971 (New Delhi: Christian Literature Institute, 1970), 28.

제3장 선교, 전도, 부흥: 복음주의 네트워크의 세계화   117

교했는데, 이로써 압둘 하크는 '역선교'(reverse mission)로 후에 알려지게 되는 운동의 주목할 만한 초기 사례가 되었다.²⁶⁾ 또한 BGEA는 1960년대에 부에노스아이레스 출신의 페르난도 반히오나(Fernando Vangiona) 같은 라틴아메리카 사람도 직원으로 채용했다.²⁷⁾ 1990년대에는 라틴아메리카에서 열린 많은 BGEA 대회를 폴 핀켄바인더(Paul Finkenbinder)가 이끌었는데, 그는 푸에르토리코에서 선교사 부모에게서 태어난 유명한 스페인어권 전도자로, 헤르마노 파블로(Hermano Pablo, 또는 바울 형제[Brother Paul])로 널리 알려졌다.²⁸⁾

1966년 10월말, 그레이엄은 「크리스채니티 투데이」 탄생 10주년 기념으로 베를린에서 세계전도회의(World Congress on Evangelism)를 개최했다. 1,262명의 전체 대표단 중 비서구 기독교인들에게 할당된 자리가 이 대다수 세계 출신의 대표자 일부가 보기에는 너무 적었지만, 칼 헨리 같은 이들은 자신들의 나라에서 전도 활동에 종사하는 각국 기독교인의 숫자가 많다는 사실에 큰 감명을 받았다. 1956년에 에콰도르 밀림에서 네이트 세인트(Nate Saint)와 다른 네 미국 선교사를 살해한 뒤 이제 회심한 와오다니(Waodani, 또는 아우카[Aucal]) 인디언 두 명도 참석했다.²⁹⁾ BGEA의 스탠리 무니엄(Stanley Mooneyham)은 (칼 헨리가 자서전에서 우리에게 확인해 준 것처럼) 고대 에티오피아 기독교 제국의 '회심한 통치자' 할리에 셀라시에(Haile

---

26) Martin, *A Prophet with Honor*, 198, 404–405; McMahon, *To God Be the Glory*, 28–30. 모든 BGEA 소속 전도자들과 마찬가지로, 알-아크의 사역 연대기는 다음 링크를 통해 볼 수 있다. http://www.wheaton.edu/bgc/archives/bgeachro/bgeachron02.htm (접속일: 6 May 2012).

27) Carl F. H. Henry and W. Stanley Mooneyham (eds.), *One Race, One Gospel, One Task: World Congress on Evangelism Berlin 1966: Official Reference Volumes: Papers and Reports*, 2 vols. (Minneapolis: World Wide Publications, 1967), I, 142.

28) http://www.wheaton.edu/bgc/archives/bgeachro/bgeachron02.htm (접속일: 6 May 2012).

29) *MM*, Nov. 1966, 4; Martin, *Prophet with Honor*, 328; Carl F. H. Henry, *Confessions of a Theologian: An Autobiography* (Waco: Word Books, 1986), 259.

Selassie) 황제가 집회에서 연설을 할 수 있도록 일을 안정적으로 처리하면서 사람들을 크게 놀라게 했다. 암하라어(Amharic)로 연설한 셀라시에는 현 시대는 무엇보다도 '우리의 모든 동료 남녀에게 은혜의 복음을 전하는 것이 우리의 주 임무가 되어야 할 때'라고 주장했다.[30] 비록 회의에서 발표된 논문 여섯 편을 모두 유럽인이나 북미인이 발표하기는 했지만, 24종류의 주 강연이나 성경공부 중 7편은 비서구인이 발표했고, 그 중 하나가 압둘 하크였고, 총 200명의 강사 중 57명이 대다수 세계 출신이었다.[31]

따라서 베를린회의는 처음으로 보수 복음주의가 더 이상 영미 문화의 특징으로만 치부되지 않고 모든 대륙에서 역동적인 종교 세력이 되었다는 사실을 가시화한 사건이었다.[32] 연설들의 내용을 보면, 사회 행동에 대한 지나친 강조는 회의의 주제였던 복음전도의 중심성으로부터 위험할 정도의 이탈이 될 것이라며 선오일(Sun Oil) 회사의 보수적 상속자이자 이 대회의 주요 후원자 하워드 퓨가 제기한 당파 성향에 이의를 제기한 사례는 결국 거의 없었다.[33] 제6장에서 더 자세히 살펴보게 되겠지만, 8년 후인 1974년에 스위스에서 열린 로잔회의(Lausanne Congress in Switzerland)에는 대다수 세계 대표자들이 아주 많았고, 이 지역 출신 연사 일부가 보여준 독립 정신도 엄청났기 때문에, 이런 합의가 아무 도전 없이 그대로 통과되기는 어려웠다.

그레이엄의 전도대회에 등록된 회심의 지속성도 지속적인 논쟁의 대상이었다. 1954년 해린게이 대회와 1955년 글라스고 대회에서 예수 그리스

---

30) *CT*, 11 Nov. 1966, 49; Henry, *Confessions of a Theologian*, 257.
31) Henry and Mooneyham, *One Race, One Gospel*, 1, 2권의 목차를 보라. 57명 중 일부는 한 차례 이상 발표했다. 57명에는 나이지리아 출신으로 직접 참석해서 연설문을 발표할 수 없게 된 이샤야 아우두 박사(Dr Ishaya Audu)는 포함되지 않았다.
32) Henry, *Confessions of a Theologian*, 261.
33) Martin, *Prophet with Honor*, 328–330.

도를 따르겠다고 결단하고 등록한 청중의 비율은 2.1%로 낮았다.[34] 1957년 뉴욕 매디슨스퀘어가든에서는 2.75%로 조금 높았다.[35] 증거에 따르면, 적어도 서구 사회에서는 그레이엄의 집회에서 변함 없는 마지막 순서인 '앞으로 나오시오'라는 요청에 응답한 많은 이들이 중산층이며, 이미 피상적일지라도 교회 생활을 하던 사람들이었다. 또한 상당수가 장기적으로 기독교 신앙을 유지하는 데 실패했던 것 같다.[36]

그럼에도 불구하고 그레이엄의 장기 사역을 통해 많은 나라의 수없이 많은 사람들이 그리스도를 발견한 것은 부인할 수 없는 사실이다. 1973년 6월 3일의 서울 대회 폐회예배에 그레이엄은 아마도 역사상 가장 많이 모인 기독교인을 대상으로 말씀을 전했는데, 청중의 수가 대략 112만 명으로 추정되었다.[37] 집회 기간에 72,365명이 그리스도를 따르겠다고 결단하고 등록했고, 일부 교회는 그 결과 엄청나게 성장했다. 서울침례교회(수원중앙침례교회의 오류인 듯하다-역주)의 빌리 김 목사(Billy Kim, 김장환 목사-역주)가 통역을 했는데, 그의 교회도 즉각 거의 30% 증가세를 보였다. 그러나 다시 한 번, 그리스도를 영접하기로 결단한 회심자는 총 참석자의 2.25%에 불과했다.[38]

그러나 남한에서 그레이엄의 설교를 듣기 위해 모여든 군중의 어마어마

---

34) Callum G. Brown, *Religion and Society in Twentieth-Century Britain* (Harlow: Pearson Longman, 2006), 195. 글라스고에서는 2.2%였다.
35) Martin, *Prophet with Honor*, 236.
36) Randall, 'Conservative Constructionist', 331; Alister Chapman, 'Anglican Evangelicals and Revival 1945-59', in Kate Cooper and Jeremy Gregory (eds.), *Revival and Resurgence in Christian History*, SCH 44 (Woodbridge: Boydell & Brewer for the Ecclesiastical History Society, 2008), 313-314.
37) Martin, *Prophet with Honor*, 418.
38) Ibid., 419; 서울 대회의 총 참석자는 321만 명으로 추정된다. http://www.wheaton.edu/bgc/archives/bgeachro/bgeachron02.htm (접속일: 27 Apr. 2012).

한 장관과 이 엄청난 집회는 1970년대와 1980년대에 이 나라의 개신교 교회들이 경험한 폭발적인 성장의 한 가지 원인 이상의 의미가 있다. 전세계적 종교 현상으로서의 그레이엄 대회들은 복음주의 기독교의 두드러진 성장세를 보여주는 하나의 지표였지, 이 대회 때문에 교회가 성장한 더 중요한 원인 중 하나는 아니었다. 아마도 영국에서는 1954-55년 대회의 가장 중요한 결과가 안수를 받고 사역하려는 복음주의 목회자, 특히 잉글랜드국교회 목회자 지망생 수를 눈에 띄게 늘린 것인데, 이로써 1960년대와 1970년대 영국 교회들에 복음주의적 영향력이 두드러지게 커지는 데 크게 기여했다.[39] 빌리 그레이엄이 어느 누구보다도 전세계에 복음주의 기독교의 공공 인식과 대중성을 고양시킨 인물이라는 것은 의심의 여지가 없다. 마찬가지로, 그가 형성한 조직은 오늘날 수많은 분열에도 불구하고, 여전히 세계기독교에서 가장 강력한 세력 중 하나로 남아 있는 범복음주의(pan-evangelicalism) 건설에 중요한 역할을 했다.

3. 세계 복음주의의 정체성을 찾아서: 세계복음주의협의회 (World Evangelical Fellowship)

제2차 세계대전 종전에 자극 받아 부활한 국제주의는 1844-45년에 세워진 세계은행(World Bank)과 국제통화기금(International Monetary Fund, IMF), 1945년 6월 2일에 헌장에 서명이 이루어진 국제연합(United Nations)을 통해 경제와 정치 영역에서 새롭고 더 안정된 세계 질서를 창조하려고 했다. 이런 세속 국제주의는 WCC(1948)와 WEF(1951)라는 비슷한 유형의 기독

---

39) Randall, 'Conservative Constructionist', 330–331; Green, *Adventure of Faith*, 250.

교 단체 창설로 나타났는데, 이 두 기독교 기관은 다른 방식으로 세계기독교 동료애의 새로운 영적 질서를 창조하려 했다. WEF의 기원은 전세계에서 고유한 복음주의적 증거의 갱신과 더 나은 협력을 꿈꾸던 NAE 창설자들의 소망으로 거슬러 올라갈 수 있다.[40]

1943년 5월에 시카고에서 공식 조직된 NAE는 거의 처음부터 미국에만 제한되지 않는 더 넓은 지평을 고려했다. 1946년에 이 단체의 초대 총무 엘윈 라이트 박사(J. Elwin Wright)는 잉글랜드, 프랑스, 벨기에, 네덜란드, 독일 및 스위스 복음주의 지도자들과의 회담을 위해 유럽을 순회했다. 이 첫 접촉의 결과 1948년에 스위스 클라렝(Clarens)에서 모임이 열렸는데, 이 때 NAE는 영국 복음주의연맹의 고참 총무 마틴 구치(H. Martyn Gooch)를 포함한 복음주의연맹(EA)의 다양한 유럽 지부 지도자들을 초대했다. 영국 복음주의연맹은 여전히 '세계복음주의연맹'(영국 조직)(World's Evangelical Alliance (British Organization))이라는 거창한 이름을 고수하고 있었지만, 실제로는 조직 역사상 쇠퇴기에 접어 들어 있었고, 1907년 이래 국제 대회를 개최하지 못하고 있었다.[41] 클라렝 대회에서는 복음주의자들의 세계대회를 여는 것이 가능한지 여부에 대해 논했지만, 현 단계에서는 현명하지 못하거나 실천성이 없다고 판단했다. 그러나 2년 후 1950년 3월 7-10일에 잉글랜드 켄트 소재 대회장 힐덴버러홀(Hildenborough Hall)에서 국제 대

---

40) WEF의 기원에 대해서는, David M. Howard, *The Dream That Would Not Die: The Birth and Growth of the World Evangelical Fellowship 1846-1986* (Exeter: Paternoster Press, 1986), 25-32를 보라.

41) Ibid., 26; J. B. A. Kessler, Jr., *A Study of the Evangelical Alliance in Great Britain* (Goes, Netherlands: Oosterbaan & Le Cointre, 1968), 79-88; Ian Randall, 'Schism and Unity: 1905-1966', in Steve Brady and Harold Rowdon (eds.), *For Such a Time as This: Perspectives on Evangelicalism, Past, Present and Future* (London: Evangelical Alliance; Milton Keynes: Scripture Union, 1996), 163-170.

표회의가 열렸는데, 이 장소는 영국 전도자 톰 리스(Tom Rees)[42]가 1945년에 설립한 건물이었다. 영국 포함 12개 유럽 국가 대표들이 참석했다. 국제 위원회가 중장 아서 스미스 경(Lieutenant-General Sir Arthur Smith)을 의장으로 선출하며 조직되었는데, 스미스 경은 1947년 인도 독립 시에 영국군 지휘관으로 활동하며 인도에서 두드러진 경력을 쌓고 최근 은퇴한 예비역 영국군 장성이었다.[43] 유사한 미국대회가 9월 4일에서 8일까지 보스턴의 고든신학교(Gordon Divinity School, 지금은 Gordon-Conwell Seminary)에서 열렸다. 이 대회에서 세 가지 목적, 즉 '복음주의적이고 역사적인 기독교'를 전파하고, 복음주의자 간 상호 교제를 격려하고 촉진하며, 전도를 증진하고 복음주의 연합 활동을 진척시키자는 목적으로 국제복음주의자협회(International Association of Evangelicals)를 창설하자는 제안이 나왔다.[44]

1950년대에 힐덴버러홀과 고든신학교에서 열린 두 대회의 결과, 엘윈 라이트와 NAE의 클라이드 테일러(Clyde W. Taylor)가 전세계 복음주의 협력의 새로운 도구가 될 단체의 기반을 닦기 위해 세계 순회를 시작했다. 1950년 10월 12일부터 1951년 1월 28일까지 이들은 도쿄, 마닐라, 홍콩, 방콕, 캘커타, 나그푸르, 아콜라, 봄베이, 파테흐푸르(Fatehpur), 알라하바드, 뉴델리, 베이루트, 다마스커스, 암만, 예리코, 예루살렘 및 유럽 여러 도시를 방문했다.[45] 이들이 오스트랄라시아, 라틴아메리카, 아프리카는 찾지 않았다는 사실을 주목해야 한다. 이 방문에서 알게 된 사실들

---

42) Rees(1912-70)에 대해서는, Jean Rees, *His Name Was Tom: The Biography of Tom Rees* (London: Hodder & Stoughton, 1971)을 보라.

43) Smith(1890-1977)에 대해서는, *Who Was Who, 1971-1980*, 2nd ed. (London: A. & C. Black, 1989), 736을 보라. Smith는 영국에서 영향력이 아주 컸던 청년 운동 십자군연합(Crusaders Union)의 회장을 23년간 지냈다. Jack D. Watford, *Yesterday and Today: A History of Crusaders* (n.p. [Crusaders Union], 1995), 106-107을 보라.

44) Howard, *Dream That Would Not Die*, 28.

45) Ibid., 29.

을 바탕으로, 힐덴버러홀에서 구성된 국제위원회가 국제복음주의자대회(International Convention of Evangelicals)를 열어 1951년 8월 5-11일에 네덜란드의 부드쇼텐(Woudschoten)에서 만나자고 제안했다. 21개 국가 91명의 대표가 참석한 부드쇼텐 대회에서 세계복음주의협회(World Evangelical Fellowship, WEF)가 설립되었다. 설립된 일반위원회 회장은 중장 아서 스미스 경이었고, 두 공동총무가 세워졌다. 하나는 NAE의 엘윈 라이트였고, 다른 하나는 1949년에 영국 복음주의연맹 총무로 구치의 자리를 이어받았고 톰 리스와 IVF를 위해 일했던 로이 카텔(Roy Cattell)이었다. 새로운 조직의 목적은 보스턴 모임에서 사용된 용어와 비슷한 표현으로 규정되었으나, 존 스토트가 잭 대인(A. Jack Dain)에게 제안한 대로, 바울의 빌립보서 첫 장을 기반으로 사용된 용어들은 영국 복음주의연맹 해외총무로서의 그의 능력을 보여준 것이다. 즉 복음의 증진, 복음의 변증과 확정, 또 복음 안에서의 교제를 증진하는 것이 그 목적이었다.[46]

1951년 10월 30일부터 12월 9일까지 아서 스미스 경과 토론토 피플스 교회(Peoples Church) 목사 오스왈드 스미스 박사(Dr Dr Oswald J. Smith)가 복음주의 공동체에 WEF를 알리기 위해 미국 전역에서 일련의 대형 집회를 개최했다. 그 해 말에 엘윈 라이트와 NAE 회장 폴 리스 박사(Dr Paul S. Rees)가 31,000마일, 24개국을 순방하는 세계 여행을 떠났다.[47] 표면상으로는 선교 분야에서 이제껏 알려지지 않은 최대 규모의 국제 복음주의 협력의 밝은 전망이 보였다. 새로운 조직은 야망이 넘쳐났다. 1956년에는 심지어 UN 조직의 객원 회원으로 인정받기 위해 신청하려는 움직임도 있었다. 물론 클라이드 테일러(Clyde Taylor)가 뉴욕 본부를 방문하고 더 숙고한 후 이런 의기양양한 목표를 세우는 것이 좋지 않다는 결정을 내리기는 했

---

46) Ibid., 31-32.
47) Ibid., 33.

다.48) 그러나 전세계 복음주의 정체성의 표현으로서의 WEF는 세 가지 서로 깊이 연관된 문제 때문에 별로 효율적인 기관이 되지는 못했다.

첫째, 비록 모두는 아니었지만, 연맹의 많은 미국인 지지자의 신학적, 교회론적 관점이 너무 다양해서 일치가 어려웠다는 것이었다. 이들은 역사적이고 신학적으로 '혼합된' 교단에 속한 복음주의자에게 공감하지 못했고, 스스로 복음주의자로 고백하는 세계의 신자 다수가 이런 교파 소속이라는 것을 불편해 했다. 부드쇼텐 대회에 모인 유럽 대륙 대표들은 새로운 조직이 세계의 신앙의 기초로 성경을 언급하면서 '무류' 또는 (무오, infallible)라는 표현을 사용하는 데 반대했다. 결론적으로, 유럽 복음주의연맹(European Evangelical Alliance)은 WEF와는 독립적으로 따로 결성되었고, 1968년에 가서야 여기에 합류했다.49)

그러나 이 불일치가 가장 두드러지고 심각했던 것은 아프리카 대륙과의 관계 문제에서였다. WEF는 1962년에 아프리카내지선교회(Africa Inland Mission, 이하 AIM)의 케네스 다우닝(Kenneth Downing)의 지도 아래 나이로비에 아프리카 사무소를 열었다. 이 지부는 후에 아프리카 및 마다가스카 복음주의자협회(Association of Evangelicals of Africa and Madagascar, 이하 AEAM) 탄생으로 이어졌다. AEAM은 케냐의 AIM이 세운 아프리카내지교회(African Inland Church) 같은 무교파 미국 선교회들이 설립한 '분리주의' 교파들에 속한 회원의 관점을 대변하는 경향이 있었다. 그러나 이 시기 아프리카 복음주의 기독교인 대다수는 여러 역사적 교회에 속해 있었고, 이들 중 다수는 주로 성공회나 장로교 계열의 영국 선교회가 기원이었다. 이는 특히 케냐의 사례에서 두드려졌는데, 이 나라에서는 전국교회협

---

48) Ibid., 47.
49) Ibid., 30, 34. 반대의 이유는 아마도 '무류'라는 단어가 엄격한 무오(inerrancy) 교리를 의미할 수 있다고 판단했기 때문일 것이다.

의회(NCC)에 속한 교회와 교인이 압도적으로 복음주의적이어서, 따로 분리된 전국 복음주의 조직을 만들 필요가 없었다. 그 결과, 1960년대 후반에 복음주의연맹의 모건 더럼(A. Morgan Derham) 같은 영국 대표와 초교파해외선교협회(Interdenominational Foreign Missions Association, 이하 IFMA), 혹은 NAE와 관련된 복음주의해외선교협회(Evangelical Foreign Missions Association, 이하 EFMA)에 속한 미국 선교회 지도자들 간에 갈등이 있었다.[50]

둘째, WEF의 자금처가 영구 문제가 되었다. 협의회의 수입은 미국에서 기부 받은 기금에 아주 많이 의존했다. 1976년 11월에는 지난 해 WEF 국제사무소 수입의 98.5%가 미국에서 온 것이었고, 다른 나라 WEF에서 온 회비는 전체 수입의 0.5%가 채 안 된 것으로 보고되었다.[51] 1975년까지 WEF는 전임으로 봉급을 받으며 일하는 직원 없이 활동해야 했다. 첫 번째 전임 상설 직원 월드런 스코트(Waldron Scott)는 중동에서 네비게이토(Navigators) 선교사로 사역했던 인물로, 지원 기반을 확장하고 WEF의 지도력을 세계화하기 위해 담대한 노력을 기울였지만, 서구 국가에서, 특히 미국에서 '연합과 협력은 대부분의 복음주의 지도자들의 우선순위 목록 거의 맨 아래에 위치해 있다'고 결론지으며 1980년 12월에 사임하고 말았다.[52]

셋째, NAE가 발기하고 재정을 쏟아 부은 덕에 존재하게 되었고, 비록

---

50) Ibid., 67-77. IFMA는 1917년에 초교파 선교회들의 협의회로 창설되었다. Edwin L. Frizen, Jr., *Seventy-Five Years of IFMA, 1917-1992: The Nondenominational Missions Movement* (Pasadena: William Carey Library, 1992)를 보라. EFMA의 기원은 1946년으로, NAE의 선교 담당 조직이었다. 2007년에 이름을 미션익스체인지(Mission Exchange)로 바꾸었다.

51) Howard, *Dream That Would Not Die*, 117.

52) Ibid., 124-126, 140. 스코트의 후임 데이비드 하워드(David Howard)도 비슷한 문제에 직면했다. Ibid., 150-155를 보라.

그 정도는 덜하지만, 많은 직원이 미국 출신이었던 WEF는 두드러지게 미국적이고 아주 보수적인 유형의 복음주의를 세계 무대로 확산시킨다는 인상에서 벗어나기 위해 애를 썼다. 제6장에서 자세히 보게 되겠지만, 이는 1974년 로잔회의 이후 복음주의가 서서히 역사적인 북미 무게중심에서 벗어나게 되면서 가장 예민한 문제가 되었다. 따라서 1980년 3월에 잉글랜드의 하이리(High Leigh) 대회장에서 모인 WEF 회의에서 WEF가 로잔 세계복음화위원회에 WEF의 전도 대책본부가 되어 달라고 요청했을 때, 로잔의 반응은 두드러지게 냉담했다.[53] 1980년대에는 두 기관 간 틈이 상당히 좁혀졌는데, 부분적으로는 로잔운동이 1974년에 보여주었던 복음주의적 급진주의(evangelical radicalism)에서 어느 정도 물러선 것으로 보였기 때문이지만,[54] 주된 이유는 뉴질랜드인 브루스 니콜스(Bruce Nicholls)가 창의적으로 주도한 WEF 산하 기관 신학위원회(Theological Commission)가 전인적 선교(holistic mission) 주제에 대한 진지한 신학적 사고를 할 수 있게 되었기 때문이었다.[55] 그럼에도 불구하고 현재까지 WEF와 로잔은 여전히 통합되지 않고 따로 역할을 수행하고 있지만, 이들이 표현하는 세계 복음주의 정체성은 겹치는 부분이 많다.

---

53) Ibid., 133. WEF 회의가 실제 사용한 표현은 '복음주의 대책본부'(Evangelical Task Force)였지만, 실제 의미하는 바는 '전도'(evangelistic) 대책본부였다.

54) 본서 제6장, 272-276을 보라.

55) 1983년에 '교회의 본질과 사명'이라는 주제로 휘튼칼리지에서 열린 위원회 주최 대회에서 발표된 다음 논문들을 보라. Bruce Nicholls (ed.), *The Church: God's Agent for Change* (Exeter: Paternoster Press for the World Evangelical Fellowship, 1986).

4. 포괄적이고 부흥 중심적인 복음주의: 인도복음주의협회 (Evangelical Fellowship of India)

1950-51년 아시아 순회 중에, 엘윈 라이트와 클라이드 테일러는 WEF 소속으로 처음으로 해외에 세워진 국가별 본부 중 하나의 창립 모임에 참석했다. 인도복음주의협회(Evangelical Fellowship of India, 이하 EFI)였다. EFI는 1951년 1월 16일에서 18일 사이에 푸네(Pune) 소재 예오트말성경학교(Yeotmal Bible School)에서 대회를 열었는데, 참석자 63명 중 인도사람은 오직 여섯 명 뿐이었다. 참석자 중 영국 복음주의연맹 해외 총무이자 (지금은 Interserve로 이름이 바뀐) 성경 및 의료선교회(Bible and Medical Missionary Fellowship) 총무로도 일하던 잭 데인(A. Jack Dain)이 회장으로 임명되었다. 데인은 인도에서 회심한 후 인도 선교사로 일했고, 전쟁 중에는 영국 인도 해군(Royal Indian Navy) 장교가 된 후, 1947년 권력 이양기에 런던 인도사무소(India Office in London)에서 연락장교로 일했다.[56]

푸네 대회에서 헌법을 논하던 중, 인도기독교협의회(National Christian Council of India)나 다른 에큐메니컬 기관들과 연결된 선교회나 교회에는 모두 회원 자격을 주지 말자는 주장이 나왔다. 데인은 이 극단적인 분리주의 견해에 공감하지 않았고, 치우침 없이 공정한 회장이 되고자 했다. 미국인 선교사 에버릿 케이텔(Everett Cattell)과 영국인 대성당 참사회원 샘 버고인(Canon Sam Burgoyne) 두 사람 모두 모든 독실한 복음주의자들에게는 그들의 소속에 관계 없이 계속 문호를 개방해 달라고 EFI에 간청했다. 결국 다수의 의견이 승리했다. 헌법에는 '(EFI 회원권이-역주) 회원들이 가입된 다른 소속 기관에 불리한 영향을 끼치지는 않을 것으로 이해한다'는 구절

---

56) McMahon, *To God Be the Glory*, 6, 또한 8쪽에 나오는 사진.

이 삽입되었다.[57]

케이텔이 EFI의 회장과 집행 총무를 모두 역임했다. 미국 형제단(퀘이커) 선교회 회원이었던 그는 이어서 인도기독교협의회 집행위원회에도 들어갔고, 이 경험이 '복음주의자와 NCC를 서로 상대방의 입장에서 이해함으로써, 둘을 연결하는 아주 풍성한 경험'이었다고 믿었다.[58] 그러나 그의 보수 복음주의에 대한 신뢰가 컸기 때문에, 후에는 WEF 집행위원회 회장이 되었다.[59] WEF의 처음이자 가장 중요한 회원 단체 중 하나인 EFI는 방향을 인도교회의 상황에 맞는 쪽으로 설정했는데, 이는 이후에 AEAM(아프리카 및 마다가스카 복음주의자협회)이 채택한 더 배타적인 입장과는 대조되는 것이었다. 예오트말성경학교 학장 프랭크 클라인 박사(Dr Frank Kline)는 푸네 모임에서 연설하며, "우리는 시간이나 정력이나 돈을 이단을 사냥하고 비난하는 데 쏟는데 관심이 없습니다…NCC가 잘 하고 있는 기능을 똑같이 반복하기를 원하지도 않습니다"라고 말했다. EFI는 오히려 '우리가 아는 한 가장 긍정적인 방법으로 성경의 계시-진리를 강조하는 일'에 관심이 있습니다. 이것이 이단을 이길 수 있는 가장 좋은 방법이라고 확신합니다'라고 주장했다.[60] EFI의 후원을 받은 예오트말성경학교는 1953년 9월에 유니언성경신학교(Union Biblical Seminary)로 교명을 변경하고, 인도 아대륙(subcontinent, 인도, 그린란드 등, 기존의 대륙 내에서 지리적, 지형학적 이유로 대륙과는 상대적으로 격리된 넓은 땅을 차지하는 지역을 일컫는 표현-역주)의 주도적 복음주의 신학대학으로서의 명성을 설립 이래 유지하며 학위 수여 기관으로 변모했다.

---

57) Ibid., 7-8.
58) Ibid., 11.
59) Howard, *Dream That Would Not Die*, 74.
60) McMahon, *To God Be the Glory*, 9.

EFI는 1954년에 인도복음주의문서협회(Evangelical Literature Fellowship of India)를 설립한 후, 후에 자체 기독교 교육과 라디오 목회 프로그램을 만들었다.[61] 1956년에 빌리 그레이엄이 (EFI의 초청으로 순회 여행차) 인도에서 사역했을 때 회심한 인물 중에 케랄라 출신의 토머스 새뮤얼(Thomas Samuel)이라는 인물이 있었는데, 그는 당시 델리에서 일하고 있었다. 새뮤얼은 복음주의문서협회에 참여하면서 푸네에 새로 설립된 유니언성경신학교에서 한 동안 공부했다. 1963년에 그는 무디성경학교 졸업생 조지 버워(George Verwer)가 '이동작전'(Operation Mobilisation, 이하 OM)이라는 이름으로 지난 여름에 젊은이를 위해 조직했다가 1963년에 다시 시행할 계획을 세운 대규모 전도책자 배포 중심의 유럽 전도 운동에 대해 들었다. 새뮤얼은 그 해 운동을 개시하는 대회에 참석하려고 프랑스로 갈 자금을 모았다. 프랑스에서 그는 유사한 책자 전도를 인도에서도 하면 좋겠다는 생각을 버워의 마음에 심어 주었다. 새뮤얼은 인도 복음주의문서협회의 간행물에 OM의 사역을 설명하는 '유럽에서의 기적'(Miracles in Europe)이라는 글을 실었다.[62] 1964년 정월 초하루에 첫 번째 OM 전도단이 서파키스탄(오늘날의 파키스탄-역주) 국경을 넘어 인도로 들어가서 델리로 향했다.[63] 새뮤얼이 형성한 이 관계가 주로 인도 전도자 박트 싱(Bakht Singh)과 연계된 형제단(Brethren) 유형의 회중들과 접촉하여 사역하는 인도 선교 활동의 기반이 되었다.[64] 인도에서의 OM 사역은 두드러진 성장을 경험했다. 3

---

61) Ibid., 32-35.

62) Ian M. Randall, *Spiritual Revolution: The Story of OM* (Milton Keynes: Authentic Media, 2008), 45-46, 235.

63) Ibid., 48. 1947년 독립 이후 1971년까지 파키스탄은 두 지역에 영토를 갖고 있었다. 오늘날의 파키스탄 땅을 차지한 서파키스탄과 1971년에 분리, 독립하여 방글라데쉬가 된 동파키스탄이다.

64) Bakht Singh에 대해서는, J. Edwin Orr, *Evangelical Awakenings in Southern Asia* (Minneapolis: Bethany Fellowship, 1975), 167-169, 178-179; Norman P. Grubb, *Once Caught, No*

년 만에 OM은 인도 대부분의 주에서 사역을 진행하게 되었고, 각 지부 지도자는 인도인이었다. 1990년대가 되면 인도는 사역자 수가 90개국에서 2,500명에 이르는 선교단체(여기서는 OM-역주)에 선교 인력을 가장 많이 제공하는 단일 국가가 된다.[65]

EFI는 인도 내 모든 보수 복음주의 견해를 포괄적으로 수용하고자 했지만, 인도 기독교 공동체의 '부흥'을 추구하는 일에 가장 헌신적이었다. 라이트와 테일러가 여행 중에 가진 첫 모임 중 하나인 1950년 12월의 알라하바드(Allahabad) 모임에서, 라이트는 빌리 그레이엄이라는 이름의 젊은 전도자에 대한 언급을 포함하여, 미국에서 일어난 최근 '부흥'에 대한 이야기를 꺼냈다. 그는 '부흥이 같은 방식으로 인도를 휩쓸 수 있지만, 기독교인이 오늘날 미국에서 하는 것처럼 같은 기도와 금식의 대가를 치를 때라야 가능할 수 있다'고 지적했다.[66] 따라서, 처음에는 부흥에 대한 기대가 미국식 모델을 지향하고 미국인 지도자를 가정한 것이었다. 그러나 시간이 지나면서 전망이 바뀌었다. 1952년 1월에 아콜라(Akola)에서 열린 두 번째 EFI 대회에 참석한 인물 중 하나는 타밀나두(Tamil Nadu) 도나버협회(Dohnavur Fellowship)의 노먼 번스(Norman Burns)였다.[67]

1949년에 그는 동아프리카를 방문하여 동아프리카 부흥에 크게 고무되었다. 동아프리카 부흥은 1930년대 초에 케직운동과 유사한 지향점을 가진 르완다와 우간다의 루안다선교회(Ruanda Mission)에서 처음으로 표면에

Escape: My Life Story (London: Lutterworth Press, 1969), 149-152를 보라.

65) 1994년에 2,450명 사역자 중 437명이 인도인이었다. 2000년에 OM의 총 사역자 수는 2,800명이었다. Randall, *Spiritual Revolution*, 63-64, 155, 197.

66) McMahon, *To God Be the Glory*, 5-6.

67) 얼스터(Ulster, 북아일랜드-역주) 장로교인 에이미 카마이클(Amy Carmichael, 1867-1951)이 설립한 도나버협회에 대한 간략한 소개는 BDE에 나오는 카마이클 항목을 보라. 협회는 케직 성결전통의 영향을 받았고, 특히 신전 매춘에서 구출된 아이와 젊은 여성을 위해 사역했다.

떠올랐다.[68] 그는 성령께서 아콜라로 1,200마일을 여행하라고 지시한다는 느낌을 받았는데, 기차를 타고 이동하는 동안 모임에서 그의 아프리카 경험에 대해 이야기하라고 강권하는 동료 선교사 한 사람과 기차 객실을 같이 썼다. 하나님과 다른 사람 앞에서 자신을 열어 놓을 필요성, 하나님과의 '짧은 이야기를 유지하는 것', 예수의 피로 계속해서 정결케 되는 것을 강조하는 아프리카식 중점을 언급하며 그는 모임에서 이 이야기를 나누었다.[69] 주강사 폴 리스(Paul S. Rees)는 '미국에 있는 우리 중 많은 이들이 부흥과 전도라는 두 개념을 재조정해야 한다고 느낍니다. 우리는 이 두 용어에 대해, 또 이들이 대표하는 사상에 대해 많은 혼란을 느껴왔습니다'라고 인정했다. 리스는 1951년 1월에 자신의 고향 미네아폴리스에서 열린 빌리 그레이엄의 선교를 '비록 이 집회가 한 세대를 통틀어 가장 강력한 한 번의 도전'이었음에도 불구하고, 부흥이라기보다는 전도라고 규정했다. 번스와 리스의 사역에 대한 반응으로, 영적 필요가 공개적으로 고백되었고, 상호 사과가 이루어졌으며, 화해가 효과를 발휘했으며, '전체적으로 감동과 융화'가 일어났다.[70]

동아프리카 부흥의 파도가 인도 해안에 이르렀다. 아콜라대회는 이 부흥의 주요 촉진자였던 성공회 의료선교사 조 처치(J. E. ['Joe'] Church, 1899–1989)에게 오는 여름에 한 팀을 인도로 보내 달라는 초청장을 보냈다. EFI의 샘 버고인(Sam Burgoyne)의 편지는 '화염이 바다를 뛰어 넘었고,' 부흥

---

68) 동아프리카 부흥에 대해서는 오늘날 많은 문헌이 있다. 연구를 위해서는 Brian Stanley, 'The East African Revival: African Initiative Within a European Tradition', *Chm* 92 (1978), 6-22; Kevin Ward, 'The East African Revival of the Twentieth Century: The Search for an Evangelical African Christianity', in Cooper and Gregory, *Revival and Resurgence*, 365-387; Kevin Ward and Emma Wild-Wood (eds.), *The East African Revival: History and Legacies* (Farnham: Ashgate, 2012)를 보라.

69) McMahon, *To God Be the Glory*, 13-14.

70) Ibid., 15-16.

메시지가 인도에 퍼질 결실의 시간이라는 확신을 조 처치에게 가져다 주었다. 처치와 그의 우간다인 동료 지도자 윌리엄 나겐다(William Nagenda, 1912-73)는 1952년 5월에 마드라스에 도착하여 남인도의 마드라스, 코타기리, 쿠누어와 북부의 캘커타, 다질링, 란다우어에서 부흥집회를 인도했다.[71] 동아프리카에서는, 흑인이든 백인이든, 모두가 공개적으로 자기의 죄를 고백하고 '빛 가운데 걸어야' 한다는 부흥 메시지가 선교사의 온정주의(missionary paternalism, 선교사와 현지인의 관계가 마치 부자관계인 것처럼 설정되는 전형적인 선교지 상황-역주)에 큰 도전이었음이 입증되었다. 다음에 열린 EFI의 1953년 연례 대회에서 기독교인 주요 거주지역 인도 북동부 나갈랜드(Nagaland) 출신의 젊은 침례교성경대학 교사 임차바 벤당 와티(Imchaba Bendang Wati)를 EFI의 사무총장 카텔을 보좌하는 '인도인 총무'로 삼기 위해 접근한 것은 전적으로 우연의 일치만은 아니었다. 와티는 결국 동의했고, 1957년까지 현지인 총무로 섬긴 후 카텔을 이어 사무총장이 되었다.[72] 1968년에는 WEF 역사상 최초의 비서구인 회장으로 선출되었다.[73] 비록 EFI 대회들에 참석하는 인도인의 비율이 1950년대에 꾸준히 높아졌음에도 불구하고, 1961년에 와티는 EFI 직원으로 등록되어 있는 10명의 전임 총무 중 유일한 인도인이었다.[74]

---

71) Ibid., 17; J. E. Church, *Quest for the Highest: An Autobiographical Account of the East African Revival* (Exeter: Paternoster Press, 1981), 239-240. 나겐다의 아버지는 주도적인 바간다족(Baganda) 부족장이었는데, 영국이 1955년에 카바카(Kabaka, 통치자)를 축출했을 때 부간다(Buganda, 오늘날 우간다의 한 주로, 17세기 이래 반투족의 왕국이었다-역주) 왕국의 섭정 중 하나가 되었다.

72) McMahon, To God Be the Glory, 17-31. 나갈랜드에서 침례교회가 놀랍도록 성장한 상황에 대해서는 Frederick S. Downs, *The Mighty Works of God: A Brief History of the Council of Baptist Churches in North East India: The Mission Period, 1836-1950* (Gauhati: Christian Literature Society, 1971)을 보라.

73) Howard, *Dream That Would Not Die*, 89-90.

74) McMahon, *To God Be the Glory*, 40-41.

그러나 외국 선교사의 시대는 인도에서 빠른 속도로 종말을 고하고 있었다. EFI대회에서 서구 선교사가 회장직을 맡은 마지막 해는 1964년이었고, 1965년에는 EFI가 남인도인 감리교도 디어도어 윌리엄스 박사(Dr Theodore Williams)의 지도 아래 자체 인도복음주의선교회(Indian Evangelical Mission)를 설립했다.[75] 이 단체는 점점 성장하여 2010년에는 인도와 해외에서 활동하는 선교사 수가 약 580명이나 되는 인도인이 세운 최대의 선교단체 중 하나가 된다.[76]

'부흥' 추구는 1950년대와 1960년대 초까지 여러 EFI 대회의 핵심 특징으로 남았다. 마하라쉬트라의 데올랄리(Deolali in Maharashtra)에서 열린 1954년 대회에는 두 유명한 부흥의 사도들, 즉 세계복음화십자군(Worldwide Evangelization Crusade)의 노먼 그럽(Norman Grubb)과 옥스퍼드 대학에서 1858-60년 영국 복음주의 부흥을 연구해서 박사 학위를 취득한 얼스터(북아일랜드-역주) 사람으로 남부 캘리포니아에 거주하던 에드윈 오어(J. Edwin Orr)가 참석했다.[77] 이 대회를 특징지은 것은 폭발적으로 흘러나온 자발적 고백과 간증, 찬송이었다. 또한 나갈랜드 침례교 성가대가 '주 하나님 지으신 모든 세계'(How Great Thou Art)를 새로 편곡하여 열정적으로 부른 것도 탁월했다. 이 찬송은 원래 스웨덴 찬송이었다가 먼저는 러시아어로 번역되었고, 이후 1927년에 스튜어트 하인(Stuart Hine)이 영어로 번역했다. 1952년 경에 인도에 소개된 이 찬송에 깊이 감동받은 에드윈 오

---

75) Ibid., 45-47.
76) http://www.iemoutreach.org (접속일: 20 Apr. 2012).
77) 그럽(1895-1993)과 동아프리카 부흥의 관계에 대해서는 그의 *Once Caught, No Escape*, 153-158 및 *Church, Quest for the Highest*, 236, 244를 보라. 오어(1912-87)에 대해서는, A. J. Appasamy, *Write the Vision! Edwin Orr's Thirty Years of Adventurous Service* (London: Marshall, Morgan & Scott, 1965), http://www.jedwinorr.com/bio.htm (접속일: 20 Apr. 2012)를 보라.

어는 이를 미국으로 가져가 미국 교인들에게 유행시켰다. 한 음악출판사가 데올랄리에서 처음 사용된 화음을 사용하여 이 곡을 출판했다. 조지 비벌리 쉐이(George Beverley Shea)가 여러 빌리 그레이엄 집회에서 독창으로 부르면서 이 집회에서 가장 인기 있는 곡이 되었고, 곧 대서양 양편 복음주의 교회들에서 가장 널리 불리는 찬송 중 하나가 되었다.[78]

1960년대 인도 복음주의 기독교인들은 더 두드러지게 오순절 유형에 가까운 영적 갱신을 경험하고 있었다. 남인도 오순절 신앙의 기원은 1920년대이지만, 이 운동이 원래 기반한 지역인 케랄라에서 타밀나두와 안드라프라데쉬로 옮겨가기 시작한 것은 1940년대 후반부터였다. 1960년대에 남인도 오순절운동은 생기 넘치는 토착운동으로 발전하고 있었다.[79] 미국에서 일어난 은사주의 갱신의 첫 징조도 EFI 잡지 「이벤절리컬 펠로우쉽」(Evangelical Fellowship)에 기사로 나왔고, 루크노우(Lucknow)에서 열린 1963년 EFI대회의 주제는 성령이었다. 그러나 후에 EFI는 인도에서 성장하던 오순절 및 은사주의 운동에 더 조심스럽게 접근했다. 인도 '부흥'에 대한 EFI의 초기 기대가 성취되기는 했지만, 이 성취는 많은 EFI 개척자들이 기대했던 것과는 달리 지나친 오순절운동 유형이었기 때문이었다.[80] 급속하게 늘어난 자국 선교사의 숫자를 통해서든, 북동부 주(주민 대다수가 기독교인인 나갈랜드, 미조람 등 인도 비주류 제 민족 거주 지역-역주) 출신의 생명력 넘

---

78) McMahon, *To God Be the Glory*, 19; Orr, *Evangelical Awakenings in Southern Asia*, 180. McMahon과 Orr모두 Orr가 이 찬송을 처음으로 미국에 보급한 인물이라고 인정한다. 그러나 http://christianmusic.suite101.com/article.cfm/stuart_hine_how_great_thou_art (접속일: 20 Apr. 2012)에는 이 찬송이 미국에서는 1951년 롱아일랜드의 스토니브룩 성경집회(Stoney Brook Bible Conference)에서 처음 불렀다는 주장이 나온다. 1967년에 엘비스 프레슬리는 그의 가스펠 앨범 *How Great Thou Art*에 이 찬송을 포함시켰다

79) Michael Bergunder, *The South Indian Pentecostal Movement in the Twentieth Century* (Grand Rapids: Eerdmans, 2008), 34–85, 92–106.

80) McMahon, *To God Be the Glory*, 43–44.

치는 영성을 지닌 기독교인과 접촉한 서구인이 받은 영향을 통해서든, 인도 오순절운동의 확장된 영향을 통해서든, 인도 복음주의 기독교는 오늘날 세계 복음주의계에 그들만의 독특한 색깔로 크게 공헌하고 있다.

5. 갈보리 길을 걷다: 동아프리카 부흥과 메시지

동아프리카 부흥의 영향을 받은 곳은 인도만이 아니었다. 1944년부터 1970년대 후반까지 이 부흥과 관련된 선교사들과 아프리카인 지도자들이 다닌 일련의 국제 순회여행으로 이 부흥의 특징적인 강조점이 동아프리카를 넘어 서쪽으로는 브라질부터 동쪽으로는 극동에 이르기까지 세계 구석구석에 널리 퍼졌다. 시작은 1944년 10월과 11월에 케이프타운에서 조 처치와 두 동료 선교사 로렌스 바럼(Lawrence Barham)과 곳프리 힌들리(Godfrey Hindley)가 인도한 일련의 집회였다. 남아프리카공화국 당국은 원래 계획한 다인종 팀의 입국을 거부했다.[81]

아프리카 바깥으로 나간 첫 순회지는 잉글랜드, 프랑스, 독일, 스위스로, 1947년 여름에 진행되었다. 처치, 바럼, 윌리엄 나겐다, 요시야 키누카(Yosiya Kinuka, 처치의 르완다 가히니 소재 병원 선임 조수)가 팀의 구성원이었다. 잉글랜드에서의 사역은 케임브리지 틴들하우스에서 열린 CICCU 학기말 가든파티와 함께 시작되었고, 나겐다가 설교하기도 한 케직사경회

---

81) Church, *Quest for the Highest*, 209-210; Richard K. MacMaster with Donald R. Jacobs, *A Gentle Wind of God: The Influence of the East Africa Revival* (Scottdale, Pa.: Herald Press, 2006), 83-84. 케임브리지 헨리마틴연구소(Henry Martyn Centre in Cambridge)에 소장된 처치 관련 문헌은 이 부흥과 관련된 국제 여파에 대해 연구하고자 하는 이들에게 풍성한 자료다 (저자 스탠리는 에든버러대 신학부로 옮기기 전에 케임브리지대학에서 가르친 동시에 케임브리지 헨리마틴연구소 소장이었다-역주).

방문 일정이 포함되었다.[82] 1948년과 1949년에 두 차례 더 유럽 방문이 있었다. 1948년 순회 기간에 처치는 마틴 로이드 존스의 웨스트민스터채플과 루안다선교협의회(Ruanda Mission Council) 회장으로 있던 해럴드 언쇼 스미스가 교구 사제로 일하던 랭엄플레이스의 올소울즈교회와 친밀한 관계를 맺었다.[83] 1951년 11월에 처치는 스코틀랜드국교회 선교회, 네덜란드개혁교회, 두 초교파 선교단체 잠베지선교회(Zambezi Mission)와 남아프리카일반선교회(South Africa General Mission)의 후원 하에 한 달 간 니아살랜드(Nyasaland, 오늘날의 말라위)로 가는 팀을 조직했다.[84] 1952년 3월에 앙골라에서 열린 일련의 집회 직후 5월에는 인도 방문이 이어졌다.[85]

처치와 나겐다 및 그들의 동료의 여행만이 부흥 메시지가 아프리카를 넘어 퍼져나간 유일한 창구는 아니었다. 두 소책자, 즉 로이 및 레블 헤숀(Roy and Revel Hession)의 『갈보리 길』(The Calvary Road, 1950)과 노먼 그럽의 『끊임없는 부흥』(Continuous Revival, 1952)의 영향도 중요했다.[86] 1947년 부활절에 로렌스 바럼과 다른 두 명의 르완다 주재 선교사 빌 버틀러(Bill Butler)와 피터 길리보드(Peter Guillebaud)는 잉글랜드 더비셔의 매틀록(Matlock)에서 열린 청년 집회에서 자신들이 부흥을 만남으로써 경험한 영적 변화에 대해 간증했다. 전국청년캠페인(National Young Life Campaign) 소속 전도자 로이 헤숀(1908-92)이 루안다선교회에 연사 세 명을 보내달라고 초대장을 보낸 것이었다. 헤숀은 그들이 말하는 영적 실재를 자신을 모르고 있다는 사실을 깨닫고 당황했다. 깊은 고뇌 끝에, 헤숀은 바럼, 버틀러,

---

82) Church, *Quest for the Highest*, 227.
83) Ibid., 229.
84) Ibid., 237.
85) Ibid., 238-244.
86) Roy and Revel Hession, *The Calvary Road* (London: Christian Literature Crusade, 1950); Norman P. Grubb, *Continuous Revival* (London: Christian Literature Crusade, 1952).

길리보드가 묘사한 회개와 성령 충만을 자기 식으로 찾아냈다. 대회는 헤 손과 그의 아내 레블의 삶에서 중대한 분기점이 되었다. 이들은 기독교인 이 그리스도를 더 깊이 경험하게 할 수 있도록 작은 월간 신문 「첼린지」 (Challenge)를 창간했다. 수요가 늘어나자 1950년에는 「첼린지」에 실은 여 러 글을 모아 『갈보리 길』(The Calvary Road)이라는 제목의 책으로 기독교 문서선교회(Christian Literature Crusade)를 통해 런던과 펜실베이니아 주 포 트워싱턴에서 동시에 출간했다. 2년 안에 미국판은 5쇄를 찍었다.[87]

오늘날까지도 인쇄되고 있는 헤손의 책은 다른 어떤 출판물보다도 동아 프리카 부흥의 십자가 중심 영성을 영어권 세계에 대중화시키는 데 공헌 했다. 이 책은 지속적인 회개와 그리스도께 대한 완전한 복종을 강조하면 서, 조지 버워가 OM에서 섬겼던 수천 명의 젊은이에게 심어준 독특한 유 형의 열정적인 기독교 제자도를 형성하는 데 크게 기여했다.[88] 호주에서 는 이 책이 1953년부터 시드니에서 밀러스포인트 소재 홀리트리니티교회 의 수록성직자(incumbent)로 일하며 동아프리카 유형의 부흥회를 열며 수 백 명의 양떼를 교회로 모았던 제프리 빙엄(Geoffrey Bingham)에게 깊은 영 향을 끼쳤다.[89]

비록 밀러스포인트 갱신은 오래 가지 못했지만, 호주와 동아프리카 부 흥의 관계는 매우 가까웠다. 1959년에 호주교회선교회(Australian Church Missionary Society)는 동아프리카인 두 명을 호주로 데려왔다. 요하나 오 마리(Yohana Omari)는 중부 탕가니카(Tanganyika, 지금은 Zanzibar와 연합 하여 탄자니아공화국이 되었다-역주) 교구의 부주교였고, 페스토 키벵게레

---

87) MacMaster with Jacobs, *Gentle Wind of God*, 120–122; Roy Hession, *My Calvary Road: One Man's Pilgrimage* (Fearn: Christian Focus, 1996), 94–106.
88) Randall, *Spiritual Revolution*, 43, 105, 107.
89) Colin Reed, *Walking in the Light: Reflections on the East African Revival and Its Link to Australia* (Brunswick East, Victoria: Acorn Press, 2007), 153–155.

(Festo Kivengere)는 도도마(Dodoma) 소재 얼라이언스고등학교(Alliance High School)에 재직하던 잘 알려지지 않은 우간다인 교사였다. 한 달 동안 북부 특별지구(Northern Territory)에 머물며 호주 원주민(aboriginal people)을 대상으로 사역한 키벵게레의 활동의 영향력은 지속적이어서, 단지 부흥 현상만을 자극한 것이 아니라 신앙이 원주민 유형으로 문화화(inculturation, 토착화, 현지화, 상황화 등 선교학의 주요 주제로서 신앙이 현지인들의 상황과 문화에 적절하게 적용, 또는 적응되었다는 의미-역주) 되는 데도 기여했다. 수년 후 1970년과 1978년에 키벵게레는 호주를 다시 찾았는데, 이번에는 시드니와 멜버른에서 열리는 그레이엄 집회를 준비하는 BGEA의 일원으로 방문한 것이었다. 1978년 방문의 결실 하나는 세 호주 원주민 기독교 지도자가 탄자니아를 방문한 것이었다. 이로써 이 지도자들은 그들의 신앙을 유럽 유형과는 다른 방식으로 표현할 수 있다는 새로운 확신을 얻을 수 있었다. 북부특별지구의 호주 원주민 기독교 공동체들은 1979년에 동아프리카의 영향력이 분명한 부흥을 경험했다.[90]

처치, 나겐다, 키누카, 바럼의 1947년 영국 순회는 세계복음화십자군(Worldwide Evangelization Crusade, 이하 WEC)의 재정 지원으로 이루어졌다. 동아프리카 팀과의 활발한 접촉을 통해 WEC 사무총장 노먼 그럽은 부흥을 열망하게 되었다. 그럽의 소책자 『끊임없는 부흥』은 세계적으로 널리 읽혔다.[91] 『갈보리 길』과 『끊임없는 부흥』이 미국에서 엄청나게 팔리면서 그럽과 WEC이 후원을 배로 늘렸고, 이로써 처치와 나겐다, 로이, 레블 헤손이 1953년 5월 말에 여섯 달 간의 북미 순회를 시작할 수 있었다. 이들은 펜실베이니아, 뉴욕, 워싱턴, 보스턴의 해럴드 오켕가의 파크스트리트

---

90) Ibid., 201–205, 226–230; Anne Coomes, *Festo Kivengere: A Biography* (Eastbourne: Monarch, 1990), 185–190, 273, 386.

91) Church, *Quest for the Highest*, 236; MacMaster with Jacobs, *Gentle Wind of God*, 119–120.

교회, 토론토의 오스왈드 스미스의 피플스교회, 디트로이트, 시카고의 무디성경대학과 토저(A. W. Tozer)의 사우스사이드 CMA(Southside Christian and Missionary Alliance) 교단교회, 미네아폴리스 소재 폴 리스(Paul Rees)의 퍼스트커버넌트교회에서 설교했다.[92]

펜실베이니아에서는 처치와 동료들의 사역이 메노나이트 공동체에 집중되었다. 빅토리아 호수 동쪽 연안의 탕가니카(오늘날의 탄자니아)에서 활동하던 미국 메노나이트선교회가 1942년 8월부터 부흥에 사로잡혔다.[93] 2차대전 후 선교사들이 동부 펜실베이니아의 메노나이트 지역으로 귀국했기 때문에, 이들은 부흥 메시지를 자신들의 공동체를 치료하라고 하늘이 보낸 치료제로 인식했다. 당시 이 공동체는 발아기에 있던 신학적 자유주의의 위협으로 쪼개질 위험에 처해 있었고, 전통적인 메노나이트식 단순성의 표준을 보존하려는 율법주의적 시도로 고통 당하고, 2차대전 당시 역사적 평화주의에서 이탈한 과거 때문에 갈등에 휩싸여 있었기 때문이었다. 1953년에 동아프리카 팀이 펜실베이니아를 방문하면서 형성된 관계는 미국 메노나이트 공동체와 동아프리카 부흥운동 양자에 지속적인 의미를 가져다 주었다. 젊은 메노나이트 선교사 부부 도널드 제이콥스와 애나 룻 제이콥스(Donald and Anna Ruth Jacobs)가 1954년에 탕가니카에 도착했을 당시, 이웃 케냐에서는 반식민주의적인 마우 마우단(Mau Mau, 폭력으로 백인 이주자를 추방하는 것을 목적으로 하는 케냐 키쿠유족 중심의 비밀 결사-역주) 위기가 기독교 신앙을 신실히 지키려는 이들에게 큰 도전이었다. 이들은 부흥을 경험한 형제들의 두려움 없는 신앙과 자신들의 아나뱁티스트 전통 간 상호 공명을 즉각 깨달았다. "아나뱁티스트들을 만났는데, 그들은

---

92) Church, *Quest for the Highest*, 244-245; MacMaster with Jacobs, *Gentle Wind of God*, 140-141.

93) MacMaster with Jacobs, *Gentle Wind of God*, 67-117.

아프리카인입니다"라고 도널드는 메노나이트 신학자 존 하워드 요더(John Howard Yoder)에게 감격에 찬 편지를 보냈다.[94] 제이콥스와 그의 아내는 이 만남으로 근본적인 변화를 경험했다. 돈 제이콥스는 후에 페스토 키벵게레의 절친한 동료가 되었는데, 키벵게레는 1972년부터 1988년에 백혈병으로 사망하기 직전까지 1970년대, 1980년대에 이 부흥을 세계에 소개한 가장 유명한 국제적 대변인이었다. 제이콥스는 2만 명이 카발레(Kabale) 성공회대성당으로 몰려든 키벵게레의 장례식에서 두 차례 장례연설 중 한 편을 맡았다.[95] 동아프리카에서 일어난 사건들이 미국 메노나이트 신자가 북미 복음주의자와 더 깊은 관계를 맺을 수 있게 만든 중요한 요인이었을 수도 있다.

키벵게레의 사망 이후, 제이콥스는 아프리칸엔터프라이즈(African Enterprise)의 이사장으로 봉직했다. 이 단체는 1961년에 남아프리카공화국에서 성공회 신자 마이클 캐시디(Michael Cassidy)가 설립한 후 1970-71년에 키벵게레의 지도 하에 동아프리카에까지 확장된 조직이었다. 아프리칸엔터프라이즈는 그리스도 안에서 구원받은 모든 이의 초인종적, 초교파적 연합에 대한 동아프리카 부흥의 강조점을 제이콥스의 아나뱁티스트 전통이 강조했던 선교에 대한 전인적 접근과 결합시킴으로써 탄생했다.[96] 아프리칸엔터프라이즈의 사역과 다른 여러 방법들이 활용됨으로써, 이제 2세대 지도자 일부가 주도하게 된 부흥은 폭이 좁은 복음주의의 경건주의적 표현 방식을 넘어 정치적 불의에 저항하는 더 큰 용기를 발휘할 수 있

---

94) Ibid., 165; Donald R. Jacobs, 'My Pilgrimage in Mission', *International Bulletin of Missionary Research* 42 (Oct. 1992), 146–149

95) MacMaster with Jacobs, *Gentle Wind of God*, 272--273; Coomes, *Festo Kivengere*, 465–466.

96) MacMaster with Jacobs, *Gentle Wind of God*, 260--269; Anne Coomes, *African Harvest: The Captivating Story of Michael Cassidy and African Enterprise* (London: Monarch, 2002), 490–491을 보라.

을 만한 운동으로 성장했음을 보여주었다.[97] 복음주의는 언제나 그리스도의 십자가를 속죄와 구원 신학의 중심에 두었다. 동아프리카 부흥도 이 점에서 예외가 아니었지만, 동시에 이 강조점을 기독교 제자도와 교제의 영역에까지 확장했다. 개인 및 교회가 십자가의 빛 안에서 지속적으로 회개하는 기독교인의 삶을 살아야 한다고 특히 강조하는 21세기 복음주의자들은, 자주 스스로는 의식하지 못했지만, 이 놀라운 운동이 끼친 영향을 이런 저런 모습으로 반영하고 있는 것이다.

6. 복음주의 연방: 성서유니온 운동과 가나와 나이지리아의 복음주의 성장

1947년까지 (스위스와 프랑스만 제외하고) 모든 성서유니온(Scripture Union, 이하 SU) 사역은 런던의 CSSM 위원회에 보고해야 할 의무가 있었다. 지난 장에서 언급했듯이, 존 레어드가 1945년 말에 CSSM-성서유니온 공동 총무, 후에는 단독 총무가 되기 위해 뉴질랜드에서 영국으로 돌아간 후, 1947년이 되자 그가 발의한 첫 정책 중 하나는 이 운동의 '제국' 구조를 수정하는 것이었다. 그의 목표는 여러 나라의 다양한 성서유니온이 공유된 가족적 유대 관계로 뭉친 영적 '연방'(commonwealth) 내에서 각각의 자치권을 누릴 수 있을 정도로 성장하는 것이었다. 런던 위원회가 법 조항을 수정하고 권력을 위임하는 데 동의하면서, 각 국가별 운동을 두 범주로 나누

---

[97] Kevin Ward, *A History of Global Anglicanism* (Cambridge: Cambridge University Press, 2006), 184. 그러나 르완다에서는 부흥의 영향을 받은 후투족 성공회 지도자 일부가 (주로 투치족에 대한) 끔찍한 대학살에 직면해서 기독교 증인으로서 분명한 태도를 유지하는데 실패했다는 점을 반드시 지적해야 한다. 이 내용에 대해서는 Roger Bowen, 'Rwanda: Missionary Reflections on a Catastrophe', *Anvil* 13 (1996), 33–44를 보라.

는 정책이 승인되었다.

우선, 런던에서 재정적으로 독립한 지역, 즉 뉴질랜드, 뉴사우스웨일즈, 퀸즐랜드, 빅토리아(이상 세 지역은 모두 호주 동부 주-역주)에는 완전한 자율권을 부여했다. 이로써 지금껏 (학교에서는) 십자군(Crusaders), (해변선교회에서는) CSSM, (성경읽기 교재에서는) 성서유니온이라는 세 개의 다른 이름으로 활동했던 뉴질랜드 운동은 이제 성경유니온이라는 단일 이름 하에서 활동을 통합할 수 있게 되었다. 런던에 여전히 재정을 의존하고 있던 지역(캐나다, 남아프리카, 동아프리카, 남호주, 두 비영어권 지역 프랑스와 페루)은 빚을 지지 않고 런던의 승인 없이는 직원을 임명하지 않는데 동의했지만, 자체 고문단을 두고 가능한 빨리 자립과 자치를 실행할 수 있게 하라는 권고를 받았다. 1960년이 되면 캐나다, 프랑스, 남아프리카, 남호주가 자치를 시행한 반면, 인도와 싱가포르-말라야 등 몇 새로운 성서유니온 운동이 이 두 번째 범주에 속하게 되어 자체 고문단을 두게 되었다. 레어드는 또한 여러 호주 주에 설립되어 있는 각각의 성서유니온 지부들을 하나의 단일 전국 운동으로 통합하는 목표를 지향하라고도 권했다.[98]

아프리카에서는 선교사가 성서유니온이 발간한 문서를 수 년간 널리 유통시켰으나, 남아프리카에서 백인 아이를 대상으로 하는 사역과 프레드 크리텐든(Fred Crittenden)과 존 던컨(John Duncan)이 동아프리카에서 가끔씩 인도한 사역을 제외하고는 성서유니온만의 특정 청년 사역은 없었다. 그러나 1950년대 초에 여러 영국 식민지 지역 경제가 성장하고 확산되면서 영국인이 교사직이나 다른 공무원 자리를 맡을 수 있는 가능성이 높아졌다. 이들 중 일부는 성서유니온이나 IVF 같은 운동에서 활동한 복음주의 기독교인이었다. 서아프리카 첫 번째 성서유니온 캠프는 스코틀랜드에

---

98) Nigel Sylvester, *God's Word in a Young World: The Story of Scripture Union* (London: Scripture Union, 1984), 117–121.

서 성서유니온 집회를 도왔던 짐 핀들리(Jim Findlay)가 1953년 1월에 황금해안(가나)에서 인도했다. 참석자는 소년 13명 뿐이었지만, 다음해에는 숫자가 65명으로 늘었고, 옥스퍼드 졸업생 토니 윌모트(Tony Wilmot)가 인도했다. 1954년에는 소녀 캠프도 열렸다. 당시 윌모트의 설교를 듣고 회심한 이들 중 하나가 플로렌스 예보아(Florence Yeboah)로, 1962년에 성서유니온 직원으로 합류한 후 사역의 열매가 많이 맺혔다. 또 한 명의 초기 회심자로 곳프리드 오세이-멘사(Gottfried Osei-Mensah)가 있었는데, 그는 후에 나이로비침례교회 목사와 로잔운동에서의 역할로 널리 이름을 떨쳤다. 기회가 확장되자 윌모트는 런던 본부에 서아프리카에서 일할 직원을 임명해 달라고 요청했다. 이에 젊은 케임브리지 졸업생이자 성공회 목사인 나이젤 실베스터(Nigel Sylvester)가 1955년 11월에 황금해안에 도착했다. 그의 지도 아래 가나에서의 운동이 빠른 속도로 성장했다.[99]

나이지리아에서도 1957년에 이샤야 아우두 박사(Dr Ishaya Audu)를 수장으로 성서유니온 위원회가 시작되었는데, 아우두 박사는 후에 나이지리아 외무부 장관이 된 인물이었다.[100] 나이지리아 최초의 현장 직원 존 딘(John Dean)은 1958년에 임명되었다. 실베스터와 마찬가지로, 딘은 케임브리지 학생 시절에 회심한 후 수단연합선교회(Sudan United Mission)의 농업선교사로 파송되었으나 선교회는 그를 성서유니온으로 파견했다. 이바단 소

---

99) Ibid., 150-152; John Laird, *No Mere Chance* (London: Hodder & Stoughton and Scripture Union, 1981), 172-173. Sylvester는 필라델피아의 근본주의 설교자 반하우스(Donald Grey Barnhouse, 1895-1960)의 1949년 CICCU 선교 과정에서 회심했다. Barnhouse가 진행한 두 차례(1946, 1949)의 케임브리지대학 선교에 대해서는 Oliver R. Barclay and Robert M. Horn, *From Cambridge to the World: 125 Years of Student Witness* (Leicester: Inter-Varsity Press, 2002), 136-138; David Goodhew, 'The Rise of the Cambridge Inter-Collegiate Christian Union, 1910-1971', *JEH* 54 (2003), 75-77을 보라.

100) 아우두는 1966년 베를린전도회의에서 글을 발표해 달라는 초청을 받았으나 마지막 순간에 참석할 수 없게 되었다. 각주 31을 보라.

재 활동무대에서 딘은 이십년간 열심히 활동하며 수천 마일을 순회했다. 1960년에는 이 나라 서부에 22개, 동부에 11개, 북부에 38개 성서유니온 모임이 존재할 정도로 성장했다.[101]

1960년 5월에 레드의 '탈식민' 프로그램은 그가 버킹엄셔 올드조단스 (Old Jordans)에서 열린 성서유니온 국제대회를 주관하면서 결정적인 단계로 진입했다. 이 모임에서 레드가 한 발언은 '우리 운동(성서유니온 운동-역주) 역사에서 분수령이었음이 입증되었다.'[102] 대회가 직면한 도전은 이 번영하는 국제 운동이 개별 부속 지부로 완전 분해되는 것을 막는 장치를 고안하는 동시에, 1947년에 제정된 각 국가별 성서유니온 자율 원칙을 어떻게 보존하느냐 하는 것이었다.

결국 오스트랄라시아가 정한 틀을 따르기로 결정이 났는데, 오스트랄라시아는 호주와 뉴질랜드 및 새로이 성장하는 싱가포르, 말라야, 일본 사역을 위한 ANZEA 지역 위원회를 세운 바 있었다. 지역위원회들은 각국 성서유니온에 자율권을 부여하는 역할도 하지만, 동시에 지역 내 새로운 나라에서 상호 협력을 권장하고 성서유니온 사역을 개척하는 책임도 맡아야 했다. 국제위원회가 설립되어, 스위스 출신의 아르민 호플러(Armin Hoppler)가 국제 총무라는 새로운 직임에 임명되었고, 모든 나라의 성서유니온을 위한 정책과 교리적 기준을 마련했다. 성서유니온(Scripture Union, 또는 각 언어별 대표표기)이라는 명칭을 모든 지역에서 사용해야 한다는 합의가 이루어졌다. 1960년대에는 지역 위원회들이 남미와 북미, 남아시아, 아프리카 및 마다가스카르, 유럽에 세워졌다. 자치권을 가진 각국 위원회

---

101) Sylvester, *God's Word*, 152–153; 1950년에 CICCU 신입생 설교를 통해 딘이 회심한 이야기는 Barclay and Horn, *From Cambridge to the World*, 143에 나와있다.

102) Laird, *No Mere Chance*, 157.

의 수는 1960년에 7개였던 것이 1984년에 24개로 늘어났다.[103]

1960년대와 1970년대에 가장 극적인 성장을 보인 지역은 아프리카로, 1982년이 되면 25개국에서 91명의 직원이 활동할 정도로 성장했다. 실베스터와 딘이 가나와 나이지리아에서 만든 것 같은 촘촘한 중고등학교 네트워크를 형성할 수 있었던 곳에서 진보가 가장 두드려졌다. 1962-63년에는 첫 번째 아프리카인 순회 총무들이 세워졌다. 가나의 플로렌스 예보아(Florence Yeboah, 1962), 로디지아(지금의 짐바브웨-역주)의 필립 음푼즈와나(Philip Mpunzwana, 1962), 1963년에 나이지리아 북부에서 기독학생회(Fellowship of Christian Students)와 동역한 루벤 아리코(Reuben Ariko)가 바로 그들이었다. 남아프리카에서는 최초의 흑인 직원 내트 은코시(Nat Nkosi)가 1970년에 임명되었다. (1957년부터 독립국이 된) 가나는 1965년에 자치권을 얻었고, (1960년에 독립국이 된) 나이지리아는 1966년에 자치권을 확보했다. 1983년에 나이지리아를 방문했을 때, 실베스터는 그 나라의 얼마나 많은 학교에 성서유니온이 설치되어 있는지 아는 사람이 하나도 없다는 말을 들었지만, 조사 끝에 북부에서 기독학생회의 지원 하에 운영되는 지부 천 개를 제외하고도, 최소한 천 개가 각 학교에 설립되어 있다고 결론 내렸다.[104]

아프리카에서 성서유니온이 두드러지게 성장한 데에는 당시 독립하여 부상하던 나라들의 특징이었던 문서 자료에 대한 엄청난 갈망이 큰 역할을 했지만, 아마도 가장 중요한 원인은 성서유니온 직원들이 아프리카인과 백인 간의 평등한 개인 관계를 모범으로 보여준 것일 수 있다. 영국 성서유니온과 십자군운동의 사례에서 보듯, 학교 휴무기에 열린 캠프의 역할도 전략적이었다. 폴루 소얀워(Folu Soyannwo)는 나이지리아 첫 직원 중

---

103) Sylvester, *God's Word*, 155-160.
104) Ibid., 208-209, 218, 220-221.

한 명으로 캠프에서 회심했는데, 흑인 학생을 씻기는 일을 하는 백인 지도자를 보고 깜짝 놀랐다. 소얀위는 이후 나이지리아 성서유니온 총무로, 안수 받은 후에는 나이지리아 성서유니온 위원회 위원으로 활약했다.

비슷하게, 1965년에 이언 스미스(Ian Smith)가 영국에서 독립한다고 일방적으로 선언하기 직전의 로디지아에서 열린 성서유니온 다인종 캠프에 참석했던 학생 피니어스 듀브(Phineas Dube)는 거의 아무 것도 없이 온 흑인 소년들에게 자기 담요들을 다 내 준 백인 지도자에게 큰 감명을 받아 회심했다. 그는 1981년에 짐바브웨 성서유니온 현장 책임자가 되었다. 당시에 너무 많았던 관습적인 선교단체의 방식과는 대조적으로, 성서유니온은 젊은 아프리카인에게 재정 관리를 비롯한 중요 역할을 기꺼이 맡겼다. 존 딘의 표어는 '훈련과 신뢰'였다.[105] 성서유니온을 통해 훈련 받은 많은 이들이 전임 기독교 사역자가 되었다. 나이젤 실베스터가 1972년에 가나를 찾았을 때, 그는 가장 큰 신학대학인 레곤 소재 트리니티컬리지(Trinity College, Legon) 학장에게서 자기 학생 60%가 성서유니온 출신이라는 말을 들었다. 시에라리온 감리교회 총회장은 계속 순회 중이던 실베스터에게 지난 3년간 감리교 목회자 후보생 전부와 새로운 평신도 설교자 전부가 성서유니온 출신이라고 말해 주었다.[106]

서아프리카에서는 성서유니온 운동이 자체 동력을 확보했는데, 특히 나이지리아에서는 유럽인 직원들의 통제를 곧 벗어날 만큼 성장이 두드러졌다. 여기서 성서유니온 사역은 빠르게 성장하여 학교에 다니는 아이들에게 만큼이나 청년들에게도 중요해졌는데, 이는 1967년에 학교를 떠나

---

105) Ibid., 209-210, 223-225.
106) Ibid., 222. (지금은 트리니티신학교가 된) 트리니티컬리지는 1942년에 감리교회, 가나장로교회, 복음주의장로교회의 에큐메니컬 목회자 양성 기관으로 설립되었다. 1967년에는 가나연합성공회교구위원회(Joint Anglican Diocesan Council in Ghana)가 합류했고, 아프리카감리교감독시온교회(African Methodist Episcopal Zion Church)도 곧이어 한 식구가 되었다.

는 이들을 위한 '순례자 그룹'(Pilgrims Groups)과, 1960년대 초에 첫 모임이 만들어진 북부 익볼랜드(Igboland, 익보족의 땅-역주) 은숙카(Nsukka) 소재 신설 나이지리아대학 같은 몇 나이지리아 대학에 성서유니온 모임들이 만들어졌기 때문이었다.[107] 제7장에서 1967년 비아프라 전쟁(Biafran war, 나이지리아의 동남부 지방에 있던 주가 정치적 갈등으로 자칭 비아프라 공화국을 세우고 나이지리아에서 분리 독립을 시도하려다 실패한 전쟁-역주)의 여파가 휘몰아치던 시기부터 1970년까지 나이지리아 성서유니온 운동에서 청년(특히 익보족)이 두드러진 오순절 유형의 복음주의를 형성하고 전파하는 과정에서 보여준 독립적인 운동에 대해 자세히 다룰 것이다. 이 운동으로 서아프리카 기독교의 미래에 큰 반향이 일었는데, 결국 오늘날 서아프리카 기독교의 두드러진 특징이 된 많은 '신오순절'(new Pentecostal) 교회의 탄생으로 이어졌다. 국제 성서유니온 운동의 주요 설계자였던 존 레어드는 이 운동이 원래 그가 소속되었던 형제단 운동의 엄격한 성경적 경건주의에서 크게 이탈한 영성과 정신을 지닌 거대한 기독 교회 집단을 탄생시키는 것을 목격한 후 1988년에 사망했다.[108]

---

107) Richard Burgess, *Nigeria's Christian Revolution: The Civil War Revival and Its Pentecostal Progeny* (1967–2006) (Carlisle: Paternoster Press, 2008), 56, 92.

108) 이 단락은 Sylvester, *God's Word*, 219–220; Ogbu Kalu, 'Passive Revolution and Its Saboteurs: African Christian Initiative in the Era of Decolonization, 1955–1975', in Brian Stanley (ed.), *Missions, Nationalism, and the End of Empire* (Grand Rapids: Eerdmans, 2003), 250–277; and Ogbu Kalu, *African Pentecostalism: An Introduction* (Oxford: Oxford University Press, 2008), 88–94의 내용에 크게 의존했다. 나이지리아 오순절운동의 기원에 대한 더 깊은 논의는 이 책 제7장, 309–311을 보라.

7. 결론: 선교와 제자도의 새로운 유형들

1990년대가 되면 복음주의 국제 선교운동 네트워크는 1945년에 비해 구조가 한없이 다양해지고 복잡해진다. 20세기가 끝날 무렵에는 아시아(특히 한국, 인도, 필리핀), 아프리카 (주로 가나와 나이지리아), 라틴아메리카(특히 브라질) 출신 해외 선교사 수가 빠른 속도로 유럽 및 북미 출신 선교사 수를 따라 잡고 있었다.[109] 세계대전 이후 기독교 국제주의의 많은 새로운 흐름을 야기한 세계 인구의 대이동은 1990년대가 되면 더 다양한 성격을 지니게 된다. 난민의 곤경, 특히 아프리카 일부 지역에서 기아와 홍수, 내전을 피해 달아난 이들의 고통이 기독교인의 동정을 사면서 생겨난 이민의 거대한 흐름이 이제는 그 자체로 일종의 선교운동이 되었다.[110]

일자리를 구하기 위해 이주한 이민자가 남쪽에서 북쪽으로, 동쪽에서 서쪽으로 이동하면서, 독특한 유형의 아프리카, 아시아, 히스패닉(Hispanic, 라틴아메리카계-역주) 기독교를 유럽과 북미 도시에 가져갔다. 1990년대에만 이민자 천삼백만 명이 미국땅을 밟았다. 2000년이 되면 미국인 중 삼천오백만 명이 히스패닉계가 되고, 아시아계는 약 천이백만 명에 달한다. 히스패닉 인구 중 약 20%는 복음주의 개신교도인 반면, 미국 내 한국인 공동체의 기독교인(대부분 복음주의 개신교인) 대 불교인 비율은 최소한 10:1이었다.[111] 제도권 선교단체들이 기독교 세계선교 이야기에

---

[109] 21세기 첫 십 년(2001-2010)이 끝나갈 무렵에 아시아, 아프리카, 라틴아메리카 출신 해외 선교사의 수는 대략 126,200명이었다. 북미 출신 135,000명, 유럽 출신 132,800명과 비교해 보라. Todd M. Johnson and Kenneth R. Ross (eds.), *Atlas of Global Christianity* (Edinburgh: Edinburgh University Press, 2009), 261을 보라.

[110] 이 주제에 대해서는 Jehu Hanciles, *Beyond Christendom: Globalization, African Migration, and the Transformation of the West* (Maryknoll: Orbis Books, 2008)을 보라.

[111] Philip Jenkins, *The Next Christendom: The Coming of Global Christianity*, 3rd ed. (New York: Oxford University Press, 2002), 100–103. 2011년에 출간된 이 책 3판에서, 젠킨스는 미

서 여전히 중요한 역할을 이어가고는 있어도, 1945년만해도 여전히 선교지도 대부분을 지배하고 있던 북반구 기원 교단선교회 대부분은 2000년이 되면 주변부만을 차지하며 밀려나고 만다. OM이나 예수전도단(Youth With a Mission, 이하 YWAM, 1960년에 캘리포니아 출신 로렌 커닝엄이 창설한 선교단체) 같은 새로 설립된 열정적인 초교파, 국제 선교회들이 북반구 젊은 복음주의자의 열정을 붙잡고 불러 일으키는 데 더 큰 능력을 발휘했다. 아시아, 아프리카, 라틴아메리카에서도 주요 선교 동력은 젊은이나 여성인 경우가 많았다.[112]

1970년대에 나이지리아 성서유니온 운동에서 주도권을 잡았던 젊은 이그보우 복음주의자들(Igbo evangelicals)처럼, 우리에게는 이름이 알려지지 않은 이 전도자들은 기존의 선교 구조를 변혁하고 새로운 틀을 만들어내거나, 혹은 아예 거의 구조라는 것 없이 활동했다. 우리가 제7장에서 좀 더 자세히 살펴보게 되겠지만, 이들 중 많은 사람들의 기독교 신앙 이해는 서구인이 '오순절신앙'이라 딱지 붙인 신앙 이해였으며, 또한 계몽주의 시대에 복음주의가 기원한 이래로 북대서양 세계 복음주의의 성격으로 간주되어 온 특징과는 뚜렷하게 구별되었다.

국 내 히스패닉 인구를 5천만 명으로 추정했고(126), 한국계 미국인 중 기독교인 대 불교인의 비율을 10:1에서 '10 혹은 20:1'로 수정했다(131).

112) Dana Robert, 'World Christianity as a Women's Movement', *International Bulletin of Missionary Research* 30:4 (Oct. 2006), 180–188을 보라.

The Global Diffusion of Evangelicalism

제4장

학문, 성경, 설교

1. 성경연구

1) 복음주의 성경신학 탐구

1930년대와 1940년대 보수 복음주의는 지적 수준과 학문적 생산성이라는 측면에서 소규모 쇠퇴기에 접어들었다. 북미에서는 진화론과 성서비평을 두고 벌어진 전투 때문에 순전한 지적 노력을 억압한 공격적인 유형의 근본주의가 성장했다. 그러나 영국과 일부 오스트랄라시아 지역에서는 신학적 보수주의가 덜 전투적인 입장을 취하는 경향을 보이기는 했어도, 복음주의가 그토록 자랑스러워 했던 영적 예민함에 대적하는 것으로 보이는 학문에 대해서는 의혹의 눈초리를 감추지 않았다. 영어권 세계에서 이런 분위기에 가장 분명한 예외를 보여준 곳은 스코틀랜드로, 복음주의 신앙과 신학 연구가 서로 갈등하는 공공연한 적으로 당연시되지 않았기 때문에, 주도적 개혁파 전통의 영향력과 경쟁 상대가 없을 만치 튼튼한 공교육 체계가 통합을 이룰 수 있었다. 틴들성경연구협회(Tyndale Fellowship for Biblical Research)의 기원이 '어떻게 하면 잉글랜드에서 복음주의가 반계몽주의와 반지성적 편견이라는 비판을 가장 잘 모면할 수 있을까'하는 주제를 논의하기 위해 1938년에 런던 햄스테드의 세인트루크스교회(St Luke's Church, Hampstead) 사제관에서 IVF 선임 회원과 동료들이 개최한 모임이라는 것을 언급할 필요가 있다.[1] 이 모임으로 결국 IVF 성경연구위원회가 탄생했고, 1942년에 연례 틴들 신구약 연구 강연이 만들어지고, 1944년 9월에는 형제단 소속 건설업자 존 랭(John Laing)의 후원으로 케임브리지 셀윈가든스(Selwyn Gardens) 16번지를 구매했다. 이 곳이 바로 틴들하우스(Tyndale House)로 알려진 건물이었다. 이어서 1945년 4월에 틴들하우스의 작은 도서관과 연구소를 통해 틴들성경연구회가 발족되었다.[2] 이 연구회를 통해 성장한 학자 간 교제는 보수 복음주의 지성 부흥에 비길 데 없는 공헌을 했다. 이는 잉글랜드나 영국 제도에서만 아니라, (틴들하우스에 머물렀거나, 이 연구회 회원의 지도 아래 여러 영국 대학 박사 학위 과정에서 공부한 많은 미국 복음주의자를 통해) 미국과, 실제로 전세계 차원에서도 역사적 사실이었다. 일리노이 주 트리니티복음주의신학교 교수 돈 카슨(Don Carson)은 '나는 이정도 적은 투자로 이토록 큰 세계적 영향을 끼친 다른 기독교 기관에 대해 들어본 일이 없다'고 적절히 평한 바 있다.[3]

복음주의권의 더 많은 이들에게 틴들연구회를 소개한 첫 기사 중 하나

---

1) F. F. Bruce, 'The Tyndale Fellowship for Biblical Research', *EvQ* 19 (1947), 52 ('잉글랜드'를 기울임꼴로 표기한 것은 저자 브라이언 스탠리의 의도); Douglas Johnson, *Contending for the Faith: A History of the Evangelical Movement in the Universities and Colleges* (Leicester: Inter-Varsity Press, 1979), 209–210.

2) Bruce, 'Tyndale Fellowship', 54–55; T. A. Noble, *Tyndale House and Fellowship: The First Sixty Years* (Leicester: Inter-Varsity Press, 2006), 48–57.

3) Noble, *Tyndale House and Fellowship*, 264에서 재인용.

를 쓴 이는 스코틀랜드인 부편집자 프레드릭 파이비 브루스(Frederick Fyvie Bruce, 1910-90, 주로 F. F. Bruce로 알려져 있다-역주)로, 1947년에 「이벤절리컬 쿼털리」(*Evangelical Quarterly*)에 글을 기고했다.[4] 일평생 기독교형제단 소속 교인이었던 브루스는 리즈대학에서 고전 그리스어 조교수(lecturer, 영국 및 영연방 학제에서 lecturer는 강사가 아니라 전임 조교수를, senior lecturer는 부교수를 의미하며, professor라는 표현은 오직 정교수에만 사용할 수 있다-역주)로 일했는데, 이 단계에서 그는 성경학자라기 보다는 주로 고전학자였음에도 불구하고, IVF성경연구위원회가 마련한 IVF 여름학교에서 신약 전문가로 활약했다. 함께 구약 전문가로 활약한 인물은 리버풀대학의 W. J. 마틴(W. J. Martin)으로, 젊은 호주 성공회 신자 데이비드 브러턴 녹스(David Broughton Knox)와 함께 틴들하우스 사상의 신뢰도를 높인 인물이었다.[5] 마틴 또한 형제단 소속이었고, 브루스와 마찬가지로 신학자나 성경학자가 아니라 셈어를 가르치는 조교수였다. 브루스는 자서전에서 주도적 색깔이 성공회적이었던 위원회가 신학과에서 일하지 않는 형제단 소속의 두 회원을 핵심 성경 전문가로 보유하고 의존한 것이 그 시대 IVF 내 성서학의 상황을 잘 보여준다고 설명한다.[6] 실제로 틴들연구회 전체 역사에서 반복된 논란은 성서학과 비교하여 신학이 상대적으로 약하다는 것이었고, 구약, 신약학 연구 집단의 역사에 비해 신학 주제로 연구하는 다양한 집단의 흐

---

4) 브루스에 대해서는 Tim Grass, *F. F. Bruce: A Life* (Milton Keynes: Authentic Media, 2011)를 보라.

5) Noble, *Tyndale House and Fellowship*, 36-38, 43-45; Grass, *F. F. Bruce*, 44. 마틴의 원래 소망은 연구소를 세우는 것이었다. 성서학도서관에 대한 꿈은 녹스가 1940년 여름방학을 체서 하위든 세인트데이니얼즈(St Deiniol's, Hawarden, in Cheshire)의 글래드스톤즈 도서관(Gladstone's Library)에서 보내면서 꾼 것이었다. 녹스는 1942년부터 시드니 주임사제(Dean of Sydney)로 임명된 1947년까지 성경연구위원회 총무로 일한 뉴질랜드인 스튜어트 바턴 배비지(Stuart Barton Babbage)의 친구였다.

6) F. F. Bruce, *In Retrospect: Remembrance of Things Past* (Glasgow: Pickering & Inglis, 1980), 110-111.

름이 잘 이어지지 못했다는 것이었다.[7)]

「이벤절리컬 퀴털리」에 기고한 브루스의 글에는 새로 탄생한 틴들연구회가 그가 이름 붙인 바, '만개한 역사적 복음주의 신앙' 부흥에 중요한 변증적 역할을 하게 되기를 소망하는 바람이 담겨있었다.[8)] 또한 이 글에서 연구회가 그 역할을 수행하려면 연구회의 연구가 '절대 속박을 받아서는 안 된다'는 그의 믿음을 분명히 했다. 브루스는 연구회 회원이 오경이나 이사야의 구성, 다니엘의 연대, 복음서의 자료, 목회 서신의 저작권 같은 문제에 대해 분명한 증거가 있다고 그들이 믿게 된 결론이 나왔다면, 그것이 무엇이든 간에, 전적으로 자유롭게 그 견해를 채택할 수 있어야 한다고 설명했다. 이런 주제들은 과거에 대부분의 보수 복음주의자들이 고등 비평학자들과 싸우기 위해 필수적으로 알아야 한다고 생각했던 바로 그 요소들이었다. 성서학 연구에 종사한 일평생 브루스는 이런 학문적 자유와 원래 주어진 그대로의 성경은 무오하다는 IVF의 교리 기준에 대한 서명 간에 어떤 모순도 발견하지 못했다. IVF 소책자 『복음주의 신앙』(*Evangelical Belief*) 초판에서, 성경은 "그 자체로 참되고, 충분한 인도자로서, 절대적으로 신뢰할 만하다"고 공식적으로 설명한 진술에 동의하는 브루스는 이 구절을 성경이 '진리를 진지하게 탐구하는 영혼을 결코 잘못된 길로 인도하지 않는다'는 의미로 해석했다. 그의 글의 결론은 '복음주의 기독교인은 자신들이 과학적 연구를 두려워한다는 일반적인 생각이 거짓임을 분명하게 보여주어야 한다'는 것이었다.[9)]

---

7) Noble, *Tyndale House and Fellowship*, 147–150, 152, 162–163, 174, 183, 195, 252–253.

8) Bruce, 'Tyndale Fellowship', 61.

9) Ibid., 57–59; cf. Inter-Varsity Fellowship, *Evangelical Belief* (London: Inter-Varsity Fellowship, 1935), 11. 브루스의 성경론을 더 자세히 알려면 Grass, *F. F. Bruce*, 144–159를 보라.

미국에서 등장한 '신'(new 또는 neo-) 복음주의자[10] 역시 이 시기에 보수 개신교에 들러붙은 반계몽주의 딱지를 제거하는 데 관심을 가졌다. 이 관심의 결과 중 하나가 1949년의 복음주의신학회(Evangelical Theological Society, 이하 ETS) 형성으로, 명시된 목적이 '성경에 중심을 둔 신학 전 분야에서의 사상과 연구를 말과 글로 교환하고 표현하는 수단을 제공함으로써 보수적이면서도 성경적인 학문성을 증진시키는 것'이었다. 그러나 교리 원칙을 언제나 IVF/UCCF와 공유했던 틴들연구회와는 달리, ETS는 모든 회원에게 두 가지 원칙만을 고백하라고 요구하는 간소한 자체 교리 선언을 보유하고 있다. 즉 삼위일체 신앙과 명시적인 무오성 교리가 그 두 교리다. "오직 성경, 그리고 전체 성경이 기록된 하나님의 말씀이며, 따라서 원본들은 무오하다."[11]

아마도 이런 이유로 전문 학자로만 회원권이 제한되어 있고, 틴들연구회와 더 비슷한 정신과 교리 원칙을 가진 작은 조직을 1973년에 남침례교 신약학자 얼 엘리스(E. Earle Ellis, 1926-2010)가 탄생시켰다. 이 조직, 성경연구소(Institute for Biblical Research, 이하 IBR)는 1985년에 총 회원수가 150명이 되었고, 1994년에는 311명에 이르렀다. 이 조직은 연례 학회를 북미 성서학 연구분야 최고 학술 조직인 성서학회(Society for Biblical Literature, 이하 SBL)와 공동으로 연다.[12] ETS가 대개 마크 놀이 (정통과는 양립할 수 없는 것으로 보이는 널리 수용된 일련의 비평적 견해들을 반박하기 위한 학문적 방법론을 사용하는) '비평적 반비평주의'(critical anti-criticism)라고 이름 붙인 입장에 서 있는 반면, 영국의 틴들연구회와 마찬가지로, IBR은 성경 계시의 진정성

---

10) 이 책 제2장, 57-72를 보라.
11) http://www.etsjets.org/about/constitution (접속일: 27 Apr. 2012)을 보라.
12) Mark A. Noll, *Between Faith and Criticism: Evangelicals, Scholarship, and the Bible*, 2nd ed. (Leicester: Apollos, 1991), 105; http://www.ibr-bbr.org/brief-history-ibr (접속일: 27 Apr. 2012).

에 대한 신뢰가 연대, 저작권, 혹은 구조 같은 문제들에 대한 다양한 비평적 입장들과 조화될 수 있다고 주장하는 F. F. 브루스의 '신앙에 근거한 비평'(believing criticism) 원리를 따랐다.[13]

영어권 세계 전역에서 일어난 보수 성서학의 부흥은 구약보다는 신약에서 더 두드러졌다. 신약에서는 미국인 조지 엘던 래드(George Eldon Ladd), 얼 엘리스(E. Earle Ellis), 브루스 메츠거(Bruce Metzger), 영국인 F. F. 브루스, 하워드 마샬(I. Howard Marshall), N. T. 라이트(N. T. Wright), 호주인 레온 모리스(Leon Morris), 뉴질랜드인 그레이엄 스탠턴(Graham N. Stanton) 같은 학자들이 복음주의 진영 너머까지 유명세를 떨쳤다. 반면, 구약학에서는 세계적 명성을 얻은 이들이 거의 없었다. 가장 주목할 만한 두 예외는 또 다시 잉글랜드 형제단 운동에 속한 두 사람이었다. 제2장에서 언급된 바 있는 런던대학의 도널드 와이즈먼(Donald J. Wiseman, 1918-2010)과 1992년 이래 옥스퍼드대학에서 히브리어 흠정교수를 지낸 휴 윌리엄슨(Hugh G. M. Williamson)이었다. 호주 성공회 신자로 히브리어 구문론과 소선지서 연구에도 크게 공헌한 프랜시스 앤더슨(Francis I. Andersen, (1925-)의 이름도 언급해야 한다. 이런 예외들에도 불구하고, 현대 성서비평의 결과들은 보수주의자에게는 대체로 구약학보다는 신약학이 공부하기 더 편하다는 것을 증명했다. 특히 북미에서는 복음주의자가 (특히, 모세오경에 대한) 현대 역사비평의 발전된 가설들을 예언의 근본 자료이자 진화에 대항하여 창조론을 형성하기 위한 채석장으로서의 구약이라는 그들의 전통적인 구약 이해와 어떻게 조화시킬 수 있을지를 놓고 고분 분투했다.[14]

1950년대 이래 대서양 양편 보수 성서학 발전 과정에서 나타난 두 지역 간 가장 두드러진 차이는 복음주의에 헌신한 영국 학자와 그들의 학문적

---

13) Ibid., 156-158.
14) Ibid., 188-189.

역량이 주요 연구 중심 대학의 신학과나 성서학과에 상당 수준 침투해서 주도권을 확보한 반면, 북미에서는 보수 학문 부활의 영향력이 주로 복음주의 신학교에만 제한되었기 때문에, 이 신학교들의 학문 수준이 크게 상승한 것이다.[15] 이런 차이를 만들어 낸 요인 하나는 영국의 여러 유명 대학이, 비록 대개의 경우 더 이상 배타적으로 기독교 신학만을 가르치지는 않지만,[16] 여전히 기독교신학 연구를 주로 강조하는 학과들을 유지한 반면, 많은 미국 및 캐나다 대학에서는 1960년대부터 종교 연구를 사회과학이나 현상학적으로 접근하는 풍토가 점점 더 지배적 연구법이 되면서, 성서학 뿐만 아니라 심지어 기독교 신학마저도 점차 주변부로 밀려났기 때문이다. 이 대세는 1964년에 미국종교학회(American Academy of Religion, 이하 AAR)가 형성되면서 가장 두드려졌다.[17] 또 한 가지 이유는 영국에서는 잉글랜드국교회가 복음주의자가 옥스퍼드대학과 케임브리지대학 같은 오래된 대학이 배출한 지적, 사회적 엘리트들과 접촉할 수 있는 현장이 되었지만, 미국에서는 복음주의자가 아이비리그대학에서 세력을 형성하는 것이 더 어려웠기에, 결국 미국 제도권 지성인의 공간에 침투할 수가 없었다. 예컨대, 하버드에서는 1953년에 IVF 회원이 다섯 명 뿐이었다.[18]

미국대학에서 복음주의 성서학이 계속해서 약해졌기 때문에, 성서학 박사 학위에서 공부하고 싶어하는 미국 복음주의자 대부분이 오래된 영국

---

15) Ibid., 97–98, 138–139.
16) 세인트앤드류스대학은 유대교학을 가르치기는 하지만, 아마도 다원주의적 종교학 접근(기독교신학만이 아니라 다른 종교의 신학도 가르친다는 의미-역주)이라는 대세에 거의 전적으로 저항하는 아마도 유일한 예외일 것이다.
17) D. G. Hart, 'Evangelicals, Biblical Scholarship and the Politics of the Modern American Academy', in David N. Livingstone, D. G. Hart and Mark A. Noll (eds.), *Evangelicals and Science in Historical Perspective* (New York: Oxford University Press, 1999), 306–326.
18) Timothy Dudley-Smith, *John Stott: The Making of a Leader* (Leicester: Inter-Varsity Press, 1979), 392.

대학에 소속된, (또 많은 경우 틴들연구회에 소속된) 자신과 공감대를 가진 지도교수의 지도 하에 박사 과정을 밟고 싶어했다. 이런 대학 신학과의 대학원 학생 모집은 미국 복음주의 시장에 크게 의존했고, 당연히 이 때문에 재정적으로도 살아남을 수 있었다. 1980년대 중반 북미에서 어느 주제에서든 성서학 연구에 종사한 복음주의 학자의 절반 가량이 영국에서 공부했다.[19] 이는 F. F. 브루스나 하워드 마샬 같은 영국 복음주의 학자의 '신앙에 근거한 비평'이 미국과 다른 지역의 복음주의권 지성의 지도자들에게 전수되었다는 것을 뜻했다. 브루스가 지도한 박사 학생들은 미국에서만 온 것이 아니었다. 전세계에서 온 이들 중에는 에콰도르 출신의 르네 파디야(René Padilla), 홍콩에서 온 로널드 풍(Ronald Fung), 뉴질랜드 출신의 머리 해리스(Murray Harris)도 있었다. 브루스의 최신 전기를 쓴 작가는 북미 지역에서 브루스의 영향력이 가장 두드러진 지역은 캐나다 브리티시컬럼비아-컬럼비아 주라고 지적한다.[20]

2) 복음주의 학문의 교회 적용: 『뉴바이블주석』 및 이를 계승한 두 주석

전후 복음주의 지도자들은 성서학이라는 학문 세계에 영향을 끼치는 것뿐만 아니라 강단 안팎의 교회에서 성경을 조직적이고 시대에 적합하게 사용할 수 있도록 돕는 일에도 관심이 컸다. 이를 위해서는 건전한 동시에, 최신 성서학 성과를 목회자와 평신도 지도자, 특히 젊은이에게 성경을

---

19) Noll, *Between Faith and Criticism*, 138(역자의 조사에 의하면 오늘날은 이 비율이 최소 70%를 뛰어넘었다-역주).

20) Peter Oakes, 'F. F. Bruce and the Development of Evangelical Biblical Scholarship', *BJRL* 86 (2004), 99-124. 120쪽에는 브루스에게 지도 받은 일부 학생 명단이 나온다. Grass, *F. F. Bruce*, 215.

가르치는 일에 종사하는 지도자가 손쉽게 구할 수 있는 형태의 자료로 제공하는 일도 필수였다. 이 방향에서의 첫 단계는 1947년에 IVF가 『뉴바이블핸드북』(The New Bible Handbook)을 출판한 것이었다.[21] 이어서 1953년에는 1,199쪽으로 된 『뉴바이블주석』(The New Bible Commentary)이 나왔다. 초판 3만 부 중에 2만2천 부가 주문되었고, 미국 출판사 어드먼스(Eerdmans)와 미국 IVCF가 미리 일부 비용을 지불했다.[22] 편집자는 글라스고 성경훈련학교(Bible Training Institute in Glasgow) 교장 프랜시스 데이빗슨(Francis Davidson)이었고, 성공회 소속 오크힐컬리지(Oak Hill College) 부총장 앨런 스타입스(Alan Stibbs)와 (지금은 런던신학교[London School of Theology]가 된) 런던성경대학(London Bible College) 첫 전임 총장 어니스트 케번(Ernest Kevan)이 편집을 도왔다. 1943년에 세워진 런던성경대학은 복음주의 내에서 학문 수준을 끌어올리려던 복음주의자들의 열망이 얼마나 진지했는지를 보여주는 또 다른 표지였다.[23] (모두 남성인) 기고자 50명 중 12명만 박사학위가 있었고,[24] 대학에서 교수직을 갖고 있거나 이전에 가졌던 사람은 여섯 명 뿐이었다. 저술 팀은 대부분 영국인이었고, 이중 다수가 스코틀랜드 혹은 얼스터(북아일랜드-역주) 장로교인이었는데, 일부가 교수이기는 했지만, 대부분은 목회자였다. 북미 출신 기고자는 다섯 명 뿐이었다.

『뉴바이블주석』의 서문을 장식한 것은 개론적인 신학 논문 두 편이었다. '성경의 권위'에 대한 첫 번째 논문을 쓴 사람은 젊은 성공회 복음주의자 제프리 브로밀리(Geoffrey W. Bromiley)로, 당시에 그는 에든버러의 세인

---

21) G. T. Manley, G. R. Robinson and A. M. Stibbs (eds.), *The New Bible Handbook* (London: Inter-Varsity Fellowship, 1947).
22) Noll, *Between Faith and Criticism*, 103.
23) F. Davidson, A. M. Stibbs and E. F. Kevan (eds.), *The New Bible Commentary* (London: Inter-Varsity Fellowship, 1953).
24) Noll, *Between Faith and Criticism*, 123.

트토머스 잉글랜드 (지금은 스코틀랜드) 성공회교회 교구사제였다. 브로밀리는 이후 1958년부터 1987년까지 풀러신학교에서 가장 탁월한 교수 요원이자, 카를 바르트 저작을 해설하고 번역한 복음주의 지도자로 유명해지는 인물이다.[25] 이 글은 그가 1947년에 「이벤절리컬 쿼털리」에 썼던 것과 같은 글이었다.[26] '계시와 영감'을 다룬 두 번째 논문은 에든버러대학에서 기독교윤리와 실천신학을 가르쳤던 대니얼 레이먼트(Daniel Lamont, 1869-1950)의 글로, 사후에 출판되었다. 레이먼트는 1940년대에 대학교수직을 보유하고 있던 소수의 IVF 선임 회원이었고, 1945년부터 1946년까지 IVF 회장직을 맡았다.[27]

두 논문 모두 보수 복음주의 성경 이해가 근본적으로 16세기 종교개혁자들의 가르침과 연속성이 있음을 변증하고자 했고, 두 논문 모두 성경의 권위에 성령의 내적 증거가 필수적이라는 종교개혁자들의 가르침을 우선 강조했다. 둘 다 성경의 무오성, 또는 무류성을 노골적으로 언급하지는 않았다. 그러나 두 저자는 성경의 영감에 대한 다양한 접근법을 활용했다. 바르트주의자의 시각을 교정하고자 한 브로밀리는 종교개혁자들이 신자에게 비추는 성령의 조명을 '영감'이라고 지칭하지 않았다고 주장했고, 『뉴바이블핸드북』에 실린 '영감과 권위'에 대한 글을 따라 객관적 영감과 주관적 조명에는 분명한 차이가 있다고 했다.[28] 반면, 레이먼트의 글은 '성령 충만한 사도들'에서 '영감된 성경'을 거쳐 '영감된 독자들'로 이동했는

---

25) G. W. Bromiley, 'The Authority of Scripture', *New Bible Commentary*, 15–23.

26) G. W. Bromiley, 'The Authority of the Bible: The Attitude of Modern Theologians', *EvQ* 19 (1947), 127–136.

27) Daniel Lamont, 'Revelation and Inspiration', *New Bible Commentary*, 24–30; Lamont에 대해서는, George R. Logan, 'A Memoir of Dr Lamont's Life', in Daniel Lamont, *Studies in the Johannine Writings* (London: James Clarke, 1956), 7–62를 보라.

28) Bromiley, 'Authority of Scripture', *New Bible Commentary*, 21–22; cf. Manley, Robinson and Stibbs, *New Bible Handbook*, 10–11.

데, 여기서 그는 '성경 저자들에게 영감하신 그분만이 성경 독자들을 영감하여 예수를 모두가 받아들여야 할 거룩한 주와 구세주로 인정할 수 있도록 하신다'고 주장했다. 레이먼트는 성경의 영감이라는 개념을 성령이 본문 안에 있다기보다는 성령이 사도들 안에 내주한 것으로 이해했다.

> 핵심적이고 중심이 되는 영감을 기록된 증언이 **뒤따랐다**는 것을 기억하는 것이 좋겠다. 복음은 처음부터 완전한 형태로 존재했고, 신약성경의 모든 부분은 기록되기 **이전에** 이미 성령의 능력으로 선포되었다.[29]

레이먼트의 경험적('느슨한'이라고 말하는 사람도 있다) 영감 이해는 20세기 초반 영국 복음주의자들의 성경 교리에 대한 데이비드 라이트(David F. Wright)의 해석이 정확하다는 것을 확증해 준다. 즉 라이트에 따르면, 성경의 영감이라는 개념은 '놀랍도록 다양한 방식'으로 이해되었다.[30] 성경 본문의 뚜렷한 영감이라는 더 단단한 견해를 주창한 논문을 쓴 브로밀리마저도 성경 무오를 언급하는 데까지는 이르지 않았다. 1954년에 재판이 발행되는 대성공을 거둔 『뉴바이블주석』은 더 이른 세대 복음주의 성경론의 특징 일부를 보여주었다. 역사비평의 주요 특징에 대한 이 성경론의 판단은 보수적이었지만 아주 획일적이지는 않았다. 목회서신에 대한 앨런 스타입스의 글은 이 서신서들의 바울 저작권을 부인하는 것은 이 책들의 정경 지위를 훼손하는 것이라고 단호하게 주장한 반면, 네덜란드 학자 G. C. 알더스(G. C. Aalders)는 구약의 역사 문헌에 대한 글에서 오경이 모세

---

29) Lamont, 'Revelation and Inspiration', 29 (본문의 강조체는 Lamont의 의도).

30) David F. Wright, 'Soundings in the Doctrine of Scripture in British Evangelicalism in the First Half of the Twentieth Century', *TynB* 31 (1980), 87–106. 인용문은 103쪽에 있다.

자료와 모세 이전 자료를 모아 초기 왕정 시대에 편집되었다고 조심스럽게 주장했다.[31] 스코틀랜드국교회 목사 윌리엄 피치(William Fitch)가 쓴 이사야 주석은 이사야서의 통일성을 인정하기는 했지만, 양편의 주장을 광범위하고 공정하게 연구한 후에 그런 결론을 내렸다.[32]

단권 주석의 성공에 고무된 IVF 문서위원회는 1956년에 틴들신약주석(Tyndale New Testament commentary) 시리즈 출간을 시작한 후, 1964년부터는 구약주석 시리즈도 발간했다. 주석은 틴들출판사(Tyndale Press)의 학술출판을 담당한 IVF(후에는 IVP)가 영국에서 출간했고, 미국에서는 어드먼스가 출판을 맡았다. 『뉴바이블사전』(The New Bible Dictionary)이 뒤이어 1962년에 나왔다. 1970년에는 IVP가 『뉴바이블주석 개정판』(The New Bible Commentary Revised)을 냈는데, 개정판 편집자는 런던성경대학 신약 조교수(lecturer) 도널드 거스리(Donald Guthrie)와 햄스테드의 세인트루크스교회(St Luke's Church, Hampstead) 교구사제로 있던 알렉 모티어(Alec Motyer)였다.[33] 기고자 51명 중에 박사 학위 소지자 비율이 초판 때보다 높았지만(19명:12명), 대학에서 교수직을 차지하고 있는 이들의 수는 일곱 명으로 이전보다 한 명 더 많아졌을 뿐이었다. 기고자 범위에서 1953년과 가장 크게 달라진 점은 미국이나 캐나다에서 활약하는 교수나 목사 수가 다섯 명에서 열 두 명으로 늘었다는 것이고, 스코틀랜드와 아일랜드 장로교인이 스물 두 명에서 다섯 명으로 줄었다는 것이다. 여성 기고자도 한 명

---

31) A. M. Stibbs, 'Introduction to the Epistles to Timothy and Titus'; and G. C. Aalders, 'The Historical Literature of the Old Testament', *New Bible Commentary*, 1063 and 34.

32) W. Fitch, 'Introduction to the Book of Isaiah', section on 'Authorship: The Special Problem of Chapters XL to LXVI', *New Bible Commentary*, 558–562; 글라스고의 스피링번힐(Springburn Hill)에 위치한 교구에서 피치를 1년 간(1944-5) 보조한 인물이 젊은 윌리엄 스틸(William Still)이었다.

33) D. Guthrie and J. A. Motyer (eds.), *The New Bible Commentary Revised* (London: Inter-Varsity Press, 1970).

있었는데, 브리스틀 트리니티대학에서 후에 총장이 되는 조이스 볼드윈(Joyce G. Baldwin)이었다.

첫 논문인 브로밀리의 '성경의 권위'는 1953년 내용을 별 개정 없이 그대로 가져왔다. 유일하게 수정한 중요 내용은 이전에는 '위기의 신학'이라는 제목이 달려 있던 단락이었는데, 이제는 '신정통'이라는 제목으로 바뀌었다. 부상하던 바르트주의 운동에 대해 브로밀리가 초판에서 내린 판단은 어쩔 수 없이 잠정적이었지만, 바르트 자체에 대해서는 꽤 비판적이었던 것에 반해, 1970년이 되면 브로밀리는 성숙한 바르트를 더 폭넓은 신정통 진영과 구별하려고 애썼다. 그는 바르트의 성경교리가 '성경적, 개혁파 가르침과 아주 가깝다'고 언급한다.[34]

레이번트의 계시와 영감 관련 논문이 당시 브리스틀 틴들홀(Tyndale Hall in Bristol) 학장이던 J. I. 패커의 글로 대체된 것은 충분히 예상 가능한 일이었다.[35] 패커는 아홉 줄에 걸쳐 (그가 성경 권위의 '내적 증거'라 이름 붙인) 성령의 증언을 설명하지만, 이에 앞서서 구약의 신적 권위에 대한 그리스도의 증언이라는 '외적 증거', 또한 그리스도께서 구약을 기독론적으로 읽어야 한다고 사도들에게 가르치신 내용을 다루는 훨씬 긴 단락을 배치했다. 이 구도에 따라 사도들은 이후 자신들이 쓴 글들이 동등한 권위를 갖는다고 주장했다.[36] 레이먼트와는 대조적으로, 패커는 사도들이 개별적으로 영감을 받았다기 보다는 본문이 축자적으로 영감을 받았다(verbal inspiration)는 것을 강조했고, 이는 필연적으로 무오성을 내포한다고 주장했다.

---

34) Bromiley, 'Authority of Scripture', *New Bible Commentary*, 21-22를 *New Bible Commentary Revised*, 10-11에 실린 개정된 글의 해당 단락과 비교해 보라.

35) J. I. Packer, 'Revelation and Inspiration', *New Bible Commentary Revised*, 12-18.

36) Packer, 'Revelation and Inspiration', 16-17.

> 진리는 말씀을 통해 소통되고, 축자적 비정확성은 뜻을 제대로 전달하지 못하므로, 영감은 사건의 본질에서 축자적(verbal)이어야 한다. 또한 만약 성경의 단어들이 '하나님의 호흡으로 된' 것이라면, 성경이 가르침을 위해 주어졌다는 점에서 오류로부터 자유롭다는 점, 성경의 인도가 오류가 없다는 점을 부인하는 것은 거의 신성모독이다.[37]

비평 주제에 대해 『뉴바이블주석 개정판』은 전체적으로 볼 때 구약은 전판보다 더 보수적이었지만, 신약에서는 약간 덜 보수적인 입장을 취했다. 오경에 대한 존 웨남(John Wenham)의 글은 창세기에서 민수기까지 네 권은 사실상 모세가 편집하지 않은 작품이고, 신명기는 여호수아 시대에 모세의 말을 모아 편집한 것이라 주장했다.[38] 이사야가 하나의 책이 아니라는 주장에 대한 논의는 1953년 판보다 적었다.[39] 한편, 전판에서는 확정적으로 진술된 사도 요한의 네 번째 복음서 저작권 문제는 여전히 확정적이었음에도 불구하고 이전보다는 열린 논의가 가능한 질문으로 인식되었다.[40] 목회 서신서의 바울 저작권도 유사한 방식으로 변호되었다. 물론 오늘날에는 이 서신들의 정경성이 미결된 문제라는 인식보다는 바울 저작설이 훨씬 더 가능성이 있는 것으로 받아들여진다.[41]

1994년에 미국 IVP와 함께 영국 IVP는 『뉴바이블 주석 21세기판』(*New Bible Commentary 21st Century Edition*)이라는 제목으로 제3판을 발간했다. 1970년 편집진 중에서는 알렉 모티어가 이 때도 활약했다. 이 때 합류한

---

[37] Ibid., 17.
[38] John W. Wenham, 'Moses and the Pentateuch', *New Bible Commentary Revised*, 43.
[39] Derek Kidner, 'Introduction to Isaiah', *New Bible Commentary Revised*, 589-591.
[40] Donald Guthrie, 'Introduction to John', *New Bible Commentary Revised*, 926-927.
[41] A. M. Stibbs, 'The Pastoral Epistles', *New Bible Commentary Revised*, 1166-1167.

세 인물은 일리노이 주 트리니티복음주의신학교의 캐나다 개혁파 침례교인 돈 카슨(Don Carson), 옥스퍼드 위클리프홀 학장 딕 프랜스(Dick France, 한국에서는 주로 R. T. France로 알려졌다-역주), 잉글랜드 오경 학자 고든 웨남(Gordon Wenham)이었다. 서문은 1953년 판에서는 아무 것도 가져오지 않았고, 1970년 판에서도 극히 일부만을 차용했다.[42] 1953년 판에 글을 실은 인물 중 한 사람만 마지막 판에도 실제로 이름을 올렸다. 잉글랜드 침례교 신약학자 조지 비슬리 머리(George R. Beasley-Murray)로, 세 판 모두에서 계시록 항목을 담당했다. 조이스 볼드윈이 다시 한 번 유일한 여성 기고자였고, 원래 쿠바 출신이지만 1960년 이래 미국에서 산 웨스트민스터신학교 신약 교수 모이시스 실바(Moisés Silva)를 제외하고는 대다수 세계 출신 기고자는 여전히 하나도 없었다. 실바는 맨체스터에서 F. F. 브루스의 박사 과정 학생이었다. 기고자 46명 중 34명이 박사 학위 소지자였지만, 오직 여섯 명만 대학교(종합대학을 의미-역주)에서 가르치고 있거나 가르쳤기에, 1953년과 달라진 것이 없었다. 대다수는 북미, 영국, 오스트랄라시아(이 지역에서는 1970년에 네 명, 1953년에 두 명이 신학기관 교수였던 반면, 1994년에는 일곱 명으로 늘었는데, 그 중 넷이 시드니 무어컬리지[Moore Theological College] 소속이었다)의 보수 신학기관에 고용되어 있었다.

1994년이 되면 틴들연구회가 영국 대학의 여러 과에 침투하는 데 상당한 성공을 거두지만, 이 연구회에서 가장 학문적으로 탁월한 회원 중에는 대학기독인연합(University Christian Unions)의 필요를 채우려는 특수한 목적으로 만들어진 이 주석에 기고하려고 하거나, 기고해 달라고 부탁 받는 경우가 거의 없었다. 신학생회(Theological Students' Fellowship, 후에는 종교학

---

42) D. A. Carson, R. T. France, Alec Motyer and Gordon J. Wenham (eds.), *New Bible Commentary 21st Century Edition* (Leicester: Inter-Varsity Press; Downers Grove: InterVarsity Press, 1994), vii.

및 신학생회[Religious and Theological Students Fellowship])에서는 틴들연구회 회원 일부가 쓴 글과 IVF/UCCF의 교리 기초가 양립할 수 있느냐 하는 문제를 두고 꾸준히 의문이 제기되었다.[43] 미국에서는 보수 성서학이 1994년이 되면 1953년 수준보다는 훨씬 향상되는데, 이들은 주로 영국 대학 박사 과정에서 연구하던 것들을 미국의 복음주의 신학교 교수직을 맡으며 더 발전시켰다. 그러나 미국의 주요 연구 중심 대학은 복음주의 영향에서 거의 비켜나 있었다.[44]

1994년 판에 실린 성경의 권위 관련 유일한 서론적 논문은 돈 카슨이 쓴 '성경 접근'(Approaching the Bible)이었다. 1970년의 패커처럼, 카슨도 축자영감을 강조했지만, 무오성에 대해서는 노골적인 언급을 자제했다. 1953년의 레이먼트와는 달리, 카슨은 영감을 성령으로 충만한 저자에게 보다는 주로 성경본문 안에 있는 것으로 보았다. 1953년 및 1970년과는 달리, 이 논문의 제목이 내포하는 것처럼, 1970년대 이래 성서학에서 논쟁의 최전방에 선 해석학에 대한 중대한 강조점이 이 논문에 들어 있었다.[45] 오경에 대한 고든 웨남의 글은 1970년에 그의 아버지가 쓴 글보다는 당대 비평 정통 주류에 조금 더 가까웠다. 그는 모세 저작권은 너무 단순하다고 보고, 신명기 저작시기를 비록 모세 이후이기는 하지만 이른 시기로 잡았다. 그러나 창세기는 왕정 시대에 개정되었다고 주장했다.[46] 그러나 다른 주요 비평 논쟁과 관련해서도 1970년과는 약간 다른 변화가 있었다. 네 번

---

43) Noble, *Tyndale House and Fellowship*, 163-165, 222-223; Grass, *F. F. Bruce*, 146. 이런 질문들이 은연중에 제기된 상황을 알려면 John W. Wenham, *Facing Hell: An Autobiography 1913-1996* (Carlisle: Paternoster Press, 1998), 196을 보라. 여기서 틴들연구회가 성경교리 입장이 명확하지 않은 브루스를 따라 '자유주의화'되는 과정을 추적한다. 신학생회는 1933년에 결성되었다가, 1980년대에 종교학 및 신학생회로 이름이 바뀐다.

44) Noll, *Between Faith and Criticism*, 137-139를 보라.

45) D. A. Carson, 'Approaching the Bible', *New Bible Commentary 21st Century Edition*, 1-19.

46) G. J. Wenham, 'The Pentateuch', *New Bible Commentary 21st Century Edition*, 47-53.

째 복음서에 대한 고(故) 도널드 거스리의 글과 마찬가지로, 데릭 키드너 (Derek Kidner)의 이사야 주석은 이전 판에서 거의 수정된 것이 없었다.[47] 1994년 경의 보수 복음주의 성서학은 1953년에 비해 훨씬 광범위하고 지적으로도 상당한 수준에 이르렀지만, 이 학문이 복음주의자 평신도에게 얼마나 잘 활용되고 수용되었는가 하는 부분은 여전히 의심스럽다.

2. 성경 논쟁

1) 영국: 영감 본질 논쟁

성경이 권위의 최고봉이라는 고백에 헌신하는 것이 자신을 '복음주의자'로 규정하는 모든 기독교인을 특징짓는 표지 중 하나이다. 그러나 비평 문제와 관련해서, 받아들일 수 없는 부당한 견해로부터 수용할 수 있는 견해를 구별해 내는 경계가 무엇이냐에 대해 복음주의자 간에 일반적인 합의를 만드는 것이 20세기 초 근본주의-현대주의 논쟁 전성기보다 20세기 후반에는 정말로 더 어려워졌다는 것이 입증되었다. 실제로, 1950년대 영국에서는 나무랄 데 없이 보수적인 성향으로 인정받은 복음주의자들이 영감의 본질 같은 근본적인 문제에서 북미에서보다 훨씬 더 합의에 이르는 것이 어려웠다.

『뉴바이블주석』에 대니얼 레이먼트가 기고한 글이 광범위한 저항을 불러올 수도 있었지만, 실제로는 주목을 받지 못했다. 그러나 주석이 출판된 다음 해인 1954년에 「이벤절리컬 쿼털리」에 실린 논문 하나가 레이먼트

---

47) Derek Kidner, 'Introduction to Isaiah', and Donald Guthrie 'Introduction to John', *New Bible Commentary 21st Century Edition*, 630–632와 1021–1022. 거스리는 1992년에 사망했다.

의 견해와 본질상 같은 영감론을 주장했지만, 결론은 아주 달랐다. 저자는 런던성경대학에서 구약을 가르친 유대계 기독교인(Messianic Jew), H. L. 엘리슨(H. L. Ellison)이었다. 엘리슨은 성경에는 결코 '하나님의 말씀'이라는 용어를 적용할 수 없다고 지적하고, 만족할 만한 공식 하나가 있다면, 그것은 "성경이 하나님의 말씀을 포함하고, 하나님의 말씀이며, 하나님의 말씀이 된다"고 말하는 것이라고 주장했다. '성경을 쓴다는 것'은 '영감 과정 중간에 있는 집'일 뿐이라는 것이었다. 즉 '원 저자가 성경을 온전하게 만들어내는 과정에서 (성령이 역사하는 것-역주)처럼' '성령이 독자에게 숨을 불어 넣는 것'도 '성경을 바르게 이해하는 과정에서 본질적'이라는 것이다.[48] 비록 엘리슨이 자신의 영감의 견해가 『뉴바이블핸드북』에서 설명된 내용과 같은 것이라 주장했음에도 불구하고,[49] 비난이 쇄도하면서 그는 바르트주의자로 정죄 받았다. 당시에 IVF 소유의 출판물이었던 「이벤절리컬 쿼털리」의 편집자는 F. F. 브루스로 바르트 신학의 많은 부분에 공감했다. 브루스는 기독교형제단 동료이자 친구였던 엘리슨의 견해에 동의했기에 입장이 난처해졌다. 고통스런 결말은 엘리슨의 런던성경대학 교수직 강제 사임이었다.[50]

---

48) H. L. Ellison, 'Some Thoughts on Inspiration', EvQ 26 (1954), 212, 214.

49) 『뉴바이블핸드북』에 실린 논문에서는 영감을 조명과 구별하면서, 성령의 내적 증언의 필요성을 강조했고, "비록 우리가 성경이 그 자체로 하나님의 말씀이라는 것을 인정하기는 하지만, 어떤 면에서, 성경의 메시지는 믿음으로 받아들여질 때, 또한 성령의 역사를 통해 적용될 때 각 개인에서 살아계신 하나님의 현존하는 말씀이 된다"고 설명했다(11). 이 글을 누가 썼는지는 공개되지 않았지만, 레이먼트는 이 책의 기고자가 아니었기에 당연히 이 글의 저자가 아니었다.

50) Bruce, *In Retrospect*, 187–188; Grass, *F. F. Bruce*, 88–91; Ian M. Randall, *Educating Evangelicalism: The Origins, Development and Impact of London Bible College* (Carlisle: Paternoster Press, 2000), 85–87; Roger Shuff, *Searching for the True Church: Brethren and Evangelicals in Mid-Twentieth-Century England* (Milton Keynes: Paternoster, 2005), 90–93; H. L. Ellison, *From Tragedy to Triumph: The Message of the Book of Job* (London: Paternoster Press, 1958), 서문과 61쪽에서 암시된 내용을 보라.

2) 미국: 무오성 논쟁

　보수 복음주의자가 현대 비평적 학문 방법론을 활용하는 데 일반적으로 시간이 더 많이 걸렸던 전후 미국에서는 성경권위와 해석에 대한 논쟁이 영국보다 늦게 일어났다. 이들은 성경 영감 교리보다 성서 비평과 해석 이슈들에 더 관심을 가졌는데, 특히 이 이슈들이 그리스도의 인성에 대한 성경의 증언에 손상을 가하거나, 혹은 성경이 오류가 없다는 확증에 도전하는 것처럼 보였을 때 크게 염려했다. 1960년대 초부터 1980년대 말까지 이런 일련의 공적 논쟁이 미국 복음주의의 여러 다른 계파들에 고통을 안겨다 주었다. 이들 논쟁 모두는 궁극적으로는 복음주의 학자가 성서학 연구에서 취하는 현대 비평적 접근법이 성경의 권위에 대한 전통적인 견해들과 어울릴 수 있느냐 아니냐 하는 점에 초점이 있었다. 따라서 복음주의 신학교와 소속 교수가 폭풍 한복판에 끌려 들어갈 수밖에 없었다.

　이런 논쟁 중 가장 이른 시기에 일어난 데다 가장 오래 끈 논쟁이 풀러 신학교와 관련되어 있다. 제2장에서 살펴본 것처럼, 1959년에 에드워드 카넬이 『정통신학론』(*The Case for Orthodox Theology*)을 출간한 사건은 풀러 교수진 일부가 근본주의와 거리 두기를 시도하고자 한 열망을 상징하는 핵심 이정표였다. 카넬의 동료 일부는 역사나 과학 문제에서 성경무오를 주장하는 것은 지적으로 지지할 수 없다는 입장을 채택하면서 카넬과 멀어졌다. 1962년부터 신임 학감이 된 대니얼 풀러(Daniel Fuller)가 그 중 하나였는데, 그는 설립자 찰스 풀러의 아들로 바젤에서 카를 바르트 지도 아래 박사(PhD) 과정을 공부했다. 풀러신학교의 신학 입장 변화는 1963년 1월에 데이비드 허바드(David A. Hubbard)가 총장으로 선출되면서 더 확고해 진 것 같다. 허바드는 풀러 동문자이자, 성경무오에 대한 확고하고 본질적인 헌신을 바탕으로 1940년에 세워진 기관인 캘리포니아 웨스트먼트컬리지(Westmont College) 교수였다.⁵¹⁾ 웨스트먼트에서 허바드는 다양한 비평 주제에 대해 온건한 입장을 취한 새로운 구약 강의계획서를 작성할 책임을 공동으로 맡았다. 1960년대와 1970년대 초에 대니얼 풀러와 허바드, 다른 풀러 교수진의 공개 선언은 신학교의 신앙고백서에 이들이 서명한 것에 진정성이 담겼는가에 대해 풀러신학교를 후원하는 인물들이 점점 더 의심하는 결과를 가져왔다. 즉 교수진은 성경의 원본이 전부 무오하다는 것을 인정해야 교수가 될 수 있었다. 1964년 2월에 가장 보수적인 교수진이 사임했는데, 이들 중에는 부총장 해럴드 린셀도 포함되어 있었다. 1972년에 신학교는 구약과 신약 성경의 신뢰성을 '신앙과 실천의 유일하게 무오한 원칙'이라고 주장하는 신앙선언문을 채택했다. 이 구절은 웨스트민스터신앙고백서에서 가져온 것이기는 하지만, 보수파가 보기에는 성경의 완전 영감에 대한 헌신을 풀러신학교가 포기한 것을 상징하는 사건이었다.⁵²⁾

1968년에 칼 헨리를 이어「크리스채니티 투데이」편집을 맡은 린셀은 1976년에『교회와 성경무오성』(The Battle for the Bible, 한국 CLC에서 1987년에 출간된 번역판 제목과 이보다 훨씬 전투적인 원제의 차이를 주목할 것-역주)을 출간했다. 이 책의 근본 전제는 '정통과 역사비평 방법론은 서로에게 치명적인 적이며, 따라서 서로 반대되기 때문에 결코 화해될 수 없고, 상호 파괴할 뿐'이라는 단언이었다.⁵³⁾ 따라서 린셀은 역사비평 방법론을 수용한 복음주의 신학기관들에 대해 무차별 폭격을 퍼부었다. 이 책에서는 한 장 전

---

51) George M. Marsden, *Reforming Fundamentalism: Fuller Seminary and the New Evangelicalism* (Grand Rapids: Eerdmans, 1987), 209.

52) Harold Lindsell, *The Battle for the Bible* (Grand Rapids: Zondervan, 1976), 116. 이 시기 풀러신학교에 대한 더 자세하고 권위적인 설명은 Marsden, *Reforming Fundamentalism*을 참고하라.

53) Lindsell, *Battle for the Bible*, 82.

체를 풀러신학교에 할애했다. 또한 그는 엄격한 성경 무오류 입장이 직면하는 가장 큰 난제 일부를 푸는 해결책을 제시하려고도 했다. 즉 베드로가 그리스도를 부인하는 내용에 대한 공관복음서의 다양한 진술을 조화시키기 위해 창의적이지만 자기 파괴적인 시도를 하기도 했다. 여기서 그는 베드로가 복음서 저자들이 기록한 대로 세 차례가 아니라 여섯 차례 예수를 부인했다고 결론지었다.[54] 린셀은 1979년에는 이전 소속 신학교에 2차 공습을 단행했다. 『균형 잡힌 성경』(The Bible in the Balance)에서 그는 이제 자신이 '근본주의자'라는 표현이 성경이 완전히 오류가 없다는 입장을 모호함 없이 전제한다는 조건이라면 이 표현을 더 선호하기 때문에, '복음주의자'라는 딱지를 떼고 싶다고 선언했다.[55]

린셀을 따라 '복음주의자'라는 용어를 포기하고 시대를 거슬러 근본주의자로 자신을 규정할 준비가 된 보수 복음주의자는 거의 없었다. 그러나 무오성이 복음주의 정체성을 정의하는 분수령이 되는 논제라는 그의 주장은 미국에서 광범위한 지지를 받았다. 복음주의 철학자 프란시스 쉐퍼와 성공회 신학자 제임스 패커와 함께, 린셀은 1977년에 국제성경무오협의회(International Council on Biblical Inerrancy, 이하 ICBI) 결성을 주도했다.[56]

그 기원상, ICBI는 패커가 합류함으로써 '국제' 조직이 될 수 있었다. 그만이 미국인이 아니었던 것이다.[57] 1978년에 협의회는 '시카고성경무오선언'(The Chicago Statement on Biblical Inerrancy)을 발표했는데, 과학을 포함한 지식의 모든 영역에서 원전에는 오류가 없다고 선언했다. 주로 패커가 기

---

54) Ibid., 174-176.
55) Harold Lindsell, *The Bible in the Balance* (Grand Rapids: Zondervan, 1979), 319, 322. Marsden, *Reforming Fundamentalism*, 287을 보라.
56) 쉐퍼에 대해서는, 제5장, 209-216을 보라.
57) Alister E. McGrath, *To Know and Serve God: A Biography of James I. Packer* (London: Hodder & Stoughton, 1997), 198-199.

안을 만든 이 선언문은 20세기 초에 등장한 『근본들』(The Fundamentals)과 비교된 적이 있다. 물론 『근본들』에 기고한 인물들이 모두 성경무오주의자였던 것은 아니다.[58] ICBI가 출판한 많은 자료의 논조가 미국 근본주의를 연상케 하는 것은 사실이었기에, 이 자료들은 무오 개념은 유지한다 하더라도 지성 활동에서는 ICBI 저자들이 허용하는 범위보다 더 많은 공간이 필요하다고 생각한 돈 카슨 같은 더 학문적인 보수주의자들을 당황케 만들었다.[59]

성경 무오성이 역사와 과학 영역에까지 확장될 수는 없다는 풀러신학교의 새로운 입장에 만족하지 못한 이들은 성경이 하나님이 의도한 목적과 연관된 부분에서만 무오하다는 원칙에 호소함으로써 개념을 조금 다른 방식으로 규정해야 한다고 생각했다. 이 입장은 영국에서 F. F. 브루스와 하워드 마샬이 공히 취한 본질적 입장이었고, 1959년부터 1985년까지 무어컬리지의 총장을 지내며 시드니 교구 성공회를 아주 보수적으로 유지하는 데 영향을 끼쳤던 호주의 브로턴 녹스(D. Broughton Knox)도 이 입장을 받아들였다.[60] 북미에서는 아마도 이 견해의 가장 영향력 있는 주창자가 맨체스터에서 브루스의 PhD 학생이었던 캐나다 침례교인 클라크 피녹

---

58) Ibid., 199; J. W. Wenham, *Facing Hell*, 193; Robert M. Price, 'Inerrant the Wind: The Troubled House of North American Evangelicals', *EvQ* 55 (1983), 129–144; Stanley J. Grenz, 'Nurturing the Soul, Informing the Mind. The Genesis of the Evangelical Scripture Principle', in Vincent Bacote, Laura C. Miguélez and Dennis L. Okholm (eds.), *Evangelicals and Scripture: Tradition, Authority and Hermeneutics* (Downers Grove: InterVarsity Press, 2004), 32.

59) D. A. Carson, 'Recent Developments in the Doctrine of Scripture', in D. A. Carson and J. D. Woodbridge (eds.), *Hermeneutics, Authority and Canon* (Leicester: Inter-Varsity Press, 1986), 7 and 364, n. 9.

60) 브루스의 성경 영감관에 대해서는 Oakes, 'F. F. Bruce', 110–113, 마샬의 관점은 그의 *Biblical Inspiration* (London: Hodder & Stoughton, 1982), 녹스의 관점은 Robert J. Banks, 'The Theology of D. B. Knox – a Preliminary Estimate', in Peter T. O'Brien and David G. Peterson (eds.), *God Who Is Rich in Mercy: Essays Presented to Dr. D. B. Knox* (Homebush West, NSW: Lancer Books, 1986), 380–381을 보라.

(Clark Pinnock)일 것이다. 피녹은 1966년에 『성경무오성 변호』(*A Defense of Biblical Infallibility*)라는 제목으로 케임브리지에서 열린 틴들 성경신학강연회에서 강연했다. 여기서 그는 워필드와 프란시스 쉐퍼에게서 끄집어 낸 엄격한 무오성 원리를 변호했다. 그러나 1984년이 되면, 『성경의 원리』(*The Scripture Principle*)에서 무오성 개념이 성경의 계시로서의 본질과 전적으로 신뢰할 만한 특성에 대한 교회의 올바른 확신을 표현하는 방식으로 유지되어야 하기는 하지만, 성경 저자가 인간이라는 사실을 인정한다면 엄격한 무오 개념을 지지할 수는 없다고 주장한다. 그는 스스로 쉐퍼의 전투적 이성주의에서 브루스의 평화적인 귀납적 학문으로 방향을 바꾸었다고 설명했다.[61]

1980년대에는 무오성 논쟁의 초점이 풀러신학교에서 다른 기관들로, 이후 짧게 언급되겠지만, 실제로 미국 교파 전체로 옮겨졌다. 1983년에 매사추세츠 주 소재 고든-콘웰신학교에서 25년 간 교수로 봉직한 램지 마이클스(J. Ramsey Michaels)는 『종과 아들: 비유와 복음서의 예수』(*Servant and Son: Jesus in Parable and Gospel*)라는 책을 2년 전 출판한 후에 교수직 은퇴를 강요 받았다.[62] 마이클스의 책은 복음주의 공동체에서는 전례가 없던 방식으로, 세례 요한을 비롯한 다른 사람들로부터 배우고 영향을 받을 수 있는 존재로서의 예수의 인간 인식과 경험을 탐구하려는 목적으로 쓰여졌다. 마이클스는 자신이 그저 예수의 인성을 진지하게 다루고 있을 뿐이라고 의심 없이 믿었고, 하워드 마샬은 「이벤절리컬 쿼털리」에서 이 책을 호

---

61) Clark H. Pinnock, *A Defense of Biblical Infallibility* (Nutley, N.J.: P. & R. Publishing, 1967); *The Scripture Principle* (San Francisco: Harper & Row, 1984); Barry L. Callen, 'Clark H. Pinnock, His Life and Work', in Stanley E. Porter and Anthony R. Cross (eds.), *Semper Reformandum: Studies in Honour of Clark H. Pinnock* (Carlisle: Paternoster Press, 2003), 2, 5. 피녹은 이후 개혁파에서 떠나 아르미니우스 입장과 '열린 신론'(open theism)으로 이동했다.

62) Noll, *Between Faith and Criticism*, 171-173.

의적으로 평가했다.[63] 그러나 많은 복음주의자들에게, 이혼에 대한 예수의 강경한 태도는 헤롯의 결혼 생활에 대한 세례 요한의 입장에 영향 받은 것일 수 있다는 진술은 하나님의 아들이신 예수의 유일한 권위에 대한 전통적인 이해의 핵심을 공격하는 것으로 보였다.[64]

마이클스의 책이 출판된 다음 해에 브루스의 또 다른 PhD 제자였고 웨스트먼트컬리지에서 교수로 일하던 로버트 건드리(Robert H. Gundry)가 마태복음 주석을 출간하면서, 복음서가 '현대적인 의미에서 얼마나 역사적'일 수 있는가 하고 의문을 제기했다. 건드리에 따르면, 자신이 받은 예수에 대한 전승들을 편집(redaction, 편집자의 재구성)한 마태는 '오늘날 한 역사가가 존중해 주었으면 하고 우리가 그 역사가에게 바라는 경계를 넘어섰다.' 즉 건드리는 '우리는 흩어져 있는 난제 몇 가지를 다루는 것이 아니라' '명확한 목적을 가진 방대한 변개의 네트워크를 다루고 있는 것'이라고 결론 내렸다.[65] 건드리는 동료 복음주의자들에게서 나올 반응을 잘 알고 있었기에, 자신의 해석의 정당성을 설명하는 긴 신학적 후기를 덧붙였다. 이 후기는 보수주의자들에게 성경이 하나님의 말씀과 동등한 것이라는 확신은 유지하되, '모든 역사적 난제를 무리하게 해결해야 한다는 강박관념'은 버리라는 요청이었다.[66] 건드리가 회원으로 속해 있던 복음주의신학회(ETS)는 그의 요청에 설득 당하지 않고, 오히려 1983년에 달라스에서 열린 연례모임에서 투표를 통해 199:36으로 '마태 또는 어느 성경 저자가 역사 전통을 상당 부분 변개하고 윤색했다거나 기술된 내용이 사건의 실제와는

---

63) *EvQ* 56 (1984), 50.
64) J. Ramsey Michaels, *Servant and Son: Jesus in Parable and Gospel* (Atlanta: John Knox Press, 1981), 22.
65) Robert H. Gundry, *Matthew: A Commentary on His Literary and Theological Art* (Grand Rapids: Eerdmans, 1982), 623, 625.
66) Ibid., 623–640 (인용한 부분은 627쪽에 나온다).

다르다고 진술하는 입장은 무엇이든 거부'하는 것으로 태도를 분명히 했다. 이어서 116:41로 건드리의 회원 자격 박탈 요청을 통과시켰다.[67]

1977년 ICBI 창립 회원 중 하나는 1944년부터 달라스제일침례교회를 맡은 W. A. 크리스웰(W. A. Criswell, 1909-2002) 목사로, 아마도 이 교회는 미국 남부 대부분 주의 개신교 세계를 지배하고 있는 남침례교단에서 가장 크고 가장 영향력 있는 교회였을 것이다. 1960년대와 1970년대에 남침례교 학자들이 크기는 하지만 섬처럼 고립되어 있던 자신들의 교단을 미국 개신교 문화 주류와 다시 연결시키려고 노력하면서, 남침례교단 신학교들에서 가르치던 일부 교수진, 혹은 남침례교를 위해 글을 써달라고 청탁 받은 좀 더 자유로운 영국 침례교 학자들이 쓴 출판물들, 특히 남침례교의 성경무오 선언에 위배되는 것처럼 보이는 저술들에 대한 논쟁이 주기적으로 일어났다.

가장 유명한 사건은 1970-71년에 옥스퍼드대 리전트파크칼리지 학장이던 웨일즈 학자 헨턴 데이비스(G. Henton Davies)가 쓴 창세기 주석을 둘러싼 논쟁이었다. 이 책은 원래 남침례교 주일학교위원회가 발간하는 새로운 브로드먼(Broadman, 남침례교 산하 출판사-역주) 주석 시리즈의 일부로 계획된 것이었지만, 결국 시리즈에서 제외되었다. 크리스웰 같은 보수주의자들이 남침례교 주요 신학교들을 점점 더 의심하게 되면서, 1971년에 크리스웰은 달라스에 크리스웰성경연구소(Criswell Center for Biblical Studies)를 세웠다. 노골적으로 성경무오 신학교를 표방하는 새로운 미드-아메리카침례신학교(Mid-America Baptist Seminary)가 1972년에 아칸소 주 리틀록에 세워졌다가 곧 테네시 주 멤피스로 이전했다.[68]

---

67) Noll, *Between Faith and Criticism*, 169.
68) Nancy Tatom Ammermann, *Baptist Battles: Social Change and Religious Conflict in the Southern Baptist Convention* (New Brunswick, N.J.: Rutgers University Press, 1990), 63–70을

1970년대 말에는 남침례교 소속 보수주의자들이 크리스웰성경연구소 소장 페이지 패터슨(Paige Patterson)이 '해로운 신학의 광선'(harmful theological radiation)이라는 생생한 표현으로 묘사한 신학사상에 남침례교인이 노출되지 않도록 하는 조직적인 캠페인을 벌이기 시작했다.[69] 이들은 성경에 대한 진리를 위기에 처한 절체절명의 이슈로 보았기에 크리스웰 같은 신뢰받는 선임 목회자들에게 합법적인 성경 해석의 경계선을 어디로 정해야 하는지를 결정하는 권한을 부여했다. 이 원리는 사실상 개신교 원리보다 가톨릭교회의 원리를 더 닮은 것으로 성경의 권위가 교회의 권위에 종속되었음을 의미했다.[70] 1985년에 남침례교 목회자대회에서 연설하면서 크리스웰은 1880년대 내리막길 논쟁(Downgrade controversy) 여파를 경험한 영국 침례교를 지칭하며 '한 교단의 사망 유형'을 음울하게 그려냈다. 크리스웰은 영국 침례교의 수적, 영적 쇠락이 침례교연합(Baptist Union)이 스퍼전의 주장을 거부한 데서 시작되었다고 믿은 것이다. 그는 또한 고등비평 때문에 '썩어' 버린 교회와 신학의 증거로 시카고에 소재한 노던침례신학교를 들었다.[71]

보수파가 돌파구를 찾게 된 획기적인 사건은 1985년 6월에 연례 남침례교 총회로 달라스에 약 45,000명의 총대가 모인 자리에서, 페이지 패터슨과 휴스턴 판사 폴 프레슬러(Paul Pressler)의 지도 하에 보수파 연대가 이사진 구성을 위한 임명 과정을 더 강력하게 통제하기로 결의함으로써, 결국 남침례교 기관 전체를 지배하게 된 것이었다. 어떤 의미에서도 자유주

보라.

69) *MM*, Sept. 1979, 126.

70) Joe E. Barnhart, 'What's All the Fighting About? Southern Baptists and the Bible?', in Nancy Tatom Ammerman (ed.), *Southern Baptists Observed: Multiple Perspectives on a Changing Denomination* (Knoxville: University of Tennessee Press, 1993), 132–134.

71) Ammermann, *Baptist Battles*, 80–81.

의자는 아니었던 학자 다수를 포함하여, 무오주의자가 아닌 이들을 여러 주요 남침례교 신학교에서 조직적으로 축출하는 과정이 뒤따랐다.[72] 웨이크포레스트 소재 사우스이스턴침례신학교(Southeastern Baptist Seminary)에서는 교수진 3분의 1과 직원 절반이 1988-89학년도 종강 후 학교를 떠났다. 그 결과 학생 등록과 동문 기부가 급격히 줄었다.[73] 지금도 여전히 중대한 문제가 되고 있는 것은 남침례교 자체가 분열되기 시작한 것이다. 각 주의 여러 침례교 조직이 독립을 선언했고, 온건한 두 조직이 근본주의자의 교단 탈취에 저항하기 위해 들고 일어났다. 하나는 1991년에 조직된 협동침례회(Cooperative Baptist Fellowship)와 더 작고 더 자유로운 침례교연맹(Alliance of Baptists)으로 1987년에 조직되었다.[74] 1930년대에 그랬듯, 성경 권위의 본질을 놓고 벌인 전투가 뿌리와 지배 정신이 본질상 복음주의적이었던 여러 교단을 쪼개놓을 수 있음을 입증한 것이다.

3. 성경을 설교하다

1) 강해설교 부흥

보수적인 성경 연구 르네상스는 의심의 여지 없이 20세기 후반기 복음주의자의 성경관 변천사에서 가장 두드러진 발전에 속했지만, 이에 필적할 만한 사건은 강해설교 전통이 영어권 많은 세계에서 부흥한 것이었다.

---

72) Ibid., 3–12.
73) Ibid., 249–250.
74) 협동침례회(CBF) 창립문서는 http://the fellowship.info/cbf/files/29/2982b463-235d-43ad-9173-917ee67d6b8b.pdf (접속일: 27 Apr. 2012)을 보라. 침례교연맹(Alliance of Baptists)에 대해서는 http://www.allianceofbaptists.org (접속일: 27 Apr. 2012)를 보라.

성경의 각 책에 담긴 메시지를 매주 조직적으로 강해하는 것이 20세기 초 복음주의 설교의 특징은 아니었다. 가장 두드러진 예외가 조지 캠벨 모건 (George Campbell Morgan, 1863–1945)이 런던 웨스트민스터채플에서 1904년부터 1917년까지, 또한 1933년부터 1943년까지 시무한 두 차례 목회였다.[75] 20세기 중반 복음주의 전통의 더 분명한 특징을 보여준 인물은 유명한 스코틀랜드 설교자 제임스 스튜어트(James S. Stewart, 1896–1990)로, 그는 언제나 본문으로 한 절만을 선택해서 설교했는데, 그에게 성경 전체 단락을 해설하는 전통은 '진기한'(alien) 것이었다.[76]

그럼에도 불구하고 캠벨 모건의 웨스트민스터채플 후임자 마틴 로이드 존스는 캠벨 모건의 강해설교 모범이 자신들의 추구하는 설교법의 기원이라고 주장한 국교회(성공회) 뿐 아니라 비국교회(자유교회) 소속 많은 목회자들을 만났다는 사실을 증언한 바 있다.[77] 물론, 로이드 존스 자신이 이 설교법을 새로운 수준으로 끌어올려, 모건에게 부족했던 개혁신학 흔적을 눈에 띄게 새겼다.[78]

1943년에서 1968년까지 웨스트민스터채플에서 길고 영향력 있는 사역을 펼친 로이드 존스는 성경의 각 책을 매주 강해한 거대 시리즈 설교로 유명해졌는데, 완료하는 데 13년이 걸린 로마서 강해와 8년 걸린 에베소서 강해로 최고봉에 올랐다.[79] (대개 50-60분 길이의) 로이드 존스의 긴 설교의 매력은 임상적(clinical) 개혁파 논리와 웨일즈 부흥 유산으로 형성된 영

---

[75] Jill Morgan, *A Man of the Word: Life of G. Campbell Morgan* (London: Pickering & Inglis, 1951), 158.

[76] Robin Barbour, *J. S. Stewart in a Nutshell* (n.p.: Handsel Press, 2000), 15.

[77] Morgan, *Man of the Word*, 330.

[78] John Brencher, *Martyn Lloyd-Jones (1899–1981) and Twentieth-Century Evangelicalism* (Carlisle: Paternoster Press, 2006), 19.

[79] Ibid., 28.

적 열정의 묘한 결합이었다. 그는 설교를 '불붙은 논리! 유창한 이성!'(Logic on fire! Eloquent reason!)으로 정의했다.[80]

마틴 로이드 존스의 영향력은 주일마다 설교를 들으러 정기적으로 교회를 찾은 1,500명에서 2,000명의 범위를 훨씬 뛰어 넘는 것이었다. 비록 로이드 존스만큼 광채가 나는 경우는 드물었지만, 그의 강해설교 방식을 잉글랜드와 웨일즈의 많은 개혁파 성향 자유교회 목회자들이 따라했고, 북미에도 모방자가 많았다. 13년 동안 회장을 지낸 국제복음주의학생회(IFES)을 대표하여 1947년에 북미를 방문함으로써 그의 설교를 들은 이들에게 엄청난 영향을 끼쳤다. 특히 호주 출신의 IVF 초대 총무 스테이시 우즈(C. Stacey Woods)가 받은 영향은 더 특별했는데, 그는 현대 복음주의의 여러 피상성이 강해설교를 무시해서 그런 것이라고 확신하게 되었다.[81]

미국에서 로이드 존스에 가장 필적할 만한 인물은 아마도 도널드 그레이 반하우스(Donald Grey Barnhouse, 1895-1960)와 제임스 몽고메리 보이스(James Montgomery Boice, 1938-2000)일 것 같은데, 두 사람 다 필라델피아 텐스장로교회(Tenth Presbyterian Church, 제십장로교회) 담임목사였다. 1927년부터 1960년까지 목회한 반하우스는 1949년에 로마서 강해 시리즈를 시작했는데, NBC 라디오 바이블스터디아워(Bible Study Hour) 프로그램으로 매주 방송을 탔다. 이 시리즈는 그가 사망할 때까지 거의 12년 동안 이어졌고, 10권으로 출간되었다. 30년 이상 그는 뉴욕시에서 주간 성경공부반을 운영했는데, 5천명 이상 참석했다. 반하우스는 개혁신학과 구식 근본주의, 전천년 세대주의 예언관을 조화시켰다.[82] 1968년부터 2000년까

---

80) Ibid., 31.

81) A. Donald MacLeod, *C. Stacey Woods and the Evangelical Rediscovery of the University* (Downers Grove: IVP Academic, 2007), 102-103.

82) *American National Biography*, II, 207-209; C. Allyn Russell, 'Donald Grey Barnhouse: Fundamentalist Who Changed', *Journal of Presbyterian History* 59 (1981), 33-57; http://www.al-

지 목회한 보이스는 조직적인 강해설교 열정, 개혁신학에 대한 애정, 성경무오에 대한 흔들리지 않는 확신을 로이드 존스와 공유했다. 그는 1977년부터 1988년까지 ICBI 회장이었고, 1994년에는 고백적복음주의자연맹(Alliance of Confessing Evangelicals)이라는 개혁파 연대를 창립했다.[83]

스코틀랜드국교회도 이 시기에 강해설교의 중요한 부흥을 목격했다. 물론 여기에서 일어난 부흥은 로이드 존스 강해설교의 직접적인 결과라기보다는 그가 잉글랜드와 웨일즈에서 주도한 강해설교에 대응하는 발전이라고 하는 편이 낫겠다. 스코틀랜드 강해설교 부흥의 개척자는 윌리 스틸(Willie Still, 1911-97)로, 그는 1945년부터 죽기 직전까지 아버딘 소재 길콤스턴사우스교회(Gilcomston South Church)에서 목회했다. 로이드 존스가 웨스트민스터채플 담임목사로 인도한 첫 예배에 스틸이 참석하기는 했지만, 그는 자신이 '거의 우연히' 조직적인 강해설교 방법에 '마주치기'는 했지만, 자신의 설교법은 로이드 존스에게서 빌려온 것이라기 보다는 '분명히 하나님의 섭리'로 된 것이라고 1946년 말에 주장한 바 있다.[84] 스틸은 비록 복음주의적 공감대의 폭이 더 넓기는 했지만, 개혁신학에 대한 헌신이 로이드 존스보다 못하지 않았다. 로이드 존스와는 달리 그는 확고부동한 빌리 그레이엄 전도대회 지지자였고, 대학 기독인연합에서도 정기 설교를 더 많이 했다. 주일 저녁 예배와 주중 성경공부 모임에 정기적으로 참석한 가까운 친구가 하워드 마샬로, 그는 신학에서는 아르미니우스 입장을 따

---

liancenet.org/partner/Article_Display_Page/0,,PTID307086_CHID581348_CIID1907714,00.html (접속일: 27 Apr. 2012).

83) Philip G. Ryken, Derek W. H. Thomas and J. Ligon Duncan III, *Give Praise to God: A Vision for Reforming Worship: Celebrating the Legacy of James Montgomery Boice* (Phillipsburg: P. & R. Publishing, 2003); http://www.alliancenet.org/CC_Content_Page/0,,PTID307086_CHID798774_CIID,00.html (접속일: 27 Apr. 2012).

84) William Still, *Dying to Live* (Fearn: Christian Focus Publications, 1991), 119-120, 128.

르던 세계적인 감리교 신약 신학자였다.[85] 특히 1970년에 결성된 크리프 형제회(Crieff Brotherhood)로 알려진 초대받은 목회자 모임을 통해 스틸의 영향력은 스코틀랜드국교회 내 전체 복음주의 목회자 세계에까지 뻗어나 갔다.

로이드 존스의 사역은 1950년 6월에 존 스토트(John R. W. Stott, 1921-2011)가 랭엄플레이스 소재 올소울즈교회(All Souls, Langham Place) 교구 사제로 임명되었을 당시 영향력의 최고봉에 이르고 있었다. 스토트는 이 교회에서 청년기를 보냈고, 1945년 이래 보조 보좌신부로 일했다. 로이드 존스, 보이스, 스틸과 마찬가지로, 스토트의 설교 사역은 단일 목회직을 중심으로 수십 년간 이어졌다. 비록 1970년에 교구사제직을 마이클 보엔(Michael Baughen)이 이어받았지만, 스토트는 은퇴 교구사제로 올소울즈교회에서 1990년대까지도 계속 정기적으로 설교단에 섰다. 스토트의 신학이 잉글랜드 종교개혁자들의 전통에 굳건하게 서 있었음에도 불구하고, 그의 칼뱅주의는 로이드 존스보다는 부드러웠다. 비슷하게, 스토트가 조직적인 성경강해를 선호하기는 했어도, 그의 설교 시리즈는 훨씬 짧았고, 주제도 훨씬 다양했고, 그 의도에서도 런던 이웃(로이드 존스를 의미-역주)의 설교보다 훨씬 일관되게 전도 중심적 또는 변증적이었다. 그의 강해 사역 모범은 로이드 존스에게 강한 영감을 준 청교도 중의 누군가가 아니라, 복음주의 성공회 성직자 E. J. H. 내쉬(E. J. H. Nash, 'Bash'라는 별명을 가졌다)였다. 내쉬는 기숙학교 남학생들(public schoolboys, 공립학교를 의미하는 미국과는 달리 영국에서는 public school이 기숙사 제도를 갖춘 사립학교를 의미-역주)과 함께 일하는 성서유니온 소속 전도자로, 스토트는 내쉬를 통해 1938년에 럭

---

85) I. Howard Marshall, 'Church and Ministry in I Timothy', in Nigel M. de S. Cameron and Sinclair B. Ferguson (eds.), *Pulpit and People: Essays in Honour of William Still on his 75th Birthday* (Edinburgh: Rutherford House Books, 1986), 51.

비학교(Rugby School, Eaton, Harrow 등과 함께 영국의 대표적인 사립 기숙학교-역주)에 다니던 중에 그리스도를 처음 만났다.[86]

이 두 영국 복음주의 지도자 간 가장 큰 차이는 아마도 이들의 영향이 미친 방식과 수단일 것이다. 1940년대와 1950년대에 IVF 진영에서 저명한 인물이었음에도 불구하고, 1960년대 중반부터 로이드 존스는 영국 복음주의 학생 사역과 거리를 두는데, 이는 그가 IVF의 교리적 순수성이 성공회 영향을 받아 타협의 길을 걷고 있다고 두려워했기 때문이었다.[87] IFES에서 그가 맡은 선임으로서의 역할에도 불구하고, 로이드 존스는 영국 제도 바같으로 여행한 적이 별로 없었다. 책을 39권이나 썼음에도 불구하고, 이 중 하나도 베스트셀러는 아니었다(한국 상황은 이와 다르다-역주).

이와는 대조적으로, 현대 복음주의 형성에 기여한 존 스토트의 중요한 공헌은 런던 웨스트엔드 지역에서의 설교사역을 통해서라기 보다는, 의심할 바 없이 전략적이었음에도 불구하고, 오히려 영국과 세계, 국제 강연 여행을 통해 기독인연합 및 대학 선교단체 모임에 정기적으로 참여한 것과 엄청난 성공을 거둔 저술 활동이 합쳐져서 이루어진 것이다. 영국, 캐나다, 미국, 호주, 남아프리카공화국의 여러 대학에서 1950년대 초반에 전한 전도설교는 1958년에 첫 출판되어 가장 널리 읽힌 책『기독교의 기본진리』(Basic Christianity)의 기반이 되었다. 1988년까지 백삼십만 부가 팔렸고, 1997년까지 50개 언어로 번역되었다.[88] 스토트가 스스로 자기가 쓴 책 중 최고라고 판단하고, 속죄에 대한 그의 근본적인 확신을 가장 완전하게 해설한『그리스도의 십자가』(The Cross of Christ, 1986)는 20개 언어로 번역

---

86) Dudley-Smith, *Making of a Leader*, 91-96, 232; Alister Chapman, *Godly Ambition: John Stott and the Evangelical Movement* (New York: Oxford University Press, 2012), 13-18, 63-64, 79, 115, 131.

87) Brencher, *Martyn Lloyd-Jones*, 220-221.

88) Dudley-Smith, *Making of a Leader*, 456.

되었다.[89] 이런 전세계 사역의 결과, 스토트는 세계 여러 지역의 복음주의 교회와 선교단체에서 지도자로 활동하는 전 세대의 많은 이들에게 엄청난 지적 영향력을 끼친 인물이자 역할 모델이 되었다. 미래의 복음주의 지도자를 키우는 데 언제나 예민한 관심을 가졌던 스토트는 1969년에 랭엄재단(Langham Trust)을 세워 대다수 세계 출신의 신진 학자가 영국에서 신학을 공부할 수 있게 도와주었다. 시간이 지나 랭엄파트너쉽국제장학재단(The Langham Partnership International Scholars' Scheme)으로 이름이 바뀐 이 재단과 미국 소재 자매 기관인 존 스토트 선교회(John Stott Ministries)는 서구 세계 이외 지역 출신의 복음주의 신학 교육자와 교회 지도자에게 높은 수준의 훈련을 제공하기 위해 탁월한 전략적 정책을 펼쳤다.[90] 스토트는 또한 복음주의자가 성경적인 기독교의 원리를 사회의 모든 영역에 적용하도록 돕는 일에 관심이 많았기 때문에, 1974년에 런던현대기독교강연회(London Lectures in Contemporary Christianity) 설립을 주도하고 이어서 1982년에 런던현대기독교연구소(London Institute for Contemporary Christianity)를 세우는 광대한 꿈을 실현하기도 했다.[91]

영국 바깥에서 스토트의 영향력이 가장 강했던 곳은 호주로, 그는 이 곳을 1958, 1965, 1971, 1979, 1981, 1986년에 방문했다.[92] 비록 그의 여섯 차례 방문이 더 오랜 역사를 지닌 호주 복음주의 성공회의 오늘날 강세의 유일한 근원은 분명히 아니었지만, 이 강세에 일정 기여한 것은 확실하다. 시드니 교구에서 강해설교가 인기를 얻게 된 큰 책임이 스토트의 모범에

---

89) 'John Stott: Preacher and writer who exerted a colossal influence on evangelical Christianity', *The Independent*에 실린 부고, 29 July 2011.
90) Timothy Dudley-Smith, *John Stott: A Global Ministry* (Leicester: Inter-Varsity Press, 2001), 141–142; http://www.langhampartnership.org/about-us/history (접속일: 27 Apr. 2012).
91) Chapman, *Godly Ambition*, 128.
92) Dudley-Smith, *Global Ministry*, 533–534.

있다는 말도 있다.[93] 그러나 이 열매는 아마도 무어칼리지의 총장직을 오래도록 역임한 두 인물 T. C. 해먼드(T. C. Hammond, 1935–53)과 데이비드 브러턴 녹스(David Broughton Knox, 1959–85)에게 빚진 바가 더 클 것이다. 이들은 성공회 성직자가 성경강해의 중요성을 알고 이에 헌신하게 하는 흐름을 만들어 낸 인물들이다. 또한 녹스는 모든 신적 계시는 그 특성상 전제적이라는 것을 강조하는 타협 없는 입장을 강조함으로써 강해설교의 유행에 기여했는데, 그의 후임자 피터 젠슨(Peter Jensen)도 이것을 계속 강조했다.[94] 시드니 성공회는 개혁파적 예리함을 단호하게 강조했는데, 이 단호함을 좀 더 부드러운 논조로 성경 진리를 변증한 존 스토트의 영향으로 돌리기는 어렵다.

2) 복음주의 설교의 다른 대조적 유형

로이드 존스, 반하우스, 보이스, 스틸, 스토트가 모범으로 보인 조직적인 강해설교는 대부분의 연구자가 20세기 후반 복음주의 전통과 연결 짓는 설교 유형이다. 그러나 강해설교가 복음주의자로 명명될 수 있는 이들이 행한 유일한 설교 방식은 아니었다. 아주 다른, 더 대중적인 성경적 설교 방식이 아프리카계 미국인 교회에서 두드러졌는데, 이 방식은 영국과 다른 지역의 아프리카계 카리브해 출신 이민자 교회에서 행해지던 방식과 아주 유사했다. 이 장르의 두드러진 대표 사례를 드는 것으로 충분할 것이다.

가드너 칼빈 테일러(Gardner Calvin Taylor, 1918–)는 1948년부터 1990년까지 42년 동안 뉴욕 브루클린의 콘코드 그리스도의 침례교회(Concord

---

93) http://en.wikipedia.org/wiki/Anglican_Diocese_of_Sydney (접속일: 27 Apr. 2012).

94) Stuart Piggin, *Evangelical Christianity in Australia: Spirit, Word, and World* (Melbourne: Oxford University Press, 1996), 185–186; O'Brien and Peterson, *God Who Is Rich*도 보라.

Baptist Church of Christ) 목사였다. 그가 목회하는 동안 등록 교인수가 오천 명에서 만사천명으로 늘었는데, 이로써 뉴욕시에서 가장 큰 교회가 되었다. 테일러는 민권운동의 확고한 지지자였고, 마틴 루터 킹의 가까운 동료였다. 그러나 그는 결코 '사회복음'만을 옹호한 적이 없었다. "테일러는 결코 자신의 사명을 하나님 나라를 이 땅에 가져오는 19세기 자유주의식 유토피아적 목표로 이해하지 않았고, 오히려 '하나님을 위하여 사막에 대로를 내는' 예언적 사역을 자신의 선교로 인식했다."[95] 그는 아프리카계 미국인 방식의 연설의 달인이었고, 탁월한 성량과 성경 네러티브를 드라마처럼 전달할 수 있는 역량을 가진 인물이었다. 그의 설교법은 "성경의 위대한 설교 본문을 택한 다음, '하나님의 말씀 안에서 나의 기반을 찾으려고' 시도하는 것"이었다. 그런 다음 그 본문을 그의 회중이 처한 사회 상황에 통찰력 있게 적용하는 것이었다.[96] 1997년에 베일러대학에서 조사한 후 「뉴스위크」에 실린 연구에서 그는 영어권 세계에서 가장 위대한 설교자 12명 중 한 명으로 선정되었다.[97] 1995년 「크리스채니티 투데이」에서는 '강단의 제왕'(The Pulpit King)이라는 제목으로 테일러에 대한 기사를 실었는데, 거기서 그는 사회 정의를 위한 열정적 설교와 분명한 복음주의적 속죄 이해를 설교에 결합한 인물로 묘사되었다. 또한 그가 자신을 '유럽식 의미로' 복음주의자, 즉 '인류를 향한 복음 전파에 헌신하고 예수 그리스도의 충분한 사역에 헌신'하지만, 그가 미국의 많은 복음주의자의 특징으로 규

---

95) Timothy George, James Earl Massey and Robert Smith, Jr. (eds.), *Our Sufficiency Is of God: Essays on Preaching in Honor of Gardner C. Taylor* (Macon, Ga.: Mercer University Press, 2010), xv.

96) Richard Lischer, 'Taylor, Gardner C.', in William H. Willimon and Richard Lischer (eds.), *Concise Encyclopedia of Preaching* (Louisville, Ky.: John Knox Press, 1995), 466; Martha Simmons and Frank A. Thomas (eds.), *Preaching with Sacred Fire: An Anthology of African American Sermons, 1750 to the Present* (New York: W. W. Norton, 2010), 829-831도 보라.

97) George, Massey and Smith, *Our Sufficiency Is of God*, xxi.

정한 '엄격한 교리적 입장'은 없는 유럽형 복음주의를 자신이 공유하고 있다고 스스로 판단했다는 내용도 실었다. 이런 의심의 여지 없는 확고한 위치에도 불구하고, 테일러는 백인 복음주의자에게는, 심지어 자신의 모국 미국에서조차 널리 알려지지 않은 인물이었다.[98]

4. 성경읽기와 듣기

1) 현대 아프리카 기독교에서의 성경의 위치

테일러의 사례는 성경의 권위를 변증되고 규정되고 논증되는 이론적 축으로보다는, 살아있고 예언적인 기독교 신앙의 의문의 여지 없는 토대로 받아들이는 세계 복음주의자들의 더 큰 영역이 존재한다는 사실을 상기시켜 준다. 따라서 이 장을 마무리하기 위해 성경을 사용하는 방식이 계몽주의 이후 서구와는 전혀 다른 문화 배경을 반영하고 있는 아프리카 대륙 출신의 복음주의자들에 대해 언급하는 것은 적절한 시도일 것이다. 아프리카 기독교인은 성경을 놓고 자유주의자와 보수주의자가 벌인 유럽 및 북미 논쟁의 핵심 주제인 역사성, 본문비평, 또는 성경 기적의 신빙성에 대한 의문에 거의 관심을 보이지 않았다. 구약과 신약 세계, 그 중 특히 구약 세계는 가뭄과 기아, 전쟁과 유배, 토지 부재와 가난, 전염병과 때이른 죽음 등 현대 아프리카 기독교인의 문화적 경험과 놀라울 정도로 유사해 보이는 요소가 흔하기 때문에, 이들은 성경 내러티브의 많은 특징에 비극이라고 말할 만큼 친숙하다. 성경에 대한 아프리카식 접근은 북반구에 있는

---

98) Edward Gilbreath, 'The Pulpit King', *CT*, 11 Dec. 1995, 25-28 (인용은 28쪽).

이들에게는 자주 '근본주의'라는 딱지가 붙지만, 이들의 관심은 근본주의 논쟁기 북미 보수주의자를 특징 지은 관심과는 판이하게 다르다. 한 아프리카 독립교회 지도자는 다음과 같이 말한 바 있다.

> 우리는 성경을 하나님이 주신 책으로 읽고 성경에 있는 모든 말씀을 진지하게 생각한다. 그러므로 어떤 사람은 우리를 근본주의자라 말할 것이다. 우리는 이 단어가 우리에게 해당되는 것인지 아닌지 모르지만, 우리는 메시지를 부드럽게 하고 물타기 하는 어떤 성경해석에도 관심이 없다. 백인이 그들의 과학 정신에 따라 성경에 문제가 있다고 말하는 그런 문제가 우리에게는 없다.[99]

이것이 아프리카에서 성경의 권위와 해석을 둘러싸고 싸운 전투가 전혀 없었다고 말하는 것은 아니다. 문화화(inculturation, 상황화 또는 토착화)에 대한 자유주의적 접근이나 전통 종교의 신앙과 실천 양식에 대한 신학적 판단이 성경의 권위를 명백히 위반한다고 판단하며 특별히 염려한 아프리카 복음주의 지도자들이 있었다. 이들 중 주요 인물이 나이지리아인 바이앙 카토(Byang H. Kato)로, 수영하다가 사고로 갑작스럽게 죽기까지 아프리카 및 마다가스카르 복음주의연맹의 첫 번째 아프리카인 총무로 일했다. 런던성경대학과 세대주의 달라스신학교에서 공부한 카토는 자신의 책 『아프리카의 신학 함정』(*Theological Pitfalls in Africa*, 1975) 에서 분명한 혼합주의 경향을 보인 아프리카 신학에 대한 깊은 염려를 표한 바 있다. 카토는 기쁜 소식인 복음이 전통적인 아프리카 신앙과는 근원적으로 불연속성을 띤다고 주장했다. 그의 유산은 1983년에 설립된 나이로비복음주의신학대

---

[99] Philip Jenkins, *The New Faces of Christianity: Believing the Bible in the Global South* (New York: Oxford University Press, 2006), 11에서 재인용.

학원(Nairobi Evangelical Graduate School of Theology, 지금은 Africa International University의 일부) 같은 기관을 통해 아프리카 복음주의의 더 보수적인 진영을 형성하는 데 기여했다. 따라서 이 학교 채플은 그의 이름을 따라 명명되었다.[100]

아프리카 복음주의의 전적으로 다른 또 하나의 유형은 가나 장로교 목사이자 신학자 크와메 베디아코(Kwame Bediako)로 대표된다. 베디아코는 보르도대학에서 프랑스어와 아프리카 프랑스어권 문학을 공부하던 중에 무신론에서 그리스도로 회심한 탁월한 지성인이었다. 런던성경대학에서 신학을 공부한 후, 베디아코는 (두 번째) 박사 학위를 따기 위해 아버딘으로 가서 논문을 쓴 후 출판했는데, 이 책[101]에서 그리스-로마 종교 및 철학 유산이 2세기에 제기한 신학 이슈들을 아프리카의 과거 종교 배경이 현대 아프리카 기독교에 제기한 이슈들과 비교했다. 그를 지도한 지도교수는 세계적인 선교학자이자 세계기독교(world Christianity) 학자인 앤드류 월스(Andrew F. Walls)로, 원래 그는 학문경력을 교부학으로 시작했고, 1952년부터 1957년까지는 틴들하우스(Tyndale House)에서 사서로 일했다. 카토의 공헌이 아프리카 기독교인에게 복음의 해방시키는 혁신 능력을 잊지 말라고 경고한 것이라면, 베디아코는 이들이 성경과 복음의 메시지를 '**외부자의 이야기가 아니라 우리의 이야기로**' 들을 수 있도록 돕고,[102] 또한 이로써 이들이 자신들의 문화 배경에서 분리되지 않은 채로 자신들의 신앙을

---

100) 카토에 대해서는, Keith Ferdinando, 'The Legacy of Byang Kato', *International Bulletin of Missionary Research* 28 (2004), 169-174를 보라.

101) Kwame Bediako, *Theology and Identity: The Impact of Culture upon Christian Thought in the Second Century and Modern Africa* (Oxford: Regnum Books, 1992).

102) Kwame Bediako, 'Jesus in African Culture: A Ghanaian Perspective', in William A. Dyrness (ed.), *Emerging Voices in Global Christian Theology* (Grand Rapids: Zondervan, 1994), 100-101 (강조체 **우리의 이야기**는 베디아코가 직접 강조한 것이다).

표현하는 방법을 발견할 수 있도록 도왔다. 출간한 많은 저술을 통해, 적극적으로 로잔운동, 국제복음주의선교신학자협회(International Fellowship of Evangelical Mission Theologians), 옥스퍼드선교학연구소(Oxford Centre for Mission Studies) 활동에 참여함으로써, 또한 가나의 아크로피 크리스톨러 신학, 선교, 문화연구소(Akrofi-Christaller Institute of Theology, Mission, and Culture) 설립자이자 소장으로 1985년부터 활약하면서, 베디아코는 학문적 탁월함, 성경에 대한 충성, 문화적 순전성에 대한 성실한 접근을 통합한 아프리카 기독교가 탄생하는 길을 개척했다.[103]

20세기 마지막 몇 해 동안 기독교인이 되는 아프리카인의 거대한 규모가 분명히 드러나면서, 아프리카 기독교인에게는 핵심적인 신학 이슈들이 (거의 모두가 받아들이는) 성경의 본질적 권위보다는 해석의 본질, 특히 구원 영역에서의 해석의 본질이라는 것이 분명해졌다. 비서구 지역의 수많은 다른 이들과 마찬가지로, 아프리카 신자들에게 그리스도께서 가져다 주신 새 생명은 너무도 분명한 현재, 이 세상에서 만질 수 있는 실체이지, 단지 앞으로 올 내세에 대한 것이 아니었다. 이런 강조점은 북반구 복음주의 전통의 요소들을 교정하는 데 필요한 대안을 제공하기도 했지만, 한편 성경의 구원 개념을 이 세상에서의 번영으로 실제 축소시키는 신오순절운동의 틀 안에서 성경을 읽는 문을 열어주기도 했다. 따라서 1994년 9월에 나이로비에서 열린 제2차 범아프리카기독교지도자대회(The Second Pan-African Christian Leadership Assembly)는 '아프리카 교회가 양에서는 1마일이나 될 정도로 커졌지만, 질에서는 1인치 밖에 안될 정도로 깊이가 없다'는, 해외

---

103) Andrew F. Walls, 'Kwame Bediako and Christian Scholarship in Africa', *International Bulletin of Missionary Research* 32 (2008), 188–193; Cephas Omenyo, 'In Remembrance of the Late Professor Dr. Kwame Bediako', *Exchange* 37 (2008), 387–389; J. K. Asamoah-Gyadu, 'Bediako of Africa: A Late 20th Century Outstanding Theologian and Teacher', *Mission Studies* 26 (2009), 5–16을 보라.

선교사들 뿐만 아니라 아프리카교회 지도자들이 흔히 반복해 온 염려의 목소리를 냈다.[104]

이런 염려가 2001년 1월에 열린 나이로비복음주의신학대학원 모임에서 제기된 결과, 아프리카인을 위해 아프리카 복음주의 학자들이 단권 성경주석을 써서 발간하기로 합의했다. 『아프리카성경주석』(The Africa Bible Commentary)은 드디어 2006년에 아프리카 학자 70명의 글을 담아 발간되었다. 기고자 중에는 바이앙 카토 전통에 선 인물들 뿐만 아니라 크와메 베디아코도 있었다. 1940년대에 영국에서 IVF 성경연구위원회(Biblical Research Committee)가 뚜렷하게 복음주의적이지만 동시에 학문적으로 성경에 접근하려고 한 노력은 21세기에도 여전히 지켜지고 있는 우선순위지만, 이제 이 노력은 (서구 문화권에서만 아니라-역주) 전세계의 다양한 문화 구조 속에 점점 자리를 잡아가고 있기 때문에, 새롭고 더 폭넓은 신학 질문에 대답해야 하는 상황에 직면했다.

---

104) Tokunboh Adeyemo (ed.), *Africa Bible Commentary* (Nairobi: WordAlive Publishers, 2006), viii.

제5장

문화환경 변화와 신앙 변증

1. 복음주의 변증학과 계몽주의 유산

복음주의는 비록 종교개혁과 청교도 신학의 깊은 우물에서 길어 올려졌음에도 불구하고, 태어난 시대 배경은 계몽주의였다. 따라서 복음주의 역사의 많은 시기에 복음주의는 특히 인식론(지식에 대한 철학) 영역에서 특징적인 '현대적' 가정들을 통해 형성되었다. 이 장은 변증학이 어떻게 변화해 갔는지 그 유형들을 탐구할 것인데, 20세기 후반 복음주의자들은 계몽주의적 가정들이 오늘날 '포스트모더니티' 또는 '포스트모더니즘'(탈현대, 후기 현대 등으로 번역하기도 하나, 학계에서는 대체로 영어 음역을 그대로 쓴다-역주) 같은 이름을 달고 유행하는 문화, 철학 이해에서의 근본적인 변화에 의해 점차 잠식된 시기에 기독교 신앙에 대한 자신들의 이해를 변증하고 제시하려고 노력했다. 이 책의 다른 어떤 장보다 이번 제5장의 영미권 집중도가 강하다. 신앙 변증은 계몽주의 이후 서구 상황에서 복음주의자가 필연적으로 전념할 수밖에 없는 주제였기 때문이다. 비서구 지역 복음주의자는 이성적인 공격에 대항해 신앙을 변증할 필요성이 그리 많지 않았다. 기독교의 주요 반대자가 이슬람이나 힌두교의 전투적 종파인 상황에서는 공격이 최선의 방어라는 관점을 취하는 경향이 있었기에, 자신들의 에너지를 주로 기독교 신앙 전파에 집중했다.

적어도 미국 복음주의가 근본주의 껍데기를 여전히 벗어버리려고 몸부림치는 과정에 있었던 2차대전 직후에, 이 이야기의 아이러니 중 하나는 성경진리에 끼친 계몽주의적 합리주의의 영향이 재앙 그 자체라고 인식한 복음주의자가 오히려 성경의 권위와 전통적인 유신론을 변증하려 노력하면서 정말 엄청나게 이성적인, 심지어는 합리주의적인 논증을 펼쳤다는 것이다. 그 결과, 이들은 하나님의 계시를 타락한 인간의 지성에 맡겨 설명하기 위해 필요한 이성 혹은 논리 능력의 한계에 대해 서로 다른 견해를 가질 수밖에 없었다. 개신교인은 가톨릭신자보다 자연신학에 대한 열의가 적었다. 자연신학은 전통적으로 자연세계의 관찰 가능한 구조와 아름다움에서 유신론적 추론이나 논증을 이끌어 내려는 시도였다.[1)]

그럼에도 불구하고 이런 파괴적 계몽주의가 신학에 끼친 영향으로 나타난 결론 하나는 합리적 논증이라는 무기를 이제 역사적 기독교 신앙의 반군의 손에서 빼앗아 동맹군의 손에 쥐어 주는 것에 더 공감하게 된 것이다. 자유주의 개신교인에 비해 복음주의자, 특히 장 칼뱅 전통에 서 있는 복음주의자는 심지어 죄를 범했음에도 불구하고 인간의 의식에 남겨진 하나님의 형상(imago Dei)의 지속적인 흔적을 강조한 종교개혁 전통에서 이

---

1) 올바로 이해될 경우, 사실상 자연신학은 자연세계로부터 하나님의 존재를 '입증'하려는 시도라기 보다는, 신앙과 (자연에 대한-역주) 관찰이라는 두 영역 사이에 존재하는 일치 또한 조화를 통해 이미 갖고 있던 하나님에 대한 믿음을 강화하는 것이다. 또한 자연신학은 신앙을 갖고 있는 이들이 자연을 더 아름답게 인식할 수 있게 한다. 즉 자연신학은 신앙을 결정하는 것 뿐만 아니라 미를 이해하는 것과 관련된 학문이다. 이런 견해를 설득력 있게 제시하는 책은 Alister E. McGrath, *The Open Secret: A New Vision for Natural Theology* (Malden, Mass.: Blackwell, 2009)이다.

런 지적 자원들을 발굴해 내려는 경향을 자신들의 변증학에서 더 많이 표출했다. 그러나 칼뱅의 유산은 애매했다. 영국 복음주의자는 미국 복음주의자에 비해, 합리적 증거보다는 오직 '성령의 내적 증언'만이 성경 진리를 사람들에게 확신시킬 것이라는, 칼뱅이 『기독교강요』에서 강조한 주장에 더 의존하는 경향이 있었다.[2]

이 장은 네 변증가, 코넬리우스 반틸(Cornelius Van Til), 에드워드 카넬(Edward J. Carnell), 칼 헨리(Carl F. H. Henry), 프란시스 쉐퍼(Francis A. Schaeffer)를 살피는 것으로 시작된다. 이들은 모두 보수 복음주의 입장에 굳건하게 서 있는 인물이었다.[3] 물론, 전장에서 이미 언급한 것처럼, 1958년 처음 나온 이래 전세계에서 2010년까지 이백오십만 부나 팔리며 전도 변증학 분야에서 엄청난 성공을 거둔 『기독교의 기본진리』를 쓴 존 스토트도 이 부류에 속하는 인물이었다. 변증학에서 가장 성공을 거둔 작품의 의도가 전도고, 초점은 기독론이며, 이 작품이 학문하는 신학자의 손이 아니라 강해 설교자의 펜에서 나왔다는 것이 영국 복음주의의 특징이었다.

영국 복음주의자는 '성령의 내적 증언'이 들려져야 할 필수적인 통로가 되는 존재로서, 우선은 설교자, 그 다음으로 보수 성서학자라는 이미지가 강했다. 미국에서는 아마도 두 차례 세계대전 시기 중간에 벌어진 근본주의 논쟁 유산 때문에 보수 기독교를 조직적이고 철학적으로 변증하는 노력에 투자가 컸다. 반틸, 헨리, 카넬, 쉐퍼가 이 노력을 기울인 가장 대표적인 인물이었다. 차이점은 가장 대중적인 수준의 변증학에서도 눈에 띄었다. 가장 유명한 미국 복음주의 변증가이자 대학생선교회(Campus Crusade for Christ, 이하 CCC)에서 학생 전도자로 일하기도 했던 조쉬 맥도웰(Josh McDowell, 1939–)도 존 스토트보다 전도자로서 더 유명했지만, 그의 변증법

---

2) John Calvin, *Institutes of the Christian Religion*, bk. 1, ch. 7.
3) 본서 제4장, 183을 보라.

은 강단보다는 법정에 더 어울리는 유형이었다. 그가 쓴 베스트셀러 『증거는 평결을 요구한다』(Evidence That Demands a Verdict, 한국에서는 CCC 가 운영하는 순출판사에서 기독교변증 총서 시리즈로 번역되었다-역주)는 1972년에 CCC를 통해 처음 출판되었는데, 2006년에 「크리스채니티 투데이」는 이 책을 복음주의자에게 영향을 준 최고의 책 50권 중 13위에 배정했다.[4] 맥도웰의 책은 북미와 다른 영어권 세계에 사는 수백만 명에게 성경에 대한 확신을 더 강하게 해 주었지만, 학문적으로 신뢰할 만한 저술은 아니었다.

이 장에는 현대 세속 학계의 적대적인 환경 속에서 기독교 유신론이 한 공간을 차지할 권리를 변증하는 독특한 영향력을 끼친 개신교 지성인 한 명도 등장한다. 미국 개혁파 철학자 앨빈 플란팅가(Alvin Plantinga)는 비록 정통 기독교 신앙을 변증하면서 논리를 활용한 강경한 투사였음에도 불구하고, 그의 학문 경력을 복음주의 변증가 대부분이 추구했던 영역보다 훨씬 제한된 목표, 즉 하나님에 대한 믿음이 참된 것으로 보이든 아니든 최소한 합리적이라는 것을 다른 이들에게 설득하는 목표를 이루는 데 헌신했다. 그의 근본적인 신학적 확신이 의심의 여지 없이 복음적이었음에도 불구하고, 플란팅가가 걸어간 노정은 복음주의 신학 주류에서는 상당히 떨어져 있었기에, 그 결과, 광범위한 복음주의 진영에서 오직 소수의 관심만을 끌었을 뿐이다.

끝에서 두 번째로 다룰 인물은 20세기 마지막 20년 동안 아마도 다른 어떤 이들보다 복음주의자가 그들의 신앙을 변호하는 데 더 큰 영감과 확신을 준 기독교 사상가 레슬리 뉴비긴 주교(Bishop Lesslie Newbigin)인데, 그는 지금껏 대체로 보수 복음주의 진영에 소속된 것으로 인식되지도 않았고, 기독교를 변호하기 위해 계몽주의 방법론을 차용하는 것을 열정적으로 옹

---

4) *CT*, Oct. 2006, 51–55.

호한 적도 없었다. 힌두교 배경에서 기독교 신앙을 전하는 남인도 주재 선교사로서 일생의 많은 부분을 보낸 인물 뉴비긴은 후에 서구 근대성의 도전에 어떻게 저항할 것인지에 대한 대안적 관점을 채택했는데, 쉐퍼와 플란팅가의 입장과 흥미로운 유사점을 어느 정도 보이기는 했지만, 처음 언급된 세 명의 입장과는 확연히 달랐다.

이 시기 오랜 기간 성경적 기독교를 합리적으로 변증하는 체계를 건설하기 위해 복음주의 신학자들이 엄청나게 에너지를 쏟아 부은 반면, 복음주의 독서계의 대중, 특히 북미 지역 대중이 복음주의자도 아니고 냉정한 현대성이라는 합리성의 제자도 아닌 기독교 변증가의 저술을 일관되게 사랑한 것이 인상적이다. 그러므로 얼스터(북아일랜드-역주) 출신의 중세문학자이자 유명한 기독교 변증, 공상과학 소설, 어린이 문학 작가인 이 인물, C. S. 루이스(C. S. Lewis)도 이 장에서 마지막 관찰의 대상이 될 것이다.

독특하고 아주 중요한 복음주의 변증학의 한 영역, 즉 복음주의 신앙과 현대 과학이 공존할 수 있음을 변증하는 데 헌신된 집단이 받아 마땅한 주목을 이 장에서는 다룰 수가 없었다. (1941년에 설립된) 미국과학협회(American Scientific Affiliation)와 (1944년에 영국에서 시작된) 기독연구과학자회(Research Scientists' Christian Fellowship)를 통해 복음주의 전문 과학자들이 현대 과학의 방법론과 성경적 기독교 간에 갈등이 필연적인 것은 아님을 증거하려 했다. 과학의 이름으로 기독교를 공격하는 영향력 있는 공인들이 있다는 점에서 이런 활동이 의심할 바 없이 필요하기는 했지만, 20세기 후반에 전문 과학자 중 기독교인의 비율은 실제로 인문학자 중 기독교인 비율보다 늘 더 높았다. 그 정확한 이유는 아마도 보수 기독교 변증가들이 사실과 진리에 대한 포스트모던 접근보다는 현대주의 접근법(즉, 모더니즘-

역주) 을 훨씬 많이 의존하는 경향이 있었기 때문일 것이다.[5] 과학 작업에서 신학 변증으로 도발적인 방법론적 변이를 보여준 소수의 기독교인 전문 과학자들이 있었다. 그렇게 함으로써 신학자로서도 명성을 얻은 탁월한 지성의 영국 과학자 두 명이 있었는데, 하나는 이론 물리학자 존 폴킹혼 경(Sir John Polkinghorne, 1930-)이고, 다른 한 사람은 분자 생물리학자에 이어서 역사신학자가 된 알리스터 맥그라스(Alister McGrath, 1953-)였다. 폴킹혼은 어느 정도, 맥그라스는 의심의 여지 없이 확고하게 복음주의 운동과 연관을 맺었다.

2. 코넬리우스 반틸-칼뱅주의의 합리적 변증가

코넬리우스 반틸(1895-1987)은 복음주의 학계에 엄청나게 공헌한 네덜란드계 미국 이민자들이 세운 기독교개혁교회(Christian Reformed Church, 이하 CRC)에서 성장한 사상가 계보 중 최초이자 가장 탁월한 인물 중 하나였다. 이 공헌은 반틸 같은 개별 학자를 통해서도 이루어졌고, 더 넓게는 미시건 주의 네덜란드계 미국인 도시 그랜드래피즈에 본부가 있는 어드먼스(Eerdmans), 존더반(Zondervan) 같은 관련 출판사를 통해서도 이루어졌다.[6] 코넬리우스 반틸은 1895년에 네덜란드 흐로테하스트(Grootegast)에서 태어난 후 10살 되던 해에 가족과 함께 미국 인디애나 주로 이주했다. CRC 학교인 칼빈컬리지에서 공부하고, 칼빈신학교에서 1년 간 공부한 후

---

[5] IVF 운동의 경우도 마찬가지였다. 언제나 자연과학 전공 학생이 인문학이나 사회과학을 전공하는 학생보다 IVF 참여율이 더 높았다.

[6] Mark A. Noll, *The Scandal of the Evangelical Mind* (Grand Rapids: Eerdmans; Leicester: Inter-Varsity Press, 1994), 225-227; 더 자세한 내용은 James D. Bratt, *Dutch Calvinism in Modern America: A History of a Conservative Subculture* (Grand Rapids: Eerdmans, 1984)를 보라.

박사과정 연구를 위해 프린스턴신학교로 이동했다. 칼빈컬리지에서 그를 가르친 인물로는 유명 철학자 윌리엄 해리 젤레마(William Harry Jellema)가 있었고, 신학교에는 개혁파 조직신학자로 유명한 루이스 벌코프(Louis Berkhof)가 있었다. 또한 기독교 세계관을 인간 지식과 활동의 모든 영역에 적용해야 한다고 주창하고 변호한 유명한 네덜란드 학자 아브라함 카이퍼(Abraham Kuyper)와 헤르만 바빙크(Herman Bavinck)도 그의 사상 형성에 기여했다. (비록 그의 정식 선생님은 아니었지만) 반틸의 멘토가 된 또 한 사람은 그레셤 메이첸(J. Gresham Machen)으로, 신학적 자유주의에 용맹하게 맞선 투사였는데, 반틸은 북장로교(PCUSA)가 프린스턴신학교의 신학 입장을 더 넓히는 것으로 결정을 내리자 근본주의적 대응으로 1929년에 메이첸이 새로 세운 웨스트민스터신학교에 합류했다. 반틸은 1972년에 은퇴하기 직전까지 변증학 교수로 웨스트민스터에서 계속 가르쳤다. 메이첸에 공감한 반틸은 1936년에 소속을 CRC에서 더 노골적인 근본주의를 표방한 미국장로교회(PCA, 후에 정통장로교회[OPC]로 개명)로 바꾸고, 남은 평생 이 교단 회원권을 유지했다.[7]

존 프레임이 주장하듯, "반틸은 '순전한 기독교'(mere Christianity, 특정 전통이나 교파의 특징적 주장을 벗어버린 단순하고 본질적인 기독교라고 루이스가 믿은 기독교-역주)의 수호자 C. S. 루이스와는 달랐다. 그는 가장 세부적인 사항에서도 완전한 개혁파 신앙을 변호하고자 했다."[8] 그에게는 '순전한 기독교' 같은 것도, 조금도 굽힘이 없는 완전한 칼뱅주의 정통과 사악한 자유주의 중간에 세워진 집 같은 것도 없었다. 고전적 개혁파 정통이 아닌 신

---

7) 반틸의 삶과 사상에 대해서는, John M. Frame, *Cornelius Van Til: An Analysis of His Thought* (Phillipsburg: P. & R. Publishing, 1995)을 보라.

8) Ibid., 36.

학 접근법은 평화적 대화가 아니라 맞서 싸워야 하는 것이었다.[9] 그의 첫 번째 주저의 제목 『신현대주의: 바르트와 브루너 신학에 대한 평가』(*The New Modernism: An Appraisal of the Theology of Barth and Brunner*, 1946)는 그가 신정통주의를 철저히 부정한다는 것을 터놓고 보여준 작품이었다. 버나드 램은 1983년에 "복음주의자에게 이 책은 신정통에 대한 복음주의자의 공식 해석이 되었고, 지금도 여전히 많은 이들은 그렇게 생각한다"고 했다.[10] 반틸은 이후 수많은 출판물에서 바르트를 맹공격했는데, 특히 『기독교와 바르트주의』(*Christianity and Barthianism*, 1964)라는 저서의 제목은 메이첸의 『기독교와 자유주의』를 의도적으로 모방한 것이었다.

반틸의 변증학 접근은 종종 '전제주의자'(presuppositionalist)라는 단어로 설명된다. 그는 "변증학적 논증이 출발 지점의 기본 개념과 일치하면서 시종일관 기독교적 방식이 되려면 전제를 통한 것이어야만 한다"고 주장했다.[11] 기독교의 진리와 다른 체계의 허위가 전제되어야 했다. "개혁파 변증가는 자신의 방법론이 기독교 유신론 진리를 전제하고 있음을 솔직히 인정할 것이다."[12] 이런 노골적인 순환논증을 지지하는 반틸은 중립적 출발점 같은 것은 없고, 있을 수도 없다고 주장했다. 모든 방법론은 기독교 유신론의 참됨 또는 거짓됨을 전제하며, 오직 참된 방법론만이 기독교 유신론이 참되다는 것을 도출해낸다는 것이다. 반틸에 따르면, 로마 가톨릭, 또는 아르미니우스주의자가 기독교적 전제가 옳은 것이라고 상대자를 설득하려 노력하는 과정에서 자연 질서라는 자기 규범적 사실에 대한 합리

---

9) Ibid., 34–35.

10) Bernard L. Ramm, *After Fundamentalism: The Future of Evangelical Theology* (San Francisco: Harper & Row, 1983), 23.

11) Cornelius Van Til, *The Defense of the Faith*, 3rd ed. (Philadelphia: P. & R. Publishing, 1967), 99.

12) Ibid., 99–100.

적 인식에 호소할 수 있는 반면, 이 방식은 전적 타락의 결과 인간은 창조를 통해 인간에게 주어진 진리에 대한 지식을 필연적으로 억누른다는 것을 아는 개혁파 변증가에게는 어울리지 않는다.[13] 그럼에도 불구하고 반틸은 기독교 유신론은 과학자가 다른 어떤 것으로도 자연의 일체성과 만물의 일관성을 설명할 수 없었기 때문에, 의존하지 않을 수 없었던 인정받지 못한 전제였다고 주장했다. 그리고는 "하나님의 존재와 기독교 유신론의 진실성에 대한 절대 확실한 증거가 있다"고 실로 대담한 결론을 내린다.[14]

따라서 반틸은 한 손으로는 자연신학을 부수고, 다른 손으로는 이를 재건하는 것으로 보일 수 있다. 그러므로 그의 입장에 대한 평가는 심지어 개혁신학 진영 내부에서도 엄청나게 다양할 수 있다. 대부분은 반틸을 기독교 계시의 선험적(a priori) 성격을 강조하는 신앙주의자로 평가하지만, 반틸이 처음 느껴지는 것만큼 '기독교적 증거'의 가치를 폄하한 것만은 아니라는 주장도 있다.[15] 이런 모호함에도 불구하고, 개혁파 변증학의 이후 세대 주창자들에게 끼친 그의 영향력은 의심의 여지가 없다. 그는 (비록 지속적이지는 않았지만) 에드워드 카넬에게 이른 시기에 영향을 주었고, 칼 헨리의 영감의 일차 근원이었다. 기독교인의 의무가 세속 사회를 (모세법을 비롯한) 성경의 법으로 통치하게 하는 것이라고 주장한 R. J. 러쉬두니(R. J. Rushdoony, 1916–2001), 게리 노스(Gary North, 1942–) 같은 미국 기독교 재건주의자(reconstructionists) 또는 신율주의자(theonomists)에게 이 사상의 씨앗을 제공한 인물도 역시 반틸이었다. 이 점에서 반틸을 미국의 극단적 기독

---

13) Ibid., 98–99, 101.
14) Ibid., 103.
15) 예컨대, Greg Bahnsen, 'Pressing Toward the Mark: Machen, Van Til, and the Apologetical Tradition of the OPC' (1986), at http://www.cmfnow.com/articles/PA064.htm (접속일: 20 Apr. 2012).

교 우파의 철학적 배경을 형성한 인물 중 하나로 볼 수도 있다.[16] 프란시스 쉐퍼의 지적 영감의 1차 근원도 반틸이었다.

3. 에드워드 카넬—정통신학 변호자

에드워드 존 카넬(Edward John Carnell)은 반틸에 비해 오늘날 널리 회자되지는 않지만, 전후 미국에서 가장 탁월한 복음주의 변증가 중 하나로 기억될 만한 자격이 있다. 근본주의 노선에 선 침례교 목사의 아들 카넬은 1937년에 휘튼컬리지에 들어가 탁월한 개혁파 철학 교수 고든 클락(Gordon H. Clark, 1902–85)[17]의 지도를 받았다. 실력이 반틸에 못지 않았던 클락도 그레셤 메이첸의 제자이자 카를 바르트 반대자였는데, 기독교 변증학의 과제는 성경적 삼위일체 기독교 이외의 모든 체계의 합리적 모순을 드러내는 것이라 믿었다. 이는 특별한 성경적 통찰을 적용하기 보다는 (때로 비모순율[무모순성의 원리, law of non-contradiction]로 불리기도 하는) 철학의 모순율을 적용함으로써 가능한 것이었다. 이는 아리스토텔레스의 『형이상학』(Metaphysics) 제4장에 나오는 것으로, "모든 기본 원리 중 가장 확실한 것은 상호모순적인 명제들이 동시에 참인 것은 아니다"는 주장이다.[18] 클락은 "성경의 모든 말씀은…모순율의 사례이며, 해석학의 과제는 성경에서 발견되는 명제적 진술로부터 논리적으로 추론하는 것"이라 믿었

---

16) Noll, *Scandal of the Evangelical Mind*, 224; Chip Berlet and Matthew N. Lyons, *Right-Wing Populism in America: Too Close for Comfort* (London: Guilford Press, 2000), 212–213도 보라.

17) 클락에 대한 뜨거운 찬사를 보려면 John W. Robbins, 'An Introduction to Gordon H. Clark', *Trinity Review* (July–Aug. 1993), 1–10; online at http://www.trinityfoundation.org/PDF/101a-AnIntroductiontoGordonHClark.pdf (접속일: 20 Apr. 2012)를 참고하라.

18) Aristotle, *Metaphysics*, 1011b13–14.

다.[19] 비록 휘튼컬리지에서 지낸 시기가 1936년에서 1943년까지 길지 않았지만, 클락은 후에 기독교 메시지를 탁월하게 전파하고 변호한 수많은 휘튼 학생에게 깊고 지속적인 영향을 끼쳤다. 카넬, 칼 헨리, 에드먼드 클라우니(Edmund P. Clowney), 폴 킹 쥬이트(Paul King Jewett), 해럴드 린셀, 빌리 그레이엄이 그 중에 있었다.[20] 카넬은 1941년에 휘튼을 떠나 웨스트민스터신학교로 가서 반틸에게 배운 후, 하버드와 보스턴대학(BU)에서 (라인홀드 니버와 쇠렌 키에르케고르에 대한 연구로) 거의 동시에 박사 학위 둘을 취득했다.

반틸이 웨스트민스터에서 카넬을 똑똑한 학생이자 개인적인 친구로 생각했음에도 불구하고, 카넬의 지적 행로는 곧 자기 선생의 길에서 분화되기 시작했다. 클락을 지지하며 변증학의 기초로 모순율을 활용했고, 반틸이 "아리스토텔레스 『형이상학』 4권을 공정하게 다루지 못한다"고 생각했으며, '눈먼 신앙'에 대한 반틸의 노골적인 지지가 불신자에게 합리적으로 호소할 수 있는 가능한 기반을 제거한다고 보았다.[21] 첫 저술 『기독교변증학 원론』(*An Introduction to Christian Apologetics*)은 1948년에 나왔는데, 여기서 카넬은 모순율을 '고안된 모든 철학 논증 중 가장 완벽한 논증'이라 지칭하고, 이 모순율을 활용하여 로마 가톨릭 구원론을 공격하는 전형적인 개신교 논증을 만들어 냈다.

종교개혁자들은 모두 성경이 우리가 믿음을 통해 은혜로만 구원받는

---

19) Robbins, 'Introduction to Gordon H. Clark', 5.

20) George M. Marsden, *Reforming Fundamentalism: Fuller Seminary and the New Evangelicalism* (Grand Rapids: Eerdmans, 1987), 45; 클락이 헨리와 쉐퍼에게 끼친 영향에 대해서는 각각 132쪽과 136-137을 보라.

21) Rudolph Nelson, *The Making and Unmaking of an Evangelical Mind: The Case of Edward Carnell* (Cambridge: Cambridge University Press, 1987), 44-45, 64, 129-130.

다고 가르친다고 보았지만, 로마교회는 우리가 은혜에 더해 우리 스스로의 선행이 유발하는 공로로 구원받는다고 말한다. 합리적인 우주에서 이 두 명제가 동시에 참일 수는 없다.[22]

이 책은 개혁파 출판사 어드먼스가 주최한 복음주의 저서 시상식(Evangelical Book Award)에서 1등상을 수상했다. 또한 아마도 이 책이 오켕가가 신생 풀러신학교 조직신학 교수직에 지원한 카넬을 채용하는 데 결정적인 요인이었을 것이다.[23] 카넬은 남은 평생을 풀러에서 교수로 지냈는데, 1954년 9월부터 1959년 5월까지는 총장을 역임했다. 데이비드 허바드(David Hubbard)의 기억 속에 카넬은 '대가 스승'(master teacher)으로 남아 있는데, 그가 많은 학생에게 '믿는 것과 믿지 않는 것'의 차이를 보여주었기 때문이다.[24] 카넬의 『기독교변증학 원론』(Introduction to Christian Apologetics)은 성경의 완전영감과 무오성에 대한 분명한 헌신이라는 측면에서 찰스 하지와 B. B. 워필드의 전통에 서 있었는데,[25] 이 단계에서 그는 여전히 자신을 '근본주의자'로 규정하는 것에 만족했다. 1947년에 풀러신학교 교수직에 지원하기 위해 (당시 출석하던 보스턴 파크스트리트교회 목사였던) 오켕가에게 편지한 내용을 보면, 오켕가가 '우리 현시대의 근본주의자들에 대한 사랑과 더불어 종교개혁신학을 즐겁게 따른다'는 것에 그가 동의하고 있음을 알 수 있다.[26]

---

22) Edward J. Carnell, *An Introduction to Christian Apologetics: A Philosophical Defense of the Trinitarian-Theistic Faith* (Grand Rapids: Eerdmans, 1948), 73, Nelson, *Making and Unmaking*, 130-131에서 재인용; 152도 보라. 카넬은 이런 식의 모순율 설명을 *Christian Commitment: An Apologetic* (New York: Macmillan, 1957), 40에서도 반복한다.
23) Nelson, *Making and Unmaking*, 70-71.
24) Ibid., 78-79.
25) Marsden, *Reforming Fundamentalism*, 113.
26) Nelson, *Making and Unmaking*, 70.

그러나 카넬의 사상은 이미 반틸의 전제주의에서 분화되었을 뿐 아니라 성경권위의 본질에 대한 클락의 좀 더 '합리적'이고 고도로 명제적인 관점에서도 분화되어 발전하고 있었다. 1953년 1-2월에 클락과 주고 받은 개인 서신을 보면, 카넬은 성경에 대한 자신의 확신은 단지 성경이 오류 없는 진리라는 합리적 확신에만 근거한 것이 아니라고 주장한다. 성경은 또한 '생명의 근원에 근거한 영적 반응'이기도 하다는 것이다. 그는 다음과 같이 클락의 분명한 확신에 도전했다.

> 만약 과학이 모순율을 완벽하게 활용할 수 있는 전자 기계를 개발할 수 있다면, 과학은 성경의 진리를 알 수 있을 것이다. 내 생각으로는 오직 겸손하고 통회하는 마음이 있는 사람만이 이를 알 수 있다. 성경의 명제들은 (받아들이는 이와 관련이 있을 때에만) 진리다. 이 명제들이 변화시킨다고 할 때 (나는 본문의 객관적 상태를 지칭하는 것이 아니다).[27]

여기에는 카를 바르트의 신정통신학의 분위기가 어느 정도 있었다. 비록 카넬이 성경무오설에 완전히 등을 돌리지는 않았지만, 1950년대가 흘러가면서, 그는 성경의 권위를 합리적 명제들의 논리적 연속성에 근거한 것으로 인식한 근본주의 접근에서 이탈하여 성경을 기독교 신자를 가르치고 변화시키는 하나님의 무오한 도구로 보는 접근으로 전향했다. 기독교 변증학 분야의 다음 작품 『기독교인의 헌신』(Christian Commitment, 1957)은 세속 청중을 대상으로 쓰였고, 주요 세속 출판사가 출간했지만 별로 팔리지 않았기 때문에 변증학으로서는 실패작이었다.[28] 카넬은 이 책이 기독

---

27) Ibid., 153에서 재인용.
28) Carnell, *Christian Commitment*; Nelson, *Making and Unmaking*, 103을 보라.

교 변증학의 방향을 신의 존재에 대한 합리적 논증에서 좀 더 내적이고 영적인 관점으로 바꾸리라 기대한 바 있다. 그의 두 멘토, 클락과 반틸의 엄밀한 개혁파 논리에서 그가 한 걸음 더 이탈했음을 보여주는 상징적인 책이었다. 카넬의 전기를 쓴 작가는 이 책이 카넬에게 좋지 못한 의미에서 획기적인 분기점이 된 작품이었다고 지적한다.[29]

카넬의 점증적 근본주의 이탈은 1959년의 『정통신학론』(The Case for Orthodox Theology) 출판으로 더 두드러졌다. 제2장에서 언급한 것처럼, 이 책은 세대주의신학과 분리주의 정신구조에 대한 통렬한 비판이었다.[30] 근본주의를 '광신 집단화된 정통'(orthodoxy gone cultic)이라고 비난하고 있음에도 불구하고, 이 책은 기독교 정통을 변증하기 위해 지난 시대의 권위에 크게 의존했다. 매튜 헨리(Matthew Henry), 윌리엄 페일리(William Paley), 호레이셔스 보나(Horatius Bonar), 찰스 하지(Charles Hodge) 같은 저자의 글이 반복적으로 인용된다. 워필드(B. B. Warfield), 제임스 오어(James Orr), 아브라함 카이퍼(Abraham Kuyper) 같은 최근 권위자들도 모두 100년도 더 전에 태어난 인물들이었다.[31] 카넬은 너무 학문적인 저자였기 때문에 복음주의 대중에게는 호소력이 없었고, 너무 과거지향적이었기 때문에 비복음주의 신학자들을 안정된 독자로 만들 수도 없었다. 그럼에도 불구하고 1962년에 시카고대학 신학부가 주최한 카를 바르트와의 공개 대화의 복음주의 진영 참석자로 선정되었다. 객관적인 하나님의 말씀으로서의 성경에 대한 자신의 믿음과 성경이 "역사와 사실 뿐만 아니라 신학에서도 오류로 손상되었다"는 사실에 대한 인정을 자신이 어떻게 조화시켰는지를 설명하기 위해 바르트에게 도전하는 과정에서, 카넬은 "내가 기쁘게 고백하지만, 이

---

29) Nelson, *Making and Unmaking*, 161.
30) 본서 제2장, 68-70을 보라.
31) Nelson, *Making and Unmaking*, 108, 137.

것이 제가 가진 문제입니다"라고 덧붙였다. 「크리스채니티 투데이」에 이 논쟁에 대한 글을 쓰고 있던 고든 클락은 기사를 통해 카넬이 성경에 오류가 있다고 노골적으로 인정한 것에 개인적으로 당황했다고, 자기 옛 제자의 변화에 실망했다고 했다.[32]

따라서 1976년에 카넬의 풀러신학교 전 동료 해럴드 린셀이 덜 보수적인 후세대 풀러신학교 교수진을 주 목표로 설정하고 쓴 『교회와 성경무오성』(The Battle for the Bible)이 '성경무오를 굳건하게 수호했고 수호한' 동료 중 한 사람인 (글리슨 아처, 칼 헨리, 윌버 스미스와 함께) 카넬에게 헌정되었다는 것은 모순이자 오해라고 할 수 있을 것이다.[33] 카넬의 경력은 1950년대 이래 서서히 내리막길을 걸었다. 우울증, 불면증 같은 질환이 더 심해지면서, 1967년 4월에 비극적인 상황에서 바르비투르산염(barbiturates, 진정제, 최면제, 마취제 같은 의약품으로 사용되는 유기화합물-역주) 과다복용으로 사망했다.[34]

4. 칼 헨리-계시 지향 변증가

칼 헨리는 에드워드 카넬과 마찬가지로 1930년대 말에 휘튼컬리지에서 고든 클락에게 철학을 배웠고, 그의 신학관도 유신론의 합리성과 성경 진리의 명제적 본질을 강조하는 클락을 통해 비슷하게 형성되었다. 1944년 여름에 인디애나대학에서 해리 젤레마에게 배우면서 코넬리우스 반

---

32) Marsden, *Reforming Fundamentalism*, 194–195; Nelson, *Making and Unmaking*, 186–188.
33) Harold Lindsell, *The Battle for the Bible* (Grand Rapids: Zondervan, 1976); 본서 제4장과 Nelson, *Making and Unmaking*, 179–190을 보라.
34) 자살 가능성이 많이 논의되었지만, 전기작가는 자살은 아니었다고 생각한다. Nelson, *Making and Unmaking*, 201–215.

틸처럼 젤레마의 영향도 받았다.[35] 헨리의 첫 저작, 『현대지성 재형성』 (Remaking the Modern Mind)은 1946년에 어드먼스에서 출간되었는데, "즐거운 철학 토론에서 행동과 반응으로 내 확신을 날카롭게 한 세 명의 '아테네 사람'" 클락, 젤레마, 반틸에게 헌정되었다.[36] 이후 1940년대에 보스턴대학(BU) 박사 과정에 있으면서 그는 카넬의 지도교수였던 에드가 브라이트먼(Edgar S. Brightman)의 지도를 받아 침례교 조직신학자 어거스터스 스트롱(Augustus H. Strong)에 대한 논문을 썼다. 원래 직업이 기자였던 헨리는 1942년에 NAE가 형성될 때부터 대회 홍보담당자와 월간 소식지 「유나이티드 이벤절리컬 액션」(United Evangelical Action) 편집자로 일했다. 클락, 반틸, 많은 다른 복음주의 학자와 마찬가지로, 그 또한 1949년 12월의 복음주의신학회 형성에 중요한 역할을 했다. 카넬과 함께 풀러신학교 교수진과 설립위원으로 1956년까지 있다가 학교를 떠나 「크리스채니티 투데이」 초대 편집자가 되었다. 그러다 1968년에 헨리가 사회복음에 헌신하는 주류교회를 충분히 공격하지 않는다고 생각한 장로교인 재정 후원자, 석유재벌 하워드 퓨(J. Howard Pew)의 압박에 시달리다 편집자 자리를 내 놓았다. 이후 이스턴침례신학교 교수로 신학 교육과 저술 활동에 복귀했다. 그의 대표작 『신, 계시, 권위』(God, Revelation, and Authority)는 1976년에서 1983년까지 워드출판사(Word Books)가 두꺼운 여섯 권짜리 전집으로 내놓았는데, 모든 20세기 보수 복음주의자가 쓴 작품 중 가장 방대한 신학 대작으로 꼽힌다.

『신, 계시, 권위』 제1권 서문에서 헨리는 자신이 다른 어떤 이보다 더 많은 빚을 진 선생님이 바로 고든 클락이라고 밝히며, 그를 '비복음주의 대체

---

35) Carl F. H. Henry, *Confessions of a Theologian: An Autobiography* (Waco: Word Books, 1986), 109.
36) Ibid., 111.

철학의 논리적 비일관성을 밝히 드러내고 기독교 유신론의 지적 우위를 보여준 점에서 복음주의 철학자들의 동료'라고 묘사했다. 또한 클락이 자기 원고 많은 부분에 의미 있는 조언을 해 주었다고도 밝혔다.[37] 이 대작의 핵심 논증은 성경에서 하나님이 합리적이고 언어적이고 명제적인 형태로 인간에게 자신을 드러내셨고, 이 자기 계시라는 사실이 다른 어떤 전제보다도 인간 이성의 정밀한 탐구를 잘 견뎌내며, 복음주의 기독교 이외의 모든 사상 체계는 모순율을 적용할 때 거짓으로 판명날 수 있다는 가정으로 신학을 시작해야 한다는 것이었다.[38] 신적 계시는 모든 진리의 근원이다. 이성은 신이 주입하신 능력으로, 인간은 이를 통해 계시를 인식할 수 있다. 성경은 '입증하는 원리'이자 계시된 진리의 통로다. 논리적 일관성(무일관성)이라는 이치는 스스로 진리라고 주장하는 모든 경쟁하는 사상의 부적격성을 부정적으로 시험하는 수단으로 적용 가능하다. 기독교신학의 과제는 성경 계시의 내용을 질서 있고, 체계적이고, 일관성 있는 전체 틀로 보여주는 것이다.[39]

헨리는 『신, 계시, 권위』 제3권에서 자신의 성경관을 명제적 계시의 저장고라는 개념으로 확장시켰다. 명제는 참 또는 거짓인 말을 통한 진술이므로, 믿을 수도 있고, 의심할 수도 있고, 부인할 수도 있다. '명령적 진술들과 시편에 나오는 몇 가지 감탄사를 제외하면, 성경은 명제들로 이루어져 있는데,' 이 명제들은 하나님과 그분이 인간을 다루시는 손길에 대한 정보를 제공한다는 고든 클락의 탁월한 진술을 헨리는 동의하며 인용했

---

37) Carl F. H. Henry, *God, Revelation and Authority. Vol. I: God Who Speaks and Shows: Preliminary Considerations* (Waco: Word Books, 1976), 10.
38) Bob E. Patterson, *Carl F. H. Henry* (Waco: Word Books, 1983), 63.
39) Ibid., 64; Henry, *God, Revelation and Authority*, I, 215.

다.⁴⁰⁾ 신적 계시는 명제적일 뿐만 아니라 인격적인 것이기도 하다고 주장한 풀러신학교의 저명한 신약학자 조지 엘던 래드(George Eldon Ladd)를 비롯하여 숫자가 점점 늘어나던 복음주의 신학자들에게 응답했다. 하나님은, 분명히, '명제들을 모아놓은 것 이상'임을 인정하면서도, 헨리는 하나님은 인지적으로 이해될 수 있는 '합리적 노출이나 이해될 수 있는 진리'가 아닌 다른 방법으로 자신을 알린다는 것을 부인했다.⁴¹⁾ 그는 '복음주의자는 다른 이들이 우리를 합리주의를 가지고 정죄할 때 두려워 떨거나 언덕으로 도망갈 필요가 없다'고 주장했다.⁴²⁾

헨리의 복음주의 변증학의 장점은 하나님에 대한 신학적 진리들이 하나님이 시공간에서 행하신 일에 관해서 합리적으로 점검될 수 있는 주장들과 분리될 수 없다는 견고한 주장이었다. 신비나 역설에 대한 어떤 호소도 기독교가 역사의 종교, 즉 성경이 사실로 주장하는 것을 합리적으로 탐구하는 일에 스스로 열려 있고자 한다는 사실을 피해갈 수는 없다는 것이다. 헨리의 접근법의 약점은 하나님과 인간의 만남을 추론의 과정으로 확실히 축소시킨 것, 성경의 풍성한 다양성을 명제들의 나열로 좁힌 것, 불신자를 계몽하고 신자를 변화시키는 성령의 역할을 별로 강조하지 않는 것이었다. 포스트모던 시대의 아주 다른 문화 배경에서, 또한 비서구 배경에서 살아가는 복음주의자의 관점에서 보면, 그의 신학 체계는 영적으로 무미건조하고 지나치게 지성에 호소하는 것 같다. 그럼에도 불구하고 그에게는 트리니티복음주의신학교 도널드 카슨(Donald A. Carson) 같은 영향력

---

40) Henry, *God, Revelation and Authority*, III, 456에서 Gordon H. Clark, *Karl Barth's Theological Method* (Nutley, N.J.: P. & R. Publishing, 1963), 150이 인용된다.

41) Henry, God, *Revelation and Authority*, III, 457–462.

42) Ibid., 480, Stanley J. Grenz, *Renewing the Center: Evangelical Theology in a Post-Theological Era* (Grand Rapids: Baker Academic, 2000), 93에서 재인용. 86-102쪽에 나오는 헨리에 대한 그렌츠의 평가는 폐부를 찌르지만 완전히 냉담하기만 한 것은 아니다.

있는 숭배자가 있다.[43] 복음주의 역사에서 헨리의 지속적인 중요성은 그의 변증학보다는 그가 미국 복음주의 전통에 제공한 결정적인 방향이다. 즉 이 전통을 문화, 정치, 사회와 주로 부정적으로 맺은 관계에서 벗어나 성경적 가치를 공공 영역에 주입할 수 있는 가능성을 보여주는 데 공헌한 것이다. 이 점에서 그의 작은 책 『복음주의자의 불편한 양심』(The Uneasy Conscience of Modern Fundamentalism, 1948, 원제는 번역서 제목과는 달리 '현대 근본주의'를 직접 언급하고 있음을 주목할 것-역주)이 여섯 권 짜리 두꺼운 대작 『신, 계시, 권위』보다 영향력이 훨씬 지속적이었음을 제6장에서 살펴보려 한다.

5. 프란시스 쉐퍼-세속 문화에 대한 복음주의 심문관

코넬리우스 반틸, 에드워드 카넬, 칼 헨리는 목회자가 연구하는 과정에서 어느 정도 참고하는 저자들이기도 하지만, 모두 주로 신학교나 기독교 대학 영역 안에서 그들의 저술이 과제로 엄청나게 주어져서 읽히는 복음주의 학자들이다. 반틸과 카넬은 이것이 분명하고, 헨리는 좀 덜 하기는 하지만, 변증학의 과제는 20세기 세속 문화의 철학적 가정들과 직접 대면해서 싸움을 벌이는 것이라기 보다는 (특히 자유주의나 신정통주의에 속한 경쟁자들에 대항해서) 성경 정통을 변증하는 데 필요한 지적 무기를 복음주의 지도자들에게 제공하는 것에 더 가까웠다. 그러나 1960-70년대에 이런 (세속 문화와의 직접적인-역주) 대면을 추진하고 용이하게 하는 데 가장 크게 공

---

43) D. A. Carson and J. D. Woodbridge (eds.), *God and Culture: Essays in Honor of Carl F. H. Henry* (Grand Rapids: Eerdmans, 1993), viii; D. A. Carson, *The Gagging of God: Christianity Confronts Pluralism* (Grand Rapids: Zondervan, 1996), 187.

헌한 인물이 바로 프란시스 쉐퍼(Francis A. Schaeffer, 1912-84)였다.

프란시스 쉐퍼의 초기 신학형성은 소속 교단이 침례교가 아니라 장로교였다는 것을 제외하고는 에드워드 카넬의 신학형성 과정과 꽤 비슷했다. 1935년에 웨스트민스터신학교에 들어가 그 역시 반틸의 발 밑에 앉아 배웠다. 그러나 웨스트민스터신학교 2학년 때 쉐퍼의 진로는 카넬과 갈리는데, 이 길이 처음에는 복음주의 변증학에 끼칠 그의 미래 공헌을 약속하는 것으로 보이지 않았다. 쉐퍼는 웨스트민스터에 있던 많은 수의 가장 보수적인 교수진과 학생들을 따라 신학교를 분리해서 델라웨어 주 윌밍턴에 세워진 새 학교 페이스신학교(Faith Seminary)에 합류했다. 분리를 주도한 이들 중에는 칼 매킨타이어(Carl McIntire, 1906-2002)가 있었는데, 그는 곧 1941년이 되면 전투적인 근본주의 분리주의 집단 미국기독교회협의회(American Council of Christian Churches, 이하 ACCC, 에큐메니컬 집단인 National Council of Churches of Christ in the U.S.A에 대응하기 위해 설립된 단체-역주)의 설립자로 유명해진다. 분리의 근거는 신학과 실천 요소가 기이하게 뒤섞인 것이었다.

분리주의자들은 웨스트민스터가 칼뱅주의에서는 너무 엄밀하고(고[high] 칼뱅주의-역주), 술에 너무 관용적이고, 교리적으로 혼합된 북장로교(PCUSA)와의 분리에 대한 헌신이 충분히 강하지 않다고 생각했다.[44] 펜실베이니아 주, 미주리 주 세인트루이스에서 쉐퍼가 초기에 목회한 곳은 매킨타이어가 설립한 작은 분리주의 교파 성경장로교회(Bible Presbyterian Church)였다. NAE가 1942년에 세인트루이스에서 설립되었을 때, 쉐퍼가 NAE를 모든 주류 교단에서 완전히 분리되어야 한다는 정책을 거부함으로써 죽음에 이르는 타협을 시행한 단체로 보고 참여를 거부한 것에 주목

---

44) Barry Hankins, *Francis Schaeffer and the Shaping of Evangelical America* (Grand Rapids: Eerdmans, 2008), 13-15.

할 필요가 있다.⁴⁵⁾ 프란시스 쉐퍼와 이디스 쉐퍼가 1947년 여름에 유럽으로 떠났을 때, 그들은 1933년에 그레섬 메이첸이 세웠지만 이 때는 매킨타이어와 성경장로교회가 통제하던 독립선교부(Independent Board for Foreign Missions)가 보내는 (처음에는 임시) 선교사로 파송 받은 것이었다. 쉐퍼 부부는 신을 잃어버린 유럽에 그리스도와 기독교 문명을 다시 회복시키는 것을 목표로 삼은 2차대전 이후 거대한 미국 개신교 운동의 근본주의 대표자였다.

1948년부터 쉐퍼 부부의 서유럽 선교는 전임사역이 되었고, 이들은 스위스에 정착했다. 프란시스의 특수 선교는 보수 교회들을 설득해서 그 해 8월에 암스테르담에 설립된 ICCC(ACCC의 국제본부-역주)에 가입하게 하는 것이었다. 그는 또한 당대 신학 논제, 특히 카를 바르트 신학으로 제기된 도전에 대해 쓰고 말하기 시작했다. 1950년 여름에 제네바에서 열린 ICCC 2차 총회에서 쉐퍼는 '신현대주의'(The New Modernism)에 대한 연설을 통해 바르트주의자가 역사적으로 거짓된 것인데도 신학적으로는 진리일 수 있는 것이 있다고 말하려 한다며 이들의 지적 부정을 공격했다. 쉐퍼는 실제로 바르트를 얼마 전에 만난 적이 있었는데, 그 때 독립선교회가 이후 출판하게 되는 그의 논문 한 부를 전달했다. 쉐퍼가 실제로 반틸의 『신현대주의』를 읽었는지는 확실치 않지만, 반틸에게 빚진 것만은 분명했다. 덜 결정적이고 덜 직접적이기는 하지만, 어떤 명제도 동시에 진리이자 거짓일 수는 없다는 고든 클락의 모순율 호소에 의존한 부분도 분명히 있었다.⁴⁶⁾ 바르트의 작품에 대한 쉐퍼의 지식은 대체로 피상적이었고, 다른 사상가들의 작품의 자투리를 긁어 모아 글을 썼는데, 반드시 아주 깊이

---

45) Ibid., 25.
46) Ibid., 38-40, 243 n. 23. 핸킨스의 전기에는 고든 클락이 쉐퍼에게 끼칠 수 있었던 영향력에 대한 언급이 없다.

파고 들었다고는 말할 수 없는 수준이었다.

그럼에도 불구하고 미국과는 아주 다른 서유럽의 신학 및 교회 풍토에서, 쉐퍼는 칼 매킨타이어의 엄격한 분리주의가 받아들여질 수 없다는 사실을 점점 더 깨닫게 되어, 1955년 6월에 독립선교부와의 관계를 단절했다. 그러나 더 중요한 것은 1955년이 되면 쉐퍼 부부가 스위스 알프스에 설립한 라브리(L'Abri, 안식처)에서 아주 특별한 종류의 사역을 개발해 냈다는 사실이었다. 그들의 샬레(chalet, 알프스 산중 오두막-역주) 가정은 때로 깊은 고뇌 속에서 영적 의미와 지적 진리를 개인적으로 찾아 헤매던 점점 더 많은 수의 젊은이, 특히 대학생에게 피난처와 강연장이 되었다. 1960년에는 이 사역이 발전하면서 이를 주목한 「타임」(Time)지가 쉐퍼의 지성인 대상 선교를 소개하는 짤막한 기사를 싣기도 했다.[47] 쉐퍼의 논지는 현대 칸트와 헤겔 이래 서구 사상이 개신교 종교개혁의 교훈에 들어있는 성경 계시의 권위를 거부한 결과, 도덕이나 인간 삶의 의미를 위한 안정된 기반이 없는 상대주의의 심연으로 곤두박질치고 말았다는 것이다. 특히 헤겔이 그 악한으로 간주되었는데, 이는 그의 종합적 역사 철학이 진리와 비진리 사이의 본질적 불일치를 붕괴시켰기 때문이었다. 이 때문에 생겨난 절망에서 도피할 수 있는 유일하고 분명한 (그러나 궁극적으로는 가공의) 길은 인간이 자본 축적을 탐하는 재갈 물리지 않은 욕망으로 보강된 개인 경험의 쾌락에 자신을 던져 넣는 것 뿐이었다. 쉐퍼는 이런 생각을 1968년부터 1972년까지 페이퍼백으로 출간된 엄청나게 성공한 삼부작, 『거기 계시는 하나님』(The God Who Is There), 『이성에서의 도피』(Escape from Reason), 『거기 계시며 말씀하시는 하나님』(He Is There and Is Not Silent)에서 펼쳐 보였다.

삼부작에서 쉐퍼는 반틸의 발자국을 따라 하나님의 자기 계시의 절대적

---

[47] 'Mission to Intellectuals', *Time*, 11 Jan. 1960, Hankins, *Francis Schaeffer*, 74에서 재인용.

우선성을 주장했다. 즉 하나님이 정말로 거기 계셨다는 단순한 사실을 모든 지식과 삶의 의미 구축의 유일하게 일관된 출발점으로 삼았다는 것이다. 그는 인간의 합리적 사고가 기독교인과 비기독교인 간 의미있는 대화를 위한 다리를 건설할 수 있다는 확신을 훨씬 많이 가졌다는 점에서 반틸을 떠났다. 또한 여기서 그는 고든 클락의 명제 전통에 속한 모순율을 반복적으로 활용했다. 기독교 변증학은 어떤 명제는 이해가 되고 어떤 명제는 그렇지 않은지를 인식할 수 있는, 하나님께서 인간에게 주신 이성 능력에 호소할 수 있어야 한다는 것이다.[48] 쉐퍼의 핵심 주장은 궁극적으로 오직 성경에 나타난 기독교 유신론적 명제만이 삶을 이해할 수 있기에, 변증학의 과제는 비기독교인이 이것을 인식할 수 있도록 돕는 것이었다.

서구 사상을 연구하는 역사가로서의 쉐퍼의 분석은 유별나고 자주 핵심을 이탈한다. 종교개혁을 이상화하기 위해 르네상스를 인간 자율성의 무신론적 주장이라고 혹평한 것은 역사적으로 거의 타당하지 않으며, 또한 가톨릭의 종교 지식 독점에 대한 도전을 통해 등장한 종교개혁이 이성을 능가하는 계시의 권위를 세속적으로 붕괴시키게 되는 계몽주의를 얼마나 앞당겼는지를 인식하지도 못했다. 신학자로서의 쉐퍼는 버나드 램이 반틸과 클락, 헨리와 더불어 그에게 가한 비판, 즉 이들이 바르트의 복음주의 신학 재공식화를 다양한 방식으로 공격할 때, 성경의 역사적 신뢰성, 그러므로 이것과 연결되어 있는 기독교 신학의 전체 구조에 대한 계몽주의 공격의 급진성에 대해 충분히 설명하지 못했다는 비판에 취약하다.[49] 성경이 '명제적 사실들'의 창고이고, 종교개혁이 '말을 통한 명제적 계시' 원리를 가치 있게 여겼기 때문에 현대 계몽주의 이후 문화에 대해 쉐퍼가 그토록 애통해 했던 자연과 은혜 사이의 이분법의 표지를 없앴다는 주장은 칼

---

48) Hankins, *Francis Schaeffer*, 91–92.
49) Ramm, *After Fundamentalism*, 26.

헨리(그러므로 간접적으로는 고든 클락에게)에게 아주 많이 의존한 것이다.[50]

비록 서구 사상에 대한 쉐퍼의 역사적 분석이 심지어 복음주의 저자들에게도 광범위한 동의를 얻지 못했음에도 불구하고, 복음주의 역사에서 차지하는 쉐퍼의 지속적인 중요성은 당시까지 문화 참여를 낯선 것으로, 심지어는 금지된 영역으로 간주했던 복음주의자를 위해 문화 분석 전 영역의 문을 열어 놓았다는 점이다. 1970년대 북미나 영국 대학 인문학과에 다니던 복음주의 학생에게 쉐퍼는 이들의 일상의 관심이었던 지적 의문과 탐구라는 영적 불모지에 대한 거의 유일무이한 기독교적 관점을 제공해 주었다. 1970년에는 『오염과 인간의 죽음』(Pollution and the Death of Man)이라는 제목의 소책자를 발간함으로써, 환경 위기에 신학적으로 대응한 최초의 복음주의자 중 하나가 되었다. 더 두꺼운 책 『그러면 우리는 어떻게 살 것인가?』(How Should We Then Live?, 1976)에서는 복음주의자가 더 검소하고 단순한 삶을 살아야 한다고 촉구하고, 특히 미국 복음주의가 기독교적 원리를 인종 문제와 부의 재분배에 적용하는 데 실패했다고 비판했다.

이들 중에서도 현대 대중 문화에 대한 쉐퍼의 관심이 그를 영화, 음악, 시각 예술 영역으로 이끈 일이 아마도 가장 중요할 것이다. 1948년에 암스테르담에서 그는 예술사 분야 박사과정에 있던 네덜란드인 한스 로크마커르(Hans R. Rookmaaker, 1922-77)를 소개받았다. 로크마커르의 약혼녀 안키(Anky)는 당시 ICCC 창립총회 사무실에서 비서로 일하고 있었다. 쉐퍼 부부와 로크마커르 부부는 곧 절친한 친구가 되었다. 네덜란드 개혁파 사상가 흐로언 판프린스테러르(Groen van Prinsterer)의 영향을 많이 받은 로크마커르는 예술사를 전제주의적으로 접근함으로써 쉐퍼의 전제주의와 공

---

50) Hankins, *Francis Schaeffer*, 94-95, Francis A. Schaeffer, *He is There and Is Not Silent*, in *The Complete Works of Francis A. Schaeffer*, vol. I, bk. 3 (Wheaton: Crossway Books, 1982), 302-303, 323에서 재인용.

명했다. 1965년에 그는 암스테르담 자유대학 예술사 교수로 임명되었다. 1970년에 IVP가 출간한 로크마커르의 『현대예술과 문화의 죽음』(*Modern Art and the Death of a Culture*)은 현대 서구 문화가 자연과 은혜, 믿음과 이성 간 치명적 분리의 결과로 쇠퇴 과정에 있다는 논지를 서구 예술에 적용한 책이었다. 이 책이 당시 기독교로 개종한지 얼마 되지 않았던 영국 기자 말콤 머거리지(Malcolm Muggeridge, 1903-90)에게 큰 감명을 주었기에, 그는 이 책을 자신이 일하던 「옵저버」(*Observer*)지의 1971년 올해의 책으로 선정했다.[51] 영국에서 로크마커르는 1967년 9월에 IVF가 조직한 예술학도 집회에서 강연했는데, 이 강연 이후 IVF는 예술대학에서 초기 조직을 구성하기 시작했다.[52] 초기 예술대 순회 총무 중 하나였던 팀 딘(Tim Dean)은 후에 다양한 문화와 정치 주제에 복음주의 관점을 적용하기 위해 애쓴 1977년 창간 격주간(후에 월간) 잡지 「써드 웨이」(*Third Way*) 편집자가 되었다.[53] 1976년에 딘의 순회 총무 역할을 계승한 인물은 폴 클라우니(Paul Clowney)로, 로크마커르의 제자였고 1966년부터 1984년까지 웨스트민스터신학교 초대 총장을 역임한 에드먼드 클라우니(Edmund P. Clowney)의 차남이었다.[54] 로크마커르는 또한 영국 배우 나이절 굿윈(Nigel Goodwin)에게도 영향을 끼쳐, 굿윈은 1971년에 런던에 예술 분야에서 전문적으로

---

51) Linette Martin, *Hans Rookmaaker: A Biography* (London: Hodder & Stoughton, 1979), 152; Jeremy Begbie, *Voicing Creation's Praise: Toward a Theology of the Arts* (Edinburgh: T. & T. Clark, 1991), 127. (1974년 로잔대회에서 강연하는 등) 1970년대 초에 복음주의자와 아주 가까웠던 머거리지는 1982년에 가톨릭 신자가 되었다.

52) IVF는 1964년에 메이비스 에드워즈(Mavis Edwards)를 예술대 담당 초대 순회 총무로 임명했다. Douglas Johnson, *Contending for the Faith: A History of the Evangelical Movement in the Universities and Colleges* (Leicester: Inter-Varsity Press, 1979), 248-249, 354. IVF는 1975년에 UCCF(Universities and Colleges Christian Fellowship)로 이름을 바꿨다.

53) 이 잡지는 지금도 발간되지만, 복음주의와는 별로 관계가 없다. 딘은 1982년부터 1989년까지 편집자로 일했다.

54) Johnson, *Contending for the Faith*, 353.

활동하는 기독교인의 필요를 채워준 세계 최초의 조직, 아츠센터그룹(Arts Centre Group)을 세웠다.[55] 복음주의 변증학은 1970년대에 명제적 계시 변증에서 예술 및 다른 현대 문화 요소들과의 대화와 참여로 그 영역을 확장했다.

주로 미국에서 보낸 노년에 쉐퍼가 원래 가졌던 근본주의 전투성이 다시 표출되었다. 제4장에서 본 것처럼, 그는 무제한적 성경 무오성의 굳건한 옹호자였고, '젊은 지구' 입장을 표명하지는 않았음에도 창조과학을 적극 지지했다.[56] 미국 기독교우파(Christian Right)와 시간이 가면서 더 밀접한 관계를 맺은 결과, 1960년대 말, 1970년대 초에 현대 문화와 비평적으로 대화하는 데 관심 있던 복음주의자들에게서 받은 지지를 많이 잃었다. 그의 『기독교선언』(A Christian Manifesto, 1981)은 1982년에 러더퍼드연구소(Rutherford Institute)를 설립한 보수 법조인이자 기독교 사상가였던 존 화이트헤드(John W. Whitehead) 사상의 영향을 받았다. 이 선언은 미국 건국 선조들이 나라와 법을 성경적 원리 위에 구축하려고 했다는 역사적으로 모호하고 거의 분파적인 소종파주의 대의를 진작시켰다. 이 주장은 이후 가톨릭계 이민자들이 대량 쏟아져 들어오면서 이미 침식되고 있었다. 이런 식으로, 『기독교선언』은 복음주의 학자로서의 쉐퍼의 명성에 거의 도움이 되지 않았다.[57] 더구나 생애 말에 쉐퍼가 신앙에 이르는 길로 합리적 논증을 강하게 강조하자, 쉐퍼의 변증학 서술의 기반이었던 계몽주의 구조를 넘어서 다른 방식으로 문화를 이해하던 젊은이에게 호소력을 상실하고 말았다.

---

55) http://www.yuricareport.com/Dominionism/HansRookmaakerAndSchaefferInArt.html (접속일: 20 Apr. 2012); http://www.artscentregroup.org.uk/about_history.php (접속일: 20 Apr. 2012)을 보라.

56) Hankins, *Francis Schaeffer*, 150–151.

57) Ibid., 192–227을 보라.

6. 앨빈 플란팅가-복음주의 철학자

변증학이라는 용어로는 거의 표현된 적이 없음에도 불구하고, 쉐퍼의 변증학은 교회 전통의 권위를 갖다 버리고 이성을 인간의 믿음에 대한 도전 받지 않는 판결자로 규정한 유럽 계몽주의의 의미를 탐구하는 데 효과적인 수단이었다. 본질적으로 같은 목표에 전념한 인물이지만 전혀 다른 경력을 쌓은 인물로, 아마도 다른 어떤 복음주의자보다 뛰어난 수준으로 복음주의 진영 너머의 학문 세계에까지도 국제적 명성을 떨친 미국 개혁파 철학자가 있다. 앨빈 플란팅가(Alvin Plantinga, 1932-)는 니체, 마르크스, 프로이트 같은 중요한 현대 사상가들이 제기한 질문, 즉 '기독교 유신론 신앙이 오늘날을 살아가는 교육받은 지성인에게 받아들여질 수 있는가?'라는 질문에 설득력 있는 응답을 제시한 것으로 광범위한 명성을 얻었다. 플란팅가의 대답은 '정말로 그렇다'는 것인데, 이는 하나님에 대한 믿음이 틀림없는 '기본'이기 때문이라는 것이다. 즉 이 믿음이 다른 어떤 명제들에 의해서도 타당한 것으로 인정받을 수 있는 합리적으로 보증된 아주 독립적인 증거이기 때문이라는 것이다.[58] 논리 실증주의의 우위가 종교적 주장이 개입할 여지를 전혀 남겨두지 않았던 학문으로서의 철학계에 미친 플란팅가의 논증의 효과는 엄청났다. 이미 1980년 봄에 「타임」은 다음과 같은 기사를 냈다.

> 거의 아무도 20년 전에는 예측할 수 없었던 사상과 논증의 조용한 혁명, 즉 신이 돌아오고 있다. 아주 흥미롭게도, 이 일이 신학자나 일반 신자들에게서 일어나고 있는 것이 아니다…오히려 전능자를 활발한

---

58) Deane-Peter Baker, *Tayloring Reformed Epistemology: Charles Taylor, Alvin Plantinga and the de jure Challenge to Christian Belief* (London: SCM Press, 2007), 63.

담론에서 제거하는 것이 오랜 합의였던 냉정하고 지성적인 학계 철학자 진영에서 일어나고 있다.

기사는 플란팅가를 이 조용한 혁명의 중심인물로 규정하고, 그를 '신을 논하는 세계적이고 탁월한 개신교 철학자'로 명명했다.[59]

앨빈 플란팅가의 조부모는 모두 네덜란드개혁교회(Gereformeerde Kerken in the Netherlands) 출신으로, 이 교회는 1830년대에 일어난 복음주의 분열(Afscheiding, 국교회로부터의 분리)로 탄생했고, 아브라함 카이퍼의 지도 아래 암스테르담 자유대학을 세운 공동체였다. 할아버지 앤드류 플란팅가는 1913년에 프리슬란트(Friesland, 네덜란드 최북부 북해 연안 주-역주)에서 미시건 주로 이민했다.[60] 코넬리우스 반틸과 마찬가지로, 플란팅가도 북미 기독교개혁교회(CRC)에서 자랐고, 칼빈컬리지에서 젤레마의 학생이었다. 플란팅가는 젤레마를 자신이 만난 모든 철학 선생 중 가장 훌륭했다고 회상하며, 칼빈컬리지의 설립 원리, 즉 기독교 진리는 지성 생활의 모든 영역에 적합하다는 원칙에 자신이 계속해서 빚을 지고 있다고 인정한다.[61] 1963년에 플란팅가는 첫번째 교수직을 역임한 웨인주립대학(Wayne State University)을 떠나 젤레마의 후계자로 칼빈컬리지에 돌아와 철학과에서 학부 시절 친구였던 니콜라스 월터스토프(Nicholas Wolterstorff)의 동료가 되었다. 그는 19년간 칼빈에서 가르치며 변증적 의도를 숨기지 않고 종교철학 의제를 탐구했다. 1982년에는 네이선 해치(Nathan Hatch), 조지 마스덴(George Marsden), 마크 놀(Mark Noll) 같은 일련의 탁월한 복음주의 학자에

---

59) Deane-Peter Baker (ed.), *Alvin Plantinga* (Cambridge: Cambridge University Press, 2007), 1에서 재인용.

60) Alvin Plantinga, 'Self-Profile', in James E. Tomberlin and Peter Van Inwagen (eds.), *Alvin Plantinga* (Dordrecht: D. Reidel Publishing, 1985), 4.

61) Ibid., 9, 13.

게 적합한 연구 환경임을 입증한 유명 가톨릭 대학, 노틀담대학(University of Notre Dame)으로 이동했다.

플란팅가의 첫 저술 『신과 타자의 정신들』(God and Other Minds, 1967)은 유신론 신앙에 대한 증거가 없거나 또는 거의 없기 때문에 이 신앙이 비합리적이라는 증거주의자의 반대에 대해 다루었는데, 그는 신에 대한 믿음과 우리 자신을 제외한 타자의 정신의 존재에 대한 믿음이 같은 인식론적 입장에 있고, 그러므로 똑같이 합리적이라고 주장한다.[62] 이후 1970년대에는 악의 문제와 인간 자유의지의 본질을 탐구하면서,[63] 동시에 합리성이 의미하는 것에 대한 의문, 또한 하나님을 믿는 것이 합리적이라는 것이 정확히 의미하는 바가 무엇인가에 대한 추가 연구에 전념했다. 이 후기 연구가 수많은 출판물로 나왔는데, 그 정점에 있는 대작이 『기독교 신앙 보증』(Warranted Christian Belief, 2000)으로, 이 책을 보고 이 분야 권위자 한 사람이 그를 '의심의 여지 없이 현대 종교 철학계의 독보적 인물'이라고 묘사하기도 했다.[64] 쉐퍼와는 대조적으로, 플란팅가의 목적은 불신자가 기독교 신앙을 진리로 확신하게 만드는 것이 아니라, 어떤 유신 논증도 효과가 없고, 이 논증에 비순환적 증거 같은 것이 하나도 없을지라도, 정통 기독교 신앙이 정당하고, 합리적이고, 보증된 것이라는 좀 더 제한된 주장을 단순히 변증하는 것이었다.[65] 따라서 그는 반틸의 믿음주의, 클락, 카넬, 헨리, 또는 쉐퍼로 대표되는 자연신학의 여러 다양한 개혁과 변종 및 증거

---

62) Alvin Plantinga, *God and Other Minds: A Study of the Rational Justification of Belief in God* (Ithaca, N.Y.: Cornell University Press, 1967); Plantinga, 'Self-Profile', 55.
63) Alvin Plantinga, *God, Freedom and Evil*, 2nd ed. (Grand Rapids: Eerdmans, 1977); *The Nature of Necessity* (Oxford: Clarendon Press, 1974).
64) Alvin Plantinga, *Warranted Christian Belief* (Oxford: Oxford University Press, 2000); Baker, *Alvin Plantinga*, 2.
65) Baker, *Tayloring Reformed Epistemology*, 11.

에서 나온 명제적 논증에 대한 이들의 다양한 정도의 의존 모두를 피했다. 플란팅가는 하나님에 대한 믿음은 '기본'이라고 주장했다. 즉 이 믿음은 누군가가 믿는 다른 명제들에 대한 증거에 의존하지 않고도 온당하게 합리적인 것으로 받아들여질 수 있다는 것이다.

가끔씩 「크리스채니티 투데이」에 글을 쓰기도 하고 1970년대 초에 이 잡지가 주최한 주요 기독교 학자 집회에서 강연하기도 했음에도, 플란팅가는 쉐퍼가 자라난 근본주의 진영과 거리를 두었다.[66] 1985년에 그의 작품에 대한 광범위한 연구의 일부로 출판된 지적 자서전 총 92쪽 내용 중 어디에도 '복음주의자'라는 단어가 등장하지 않는다는 사실을 주목할 필요가 있다.[67] 플란팅가는 자신의 학문 소명을 현대주의가 취하는 다면적인 공격에 대항하여 정통 기독교 유신론을 변증하는 것으로 특징짓고 싶어 했다. 그럼에도 불구하고 『기독교 신앙 보증』을 해설한 한 학자는 플란팅가의 사상에 친숙하지 않은 사람은 성경의 영감, 믿음을 유발하는 신적 유인, 죄가 지성에 끼치는 영향, '많은 학자들이 지난 시대의 흘러간 유산으로 취급하는 다른 신학 개념들'을 받아들이는 부끄럼 없는 신학적 보수주의 때문에 그의 사상이 역행할 수도 있다고 생각한다.[68] 플란팅가는 어떤 측면에서 살피더라도 20세기 후반 복음주의 변증학에서 눈에 띄는 자리를 차지할 자격이 있는 인물이다.

---

66) Henry, *Confessions of a Theologian*, 226, 272.
67) Plantinga, 'Self-Profile', 3–95.
68) James Beilby, 'Plantinga's Model of Warranted Christian Belief', in Baker, *Alvin Plantinga*, 125.

7. 레슬리 뉴비긴-서구 문화에 파송된 선교사

2차대전 이후 수십 년 사이에 많은 보수 복음주의의 학문적 변증학은 '현대'의 합리성이라는 과학적 범주에 절대적 권위를 내어 준 상태에서 복음을 정당화하고 설명하려고 노력했다. 특히 미국 복음주의자는 성경에 포함된 진리 주장들을 받아들이는 것의 합리성을 주장하고, 이 주장들이 자연과학이나 사회과학 영역에서 현대 지식이 제기한 점검 가능한 명제들보다 수용할 가치가 덜하지 않은, 경험적으로 유효한 명제들이라고 주장함으로써 정통 교리에 대한 자유주의 혹은 세속 비평에 반응했다. 이 작업이 어느 정도 필요하기는 했어도, 플란팅가가 바르게 지적한 것처럼, 이런 접근법에 내재된 문제는 현대 세속 사회의 세계관이 언어 및 인식론적 논쟁 영역을 정의하고 통제할 권리를 갖고 있다고 쉽게 인정해 버린 것이다. 비록 헤아릴 수 없을 만치 가치 있기는 했어도, 플란팅가의 공헌은 주로 학계라는 장벽 안에 갇혀 있었다. 한 세대의 복음주의자가 현대 지성 문화에 비판적으로 참여할 수 있도록 힘을 북돋는 데 지대한 영향을 끼쳤음에도, 쉐퍼는 그가 반틸과 클락에게 유산으로 받은 전제주의 방법론의 적합성에 전혀 의문을 제기하지 않았다. 그러나 1980년대 중반부터 현대 기독교 변증학의 첫 우선순위는 반틸, 카넬, 또는 헨리와는 다른 반대편 끝에서 시작하는 것이라고, 즉 복음의 관점에서 시작해서 현대 과학적 세계관을 설명하고 이로써 이 세계관에 실제로 도전해야 한다고 주장하는 보수 개신교 사상가 한 사람이 영어권 세계, 특히 영국 복음주의자에게 점점 더 자기 이름을 알렸다.[69]

J. E. 레슬리 뉴비긴(J. E. Lesslie Newbigin, 1909-98)은 뉴캐슬어폰타인

---

69) Geoffrey Wainwright, *Lesslie Newbigin: A Theological Life* (New York: Oxford University Press, 1976), 357.

(Newcastle upon Tyne, 타인 강 위에 세워진 뉴캐슬이라는 뜻으로, 대개 뉴캐슬로 부르는 잉글랜드 북동부 도시-역주) 출신의 잉글랜드 장로교인으로, 처음(1936년부터 1947년까지)에는 스코틀랜드국교회 선교사로, 후에는 1947년 9월에 결성된 연합 남인도교회(Church of South India) 창립 주교 중 하나로 거의 일평생을 남인도에서 보냈다. 1959년부터 1965년까지 뉴비긴은 자신의 마드라스교구의 허락과 지원 하에 처음에는 국제선교위원회(International Missionary Council, 이하 IMC) 총무로, IMC가 WCC에 흡수된 1961년에는 WCC의 세계선교와 전도 분과(Division of World Mission and Evangelism) 초대 총무로 에큐메니컬운동에서 중대한 역할을 감당했다. 1965년에 인도로 돌아온 뉴비긴은 1974년 은퇴시까지 인도에 머물렀다. 은퇴한 인도네시아인 장군 T. B. 시마투팡(T. B. Simatupang)이 1973년 WCC 방콕대회에서 '오늘날의 구원': '서구가 회심할 수 있는가?'라며 제기한 질문을 처음 들은 뉴비긴이 이 질문을 더 깊이 고민하게 된 것은 인도에서 오랜 시간을 보내고 세속화된 영국으로 돌아온 후였다.[70]

레슬리 뉴비긴은 거의 일평생보수 복음주의 진영에서 활동하지 않았다. 1920대 말과 1930년대 초 케임브리지 학생 시절에 뉴비긴은 CICCU(케임브리지 대학간기독인연합, IVF와 관련된 복음주의 학생운동-역주)보다는 SCM(기독교 진보학생운동-역주)과 연결해서 활동했고, 1960년대에 SCM이 점점 급진적으로 변하고 있던 시절에 에큐메니컬 운동에서 유명했기 때문에 그는 복음주의자의 사랑을 받지 못했다. 실제로 1950년대부터 1968년까지 그의 신학적 강조점은 1964년 노팅엄대학 퍼스강연(Firth Lectures)과 이 강연이 1966년에 출판된 『세속인간을 위한 정직한 종교』(*Honest Religion for Secular Man*)에서 나타나는 대로, 이 시기의 과장된 세속 신학에 편파적일

---

70) Ibid., 336; Paul Weston (comp.), *Lesslie Newbigin, Missionary Theologian: A Reader* (London: SPCK, 2006), 207-208.

정도로 동정적이었다. 뉴비긴의 이 책은 엄청난 논쟁을 불러 일으킨 존 로빈슨(John A. T. Robinson)의 페이퍼백 『신에게 솔직히』(Honest to God, 1963)를 생각나게 한다.[71]

그러나 뉴비긴의 관심은 언제나 선교였기에, 그는 하나님을 탈인격화시킨 로빈슨의 신학을 유감으로 생각했다. 1968년 웁살라 WCC 총회 경험으로 뉴비긴은 하나님과의 화해를 희생시키면서까지 인간화를 강조한 여러 세속주의 선교신학이 교회를 막다른 골목으로 몰아간다고 확신하게 되었고, 이 때부터 그의 본질적 개혁파 정통 입장이 더 두드러졌다. 순전히 선교적 관점에서 서구문화를 다루는 뉴비긴의 변증학은 영국교회협의회(BCC)의 의뢰를 받아 수행한 연구 과제를 『1984년의 다른 면』(The Other Side of 1984)이라는 소책자로 출간하면서 처음으로 윤곽이 드러났다.[72] 『헬라인에게는 미련한 것이요』(Foolishness to the Greeks)라는 제목으로 출간된 1984년 3월 프린스턴신학교 워필드 강연에서 이 윤곽은 더 뚜렷해졌다.[73] 뉴비긴 스스로는 그가 이전에는 당연시했던 서구 사상의 틀에 대한 이 비평의 근원을 북웨일즈 하워든의 세인트데이니얼즈도서관(St Deiniol's (지금은 Gladstone's) Library at Hawarden)에서 연구하며 보내던 시절이라고 생각했다. 윌리엄 글래드스턴(W. E. Gladstone, 1868-74, 1880-85, 1886, 1892-94 네 차례 영국수상 역임-역주)의 첫 저서 『국가와 교회 관계』(The State in Its Relations to the Church, 1838)를 읽으며, '교회를 위대하고 굳건하게 지속되는 실체로 생각하고, 교회와 비교할 때 국가는 연약하고 덧없는 존재일 뿐이라고 여기는 오늘날의 사고 방식이 너무도 낯설다'는 이 책의 해설에 감

---

71) Lesslie Newbigin, *Honest Religion for Secular Man* (London: SCM Press, 1966).
72) Lesslie Newbigin, *The Other Side of 1984: Questions for the Churches* (Geneva: World Council of Churches, 1983).
73) Lesslie Newbigin, *Foolishness to the Greeks: The Gospel and Western Culture* (London: SPCK, 1986).

명을 받았다. 파울 아자르(Paul Hazard)의 『유럽 양심의 위기』(*La Crise de la Conscience Européene: 1680-1715*, 1935년 저작)도 그의 마음에 불을 붙였는데, (영어로 번역된) 이 책을 통해 그는 유럽 문화에 끼친 계몽주의의 영향에 대해 깊이 고민하게 되었다. 뉴비긴이 인정한 대로, 이것은 '내가 전혀 생각해 보지 못한' 주제였다.[74] 미래에 떠맡게 되는 저술 및 대중 강연에서 그가 느낀 부담은 한편에는 모든 시대와 문화를 포괄하는 그리스도의 한 몸이 있고, 다른 한 편에는 서구의 계몽주의 이후 사상의 덧없고 궁극적으로 지속 불가능한 구조가 서 있는 상호 대립의 관계, 즉 이성과 신앙, 사실과 가치, '공적' 과학 지식과 '사적'인 것으로 가정되는 종교 견해 사이의 절대적 분리 때문이었다. 뉴비긴은 이런 분리가 도덕 및 모든 의미의 인간의 목적을 제거하여 개인이 선호하는 주관적 영역만을 추구하도록 만들고, 이로써 현대 서구사회를 상대주의와 절망의 심연으로 내몰았다고 주장했다. 전체적으로는 아주 다르지만, 이 분석은 쉐퍼의 것과 유사하다는 사실이 주목할 만하다.

전형적인 개혁파 방식에 따라 뉴비긴은 이런 상대주의에 대한 유일한 응답은 기독교 복음의 주장을 '공적 진리', 즉 모든 사람과 모든 영역의 인간 활동을 위한 진리가 되게 하는 것이라고 주장한다. 그러나 쉐퍼와 쉐퍼의 미국 스승들과는 달리, 뉴비긴은 공적 진리에 대한 이 주장의 정당성을 모든 반대되는 명제들을 붕괴시키는 모순율에서 찾는 것이 아니라, 하나님의 말씀을 '타당성 구조'(plausibility structure, 기독교 사회학자 피터 버거[Peter L. Berger]에게서 빌려온 용어)로 취하는 기독교 공동체에 복음을 구현하는 것에서 찾는다.

---

74) Lesslie Newbigin, *Unfinished Agenda: An Updated Autobiography* (Edinburgh: St Andrew Press, 1993), 251. 아자르의 책은 영어로는 『유럽 정신, 1680-1715』(*The European Mind, 1680–1715*)이라는 제목으로 번역되었다.

비록 계몽주의 이후 특정 개신교인에게는 충격일 수 있지만, 진리의 기둥과 터는 성경 자체가 아니라 신앙의 신비를 고백하는 교회라고 성경은 말한다 (딤전 3:15-16).[75]

성경의 권위를 논리적으로 물샐틈없이 방어하려는 어떤 시도보다도, 그리스도의 몸으로서의 교회만이, 이 교회가 받은 계시에 대한 '타당한 확신'(proper confidence, 뉴비긴이 선호한 표현) 속에서, 기독교 규범에 따라 인간 사회를 통치할 권리를 주장하지도 않고, 그렇다고 단순히 종교를 사적 영역으로 후퇴시켜 버리는 계몽주의의 시도를 받아들이지도 않으면서 복음을 증언하는, 선교학적으로 효과적인 '복음의 해석'인 것이다.[76] 성경적 복음의 권위를 회의적인 서구 세계에 전달할 수 있는 유일한 대리자로서의 교회를 강조하는 뉴비긴의 고(high) 교회론은 복음주의 진영의 가장 보수적인 집단에 속한 이들의 지지를 얻어내기 위해 치밀하게 계산한 후 만들어낸 표현이 아니었다. 그럼에도 불구하고 그의 메시지를 처음에는 영국, 그 다음으로는 북미, 유럽 대륙, 이어서 다른 세계의 수많은 복음주의자들이 열정적으로 받아들였다. 1983년에 출판된 『1984년의 다른 면』을 시작으로 영국교회협의회(BCC)의 후원 하에 뉴비긴이 주도하여 처음 진행된 사업의 이름은 '복음과 우리 문화'(The Gospel and Our Culture)였다. 가장 눈에 띈 행사는 '공적 진리로서의 복음'이라는 주제로 1992년 7월에 더비셔 스와닉(Swanwick)에서 열린 국제 대회로, 대부분 복음주의자인 대표 400여명이 참석했다. 비슷한 조직이 북미(조지 헌스버거[George Hunsberger]가 이끈 복음과 우리 문화 네트워크[The Gospel and our Culture

---

75) Newbigin, *Foolishness to the Greeks*, 58, Wainwright, *Lesslie Newbigin*, 362에서 재인용.
76) 이 주제에 대해 뉴비긴이 상세히 해설해 놓은 내용은 *The Gospel in a Pluralist Society* (London: SPCK, 1989), 222-233을 보라.

Network]), 뉴질랜드(해럴드 터너가 설립하고, 후에는 딥사이트 재단[DeepSight Trust]으로 이름이 바뀌는 복음과 문화들 재단[Gospel and Cultures Trust])에도 세워졌다. 이 세 기관 모두 뉴비긴 사망 이후에도 존속했다.[77] 1990년대에는 시력을 잃었음에도 불구하고, 뉴비긴은 여러 영국 복음주의 신학대학에서 강사로 자주 초청 받았다. 더 놀라운 것은 1994년 여름부터 그는 런던의 유명한 은사주의 성공회 교회인 브롬프턴 소재 홀리트리니티교회(Holy Trinity, Brompton, 이하 HTB)가 운영하는 성경연구 과정에 정규 강사가 되어 큰 인정을 받았다는 것이다. 그가 보기에 'HTB'는 '그저 뚜껑을 막을 필요가 있는, 세차게 흘러나오는 기름 샘'이었다.[78] 뉴비긴이 1998년에 사망할 즈음이 되면, 한때 WCC를 이끄는 빛이었던 그가 이제는 복음주의 진영에 속한 많은 이들의 마음을 사로잡은 인물이 되어 있었다.

8. C. S. 루이스- 기독교적 상상력의 사도

클라이브 스테이플스 루이스(Clive Staples Lewis, 1898-1963)는 벨파스트의 경건한 아일랜드국교회(Church of Ireland, 아일랜드에 뿌리 내린 성공회의 공식 명칭-역주) 부모에게서 태어났다. 영문학자로서의 그의 학문 경력은 모두 아주 오래된 잉글랜드의 두 대학, 먼저는 옥스퍼드에서, 1954년부터는 케임브리지에서 이 대학 최초의 중세 및 르네상스 영어 교수직을 통해 이루어졌다. 옥스퍼드에서 학부에 다닐 때는 성향상 무신론자였으나, 옥스퍼드대 모들린컬리지(Magdalen College)에서 젊은 영문학 연구원으로 있던 시

---

77) 영국과 미국 기관 홈페이지는 각각 다음과 같다. http://gospel-culture.org.uk, http://www.gocn.org (접속일: 20 Apr. 2012).

78) Wainwright, *Lesslie Newbigin*, 16.

절에 회심 체험을 하게 되는데, 이 체험이 그의 삶과 사역을 돌이킬 수 없는 방향으로 바꾸어 놓았다. 1929년 여름 어느 저녁에 그의 컬리지 방에서 '굴복하고, 하나님이 하나님이심을 인정하고, 무릎을 꿇고 기도했다. 아마도 그 날에 잉글랜드 전역에서 가장 낙심하고 주저한 회심이 일어났을 것'이라고 자서전에 남긴 내용은 유명하다.[79] 그러나 루이스는 자신이 새로 발견한 믿음을 처음에는 단순히 '합리적 유신론'이라고 표현하고, 그가 그리스도를 하나님의 아들이라는 정체성으로 믿는 정통 기독교 입장을 받아들이는데 2년이 더 걸렸다고 기록한다.[80] 이 전환기에 그는 독일 신비주의자 야콥 뵈메(Jacob Boehme, 1575-1624), 스코틀랜드 판타지 소설가 조지 맥도널드(George MacDonald, 1824-1905), 신비주의 연구가 성공회 학자 W. R. 인지(W. R. Inge, 1860-1954) 같은 신비 전통에 속한 작가들의 글을 광범위하게 읽었다.[81]

중세 및 현대 초기 영문학에 대한 루이스의 학문적 관심과 영적 순례의 신비적 방향이 점점 수렴되어 가까워졌다. 1933년부터 그 이후 이어진 이런 수렴의 결과는, 비록 각 분야의 경계를 나누어 분류하는 것이 생각보다 허점이 더 많음에도 불구하고, 아서왕 시에서 대중 기독교 변증학까지, 공상 과학에서 아동 문학까지 다양한 분야 주제를 다루는 일련의 저술과 출판이었다. 기독교 변증가로서의 루이스는 『고통의 문제』(*The Problem of Pain*, 1940), 『스크루테이프의 편지』(*The Screwtape Letters*, 1942), 『기적』(*Miracles*, 1947) 『순전한 기독교』(*Mere Christianity*, 1952) 같은 페이퍼백 시리즈로 특히 잘 알려져 있다. 그러나 오늘날 그가 쌓은 대중적인 명성의 주된 계기는 1950년에 첫 출판된 『사자, 마녀, 옷장』(*The Lion, the Witch and the*

---

79) C. S. Lewis, *Surprised by Joy: The Shape of My Early Life* (London: Geoffrey Bles, 1955), 215.
80) Ibid., 217-224.
81) A. N. Wilson, *C. S. Lewis: A Biography*, new ed. (London: Harper Collins, 1991), 123.

Wardrobe)을 시작으로 하는 『나니아연대기』(*The Chronicles of Narnia*) 출간이었다. 시리즈를 구성하는 책 일곱 권은 2005년까지 대략 총 1억2천만 부가 팔렸다.[82] 아이들에게 엄청난 인기를 끈 이 시리즈는 실제로는 합리적 논증보다는 상징과 은유에 담긴 힘에 의존하는 고도로 암시적이고 내재적인 기독교 변증이었다. 루이스 스스로도 '전체 나니아 이야기는 그리스도에 관한 것'이라고 설명했지만, 일곱 편의 이야기가 중세시대의 일곱 행성(고전적 우주관에서 가정된 일곱 행성, 즉 태양, 달, 수성, 금성, 화성, 목성, 토성-역주)의 상징적 특징을 대변한다는 사실이 알려진 것은 최근이다. 이 일곱 행성은 그리스도가 연속해서 왕, 사령관, 빛, 아들, 말씀, 생명, 신비로 나타나는 일곱 단계 도해집 내용과도 같다.[83]

2000년에 「크리스채너티 투데이」가 이 잡지 기고자 및 복음주의 교회 지도자 100명을 대상으로 실시한 조사에 따르면, 『순전한 기독교』가 20세기 최고의 종교 서적 분야 영예의 1위를 별 경쟁 없이 쉽게 차지했다. 『사자, 마녀, 옷장』과 (1943년에 미국판이 처음 나온 후 즉각 베스트셀러가 된) 『스크루테이프의 편지』도 높은 순위를 차지했다.[84] 『사자, 마녀, 옷장』에서 나니아 왕국에 진입하는 마법의 출입문 역할을 하는 옷장의 모델이 되었던 실제 옷장, 즉 루이스가 성장한 벨파스트에 있는 집, 리틀리(Little Lea)에서 가져 온 옷장은 현재 일리노이주 휘튼컬리지 매리언 웨이드센터에 상징적 찬란함을 뽐내며 안치되어 있다.[85] 아마도 대부분 복음주의자일 가능성이 높은 북미 개신교 교회 출석자에게 루이스는 성인전기(hagiographical, 성인

---

[82] http://www.manhattan-institute.org/html/_chicsuntimes-hollywood.htm (접속일: 20 Apr. 2012)를 보라.

[83] Michael Ward, *Planet Narnia: The Seven Heavens in the Imagination of C. S. Lewis* (New York: Oxford University Press, 2008), 11, 238 및 여러 쪽.

[84] *CT*, 24 Apr. 2000, 1–2.

[85] Wilson, *C. S. Lewis*, xii–xiii.

에 대해 기술하듯 칭송 일색인 무비평적 전기-역주) 내용에 나오는 수준으로 숭배해야 할 만큼 엄청난 기독교 작가로 받아들여졌다. 그의 생애 마지막 20년 동안 라디오 방송가와 종교 작가로서의 그의 영국 내 공적 영향력이 상당한 수준으로 오르기는 했어도, 복음주의 세계 다른 곳에서는 루이스의 지위가 미국에서 만큼 그렇게 높지는 않다.

북미 복음주의 진영에서 루이스가 이토록 비상하고 지속적인 인기를 확보한 이유, 특히 그의 신학 입장이 복음주의적이지 않았다는 사실에도 불구하고, 그가 그토록 인기를 끈 이유가 무엇인지 궁금한 이들이 많을 것이다. 루이스가 소속된 교회는 성례전을 중시하는 성공회 고교회파(High Church Anglicanism)였고, 그의 성경관은 복음주의 규범과 일치하지 않았다. 창세기 첫 몇 장과 욥기를 역사라기보다는 신화 혹은 전설로 규정하는 등, 구약 일부를 따로 분류하려고도 했다. (시편 109편 같은) 저주 시편을 '끔찍하다'거나, 심지어 '경멸할 만하다'고 비판하기도 했다. 성경에는 오류와 모순이 있다고 주장함으로써 근본주의 진영과 거리를 두는 고통을 감내하기도 했다. 성경은 그 자체로 하나님의 말씀이 아니라 하나님의 말씀을 '운반한다'고 가르쳤다.[86] 루이스의 저술에 등장하는 이런 특징들은 그를 존경하는 복음주의자들에게 널리 알려지지 않았다. 그러나 이런 점이 다음 질문을 더 강하게 제기할 수밖에 없게 한다. "이 세상적이고, 줄담배를 피워대는, 술고래 영국 학자가 제시한 기독교 변증이 미국 복음주의자에게 그토록 강한 호소력을 갖는 것은 도대체 무엇 때문인가?"

루이스는 현대주의 신학을 좋아하지 않았고, 비신화화 신학자들도 자주 조소했다. 그는 울리치 주교이자 『신에게 솔직히』를 쓴 A. T. 로빈슨

---

[86] C. S. Lewis, *Reflections on the Psalms*, new ed. (London: Fontana, 1961), 23–24, 92–94; *Screwtape Proposes a Toast* (London: Fontana, 1965), 50.

을 '울워스 주교'라 불렀다.[87] 비록 근본주의를 멸시하기는 했지만, 루이스의 저술은 전반적인 의도에서 보수적이었으며, 기적을 포함하고 있는 성경 이야기의 역사성을 변증하는 부분에서는 특히 보수적이었다. 그는 "나는 기적이 일어나지 않는다는 보편적 부정 명제를 지지하는 어떤 철학적 근거도 찾지 못했다"고 주장했다.[88]

그가 보기에, 비신화화 주창자들은 성경 내러티브에서 신화적 요소를 제거하려는 치명적 오류를 저지른 반면, 문자주의라는 강박관념에 시달리는 근본주의자는 이들 요소들이 오늘날 현재를 위한 것이라는 점을 부인하는 전혀 다른 실수를 저지르는 반동에 빠졌다. 문학자였던 루이스에게는 성경 이야기에 신화 기능이 있다는 것은 분명한 사실이었기에, 본질적으로 초월적이고 상징적인 힘의 내러티브인 신화야말로 심지어 계몽주의 이후 시대까지도 지속적인 매력을 떨칠 수 있었던 비밀이었다. 이것이 그가 특히 조지 맥도널드(George MacDonald)에게서 가져온 강조점이었다.[89] 루이스는 성경 안에서 역사와 신화가 지속적으로 수렴되는 지점을 찾아냈다. 창세기를 시작하는 몇 장에서는 신화와 역사가 따로 떨어져 있지만, 이스라엘 이야기가 진행되면서, 이 이야기는 역사에 닻을 굳게 내린다. 수렴 과정의 정점은 '하나님이 인간이 되시고, '신화가 사실이 되었던' 때, 즉 성육신이다.[90] 회심 직후인 1931년 10월에 루이스는 친구 아서 그리브즈(Arthur Greeves)에게 "이제 그리스도에 대한 이야기는 단순히 참된

---

87) Humphrey Carpenter, *The Inklings: C. S. Lewis, J. R. R. Tolkien, Charles Williams and Their Friends* (London: George Allen & Unwin, 1978), 176. 울워스(F. W. Woolworth)는 값싸고 화려한 상품으로 유명했던 영국의 대중 잡화점이었다.

88) Lewis, *Reflections on the Psalms*, 92.

89) Mark Edwards Freshwater, *C. S. Lewis and the Truth of Myth* (Lanham, Md.: University Press of America, 1988), 16-17, 57, 68, 93-94.

90) Lewis, *Screwtape Proposes a Toast*, 50-51.

신화라네. 다른 사람들에게 그런 것처럼 우리에게도 똑같이 작동하는 신화, 그렇지만 이것이 엄청나게 다르게 실제로 **일어났다네**"라고 편지했다.[91]

20세기 대부분 기간에 미국 보수 기독교 변증학의 취지는 성경 내러티브의 사실성과 역사성을 변호함으로써 과학적 환원주의의 공격을 막아내고자 하는 시도였다. 성경 내러티브를 일련의 언어적 명제로 환원함으로써 성경의 주장들이 과학적 명제에 응당 따르는 그런 존중을 획득하고자 기대한 것이었다. 이와는 달리, 루이스는 "점점 더 좁아지는 해변에 떼 지어 몰려 있는 기독교인 앞에 점점 더 높아지는 '과학'이라는 파도가 밀려 들어오는 상황을 그린 그림은 내 경험과는 전혀 맞지 않는다"고 쾌활하게 지적한 바 있다.[92] 과학적 합리주의의 폐쇄된 체계는 그가 1929년에 유신론으로 회심한 사건과 내면적으로 일치하지 않았기 때문에 버린 것이었다. 다윈주의 과학에 대한 대중적인 이해에 따르면, 엄청난 높임을 받는 이성의 절대성은 '그저 끝도 없고 목적도 없는 생성의 한 단계에서 나타난 지성 없는 물질의 예측도 없고 의도도 없는 부산물일 뿐'이기 때문이다.[93]

기독교 이야기는 신화이고, 그러므로, 공상에 불과하다는 급진적 계몽주의의 주장은 그 주장 자체가 문제라기 보다는, 이 추론에서 파생된 취약한 추론 때문에 심각한 오류다. 이와는 반대로, 루이스는 이야기의 고유한 신화적 힘은 이 이야기가 신적 초월성을 갖고 있다는 것을 상직적으로 보여주는 것이라고 주장했다. 이 힘을 온전히 이해하기 위해 필요한 것은 논리와 상상의 결합이었다. 성경이 성육신을 역사적 사건으로 제시하기 때

---

91) *They Stand Together: The Letters of C. S. Lewis to Arthur Greeves* (1914-1963), ed. Walter Hooper (New York: Macmillan, 1979), 428, Freshwater, C. S. Lewis, 34에서 재인용.

92) Lewis, *Screwtape Proposes a Toast*, 54. 루이스는 아마도 매튜 아놀드(Matthew Arnold)의 시 '도버 해변에서'(On Dover Beach, 1867)를 암시하는 것일 수도 있다. 이 시는 현대 과학의 영향으로 기독교 신앙이 붕괴되는 상황을 상징적으로 묘사하는 것으로 주로 해석된다.

93) Ibid., 55.

문에 논리는 실제로 필요하며, 따라서 계몽주의의 역사적 방법론을 논리적으로 탐구하지 않을 수 없다. 그러나 논리 자체만으로는 사람을 믿음으로 이끌 수 없다. 오직 상상을 통해서만 하나님의 진리를 추구하는 탐구자가 성경 내러티브가 드러낸 신비한 '나니아' 세계로 들어갈 수 있기 때문에, 상상은 필수다. 이 나니아 세계에서 우주의 창조자는 인간이 되셨고, 동료 인간에게 말을 건네셨고, 인간의 손에 돌아가셨고, 마침내 악과 죽음을 이기고 다시 일어나셨다. 이것이 정확히 이전의 복음주의 변증학, 특히 미국 복음주의 변증학에 결여된 요소라는 것이다. 신약의 중심 주장의 역사성에 대한 이전의 변증학과의 공통 요소와 더불어, 낭만적 상상력에 대한 루이스의 일관된 호소야말로 지금껏 어떤 신학자도 제시할 수 없었던 형식과 방법이었기에, 복음주의자들에게 루이스의 변증학은 엄청나게 매력적으로 다가올 수 있었다.[94]

현대 유럽 세계관에 대한 관점을 힌두교와의 수십 년 간의 접촉을 통해 형성한 선교사 레슬리 뉴비긴과 현대 서구 과학주의의 전제에 반대한 중세학자 C. S. 루이스는 서로 대조적인 방식으로 20세기 후반 복음주의 기독교인에게 신앙을 변호할 수 있는 지적 자산을 물려 주었다.

학문세계에서 여전히 힘을 발휘하고 있음에도 불구하고, 계몽주의의 철학적 표준이 대중 문화 영역에서 권위적 해설 능력을 잃어가고 있는 '후기 근대성'(late modernity)의 시대에, 복음주의자들은 보수 신학자들이 힘을 다해 내 놓은 것과는 매우 다른 종류의 지적 무기를 뉴비긴과 루이스에게서 발견했다. 아마도 성경의 권위가 계몽주의의 명제적 방법론을 통해 가장 잘 변증되는 것은 아닐 것이라는 잠재된 생각을 갖고 있던 복음주의자

---

[94] 이 단락은 Freshwater, *C. S. Lewis*, 특히 ix-x, 2, 47, 113에 나오는 논증에 의존했다. 그러나 프레쉬워터는 신화의 힘에 대한 루이스의 이해의 본질을 해설하는 데에만 관심이 있으며, 루이스의 호소를 기존의 보수 개신교 변증학의 본질과 연결 짓지는 않는다.

들에게 뉴비긴과 루이스는 이 생각을 더 분명하게 표현할 수 있다는 확신을 심어 주었다.

The Global Diffusion of Evangelicalis

제6장

기독교 선교와 사회정의: 로잔 1974와 대다수 세계의 도전

1. 복음주의적 사회 관심의 갱신

1945년 직후 몇 년간 복음주의자는 경제 정의, 사회 정의 이슈에 대한 헌신이라는 측면에서 별로 두드러진 것이 없었다. 역사적 실재로는 복음주의 전통에 깊은 뿌리를 두고 19세기 후반 및 20세기 초반에 대서양 양편에서 성장한 운동인 '사회 복음'(the social gospel)이 근본주의자-복음주의자의 기억속에서는 교리를 약화시킨 자유주의와 동일시되었다. 그 결과, 20세기 후반에 사회 지향성이 강한 복음주의를 재발견하려는 시도는 자주 자유주의 신학으로 가는 문을 열어놓는 것이라는 정죄를 받아야 했다. 이 시기 첫 25년 동안 미국에서는 주로 '신복음주의' 진영에서 나오거나, 영국에서는 이와 유사한 IVF 운동에서 파생된 이런 종류의 시도가 많았다.

1947년에 칼 헨리는 미시건 주 신문 「릴리저스 다이제스트」(*Religious Digest*)에 "복음주의 기독교가 복음의 사회적 측면에 대해 점점 더 침묵

했다"고 애통해 하는 일련의 기사를 실었다. 이 신문이 이렇게 흥분을 일으키기 쉬운 글은 출판하지 않겠다고 거부하자, 헨리는 대신 네덜란드계 미국 출판사 어드먼스를 통해 『복음주의자의 불편한 양심』(The Uneasy Conscience of Modern Fundamentalism)을 출판했다. 서문은 해럴드 오켕가가 썼는데, "교회에는 사회적 메시지를 담은 진보적 근본주의가 필요하다"고 촉구했다.[1] 조엘 카펜터는 헨리가 그의 책을 끝낸 동시에 보스턴대학에서 에드가 브라이트먼의 지도 아래 박사학위 논문을 끝냈다는 사실을 정확하게 주목했다. 브라이트먼은 얼마 후 헨리보다 더 유명한 학생 마틴 루터 킹(Martin Luther King)의 대학원 공부를 지도하게 되는 사회 복음의 지도적 주창자였다.[2] 헨리의 책이 출간된 지 20년이 지난 후, 빌리 그레이엄 전도협회가 발행하는 잡지 「디시전」(Decision) 편집자 셔우드 워트(Sherwood Wirt)는 『복음주의자의 사회적 양심』(The Social Conscience of the Evangelical)이라는 제목의 책을 써서 이 주제로 돌아왔다.

이 책은 1965년에 시카고에서 열린 (오켕가, 데이비드 허바드를 포함한) 소규모 복음주의 지도자 모임의 열매였는데, 이 주제에 대한 연구가 너무 지체되었다고 결론 내렸다. 워트의 책은 그 시대 기준으로는 놀라울 정도로 급진적이었다. 마리아의 노래(Mary's Magnificat)가 '인류를 위한 아들의 영원한 목적과 더불어 선을 넘어설 수' 있는 혁명의 노래였다며, 인종 분리를

---

1) Carl F. H. Henry, *The Uneasy Conscience of Modern Fundamentalism* (Grand Rapids: Eerdmans, 1947; new ed. 2003), 인용은 xx, 13-14. 또한 George M. Marsden, *Reforming Fundamentalism: Fuller Seminary and the New Evangelicalism* (Grand Rapids: Eerdmans, 1987), 79–82; Sherwood E. Wirt, *The Social Conscience of the Evangelical* (New York: Harper & Row; London: Scripture Union, 1968), 47–48을 보라.

2) Joel Carpenter, *Revive Us Again: The Reawakening of American Fundamentalism* (New York: Oxford University Press, 1997), 193; Carl F. H. Henry, *Confessions of a Theologian: An Autobiography* (Waco: Word Books, 1986), 111–113, 120–122도 보라.

신랄하게 비난하고 한 장 전체를 환경 이슈에 할애하기도 했다.[3] 1969년에는 미네아폴리스에서 열린 주요 전도대회 프로그램에 빌리 그레이엄 전도협회 소속 레이튼 포드(Leighton Ford)의 '혁명 시대의 교회와 전도'에 대한 연설이 포함되었다.[4] 1971년 여름에는 짐 월리스(Jim Wallis)가 이끈 트리니티신학교 소속 학생 일곱 명이 타블로이드판 신문 「더 포스트 아메리칸」(The Post-American)을 발행하여 성경의 예언자 전통을 베트남 전쟁, 백인 인종주의, 가난 같은 이슈에 적용하려고 했다. 이 신문은 이후 1975년에 「소저너스」(Sojourners)로 이름을 바꾸었고, 복음주의 진영 너머까지 유명하게 된 공동체적 기독교 증언의 중심이 되었다.[5] 1972년에는 복음주의 사회과학자 데이비드 모버그(David O. Moberg)가 『대반전』(The Great Reversal)을 출판했는데, 이 책은 19세기 복음주의의 사회 참여 전통이 20세기 초에 거부된 상황을 묘사하는 역사가 티모시 스미스(Timothy L. Smith)의 표현을 책 제목으로 채택한 것이었다.[6] 1973년 11월에는 아나뱁티스트의 급진적(radical, 또는 근원적) 제자도 전통에 영감 받은 젊은 미국 복음주의자 중 가장 유명한 인물에 속하는 로널드 사이더(Ronald J. Sider)가 시카고에서 복음주의 지도자 50여명이 참여한 모임을 열어 사회에 대한 관심을 주제로 강연했다. 이 모임에서 나온 선언문이 '복음주의 사회 관심 선언'(A Declaration of Evangelical Social Concern)으로, 다양한 관점을 불가피하게 조화시켜야 했음에도 불구하고, 모버그, 월리스, 사이더 및 기독교 제자도의 급진적 사회 표현에 헌신된 이들 뿐만 아니라 칼 헨리의 서명도 받

---

3) Wirt, *Social Conscience*, 12-13, 80-81, 102-112.
4) 레이튼 포드와의 개인 대화(19 Apr. 2011.)
5) Jim Wallis and Joyce Holladay (eds.), *Cloud of Witnesses* (Maryknoll: Orbis Books; Washington, D.C.: Sojourners, 1991), xiv를 보라.
6) David O. Moberg, *The Great Reversal: Evangelism Versus Social Concern* (Philadelphia: Lippincott; London: Scripture Union, 1972).

아냈다. 이 선언문은 사이더가 이끈 모임, '사회 행동을 위한 복음주의자'(Evangelicals for Social Action)의 강령이 되었다.[7]

십대선교회(YFC) 선교사로서 한국전쟁을 경험한 밥 피어스(Bob Pierce)는 1950년에 월드비전(World Vision, 한국에서는 오랫동안 '선명회'라는 이름으로 활동하다가, 문선명 집단이라는 오해를 피하기 위해 오늘날은 영문명 '월드비전'을 그대로 사용-역주)을 창시했는데, 이 단체가 급속하게 성장하면서 '신복음주의' 전통에 속한 미국 복음주의자의 양심을 깨워 국제 인도주의 활동, 특히 전쟁으로 인한 무고한 희생자를 돕는 데 헌신하게 만든 중요한 상징적 단체가 되었다. 영국에서도 1959년에 월드비전과 비슷하게 복음주의연맹(Evangelical Alliance)이 난민 구호를 위한 기금을 만들었다. 이 기금이 1968년의 복음주의연맹구호(the Evangelical Alliance Relief, 이하 TEAR) 기금으로 발전하여, 영국 복음주의자의 의식의 방향을 순수하게 선교적인 목적에서 인도주의적 관심과 개발 계획 영역까지 포괄하며 확장시키는 데 크게 성공했다.[8] TEAR 기금의 설립자 대표 조지 호프먼(George Hoffman, 1933-92)은 1967년에 킬(Keele)에서 열린 전국복음주의성공회대회(National Evangelical Anglican Congress, 이하 NEAC)의 영향을 많이 받은 성공회 신자였는데, 이 대회는 '전도와 사회 행동 둘 모두가…그리스도의 권위로 우리에게 주어진 우주적 책임'이라고 주장했다.[9] 1969년의 샤프츠베리 프로젝트(Shaftesbury Project) 창설도 중요한 사건인데, 특히 영국 도시에서 일어나는 다양한 사회 문제를 복음주의적 관점으로 해석, 적용하는 프로그램이

---

7) 'A Declaration of Evangelical Social Concern', *IRM* 63:249 (July 1974), 274-275; Henry, *Confessions of a Theologian*, 348.

8) Timothy Chester, *Awakening to a World of Need: The Recovery of Evangelical Social Concern* (Leicester: Inter-Varsity Press, 1993), 13-14, 41-43.

9) Ibid., 41; *The Nottingham Statement: The Official Statement of the Second Evangelical Anglican Congress Held in April 1977* (London: Church Pastoral Aid Society, 1977), 7.

었다. 1970년에는 IVF 총무 올리버 바클레이(Oliver Barclay, 실제로는 책을 가명[A. N. Triton]으로 출판했다는 사실이 중요하다)가 『누구의 세상인가?』(*Whose World?*)를 출판하여 복음주의자가 광범위한 '세속' 주제와 관련된 기독교적 지성을 계발해야 한다고 주장했다.[10]

따라서 대서양 양편의 고민하는 복음주의자들 중에는 1970년대 초에 복음주의 사상을 당대 사회 이슈에 적용하는 흐름을 강화시킨 인물들이 있었다. 미국에서는 이런 복음주의자 일부, 예컨대 전도자 톰 스키너(Tom Skinner), 빌 패널(Bill Pannell), 또는 공동체 개발자 존 퍼킨스(John Perkins)가 민권운동에 공감하며 아프리카계 미국인 공동체에 소속되기도 했다.[11] 그러나 많은 경우에, 부유한 백인인 복음주의자의 문제는 생각을 바꾸어 덜 부유한 비백인을 향해 기독교인의 책임을 져야 한다는 것이었다. 이런 사고가 샤프츠베리 경(Lord Shaftesbury) 같은 과거 시대의 인물들과 관련된 복음주의 박애주의 정신을 갱신하라는 요청과 하나님 나라의 이름으로 부당한 경제 구조 저항과 도전에 급진적으로 헌신하는 것이 필요한지 아닌지에 대한 의문 사이의 차이를 언제나 명확히 한 것은 아니었다. 이렇게 저항하고 도전한 이들을 복음주의자들은 자주 의혹의 눈초리로 바라보았는데, 그들이 보기에 이 도전자들이 법과 이미 확정된 권위라는 하늘이 인정한 힘을 위태롭게 하는 것으로 느껴졌기 때문이다. 마틴 루터 킹이 1968년에 암살된 사건에 대해 일부 미국 백인 복음주의자가 어떻게 반응했는지를 보면 이것이 아주 분명해진다. 킹은 인종 평등의 꿈을 펼치며 다른 이들의 존경을 받게 된 반면, 시민 불복종을 권장하고 폭력 저항으로 전환한 전투적 흑인 세력을 전혀 제어하지 못했다는 이유로 엄청난 비난을 받았다. 「크리스채니티 투데이」에는 킹을 '용기 있게 인종주의에 대항한 투

---

10) A. N. Triton, *Whose World?* (London: Inter-Varsity Press, 1970).
11) 레이튼 포드와의 개인 대화 (19 Apr. 2011).

쟁을 이끈' 자칭 비폭력의 사도로 찬사를 보냈지만, 동시에 대규모 시민 불복종을 지원하면서 '공동체의 법'을 손상시킨 인물로 비판하며 모호한 평가를 내리는 사설이 실렸다. '미국인이 생각건대 아시아[즉, 베트남]에서 불법 권력에 철퇴를 놓았기' 때문에, '국내에서도 법의 중요성을 축소'시켜서는 안 된다고 독자들을 상기시킨 것이다. 사설에는 흑인들이 킹 살해에 '원시적이고, 심지어는 야만적인 방식으로' 대응하기 위해 워싱턴에 모였다며 이들을 비난하는 인종주의 논조의 글을 실었다.[12] 같은 해에 얼마 후 로버트 케네디(Robert F. Kennedy, 대통령 JFK의 동생으로 1968년 6월 6일에 암살되었다-역주)가 암살되면서 「크리스채니티 투데이」 사설의 분위기는 더 암울해졌다. '미국이 어디로 가고 있는가?'(Where Is America Going?)라는 제목의 사설은 왜 어떤 주 또는 연방법이 여전히 (강하게 의혹을 품고 있던) 흑인을 차별하는가를 절망적으로 묻고, 여전히 민주적 절차보다는 군사행동이나 폭력이 해결책이 되고 있다고 한탄했다.[13]

미국에서 일어난 민권운동과 대서양 양편에서 발생한 급진 학생 저항은 1968년에 전례 없는 전투성을 띠며 고조되었는데, 이 때 많은 복음주의자는 원래 복음주의 안에 내재된 사회적 보수성을 더 강화했다. 더구나 1960년대 말에 기독교인의 사회적 책임에 대한 재평가가 제한적으로만 이루어지면서 이것이 기독교 윤리의 표준 양상으로 받아들여졌고, 교회의 선교(또는 사명)에 대한 복음주의적 이해에 언제나 영향을 주지는 못했기 때문에, (비록 1967년 NEAC는 달랐지만) 선교를 주로 영혼 구원으로 표현하는 경향은 여전했다. 1966년에 베를린에서 열린 세계전도회의(The World Congress on Evangelism)의 첫 번째 좌우명 '한 인류, 한 복음, 한 과업'(One

---

12) *CT*, 26 Apr. 1968, 24–25. 같은 이슈에 대한 좀 더 균형 잡힌 평가는 *CT*, 26 Apr. 1968, 37–38에 나온다.

13) *CT*, 21 June 1968, 23.

Race, One Gospel, One Task)의 첫 부분은 미국 민권운동의 영향을 반영한 것이었지만, 인종 및 사회정의 이슈에 큰 관심을 두지는 않았다. 이 대회에서 존 스토트가 그리스도께서 교회에 주신 '대위임령'(Great Commission)에 대해 전한 권위 있고 지적인 성경 강해는 여전히 이 위임령을 "사회를 개혁하는 것이 아니라 복음을 전하는 것이며…그리스도의 교회의 주 과업은 복음의 사자가 되는 것이지 사회 개혁자가 되는 것이 아닌 것"으로 정의했다.[14] 1970년대 초에 로널드 사이더나 짐 월리스 같이 급진적이고 사회 참여적인 복음주의자의 목소리가 점점 무시하기 어려운 세력이 되었음에도 불구하고, 많은 복음주의자에게 사회 및 경제 정의 이슈는 교회의 선교에서 주변적인 것으로 이해되었다. 복음주의가 백인도 아니고 부유하지도 않은 크고 급속히 성장하는 지역을 포함하는 전세계의 다문화 공동체가 된 것이 분명해진 지금에 와서야 드디어 이런 상황이 변하기 시작했다.

북반구에 사는 일부 복음주의자에게 이런 변화가 일어나기 시작한 시점이 언제였지는 꽤 정확하게 지적할 수 있다. 바로 1974년 7월에 로잔에서 열린 세계복음화국제회의(International Congress on World Evangelization)였다. 이 대회는 세계 복음주의 운동의 문화적 정체성과 미래의 선교 지향점을 뒤바꿀 만큼 중요한 대회였다. 그러므로 이 장의 나머지 부분은 이 대회의 배경, 과정, 특징, 또한 이 회의가 탄생시킨 로잔운동에 전적으로 할애하려 한다.

---

14) http://www2.wheaton.edu/bgc/archives/docs/Berlin66/stott3.htm (접속일: 30 May 2012).

2. 로잔회의의 기원

1966년 베를린회의는 여러 지역별 복음주의자들의 모임을 낳아, 이 중 일부 모임을 통해 지구촌 각 지역에서 전도 노력에 중요한 동력이 부여되기도 했지만, 원래는 다시 열릴 행사라기 보다는 단일 행사로만 남을 것이라는 생각이 지배적이었다. 1970년 1월에 빌리 그레이엄 전도협회가 워싱턴에서 작은 국제 고문단 회의를 열어 베를린 대회를 이은 후속 모임이 필요한지 아닌지를 논의했다. 최소한 이 모임의 해외 회원이 만장일치로 이런 대회가 더 필요치 않다는 데 합의를 보았다. 그러나 그레이엄이 1971년 11월 말에 화이트설퍼스프링스(White Sulphur Springs)에서 열린 모임에 열여섯 명을 초대해서 이 문제를 다시 논의했을 때에는 반응이 훨씬 호의적이었다. 비록 베를린 경험을 똑같이 반복하는 것은 원치 않았지만, "우리가 제자를 삼고, 세례를 주고, 가르치는 일을 마음에 품는 교회의 온전한 선교를 다시 감당해야 한다"는 '꽤 분명한 의견 일치'가 분명해졌다.[15] 1974년 여름에 '완전한 세계복음화의 공통 과업으로 모든 복음주의자를 하나되게 한다'는 목적 하에 두 번째 세계 대회를 열기로 하자는 합의가 도출되었다. 새로운 대회에서는 베를린에서보다 교회를 더 분명히 강조하기로 했다. 즉, '교회의 온전한 선교'에 동참하는 것이었다.[16] 이 좌우명이 정확히 의미한 무엇이었는지는 로잔의 중심 이슈로 차후에 드러난다.

당시 복음주의 사상에 끼친 주요한 영향 하나는 1968년 WCC 웁살라 대회의 결과로 주류 에큐메니컬 진영이 급진 방향으로 선회한 사건이었

---

15) Billy Graham, *Just as I Am: The Autobiography of Billy Graham* (London: Harper Collins, 1997), 568; 휘튼컬러식, BGCA, Collection 46, LCWE [이하 BGCA 46 형식으로 인용], Box 30/1; A. J. Dain to Charles Troutman, 17 Feb. 1972.

16) BGCA 46, Box 30/27, minutes, World Evangelization Strategy Consultation, 27 Nov. and 2 Dec. 1971.

다. 1969년에 시작된 WCC의 인종주의와의 전투 프로그램(Programme to Combat Racism)은 아프리카 남부의 해방운동과 미국의 블랙파워(Black Power) 조직을 승인했는데, 이 때문에 언론의 주목을 받았을 뿐 아니라, 반대로 보수 성향 기독교인에게 엄청난 불안을 안겼다. 일부 미국 복음주의자의 관점으로는 이것이 주류 미국 교단 출신 선교사 모집이 급속히 줄어든 주요 이유였다. WCC는 교회의 선교를 점점 더 휴머니즘이나 정치적 해방으로 정의하려 하는 것으로 보였다. 복음주의 지도자들은 더 정통적이고, 동시에 적당히 종합적인 기독교 선교 과업 인식의 재천명이 반드시 필요하다고 생각했다. 특히 빌리 그레이엄은 "세계 교회에 진공 상태가 커지고 있다. 급진신학이 전성기를 맞았다"고 확신했다. 그레이엄의 꿈은 '모든 참석자가 완전히, 전적으로 복음주의자여야 하고' 최소한 절반은 나이가 40세 이하인 대회를 여는 것이었다.[17] 비록 대회 개최의 최종 결정이 이루어진 것은 1972년 3월이었지만, 그레이엄과 전도협회가 이 꿈을 실현하기로 헌신한 것은 1971년 12월부터였다.[18]

1970년과 1971년 모임에 모두 참석한 사람으로 A. J. 데인(A. J. ['Jack'] Dain, '잭' 데인으로 알려졌다-역주)이 있었다. 시드니 교구의 보조 주교였던 그는 호주 성공회 복음주의의 보루였다. 잭 데인은 잉글랜드 사람으로, 지역초월선교연합(Regions Beyond Missionary Union) 소속으로 북인도에서 평신도 선교사로 일하다가 (후에 성경 및 의료선교회[Bible and Medical Missionary Fellowship]로 이름을 바꾸었다가 오늘날에는 인터서브[Interserve]로 활동하는) 제나나 성경 및 의료선교회(Zenana Bible and Medical Mission, Zenana는 인도에

---

[17] Ibid., Box 30/27, International Congress on World Evangelization. Meeting of the consultative conference, Vero Beach, Florida, 23–24 Mar. 1972.

[18] William Martin, *A Prophet with Honor: The Billy Graham Story* (New York: William Morrow, 1991), 441.

서 여성이 거주하는 공간-역주) 총무가 되었다. 영국복음주의연맹 해외총무로도 활동했는데, 이런 경력에 더해 1956년 1월에 그레이엄이 인도를 순회할 때 순회 책임자로 일하며 그레이엄의 눈에 띄었다. 리들리홀(Ridley Hall, 케임브리지 소재 복음주의 성향의 성공회 신학기관-역주)에서 신학을 공부하고 1959년에 안수 받은 후에는 1965년에 보조 주교로 임명될 때까지 호주 교회선교회(CMS) 연방총무로 일했다.[19] 1971년 12월 모임에서 그레이엄은 데인에게 10인 중앙운영위원회(후에 기획 및 실행위원회로 개칭) 의장이 되어 대회 기획 책임자가 되어 달라고 요청했다.[20] 이후 데인은 여러 대륙으로 수많은 편지를 보내 기획위원회를 섬길 적합한 '젊은' 각국 지도자들을 추천해 달라고 요청했다. 그레이엄은 위원회를 미국인이 지배해서는 안되며, '젊은 교회들(younger Churches, 서구교회 선교의 결과로 세워진 비서구 지역 기독교회-역주)의 각국 대표'가 '처음부터' 기획하는 데 동참해야 한다고 주장했다.[21]

잭 데인의 이름은 오늘날 별로 언급되지 않지만, 그는 프로그램 의장이자 그레이엄의 매부였던 레이튼 포드, 프로그램 책임자로 미국 IVF를 이끈 폴 리틀(Paul Little)과 함께, 로잔대회 기획위원회 회장으로서 결정적인 역할을 했다. 또한 형식적으로는 그레이엄과 함께 대회 공동의장이었지만, 핵심 복음주의 지도자들을 불러 들이고, 대회 방식에 대한 다양한 견

---

19) Graham, *Just as I Am*, 264; John C. Pollock, *Shadows Fall Apart: The Story of the Zenana Bible and Medical Mission* (London: Hodder & Stoughton, 1958), 186, 200; *Crockford's Clerical Directory*, 1973-74.

20) BGCA 46, Box 30/27, minutes, World Evangelization Strategy Consultation, 2 Dec. 1971. 그레이엄과 데인 외에, 레이튼 포드(Leighton Ford), 길버트 커비(Gilbert Kirby), 로버트 에반스(Robert Evans), 돈 호크(Don Hoke), 찰스 워드(Charles Ward), 아크바르 압둘 하크(Akbar Abdul-Haqq), 해럴드 린셀(Harold Lindsell), 빅터 넬슨(Victor Nelson)이 위원이었다.

21) Ibid., Box 30/1, A. J. Dain to Charles Troutman, 17 Feb. 1972; Dain to S. H. Iggulden, 23 Feb. 1972; Dain to S. Escobar, 12 Apr. 1972; 같은 파일에 있는 Dain to David Stewart (뉴질랜드), Michael Griffiths (싱가포르), David McLagan (스코틀랜드), Ben Wati (인도)도 보라.

해를 조합하여 하나로 만드는 주요 작업을 한 인물은 바로 데인이었다.

3. 라틴아메리카, 아프리카, 아시아의 새로운 복음주의자들

잭 데이이 기획위원회에 들어갈 사람을 추천해 달라고 보낸 편지를 받은 이들 중에 찰스 트라우먼(Charles H. Troutman, 1914-90)이 있었는데, 그는 라틴아메리카선교회(Latin America Mission) 선임 직원이었고, 미국 IVF를 이끄는 인물이었다. 트라우먼은 호주(1954-61)와 미국(1961-65) 두 지역 IVF 총무 혹은 책임자로 일한 경력이 있었다.[22] 라틴아메리카선교회를 미국인이 주도하는 외국 선교회에서 라틴아메리카복음주의사역회(Comunidad Latinoamericana de Ministerios Evangélicos, 이하 CLAME)라는 스페인어 이름 하에 현지인 지도자가 이끄는 토착 기독교 운동으로 전환시키는 개척자적 업적을 남기기도 했다. 1967년부터 라틴아메리카선교회(CLAME)의 학생세계사역(Ministry to the Student World) 책임자가 된 트라우먼은 이 단체를 (IVF의 국제 조직인-역주) IFES와 밀접한 관계를 맺게 이끌었다. 라틴아메리카 대학생 대상 사역을 확장하면서, IFES는 라틴아메리카가 다른 어떤 대륙보다도 마르크스 사상의 지대한 영향력 아래 있다는 것을 확인했다. 아르헨티나대학성경협회(Association Biblia Universitaria Argentina)의 영국인 총무 데이비드 에반스(David Evans)는 1972년에 무장 투쟁 요청과 '체 게바라 만세'라는 구호로 대변되는 정치 환경이 기독교 메시지를 아르헨티나 학생에게 제시하는 과정에서 '중요한 변수'라고 보고했다.[23]

---

22) 트라우먼 관련 자료는 휘튼컬리지에 보관되어 있다.
23) *IFES Journal* 25:2 (1972), 25.

따라서 라틴아메리카 복음주의 학생운동의 신진 지도자들은 구조적 사회 불의에 대한 마르크스주의식 분석을 성경에 근거하여 사려 깊게 대응하는 과제에 우선순위를 둔 독특한 유형의 복음주의를 탄생시켰다. 이들은 또한 남미 대륙에서 복음주의 대의가 곧 미국의 영향력과 동일시되는 위험을 잘 알고 있었기에, 그 결과 '현지 주도권 존중, 현지 지도자 발굴, 이미 만들어진 행동과 증언의 틀을 강요하지 않기로 결심하는… 신약에 나타난 선교 원칙'의 중요성을 강조했다.[24] IFES의 한스 뷔르키 박사(Dr Hans Bürki)가 1966년에 라틴아메리카 여러 도시에서 개설한 지도자 훈련 과정은 성경과 제자도 공부를 이 대륙의 사회 및 교회 상황 분석과 결합했다. 이 과정은 라틴아메리카 상황에서 IFES의 독특한 정신을 형성하는 데 크게 기여했다. 즉 사회에 대한 비판의식으로 무장하고 종교적 제국주의의 위험을 유난히 깊이 인식하고 있는 새로운 유형의 라틴아메리카 복음주의였다.[25]

트라우먼은 데인의 편지에 답장하면서 앞으로 열릴 대회는 젊은 세대 기독교 지도자들의 관점을 심각하게 받아들여 달라고 요구했다. 그는 또한 인종 문제에 강경한 입장을 천명해야 하고, '복음 선포에 혁명 요소가 자연스럽게 스며들 수밖에 없는' '제3세계 환경'을 온전히 이해해야 한다고도 주장했다. 트라우먼에게 답장하면서 데인은 이런 중요한 이슈들이 더 이상 자유주의자의 주장으로 돌려져서는 안 된다는 데 동의했다.[26] 트라우먼이 추천한 기획위원회 위원후보에는 젊은 페루 침례교인 사무엘 에스코바르(Samuel Escobar)와 새로운 라틴아메리카 복음주의 지도자 세 사

---

24) Pete Lowman, *The Day of His Power: A History of the International Fellowship of Evangelical Students* (Leicester: Inter-Varsity Press, 1983), 194에 재인용된 사무엘 에스코바르(Samuel Escobar)의 표현.

25) Ibid., 202–203.

26) BGCA 46, Box 30/1, Troutman to Dain, 28 Feb. 1972; Dain to Troutman, 7 Mar. 1972.

람, 즉 라틴아메리카 IFES 부총무로 아르헨티나에서 활동하고 있던 에쿠아도르 침례교인 르네 파디야 박사(Dr C. René Padilla), 라틴아메리카선교회의 후원 하에 코스타리카 소재 라틴아메리카성경신학교(Latin American Biblical Seminary) 교수로, 곧 '급진 복음주의' 선교학으로 전세계적인 주목을 받게 될 젊은 푸에르토리코 침례교인 올란도 코스타스(Orlando Costas, 1942-87), CCC 라틴아메리카 책임자였던 멕시코인 세르히오 가르시아(Sergio García)가 포함되었다.

에스코바르는 페루 복음주의 학생운동인 대학성경동아리(Circulo Biblico Universitario) 지도자로, 1958년에 볼리비아 코차밤바에서 열린 중요한 라틴아메리카 IFES 대회 강사로 처음으로 널리 주목받은 후, 콜롬비아, 에쿠아도르, 페루 사역자로 임명되었다.[27] 에스코바르는 곧 대륙 전역에 대학 선교 지도자이자, 학생 대상으로 변증학 연구서 『그리스도와 마르크스의 대화』(*Dialogo entre Cristo y Marx*)를 쓴 저자로 널리 알려졌다. 1972년에는 캐나다 IVCF 총책임자로 임명되었는데, 새로운 라틴아메리카 복음주의의 지도적 대변인 중 하나를 북반구의 영향력 있는 자리로 데려간 대담한 임명이었다. 1973년에는 시카고복음주의사회관심선언(Chicago Declaration of Evangelical Social Concern)으로 출판된 문서에 서명한 유일한 남반부 출신 인사였다.[28] 에스코바르는 라틴아메리카 대표 두 사람 중 하나로서 대회 기획위원회를 섬기기로 기꺼이 동의했다.[29] 르네 파디야와 함께 에스코바르는 로잔의 두 연사로 북반구의 더 보수적인 청중에게 가장 강력한

---

27) Lowman, *Day of His Power*, 195-197.
28) *IRM* 63 (July 1974), 275.
29) 다른 한 사람은 브라질 하나님의 성회 출신의 알세비아데스 바스콘셀로스(Alcebíades Vasconcelos)로, 이 교단은 브라질 개신교 정치 무대에서 우파 성향을 띠었다. R. A. Chestnut, 'The Salvation Army or the Army's Salvation? Pentecostal Politics in Amazonian Brazil, 1962-1992', *Luso-Brazilian Review* 36 (1999), 33-49를 보라.

자극을 주었다. 또한 로잔언약이 되는 문서 작성을 위해 나뉘어진 다섯 개 소위원회에 임명된 인사 중 대다수 세계(즉, 비서구 개발도상국-역주) 출신은 에스코바르가 유일했다.

기획위원회에는 아프리카인 두 사람, 우간다 키게지의 성공회 주교이자 동아프리카부흥의 가장 유명한 국제 연사 페스토 키벵게레(Festo Kivengere), 나이로비침례교회 목사였던 가나 침례교인 고트프리드 오세이-멘샤(Gottfried Osei-Mensah)가 포함되었다. 세 번째 아프리카인은 기획위원회 위원으로 고려되었지만 선정되지는 못한 존 가투(John Gatu)로, 동아프리카장로교 총무였다. 그러나 동아프리카부흥이 탄생시킨 가투는 대회에 참석해 로잔언약 문서 작성에 중요한 영향을 끼치게 된다. 라틴아메리카와 아프리카의 목소리가 로잔에서 급진적인 대안 복음주의의 가장 명료한 소리를 발하기는 했지만, 기획위원회 전체 31명 위원에는 아시아인 여섯 명도 들어 있었다.

4. 영국 복음주의자의 대회 의혹

적합한 기획위원회 위원을 모집하는 일 뿐 아니라 의도된 대회에 필요한 국제적인 지원을 널리 확보하는 일도 필요했다. 1972년 7월 중순에 빌리 그레이엄과 잭 데인은 전세계 복음주의 지도자들에게 편지 총 85통을 보내 대회 진행자가 되어 달라고 요청했다. 이들 중 72명이 즉각 긍정적으로 응답했고, 이후 이런 답변을 보낸 이들의 수는 150명으로 늘었다. 이런 식으로 그레이엄이 초대한 인물 중에 존 스토트도 있었지만, 스토트가 그레이엄에게 보낸 것을 그레이엄이 데인에게 복사해 준 답장에 따르면, 스토트는 실망스럽게도 참여를 주저했다. 스토트는 대회가 (그저 세계복음화를 완수하자는 구호를 외치는 것으로 그치지 않고) 이 과업을 위해 세심하게 연구한 전략의 틀을 따라 규정된 대회의 목적을 알고 싶어했다. 그는 또한 대회에 3천명에서 5천명 사이의 인원이 참여할 것이라는, 즉 그가 보기에 비효율적인 방식일 것이 뻔한 대규모 대회가 될 것이라는 보고서를 보고 깊은 우려를 표했다.[30] 그레이엄은 답장에서 대회 규모에 대한 스토트의 의견을 '진지하게 고려할 것'이라 장담했지만, 스토트가 생각했던 것보다 더 큰 대회가 열려야 하는 당위, 즉 '세상에 영향을 끼치려는' 그의 꿈을 되풀이해서 설명하며 스토트를 설득하려 했다.[31] 데인 또한 개인적으로 편지를 써서 분명한 지지를 보내달라고 요청했다. 그는 '전세계에서 실제 선교활동'에 종사하는 이들이 보내는 넘치도록 뜨거운 편지들과는 달리, 유럽은 이런 생각을 신학적으로 비평하는 원천이었다고 지적했다. 그는 스토트가 이런 비평가들에 합류함으로써 대회의 입장에 치명적인 해를 끼치지는 않을까 몹시 두려워했다.[32]

영국 복음주의연맹 총무 고든 랜드레스(Gordon Landreth)가 보낸 '비판과 의혹으로 가득한' 장문의 편지는 데인의 불안을 한층 고조시켰다. 큰 존경을 받은 노련한 영국 성서유니온 전직 총무이자 1970년부터 1972년까지 영국 복음주의연맹 회장을 지낸 존 레어드(John Laird)도 비슷한 우려의 편지를 보냈다. 따라서 데인은 스토트에게 다시 편지를 써서 대회와 영국 복음주의연맹 간 관계가 '극단적으로 경직되고 있는 것'으로 보이기 때문에, 자신이 런던을 방문해서 스토트의 조언을 구해도 되는지 물었다.[33] 스토

---

30) BGCA 46, Box 29/35, Stott to Graham, 30 May 1972.
31) Ibid., Box 29/35, Graham to Stott, 28 June 1972.
32) Ibid., Box 30/1, Dain to Stott, 18 July 1972.
33) Ibid., Box 30/1, Dain to Stott, 26 July 1972, 11 Sept. 1972. 랜드레스는 실제로는 로잔대회에 참석했고, 데이비드 윈터(David Winter) 같은 더 가혹한 비판자들에 맞서 「처치 오브 잉글랜드 뉴스페이퍼」(Church of England Newspaper)에서 대회를 옹호했다. CEN, 14 June 1974,

트는 데인의 편지 어느 것에도 바로 답장하지는 않았지만, 복음주의연맹 지도부와 논의한 후 8월 23일에 데인에게 전화를 걸었다. 스토트는 다음 날 데인에게 쓴 편지에서 규모에 대한 염려가 여전히 남아 있음에도 불구하고, 대회가 충분히 준비된 학술 대회가 되리라는 점을 데인이 자신에게 충분히 납득시켰다고 했다. 이런 우려에도 불구하고, 소문과는 달리, 자신이 기획위원회에 참여할 의지가 있다는 점을 명시했다.[34] 결국 스토트는 로잔언약으로 알려지는 문서 작성을 책임진 준비위원회의 가장 영향력 있는 위원으로 활약하게 되기는 하지만, 실제로 기획위원회에 참여하지는 않았다.

영국 복음주의 지도자들이 계획된 대회에 품은 의혹은 그 뿌리가 깊고 증상으로도 나타난 영국과 미국 복음주의 문화의 근본적인 차이점이 원인이었다. 데인은 1972년 9월에 스토트에게 '여러 면에서 여전히 잉글랜드 사람'인 자신이 나머지 세계의 호의적인 반응과는 전혀 다른 영국인의 어마어마한 불만을 목격한 것이 '특히 괴로웠다'고 고백했다. 그러나 수많은 계획을 수정함으로써 영국 비판자들의 불만을 무마해야 했던 일도 스토트에게 털어 놓았다. 레이튼 포드를 제외하고는 빌리 그레이엄 전도협회 모든 직원이 기획위원회에서 빠졌고, 대신 대다수 세계 출신의 복음주의 지도자 일곱 명이 그 자리를 대신 차지했다.[35] 그럼에도 앞으로 열릴 세계대회에 대한 영국인의 근심은 기독교언론을 통해 지속적이고 공개적으로 표출되었다. 대회 규모가 크다느니, 당대 세계 빈곤 수준으로 볼 때 쓸데없

---

9. 레어드에 대해서는 자서전 *No Mere Chance* (London: Hodder & Stoughton and Scripture Union, 1981)을 보라.

34) BGCA 46, Box 30/1, Stott to Dain, 24 Aug. 1972.

35) Ibid., Box 30/12, Dain to Stott, 11 Sept. 1972. 1972년 6월에는 기획위원회 위원 17명 중 대다수 세계 출신이 4명(Escobar, Kivengere, Chua Wee Hian, Akira Hatori) 뿐이었다(Ibid., Box 30/3).

제6장 기독교 선교와 사회정의: 로잔 1974와 대다수 세계의 도전   251

이 비쌀 거라느니, 대회가 열릴 장소에 있는 대표자 숙소가 호화 호텔이라 대다수 세계 출신은 참석이 불가능할거라느니 하는 염려였다. 영국 복음주의연맹 협의회는 대신 단순한 샬레(chalet, 스위스 오두막-역주)가 딸린 폰틴식(Pontins-style, 작은 부엌과 침대가 딸린 영국식 오두막 휴양시설-역주) 휴일캠프장에서 진행되어야 한다고 주장했다.[36] 잭 데인은 자기 동포들의 염려에 크게 공감하고 행사 참여자를 1,250명으로 제한하기를 원했지만, 이 문제에 대해 미국인들을 설득할 수 없었다고 기획위원회 위원이자 런던성경대학(당시 LBC, 오늘날은 London School of Theology-역주) 학장 길버트 커비에게 털어놓았다.[37] 커비는 휴일캠프 주장을 무시했다. (예상되는 난제들 때문에 곧 포기하기는 했지만) 로마[38]를 비롯하여, 암스테르담, 브뤼셀, 스톡홀름, 스위스 로잔이 장소로 물망에 올랐다. 1972년 9월에 결국 로잔의 고급 대회장 팔레드볼리외(Palais de Beaulieu)에서 대회를 열기로 결정하고, 참석자들의 다양한 취향과 가격에 따라 여러 호텔에 분산 수용하기로 했다.[39]

열릴 대회에 대한 영국인의 비판은 1973년에도 줄어들 기미가 보이지 않았다. 잡지 「크루세이드」(Crusade) 전 편집자 데이비드 윈터(David Winter)는 「크리스천 레코드」(Christian Record)에 실린 신랄한 비판 편지에서 "떠들썩하게 전략을 논하는", 수다 가게에서 다른 수다 가게로 아무리 비용이 많이 들어도 아랑곳하지 않고 비행기를 타고 돌아다니는 복음주의 제트족(jet-set, 제트기로 세계 각지 휴양지를 유람하고 다니는 초호화 부유층-역주)'이라며 혹독하게 비난했다.[40] 영국 은사주의 복음주의자의 핵심 대변인인

---

36) Ibid., Box 30/12, G. Landreth to G. Kirby, 7 Sept. 1972.
37) Ibid., Box 30/12, Dain to Kirby, 7 July 1972.
38) Ibid., Box 30/28, 기획위원회 회의록, 24-25 Aug. 1972.
39) Ibid., Box 30/23, 대회 장소와 대회 관련 추천정보 보고서.
40) Christian Record, 2 Nov. 1973, BGCA 46, Box 29/40에 보관.

파운튼재단(Fountain Trust)의 마이클 하퍼(Michael Harper)도 로잔이 사치스럽고, 발의자들의 좁은 신학 범위에만 배타적으로 제한되어 있다는 내용의 편지를 「처치 타임즈」(*Church Times*)에 보내며 전선에 합류했다.[41] 다른 영국 복음주의 지도자 다수와 마찬가지로, 하퍼도 1973년 여름에 빌리 그레이엄 전도협회가 SPRE-E '73(영적 재강조[Spiritual Re-Emphasis]의 머릿글자를 따서 만든 집회명)이라는 이름으로 런던에서 진행한 대회에 '당황'한 경험이 있었다. 하퍼는 SPRE-E '73과 로잔 두 대회를 모두 "우리 모두에게 너무도 친숙한 고착된 전도 이미지를 보여주는, 미국이 주도하고 돈을 대는 집회"로 이해했다.[42] 「처치 오브 잉글랜드 뉴스페이퍼」도 대회를 '비싼 데다, 주제 넘고, 자만으로 가득찬 말 잔치'일 뿐이라고 깎아 내리는 데 동참했다.[43] 「크루세이드」가 1974년 1월이 되어서야 로잔대회에 대해 입을 열었다는 사실에는 숨겨진 의미가 있을 수도 있다. 이 때 이 잡지는 대회 비용이 많이 들어서 원래 계획했던 참석 인원을 3,000명에서 2,700명으로 줄여야 했고, 영국 참석자들이 내야 하는 비용이 '상당히 적어졌다'고 짧게 보도했다.[44] 그 후 1974년 7월호가 발간될 때까지 이 잡지는 의도적으로 대회에 대해 아무런 언급을 하지 않았다.

---

41) *Church Times*, 16 Nov. 1973, 14.
42) *Crusade*, Apr. 1973, 11; July 1973, 13–16; BGCA 46, Box 29/40, Harper to G. Kirby, 20 Nov. 1973 and to A. J. Dain, 26 Nov. 1973.
43) *CEN*, 4 Jan. 1974, 5.
44) *Crusade*, Jan. 1974, 16.

5. 전세계에서 온 참여자들

로잔대회에 참석하기 위해서는 초대를 받아야 했는데, 이 초대는 기획위원회가 결의한 국가별 할당량에 따라 정해졌다. 각국은 그 나라 개신교 인구 백만 명 당 일곱 명의 대표를 파견할 수 있었고, 그 나라에서 복음화되지 않은 인구 천만명 당 추가 두 명씩을 대표로 보낼 수 있었다. 일인당 208파운드를 지급하는 보조금이 대다수 세계 출신 참석자 1,500명에게 지급되었다.[45] 대회 예산은 132만 파운드라는 엄청난 액수였지만, 미국 기부금에만 의존한 것은 아니었다. 대다수 세계 출신 참석자를 위해 재정을 후원해 달라고 요청하는 빌리 그레이엄과 해럴드 린셀의 서명이 들어간 편지가 발송되었다. 유럽과 극동에서 이 요청에 대한 반응으로 기부된 금액의 거의 절반인 5만 달러는 프랑스 형제단운동에 소속된 부유한 신자 장 앙드레가 한 번에 기부한 것이었다. 그러나 6월 11일까지 영국에서는 단 1센트의 기부금도 들어오지 않았다.[46]

로잔대회에 대한 영국 복음주의자의 미적지근한 태도는 잉글랜드, 특히 잉글랜드국교회 신자의 등록 비율이 낮았고, 심지어 영국 내 다른 지역 신자에 비해서도 더 낮았다는 사실에서도 드러났다. 스코틀랜드의 초대 응답률도 아주 낮았다.[47] 전반적으로, 유럽의 반응이 다른 대륙 반응보다 훨씬 못했는데, 주로 독일과 영국의 반응률이 너무 낮았기 때문이었다. 대회

---

45) *Crusade*, Sept. 1974, 25. 1974년에 208파운드면, 2012년 7월 기준으로는 약 1,690파운드, 또는 2,653달러에 해당한다.
46) *CT*, 7 June 1974, 3; *CT*, 16 Aug. 1974, 35; BGCA 46, Box 30/1, 도널드 호크(Donald E. Hoke)가 쓴 대표 월간 보고서, 11 June 1974.
47) BGCA 46, Box 30/1, 도널드 호크(Donald E. Hoke)가 쓴 대표 월간 보고서, 26 Feb. 1974.; *CEN*, 5 Apr. 1974, 12; 24 May 1974, 9; 14 June 1974, 9. 로잔대회에 참석한 잉글랜드인은 94명, 웨일즈인 5명, 북아일랜드인 10명, 스코틀랜드인은 7명이었다.

개회가 삼개월도 채 남지 않은 시점에서 초대를 받고 참석 의사를 밝힌 이들의 비율은 다음과 같았다.

아프리카 86%
아시아 96%
중미 88%
남미 85%
오세아니아 85%
북미 90%
유럽 51%[48]

공식적인 최종 참석 인원은 2,473명으로, 150개국, 135개 교단 출신이었다. 천 명이 넘는 인원이 비서구 세계에서 왔지만, 여러 아프리카독립교단(African Independent Churches)을 대표하는 인원은 세 명 뿐이었고, 이들마저 모두 남아프리카공화국에서 왔다. 여성은 전체 참석자의 고작 7.1%만을 차지했을 뿐이다. 빌리 그레이엄은 대략 10%를 예상한 바 있다.[49] 그레이엄이 3분의 1을 기대했음에도 불구하고, 평신도 참석자는 10%에 미치지 못했다. 복음주의권 집회에 전문 목회자 비율이 이렇게 높다는 것은 기이한 일이었다. 긍정적인 것은 참석자 절반이 나이가 44세 이하였다는 것이다.[50] 참석자 절반이 40대 이하, 절반이 비서구권 출신, 3분의 1이 평신도가 되기를 바랐던 그레이엄의 원래 꿈이 다 성취되지는 못했지만, 로

---

48) BGCA 46, Box 30/1, 도널드 호크(Donald E. Hoke)가 쓴 대표 월간 보고서, 23 Apr. 1974.
49) Martin, *Prophet with Honor*, 442.
50) Ibid.; BGCA 46, Box 122/1, 기획위원회 회의록, 15 July 1974. C. René Padilla (ed.), *The New Face of Evangelicalism: An International Symposium on the Lausanne Covenant* (London: Hodder & Stoughton, 1976), 9.

잔에 참석한 대표 구성을 볼 때, 이 세 목표 중 둘은 목표점에 가까이 다가섰다고 할 수 있었다.[51]

6. 라틴아메리카와 아프리카의 목소리

로잔대회 같이 규모가 큰 행사의 역학은 아주 복잡하기 때문에, 대다수 세계에 끼친 일부 연사의 영향력에만 집중하는 것은 이 다면적인 행사의 한 면만 부각시키는 문제를 낳을 수 있고, 따라서 왜곡의 위험이 있다. 예컨대, 풀러신학교의 도널드 맥가브란과 랄프 윈터가 세계의 '미전도종족'(unreached peoples)을 기억하자고 올곧게 강조함으로써 세계 복음주의자의 양심에 이 주제에 대한 지울 수 없는 흔적을 남긴 것은 기억할 만한 충분한 가치가 있다. 그럼에도 불구하고 언론의 논평을 가장 많이 이끌어 내고 참석자의 뜨거운 논쟁을 가장 많이 유발한 영역은 단연 사회 정의와 기독교 선교의 관계 문제였다. 나는 여기서 대다수 세계에서 온 참석자의 공헌 중 특히 네 가지를 중점적으로 다루고자 한다. 둘은 대회 전체 주제 강연이었는데, 하나는 한 선택 연구 그룹에 제출된 '전도 전략 논문과 보고서'였고, 다른 하나는 현장에서는 눈에 띄지는 않았지만 실제로는 중요한 영향을 끼친 공헌이다. 전체 주제 강연 원고 중 11개 원고가 사전에 미리 참석자에게 배포되었는데, 이 경우에는 같은 제목의 연설을 대회에서 할 수 있게 했고, 연사는 미리 배포된 원고를 읽은 참석자들이 지적한 논평에 대답했다.

미리 배포된 11개 논문 중 아마도 가장 큰 논쟁이 된 글은 르네 파디야

---

51) Martin, *Prophet with Honor*, 442-443.

가 '전도와 세계'를 주제로 쓴 논문일 것이다. 파디야는 복음에는 개인적인 영역 뿐 아니라 우주적인 영역이 있다고 주장하고, 기독교 메시지를 값싼 은혜, 소비자에게 '최상의 가치, 즉 지금 뿐 아니라 영원토록 인생 성공과 개인 행복'을 보장하는 시장 상품으로 축소시킨 미국식 '문화 기독교'(culture Christianity)를 대놓고 공격했다. 문제를 푸는 컴퓨터의 새로운 기술력을 활용하여, 세계 복음화 과업을 그저 '최단기간에 최소 비용으로 최대 기독교인을 만들어내는' 방법을 수학적으로 계산하는 것으로 취급하는 교회성장운동의 전략도 비판했다.[52] 「크루세이드」 편집자 존 케이펀(John Capon)에 따르면, 파디야의 글은 '얼마간의 충격'을 가져다 주었고, '희화화'라는 비난도 받았다. 스페인어로 진행되고 영어로 동시통역된 이어진 연설에서 파디야는 같은 주제를 반복했는데, 그 때까지 연설한 어느 연사보다도 더 뜨거운 갈채를 이끌어 내며 '대회를 정말로 밝게 빛냈다.'[53] 왜 하필이면 복음을, 다른 나라 문화가 아니라, 미국식 삶의 방식과 동일시하는 것에 공격을 가하느냐는 질문이 들어오자, 파디야는 세계에서 일어나는 일과 선교 노력에서 차지하는 미국의 지배적인 역할 때문에, "오늘날 다른 어떤 유형의 기독교보다, 특수한 미국식 기독교가 그 나라 경계 훨씬 너머에까지 강한 영향력을 끼치고" 있기 때문이라고 대답했다. 전체적으로 볼 때, 파디야는 그가 전도와 정치 행동을 혼돈하고 있다는 비판에 대해 '복음주의 윤리의 명령법은 복음의 직설법과 결코 분리될 수 없는 한 덩어리'라고 주장하며 대응한 것이다.[54]

특별한 논평이 많이 나온 대다수 세계의 공헌 두 번째는 '전도와 인간의

---

52) René Padilla, 'Evangelism and the World', in J. D. Douglas (ed.), *Let the Earth Hear His Voice. International Congress on World Evangelization Lausanne, Switzerland: Official Reference Volume: Papers and Responses* (Minneapolis: World Wide Publications, 1975), 126.

53) *Crusade*, Sept. 1974, 26; *CEN*, 26 July 1974, 3.

54) Douglas, *Let the Earth Hear*, 134–136, 특히, 136, 144.

제6장 기독교 선교와 사회정의: 로잔 1974와 대다수 세계의 도전   257

자유, 정의, 성취 추구'에 대한 사무엘 에스코바르의 논문과 이어진 연설이었다. 에스코바르는 공산주의를 동구권의 공식 이념으로 취급하는 것이 위험하듯이, 기독교를 서구의 공식 이념으로 만드는 것의 위험성을 경고했다. 파디야와 마찬가지로, 에스코바르도 불의가 일상화된 사회 상황에 참여함으로써 살아내야 하는 제자도에 대한 윤리적 요청을 외면한 것을 복음주의가 현재 당면한 유혹으로 규정했다.[55] 대회 연설에서 에스코바르는 해방신학자가 좋아하는 본문, 누가복음 4:18-19의 '나사렛 선언'(주의 성령이 내게 임하셨으니 이는 가난한 자에게 복음을 전하게 하시려고 내게 기름을 부으시고 나를 보내사 포로 된 자에게 자유를, 눈 먼 자에게 다시 보게 함을 전파하며 눌린 자를 자유롭게 하고 주의 은혜의 해를 전파하게 하려 하심이라-역주)을 취해서, 수백만 명이 가난하고, 심령이 상해 있고, 포로가 되어 있고, 눈 멀어 있고, 두들겨 맞고 있는 이 세상에서 이 본문을 영적인 메시지로 해석해서는 안 된다고 주장했다. 비록 복음이 말하는 자유가 단지 인간 지배자에게서 자유로워지는 것만은 아니라고 강조했음에도 불구하고, 더 나아가 그는 "그리스도의 자유와 더불어 자유롭게 된 심령은 경제, 정치, 사회적 압제로부터의 해방에 대한 인간의 갈망에 무관심할 수 없다"고 주장했다. 또한 마르크스주의 원리를 통해 폭력 혁명에 쓰러진 많은 나라가 기독교가 지배층의 이익과 동일시되는 상황을 허용한 나라들이었다는 사실을 지적했다.[56] 「크리스채니티 투데이」에 기고한 글에서 해럴드 린셀은 에스코바르의 연설에 상당한 지면을 할애할 필요가 있다고 생각하며 그의 글을 분석하는 중에, 에스코바르가 '사회주의가 자본주의보다 낫다'고 말한 것에 노골적인 불만을 드러냈다.[57] 존 스토트는 후에 이 상황을 '비둘기떼에 고양

---

55) Ibid., 303-318.
56) Ibid., 319-326, 특히, 322, 326.
57) *CT*, 13 Sept. 1974, 24-25.

이를 풀어놓은 격'이라 묘사한 바 있다.[58]

로잔에서 울려 퍼진 라틴아메리카의 세 번째 급진적 목소리의 주인공은 올란도 코스타스로, 당시 나이가 32세에 지나지 않았다. 코스타스는 대회를 위해 논문을 두 편 썼는데, 두 편 모두 주제가 '심층 전도'(Evangelism-in-Depth)로, 1959년 이래 라틴아메리카선교회가 개발한 상황전도 프로그램이었다. 이 프로그램은 당시 라틴아메리카 이외의 일부 지역에서도 채택되어 활용되고 있었다.[59] 로잔에서 발표한 길이가 더 긴 논문의 제목은 "전도의 깊이-전세계 '심층' 전도 해석"(Depth in Evangelism-an Interpretation of 'In-Depth' Evangelism Around the World')으로, '기독교 고등교육과 세계복음화' 연구 그룹에 제출된 주요 전도 전략 논문 중 하나였다.[60] 비록 논문 내용 대부분이 '심층 전도'가 실제로 의미하는 것이 무엇인지 예를 들어 설명하는 것이었지만, 대위임령이 불가피하게 구조적 영역에도 적용된다고 주장함으로써 파디야와 에스코바르의 메시지에 힘을 보탰다. 즉 '심층' 전도는 복음을 그저 개인에게만 적용하는 것이 아니라 현 세대의 사회-경제 구조에도 적용한다는 것을 의미했다. 많은 독자를 외면하게 만들 수도 있는 급진적 의미를 지닌 표현을 사용한 코스타스는 브라질 교육이론가 파울루 프레이리(Paulo Freire)가 그의 고전 『페다고지: 억눌린 자를 위한 교육』(Pedagogy of the Oppressed)에서 사용한 용어를 빌려와 평범한 기독교 신자가 복음을 삶의 모든 영역에 역동적으로 적용하려 할 때 일어나야 할 의식화 과정을 설명했다.[61] 강단 연사가 아니었던 코스타스는 로잔에서 파디야나

---

58) John Stott, 'The Significance of Lausanne', *IRM* 64:255 (July 1975), 289.

59) Allen Yeh, 'Se hace camino al andar: Periphery and Center in the Missiology of Orlando Costas' (University of Oxford DPhil thesis, 2008), 42–44를 보라.

60) 코스타스의 짧은 논문 'In-Depth Evangelism in Latin America'은 Douglas, *Let the Earth Hear*, 211–212에 나온다.

61) Ibid., 675–694, 특히 682. 프레이리의 책은 1968년에 포르투갈어로 나왔고, 1970년에 영어로

에스코바르만큼 주목 받는 인물은 아니었지만, 칼 헨리가 「크리스채니티 투데이」에 실은 글에서, "미국 복음주의 선교지원은 제국주의 문화와 기득권 경제 이익에 연계되어 있기 때문에 부패해 있다"는 비난으로 두드러진 코스타스를 대회에 참석한 라틴아메리카 복음주의자 중 가장 급진적인 그룹의 지도자로 규정했다는 사실을 주목할 필요가 있다.[62]

'제삼세계' 출신 참여자의 네 번째 기여는 이전 세 인물의 공헌과는 특징이 많이 달랐다. 대회 공식 의장 중 한 사람 존 가투(1925-)는 동아프리카장로교회의 케냐인 총무로, 1950년에 동아프리카 부흥의 영향을 받아 회심했다. 조 처치(Joe Church)는 자서전에서 가투를 이 부흥의 가장 중요한 케냐인 지지자로 소개한다. 특히 이 부흥이 십자가에 초점을 두게 된 것은 가투 덕이라는 것을 자기 책 표지와 표제지에서 당당히 밝혔다. 이 책 『행복한 기독교인 + 참 아프리카인』(Joyfully Christian + Truly African)의 제목과 부제가 구두점(:)이 아니라 십자가 상징으로 연결되어 있다는 점이 흥미롭다.[63] 동시에 가투는 특히 1971년 밀워키선교축제(Milwaukee Mission Festival)에서 여전히 많은 자금을 외부 지원에 의존하고 있던 비서구, 특히 아프리카교회의 자기 책임을 고양하기 위해 서구 선교사 파송의 모라토리엄(moratorium, '지불유예'를 의미하는 경제용어지만, 여기서는 서구선교사 파송 시대가 끝났다는 일종의 서구선교 사망선언-역주)을 요청한 이후 에큐메니컬 진영에서 유명인사가 되었다.[64] 가투는 이 모라토리엄 이슈를 1972년 12월에

처음 번역되었다(한국어판은 『페다고지: 억눌린 자를 위한 교육』이라는 제목으로 1995년에 성찬성이 번역해서 한마당 출판사에서 나왔다-역주).

62) *CT*, 13 Sept. 1974, 66.

63) J. E. Church, *Quest for the Highest: An Autobiographical Account of the East African Revival* (Exeter: Paternoster Press, 1981), 248; John G. Gatu, *Joyfully Christian + Truly African* (Nairobi: Acton Publishers, 2006).

64) 가투의 밀워키 연설은 *Joyfully Christian*, 169-176; Elliott Kendall, *The End of an Era: Africa and the Missionary* (London: SPCK, 1978), 86-107을 보라.

서 1973년 1월에 방콕에서 열린 WCC의 세계선교 및 전도위원회 대회에서 다시 제기하며, 아프리카에 '선교사를 받기만 하지 말고 선교사를 보내라'고 요청함으로써 '참석자들을 놀라게 했다'고 한다.[65]

따라서 세계복음화국제회의(International Congress on World Evangelization, 로잔대회를 의미-역주)가 모라토리엄 최초 선언자 존 가투를 대회 공식 의장 중 하나로 선택한 것은 튀빙엔 신학자 페터 바이어하우스(Peter Beyerhaus) 교수 같은 많은 보수적인 참석자들이 극단적으로 이례적이라고 평가한 역설이었다. 이에 따라 가투는 자신의 복음주의자 정체성을 의심하는 이들이 많다는 사실을 알고 있었다. '최소 십억 명이 구세주를 알 수 있는 가능성에서 멀어지게 만들 수 있다'는 사실을 근거로 전도를 가까운 이웃에 있는 사람들에게로 제한하지 말자고 대회 개회 저녁 연설에서 외친 빌리 그레이엄은 '하늘이 떠나갈 것 같은'(roaring) 갈채를 받았다.[66] 그레이엄의 발언을 어떻게 생각하느냐고 누군가 그에게 개인적으로 물었을 때, 가투는 자신이 견해를 표명할 자격이 있지만, 이해하지 못한 이슈에 대해 말하는 것은 위험하다고 대답했다. 이 이슈는 동아프리카 전략그룹(6일 동안 90분씩 모인 국가별, 또는 지역별 전략 그룹)에서 '뜨거운 논쟁'이 되었다. 동아프리카 부흥에 영향을 많이 받은 전직 우간다 대주교 에리카 사비티(Erica Sabiti), 케냐 마세노사우스(Maseno South) 지역 성공회 주교 헨리 오쿨루(Henry Okullu) 같은 지도자는 가투와 견해가 달랐다. 그럼에도 불구하고 페스토 키벵게레는 '이 표현에 대한 모든 언론의 악의적 보도와 부정적인 이해 때문에' 이 그룹이 이 문제에 대해 뭔가를 언급해야 한다고 주장했다. 그룹의 공식 진술은 전체적 모라토리엄이라는 개념을 부인했지만, 외국 자본에 건강하지 못한 모습으로 의존하는 문제를 지적하고 특수 상황에서

---

65) Kendall, *End of an Era*, 92; *CC*, 25 Sept. 1974, 871.

66) *CT*, 13 Sept. 1974, 90; Douglas, *Let the Earth Hear*, 33; *Crusade*, Sept. 1974, 24.

고려할 수 있는 '모라토리엄 이면의 개념'이 필요하다고 선언했다.[67]

가투는 동아프리카 전략 그룹의 충분한 지원을 받아, 이 그룹의 대변인으로서 이 이슈에 대해 전체 대회에 전달할 기회를 얻었다. 그는 아프리카 교회가 서구에 지나치게 의존했으며, 서구의 일시적인 후원 중단으로 '아프리카인이 새로운 책임을 감당할 수 있을 것'이라고 말했다.[68] 그 결과 '전도 과업의 긴박성'을 다루는 부분의 로잔언약 원고에 중요한 내용이 삽입되었다.

> 이미 복음이 전파된 나라에 있는 해외 선교사와 그들의 선교비를 감축하는 일은, 토착 교회의 자립심을 기르기 위해 혹은 아직 복음화 되지 않은 지역으로 그 자원을 내보내기 위해 때로 필요한 경우가 있을 것이다. 선교사들이 겸손한 섬김의 정신으로 더욱더 자유롭게 육대주 전역에 걸쳐 교류해야 한다.[69]

이후 존 스토트는 로잔언약을 해설하고 주석하면서, 가투를 거론하지 않으면서도, 방콕대회에서 제기된 선교사 모라토리엄 요구 현상에 대해 언급하고, 이 요구가 '감정에 좌우된 것'이었으며, '전체적으로 이해된 것이 아니라'고 지적한 후, 그러므로 로잔언약은 '모라토리엄'이라는 용어를 피하고 이 개념을 분명히 했다고 설명했다.[70] 가투 스스로는, 선교사 '철

---

67) *CT*, 16 Aug. 1974, 36–37.
68) *Crusade*, Sept. 1974, 30; *CC*, 21–28 Aug. 1974, 790.
69) BGCA 46, Box 27/4에 들어있는 로잔언약 '초안' 단락 8과 Douglas, *Let the Earth Hear*, 6에 나오는 최종안의 단락 9를 비교해 보라(인용 단락의 한글 번역문은 로잔언약 공식 홈페이지에 나오는 한글판 로잔언약[http://www.lausanne.org/ko/korean/1872-lausanne-covenant.html]에서 가져왔다- 역주).
70) http://www.lausanne.org/all-documents/lop-3.html#9, section 9D (접속일: 30 May 2012)을 보라.

수'(withdrawal)라는 원 개념을 단순히 '축소'(reduction)로 상당히 많이 수정했음에도 불구하고, 대회가 이 이슈를 대면하고 다루었다는 사실이 자신이 예상치 못했던 '복음주의자 일부의 태도 변화의 큰 가능성을 보여준 것'이라 생각했다.[71] 보수 성향의 북반구 복음주의자 대부분은 가투의 주장에 설득당하지 않았다.[72] 로잔이 자신들의 입장을 지지한다고 판단한 '신복음주의자들'은 가투의 복음주의 정체성을 의심하지 않았다. 르네 파디야와 사무엘 에스코바르의 진행으로 로잔언약의 15개 주제를 논하기 위해 이어진 심포지엄에서 가투는 '전도 과업의 긴박성' 주제의 논문 발표자로 선정되었다. 이 심포지엄의 내용은 1976년에 존 스토트의 서문과 함께 『복음주의의 새 얼굴』(*The New Face of Evangelicalism*)이라는 책으로 출간되었다.[73]

7. 로잔언약 입안

복음전도 과업의 긴박성을 다루는 로잔언약 단락에 존 가투가 삽입하게 만든 구절은 하나 뿐이었고, 이마저도 대회 과정에서 변한 언약 본문의 여러 부분을 고려할 때 가장 중요한 변화라고 할 수도 없었다. 1974년 3월에 미리 배부된 논문을 기반으로 열 다섯 단락으로 된 선언문 형식으로 언약을 처음 작성한 사람은 스코틀랜드 출신의 J. D. 더글라스 박사(Dr J. D. Douglas)로, 「더 크리스천」(*The Christian*) 신문의 전직 편집자였다.[74] 비록

---

71) Padilla, *New Face of Evangelicalism*, 165; Gatu, *Joyfully Christian*, 136. 이 단락은 2008년 4월 22일에 필자가 존 가투와 개인적으로 대화하면서 얻은 정보를 바탕으로 기술되었다.

72) 예를 들어, MM, Sept. 1974, 25에서 다룬 이 이슈 관련 내용을 보라.

73) Padilla, *New Face of Evangelicalism*, 163–176.

74) 로잔언약의 기원에 대한 기록은 더글라스와 스토트에게 주어진 각각의 역할에 따라 다양하게 기술되어 있다. 다음 자료들을 비교해 보라. BGCA 46, Box 27/4, 행정위원회 회의록, 26

후에 존 스토트가 언약문 최종안과 '닮은 점이 없다'고 하기는 했지만,[75] 더글라스의 15주제 구조는 일부 조정과 순서변경을 제외하고는 최종판까지 거의 손상 없이 유지된 것 같다. 그가 만든 초안은 3월 말에 로잔에서 모인 행정위원회에 제출되어 수정을 거친 후, 로잔대회에서 스토트가 의장을 맡고 허드슨 아머딩(Hudson Armerding, 휘튼컬리지 총장), 사무엘 에스코바르, 짐 더글라스, 빌리 그레이엄 전도협회의 레이튼 포드가 위원으로 포진된 입안위원회가 검토했다.[76] 입안위원회는 추가 수정을 한 후 (현재 언약으로 알려진) 문서의 3차 수정안을 전 참석자에게 배포하며 개인이나 그룹별로 수정 제안서를 제출해 달라고 요청했다. 수백 건의 수정 제안서가 제출되었다. 제안서를 제출한 가장 큰 그룹은 '신학과 급진 제자도' 그룹으로, 이 그룹 소모임에 주로 젊은 세대를 대변하는 참석자 5백 명 이상이 몰려들었다. 이들은 새로운 라틴 아메리카 복음주의자와 더불어, 미국 메노나이트 존 하워드 요더(John Howard Yoder)나 도시 내 젊은이 대상의 급진적 선교 전망을 갖고 영국에서 활동한 성서유니온 유관단체 프런티어유스 트러스트(Frontier Youth Trust)의 짐 펀턴(Jim Punton) 같은 북반구의 급진 복음주의자였다. 로잔언약 최종안이 나오기 전에, 이 그룹은 자신들이 만든 대안 원고 '로잔에 대한 응답'(A Response to Lausanne)을 배포했는데, 여기서 그들은 구속의 우주적 범위를 주창하고 '전도와 사회 참여를 분리시키

Mar. 1974 (이 자료에 로잔언약의 '초안'이라는 표현이 붙었지만, 실제로 대회 중에 모든 참석자에게 배포된 원고는 3차 수정안이었다); 스토트의 로잔언약 서문은 다음을 보라. http://www.lausanne.org/all-documents/lop-3.html#P (접속일: 30 May 2012); *Crusade*, Sept. 1974, 31; Timothy Dudley-Smith, *John Stott: A Global Ministry* (Leicester: Inter-Varsity Press, 2001), 212-213; Padilla, *New Face of Evangelicalism*, 10.

75) Dudley-Smith, *Global Ministry*, 212.
76) BGCA 46, Box 122/1, 기획위원회 회의록, 19 July 1974. 더글라스의 15주제 구조는 3차 수정안에서는 14주제로 줄었다가, 최종안에서 자유와 핍박에 대한 주제가 추가되며 다시 15주제로 복귀했다.

고자 하는' 모든 시도를 '악마적'인 것으로 비판했다.[77] 이 그룹 지도자들과 몇 차례 우호적인 만남을 가진 바 있던 스토트가 이들이 일방적으로 행동함으로써 복음주의 연합의 대의를 손상시킨 것에 개인적인 유감을 표하긴 했어도, 그는 이 '응답' 문서에서 몇몇 중요한 구절, 특히 '십자가를 선포하는 이들은 스스로 십자가의 흔적을 계속해서 지녀야 한다'는 강조점을 빌렸다. 또한 자신이 로잔언약 뿐만 아니라 응답 문서에도 서명할 것이라고 공개적으로 공표함으로써 급진파를 놀라게 했다.[78]

로잔언약 최종안은 편집에 꼬박 이틀 밤을 공들인 스토트가 정리했다. 대회에서 배포되었던 3차 수정안과 최종안을 비교하면, 스토트가 더 급진적인 복음주의자와 프란시스 쉐퍼, 페터 바이어하우스 같은 보수파 사이의 간격을 줄이기 위해 계산된 방식으로 본문을 정교하게 수정한 증거가 드러난다. 결정적으로, 기독교인의 사회 책임에 대한 항목이 7항에서 5항으로 전진 배치되었고, 표현을 더 강하게 했다는 점도 중요하다.

교회의 선교협력을 다루는 8항은 이제 담대한 선언과 함께 시작된다. '선교의 새 시대가 동트고 있음을 우리는 기뻐한다. 서방 선교의 주도적 역할은 급속히 사라지고 있다.' 전도과업의 긴박성을 다루는 9항은 해외 주재 선교사 숫자와 자금을 가능한 국가별로 감축한다는, 이미 논의된 내용과 함께 간소한 생활 방식을 계발하기 위해 더 부유한 이들이 감당해야 하는 의무에 대해 강한 논조의 결론을 제시한다(룻 그레이엄[빌리 그레이엄의 아내-역주]은 간소함의 기준이 무엇인지를 정의하는 것이 불가능하다는 이유로 로잔언약에 서명하기를 거부했다).[79] 전도와 문화를 다룬 10항에서는 '선교는 **때로**

---

77) 'A Response to Lausanne', *IRM* 63 (Oct. 1974), 574–576; 데인은 신학과 급진 제자도 그룹이 주로 '젊은 남녀'로 구성되어 있다고 설명했다. *CEN*, 9 Aug. 1974, 2를 보라.

78) *Crusade*, Sept. 1974, 29; *CT*, 13 Sept. 1974, 66–67; Dudley-Smith, *Global Ministry*, 215; 로잔언약 6항은 '십자가를 전하는 교회는 스스로 십자가의 흔적을 지녀야 한다'고 촉구한다.

79) Dudley-Smith, *Global Ministry*, 216.

복음과 함께 낯선 문화를 전파했다'는 구절이 '선교는 복음과 함께 이국의 문화를 수출하는 일이 **너무 잦았다**'는 표현으로 바뀌었다(**강조체**는 저자 스탠리의 강조). '영적 싸움'을 다룬 12항에서는 (파디야와 에스코바르가 모두 주제 강연에서 지적한 바 있는) 통계 자체나 부정직한 통계 작성에 교회가 과도하게 집착하는 것이 교회에 스며든 세속성의 사례로 전반적으로 비판받았다.[80]

8. 존 스토트의 역할

대회 9일차에 스토트는 로잔언약 최종본을 참석자들에게 제출하며, 이 문서가 공식 '채택'된 것이 아니기 때문에 원하는 사람만 서명하면 된다고 설명했다. 총 참석자 2,473명 중 약 2,000명이 서명에 동참했다. 존 케이편은 「크루세이드」에 스토트가 '현대 세계 복음주의의 핵심 인사'로 확고한 위치를 확보하게 된 것은 전도의 성경적 기반에 대한 그의 개회 연설보다는 언약문서를 대가 답게 만들어 낸 것이었다고 했다. '현대 세계 복음주의의 핵심 인사'라는 평가는 그레이엄의 중요성을 축소한 것이라고 주장할 수도 있다.[81] 그러나 로잔에 참석한 다른 어떤 지도자보다도 대다수 세계 출신 복음주의자를 대변한 이들의 관심사를 더 잘 수용한 사람도 스토트였고, 새로운 급진적 복음주의가 옛 '사회복음'의 재등장일 뿐이기에 결국 WCC처럼 영적 파산을 맞을 수밖에 없다고 믿으며 본능적으로 두려워한 이들, 특히 미국 보수 복음주의자가 이 사상을 공감할 수 있도록 해석한 인물도 바로 스토트였다. 남반구 복음주의자의 관심을 지지할 수 있었

---

80) BGCA 46, Box 27/4에 있는 3차 개정안과 Douglas, *Let the Earth Hear*, 3–9에 나오는 최종안을 비교하라.

81) *Crusade*, Sept. 1974, 31; Dudley-Smith, *John Stott: A Global Ministry*, 215에서 재인용.

던 스토트의 포용력은 파디야와 에스코바르라는 이 운동의 두 지도적 대변인이 스토트가 아주 좋아했던 복음주의 학생운동의 신뢰 받는 지도자였다는 사실과 관련이 있다.

스토트는 로잔세계복음화계속위원회(Lausanne Continuation Committee for World Evangelization, 이하 LCCWE) 성명서의 성격과 지도자 구성과 관련된 사안을 중재하고 조정하는 데 결정적인 역할을 하기도 했다. LCCWE는 후에 줄여서 로잔세계복음화위원회(LCWE)가 되는데, 스토트는 대회가 끝나면서 만들어진 이 위원회의 위원에 선임되었다. 1910년 에든버러 세계선교대회에서와 마찬가지로,[82] 계속위원회가 어떤 형태가 되어야 하느냐 하는 문제는 일부 복음주의자가 WCC의 대항마가 될 수 있는 더 정교한 세계 수준의 구조를 갖춘 단체를 보고 싶어했던 데다, 무엇보다도 세계복음주의협의회(WEF)가 이미 존재하고 있었기 때문에 섬세한 외교전이 필요한 주제였다.

파디야도, 에스코바르도 계속위원회 위원으로 초빙받지 못했다는 사실이 중요하다.[83] LCCWE 첫 모임은 (대다수 세계에서 돈이 가장 적게 드는 장소로 선택된) 멕시코시티[84]에서 1975년 1월에 열렸는데, 스토트는 이 위원회의 성격을 성명서에서 엄격하게 규정하려는 그레이엄에 반대해야 한다는 의무감을 느꼈다. 그레이엄은 위험할 정도로 성격이 폭넓은 구조를 만드는 데 거의 관심이 없었던 반면, 스토트는 전도활동을 관리하고 조정하는 이 위원회의 범위를 제한하는 것은 기독교인의 증거 활동이 사회에까

---

82) Brian Stanley, *The World Missionary Conference, Edinburgh 1910* (Grand Rapids: Eerdmans, 2009), 277-302를 보라.

83) Alister Chapman, *Godly Ambition: John Stott and the Evangelical Movement* (New York: Oxford University Press, 2012), 142.

84) 멕시코시티가 선정된 이유에 대해서는 BGCA 46, Box 29/35, Dain to Stott, 26 Aug. 1974를 보라.

지 침투되어야 한다는 더 넓은 선교 개념을 수용한 로잔대회의 헌신 선언에 위배되는 것이라 확신했다. 미국 위원들의 불만 제기에 괴로웠던 스토트는 좁은 선교 개념이 수용되면 자신은 사임할 것이라 선언했고, 잭 데인도 같은 입장을 밝혔다. 상호 타협이 이루어져, LCCWE의 목적은 '교회가 희생적으로 해야 할 선교 중에서 전도가 최우선이며, 우리의 특별한 관심이 전세계의 27억 미전도종족의 복음화여야 한다는 것을 인정하며, 교회의 온전한 복음적 선교를 증진시키는 것'으로 정의하는 데 합의했다.[85] 이 합의로 스토트와 데인의 위원직은 유지될 수 있었지만, 결국 로잔이 스토트의 전인적(holistic, 또는 총체적) 선교 개념의 즉각적인 승리가 선언된 공간이 아니었다는 사실을 멕시코시티 모임이 확실히 증거로 보여준 것이라는 알리스터 채프먼의 판단은 확실히 옳았다. 많은 참석자가 정의, 자비, 전도 사역의 통합을 주창한 급진 복음주의자의 청원보다는 도널드 맥가브란과 피터 와그너가 윤곽을 제시한 '미전도종족'이라는 고도의 전략적 전망에 훨씬 더 고무된 채 로잔을 떠났던 것 같다. 그럼에도 불구하고 세계 복음주의 사상의 주류가 어디로 이동할 것이지 방향을 분별했다는 사실이 스토트가 무한한 신뢰를 받는 이유다. 사회 참여에 대한 내용을 LCWE 성명서에 유지하려고 결심을 굳힌 이유가 무엇이냐는 질문을 1992년에 받았을 때, 스토트는 "대안, 즉 급진 선언문을 만든 이들이 모두 젊고, 부상하는…복음주의 지도자였기에, 우리가 그들에게 공간을 제공하지 않았다면 로잔은 실패했으리라는 점을 내가 알았기 때문"이라고 대답했다.[86]

---

85) *CT*, 4 July 1975, 9에서 재인용. '교회가 희생적으로 해야 할 일 중에서 전도가 최우선이다'라는 표현은 로잔언약 6항에서 빌려왔다.

86) Chapman, *Godly Ambition*, 141–144, Chester, *Awakening*, 85에서 재인용.

9. 영국과 미국에서의 로잔 평가

특히 영국에서는 로잔이 존 스토트의 기가 막힌 조정 능력과 기독교적 외교술로 기억되는 경향이 있는데, 실제 그가 대회를 시작하거나 만들어 낸 인물이 아닌데도 이 명성은 당연한 것으로 여겨진다. 스토트가 성취한 일 덕분에 (어떤 면에서는 스토트 스스로를 포함해서) 그토록 많은 영국 복음주의자가 로잔대회 계획에 대해 처음에 품었던 의심을 조용히 내려 놓을 수 있었다. 특히 성공회는 이 대회를 미국 근본주의와 남반구의 새로운 복음주의 급진파라는 양 극단을 중재한 성공회식 중용(via media)의 승리라 주장하고픈 유혹을 받았을 수 있다.

그러나 대회에 가장 깊숙히 관여한 영국 복음주의자 일부에게 대회 직후 뜨거운 존경을 받은 인물은 대회장 잭 데인이었다. 길버트 커비는 데인에게 대회 직전과 직후에 그의 '참으로 탁월한 지도력'에 존경을 표하는 편지를 보냈다.[87] 데인 자신은 언약 작성에 많은 시간을 투자한 것과, '대회 전체의 온전한 통합을 위해…극도로 중요했다'고 그가 평가한 급진제자도 그룹과 대화를 나눈 것에 대해 스토트에게 깊은 감사를 표했다.[88] 또한 데인는 영국 기독교 언론이 로잔에 대해 보도하는 전반적인 분위기에 고무되어, 커비에게 보낸 편지에서 "아주 냉소적이던 정말 많은 사람이 그 냉소가 잘못된 것임을 깨닫고 마음이 변했다는 것을 인정할 만큼 정직해졌다"고 적었다.[89] 데인의 표현은 영국 복음주의자에게 가장 영향력이 컸던 기자, 「크루세이드」의 편집자 존 케이펀에게도 적용될 수 있었다. 그는

---

[87] BGCA 46, Box 30/12, Kirby to Dain, 13 and 30 July 1974.

[88] Ibid., Box 29/35, Dain to Stott, 20 Aug. 1974.

[89] Ibid., Box 30/12, Dain to Kirby, 1 Oct. 1974. 이런 영국인의 마음 변화의 사례 하나를 CT, 25 Oct. 1974, 21에 실린 말콤 매크레이(Malcolm MacRae)의 편지에서 볼 수 있다.

1974년 7월판에서 여전히 대회가 '너무 크다. 너무 너무 크다'고, 대회 인사들이 대회를 엄청나게 중요하다며 우쭐댄다고 조롱했지만, 9월호에 실은 대회 보도는 비판이 전혀 없었던 것은 아니었음에도 불구하고, 전반적으로 공감하는 방향으로 바뀌었다.[90]

영국 복음주의자 다수의 로잔대회에 대한 견해가 초창기의 의심에서 대회 후에는 로잔언약에 대한 열광으로 이동했던 반면, 일부 미국 복음주의자는 세계복음화를 뜨겁게 호소하리라 기대했던 대회를 초기에는 열광적으로 지원하다가 로잔언약이 복음주의 선교개념의 확장을 확고히 주창하자 이젠 우려 섞인 더 방어적인 태도로 돌아섰다. 미국에서 나온 대안적 반응은 급진적 목소리, 특히 남반구에서 나온 급진 견해는 참석자들의 견해를 전혀 대변하지 못했다는 주장이었다. 해럴드 린셀이 편집권을 쥐고 있던 「크리스채니티 투데이」는 전반적으로 우호적이었으나, 대회를 전혀 비판하지 않은 것은 아니었다. 8월 16일자에 실린 에드워드 플라우먼(Edward Plowman)의 기사는 에스코바르가 선교 모라토리엄 개념을 지지했다는 이유로 '지도자 십 수명에게 즉각적이고 심한 질책을 당한' 라틴아메리카 참석자 모임을 인용하며, 파디야와 에스코바르가 라틴아메리카 동료보다 오히려 앵글로-색슨계 인사의 지원을 더 많이 받았다고 주장했다. 에스코바르는 자신은 질책을 당한 적이 없고, 개인적으로도 모라토리엄을 지지한 것이 아니라 '좀 더 성경에 기반을 둔' 선교 발전을 지지한 것이라는 반박 편지를 이 잡지에 실었다.[91] 8월 30일자 잡지에 실린 린셀의 대회 관련 첫 반응은 '하나님의 말씀에 대한 공통의 헌신을 제외하고는 대회에 당파 분열 비슷한 것이 없었다'는 것은 세계 복음주의 진영의 성장과 성숙을 보여주는 표지였다는 견해 표명이었는데, 이 견해는 존 스토트가 후에

---

90) *Crusade,* July 1974, 7; Sept. 1974, 23–32.
91) *CT,* 16 Aug. 1974, 36; 27 Sept. 1974, 21–22.

「인터내셔널 리뷰 오브 미션」에서 공명하게 되는 견해였다.[92]

그러나 린셀은 '데이터 지향적인 교회성장 학파'와 '제자도를 지나치게 요구하는 공감과 정의 그룹' 모두가 '예술을 비롯하여, 실제로, 모든 직업과 전문 영역을 포괄하여 사회에 광범위하게 침투하는 일종의 전도'에 대해서는 감수성을 충분히 보여주지 못했다며 비판했다.[93] 1974년 9월 13일자에도 중요한 평가 하나가 실렸는데, 다시 한 번 대회가 '복음주의 협력 활동의 새로운 전성기를 맞이했다'며 찬사를 보냈다. 그럼에도 불구하고 린셀의 글은 대회에 대한 두드러지게 보수적인 해석이었다. 에큐메니컬 운동과 복음주의 운동이 두 개의 전적으로 대조적인 복음을 전했고, 그 결과 '하나를 받아들이는 사람은 반드시 반대편을 부인해야만 했다'는 것이다. 그가 정의한 선교는 '세계복음화'였기에, 사회 행동을 '복음 전파와 함께 같은 비행기에' 태우는 것에 반대했다. 또한 린셀은 사무엘 에스코바르가 '미국 제국주의'를 공격한다고 은연 중에 비판했고, 에스코바르가 제시한 사회악 목록에서 더 전통적인 복음주의가가 공격 대상으로 삼은 술, 담배, 마약, 포르노를 삭제했다고 혹평했다. 미국 '문화기독교'에 대한 파디야의 비슷한 공격은 논평 없이 요약만으로 소개되었다.[94]

에스코바르는 「크리스채니티 투데이」에 실린 대회 관련 기사에 당혹감을 느끼고, 데인에게 편지를 써서 이 잡지에 실린, 그의 생각에 '완전히 편향된 보도'를 읽고 자신이 얼마나 좌절했는지 알렸다. 그가 보기에 이는 일종의 징후였다.

---

92) John Stott, 'The Significance of Lausanne', *IRM* 64 (1975), 288-290.
93) *CT*, 30 Aug. 1974, 27.
94) *CT*, 13 Sept. 1974, 21-26.

하나님께서 대회를 이끄신 방향에 불만을 품은 이들, 특히 미국 복음주의권 일부가 그랬다는 사실은 다른 관점을 가진 복음주의자와는 대화하는 것이 불가능하다는 것을 의미하는 징후였습니다. WCC가 우리 메시지에 반응을 보였어요. 일부 대형 교단도 우리 메시지의 영향을 받아들이려고 합니다. 더 폐쇄적이고 승리주의 성향을 띤 복음주의 진영이 대회의 영향력을 교묘하게 조작하려 한다면 그건 정말 애처로운 일이에요.[95]

에스코바르의 편지를 받은 데인은 즉각 공감이 담긴 장문의 답장을 보냈다. 데인은 에스코바르의 주장을 '대회에서 울려퍼진 예언자의 목소리 중 하나'라고 생각했다. "저는 예언자는 언제나 어느 정도의 오해는 감수해야 한다고 생각해요. 예언자는 언제나 조금 앞서가는 하나님의 사람이기에, 로잔에서도 이런 현상이 그대로 나타났을 수 있다고 생각합니다." 데인은 '영국, 캐나다, 미국 일부, 그리고 분명히 호주, 뉴질랜드, 남아프리카를 포함한 영어권 세계에서 제게 온 모든 보고서는' '새로운 강조점…특히 에스코바르 박사가 연루된 그 강조점'을 지지한다고 전하며 에스코바르를 안심시켰다.[96]

그러나 데인은 미국 복음주의 진영의 대변자는 아니었다. 「크리스채니티 투데이」에 린셀이 실은 로잔에 대한 폭좁은 해석이 점점 더 많은 지지를 이끌어 내고 있었다. 풀러신학교 세계선교대학원(School of World Mission)의 관점을 확고하게 대변하는 피터 와그너의 글, '로잔 12개월 후'가 「크리스채니티 투데이」 1975년 7월자에 실렸다. 와그너는 그가 보기에 로잔대회를 세계복음화 촉진이라는 바른 목표에서 이탈하게 하려고 투

---

95) BGCA 46, Box 30/5, Escobar to Dain, 10 Oct. 1974.
96) Ibid., Box 30/5, Dain to Escobar, 17 Oct. 1974.

척된 세 가지 '어뢰'가 있었다고 주장했다. 첫 번째 어뢰는 '전도와 사회 행동을 뒤섞으려는 시도'였고, 두 번째는 '전도를 기독교인의 협력과 뒤섞으려는 시도'였으며, 세번째는 '전도와 기독교인의 양육을 뒤섞으려는 시도'였다. 와그너에 따르면, 신학과 급진적 제자도 그룹의 목적은 로잔을 사회 관심과 행동을 논의하는 대회로 바꾸는 것이었다. 그는 기독교 연합이 필연적으로 전도를 활성화시킨다고 주장하는 것은 허위라 선언하고, 제자도를 지나치게 강조하는 것은 '기독교 신앙을 갖게 하는 영혼 구원' 우선순위에 위협이 된다며 비판했다. 와그너는 로잔대회 자체는 세 가지 허위를 거부했으나, 단호하고 결정적으로 그렇게 하지는 못했다고 보았다. 따라서 멕시코시티에서 열린 LCCWE 모임은 '여러 행사의 방향을 뒤집고, 다시 한 번 LCCWE를 단지 전도만이 아니라 교회의 온전한 선교의 모든 영역을 위해 헌신하는 단체로 구성하고자 시도한 최후의 방어선'이었다. 그러나 멕시코시티에서 이루어진 조정의 결과는 "우리의 특별 관심은 전세계 27억 미전도 종족의 복음화여야 한다"는 와그너가 환영할 만한 선언이었기에, 결국 (와그너가 바란대로, 전도 우선순위를 파괴하려 했던-역주) 세 어뢰는 모두 과녁을 맞추는 데 실패했다.[97]

10. 1974년 이후 로잔운동

따라서 21세기까지 이어진 로잔운동은 1974년 대회의 진짜 메시지가 무엇이었냐를 두고 등장한 다양한 해석 사이에 길을 내는 중재가 필수였다. 멕시코시티 모임 이후 빌리 그레이엄 전도협회가 현장에서 활동하는

---

97) C. Peter Wagner, 'Lausanne Twelve Months Later', *CT*, 4 July 1975, 7–9.

제6장 기독교 선교와 사회정의: 로잔 1974와 대다수 세계의 도전   273

전도자들을 위해 특별히 조직된 여러 대회에 자금을 대는 것이 더 생산적이라고 판단하면서, 빌리 그레이엄이 로잔운동에 더 이상 관심을 갖지 않게 되었다는 증거가 있다.[98] 이와는 대조적으로, 복음주의 좌파 일부는 이 운동이 1974년에 탄생한 복음 급진주의(gospel radicalism)의 기세를 지켜내는 데 실패했다고 판단했다. 그들이 보기에, 1980년 6월에 태국 파타야에서 열린 로잔회의에서 로잔의 전인적 선교 전망은 미전도종족 개념에 집중한, 당시 부상하던 전략적 실용주의의 힘에 압도당했다.[99] 이에 대응하여 LCWE의 미래에 대해 우려를 표하는 성명서에 참석자의 약 3분의 1이 서명했는데, 이 문서는 올란도 코스타스 외 6명이 작성했다.[100] 성명서는 LCWE가 "복음 전파의 거대한 장벽인 세계 많은 지역의 사회, 정치, 경제적 이슈를 진지하게 고민하지 않는 것 같다"고 불만을 제기하고, LCWE가 사회적 책임 뿐 아니라 이 책임이 복음화에 어떤 의미가 있는지를 논의하는 세계대회를 소집해야 한다고 요구했다. 코스타스는 이어서 LCWE 지도부에서 이 성명서에 대해 내 놓은 반응에 실망했는데, 오직 존 스토트만이 성명서의 고민을 진지하게 취급했다고 판단했다.[101] 사회 책임만을 다룬 세계 규모의 대회는 계획되지 않았고, 대신 LCWE는 전도와 사회 책임을 논의하는 회의를 1982년 6월에 열기로 그 이전에 이미 결정했다. 스토트가 기독교인의 사회 행동과 전도의 관계를 '가위의 양날 또는 새의 두 날

---

98) Chapman, *Godly Ambition*, 149.

99) Kwame Bediako, 'World Evangelisation, Institutional Evangelicalism and the Future of the Christian World Mission', in Vinay Samuel and Albrecht Hauser (eds.), *Proclaiming Christ in Christ's Way: Studies in Integral Evangelism* (Oxford: Regnum Books, 1989), 57-61을 보라.

100) 그 여섯명의 이름은 다음과 같다. David Gitari (케냐), Clarence Hilliard (아프리카계 미국인), Andrew Kirk (영국), Peter Kuzmic (유고슬라비아), Vinay Samuel (인도), Ronald Sider (미국).

101) C. René Padilla and Chris Sugden (eds.), *Texts on Evangelical Social Ethics 1974-1983 (i)*, Grove Booklet on Ethics 58 (Bramcote: Grove, 1985), 22-25; V. Samuel and C. Sugden (eds.), *Sharing Jesus in the Two-Thirds World* (Bangalore: Partnership in Mission-Asia, 1983), 1-6.

개'로 비유한 유명한 정의로 이후 유명세를 치르게 되는 문서를 작성한 곳이 바로 그랜드래피즈에서 열린 이 대회였다.[102] 그럼에도 불구하고 급진적 복음주의자의 관심을 완전히 무시한 것으로 보였던 파타야 회의의 경험을 바탕으로, 코스타스와 라틴아메리카신학회(Latin American Theological Fraternity), 선교아시아동역회(Partnership in Mission-Asia), 아프리카신학회(Africa Theological Fellowship) 출신의 복음주의 신학자 24명은 1982년 3월에 자체 조직을 결성할 필요가 있다고 인식하고, 원래 이름이 (3분의2세계 [Two-Thirds World, 비서구개발도상국-역주] 출신의) 국제복음주의선교신학자회(International Fellowship of Evangelical Mission Theologians, 이하 INFEMIT)로 세상에 처음 알려진 조직을 결성했다.[103]

로잔운동의 두 번째 대규모 국제대회는 1989년에 마닐라에서 열렸는데, 선교의 전인적 강조점을 부활시킨 대회로 기억된다. 이 대회 문서 중에는 아파르트헤이트 정권에 대항한 캠페인으로 유명한 남아프리카 흑인 지도자 시저 몰레바치(Caesar Molebatsi)가 '압제당하는 자들에게 다가섬'을 주제로 쓴 힘이 넘치는 논문도 있었다.[104] 마닐라대회는 로잔언약의 선언문을 기반으로 21개 항목을 만들어냈다. 그 중에는 정의와 평화의 하나님 나라 이름으로 불의에 저항해야 한다는 노골적인 헌신 선언(9항)도 있고, 세계복음화의 긴박성과 미전도종족 선교의 가능성을 주장하는 내용(19항)도 있다. 마지막 21항은 로잔언약에 사용된 표현을 사용하여 '하나님은 온 교회가 온전한 복음을 온 세계에 전파할 것을 요구한다'는데 동의한다.[105] 사

---

102) http://www.lausanne.org/en/documents/lops/79-lop-21.html (접속일: 30 May 2012).

103) Samuel and Sugden, *Sharing Jesus*, 6. 북미나 동유럽의 소수 인종을 참여시키기 위해 후에 '3분의 2세계 출신'이라는 표현은 삭제되었다. INFEMIT는 1983년에 옥스퍼드선교연구소(Oxford Centre for Mission Studies)를 설립한다.

104) http://www.lausanne.org/documents/lau2docs/294.pdf (접속일: 30 May 2012).

105) http://www.lausanne.org/en/documents/manila-manifesto.html (접속일: 30 May 2012).

무엘 에스코바르는 로잔운동에 계속 열심히 참여했고, 르네 파디야의 딸 룻 파디야 드보스트(Ruth Padilla DeBorst)는 2010년 10월에 남아프리카공화국 케이프타운에서 열린 제3차 로잔대회 본회의 연사 중 하나였다.[106]

로잔대회는 세계 복음주의에서 등장한 정체성과 선교학적 강조점에 대한 여러 주장을 결정하고 해결한 대회가 아니었다. 오히려 대회는 이런 주장들을 대중에 공개해서 뜨겁고 깊은 논쟁의 대상으로 만들었다. 칼 헨리가 주목했듯, "이 집회는 교회의 사회, 정치 참여에 대한 현대 복음주의 내부의 갈등과 다양성을 해결했다기 보다는 뒤로 미루었다."[107] 약 10년 전에 열린 제2차 바티칸공의회 문서들이 오늘날까지 로마 가톨릭 진보주의자와 전통주의자의 대조적인 해석 문제 때문에 계속 갈등하고 있는 것과 마찬가지로, 로잔언약도 지속적으로 다양한 해석을 생산해내는 논쟁적인 문서다.[108] 그럼에도 불구하고 제2차 바티칸 공의회가 로마 가톨릭교회의 예배, 신학, 문화관에 되돌리기 힘든 변화를 가져다 주었다고 판단할 수밖에 없는 것과 마찬가지로, 로잔대회 이후 세계 복음주의가 이전과는 결코 같을 수 없다고 결론내리는 것이 정당할 것이다. 더 이상 북반구에 사는 복음주의자는 복음주의 기독교인이 된다는 것의 의미를 역사적인 유럽 및 북미 교단의 자유주의적인 에큐메니컬 주류와 자신들의 차이를 논의되지 않은 가정들을 근거로 정의할 수 없게 되었다. 가난한 자에 대한 관심이 핵심 요소인 '사회 행동' 또는 사회 복음이 자유주의자의 전유물이라거나,

---

106) 이 단락을 작성하는 데 Yeh, 'Se hace camino al andar', 190-194의 도움을 많이 받았다. Al Tizon, *Transformation After Lausanne: Radical-Evangelical Mission in Global-Local Perspective* (Oxford: Regnum Books, 2008)과 Jacob Thomas, *From Lausanne to Manila: Evangelical Social Thought* (New Delhi: ISPCK, 2003)도 보라.

107) Henry, Confessions of a Theologian, 350.

108) 로잔과 바티칸 II을 비교한 것은 Paul Freston, *Evangelicals and Politics in Asia, Africa and Latin America* (Cambridge: Cambridge University Press, 2001), 36, 150, 242에서 차용했다.

혹은 선교와 전도가 근본적으로 같은 말이라는 인식을 더 이상은 당연시 할 수 없게 된 것이다. 아마도 이 모든 것 중 가장 근본적인 변화는 지금까지 너무나도 당연시해왔던 복음주의의 지리적, 문화적 정체성의 (서구 중심적-역주) 일방성을 해체하고, (비서구 세계를 포함한 세계 여러 지역 출신의 복음주의자가 각각 대표하는-역주) 이 정체성의 급진적 다양성을 보여준 첫 번째 분명한 징조가 로잔에서 나타난 것이다. 북대서양 양편(즉, 영국과 북미-역주)의 복음주의자는 더 이상 자신들만 홀로 복음의 내용을 정의할 수 있다거나, 기독교 선교의 올바른 전략을 정할 수 있다고 주장할 수 없다. 2010년 10월에 케이프타운에서 열린 제3차 로잔대회는 이 사실을 더욱 분명하게 보여주었다.[109]

---

109) http://www.lausanne.org/en/gatherings/cape-town-2010.html (접속일: 30 May 2012).

제7장

성령의 누룩: 새로운 은사주의 및 오순절운동

　20세기 후반 기독교역사에서 나타난 눈에 띄는 변화 중 하나는 기독교 신앙이 전세계적으로 '오순절화'(Pentecostalization)한 것이었다. 라틴아메리카, 중국 시골, 아프리카에서 가장 눈에 띄기는 하지만, 모든 대륙에서 오순절 유형의 기독교가 경이적으로 성장했다. 역사가 더 오래된 여러 오순절 일파가 20세기 초에 이런 확장을 경험한 적이 있었지만, 이 운동의 가장 분명한 두 특징은 오순절 교회들의 새로운 네트워크가 등장한 것과 1960년대 중반부터 계속해서 성령의 인격과 은사를 전례없이 강조하는 흐름이 오순절이 아닌 많은 교단에 침투한 것이다. 이 장은 현재 상당한 문헌이 나와있는 새로운 오순절 교회의 번성이라는 주제에 대해서는 많이 다루지 않을 것이다. 여기서 다루는 핵심 주제는 주류 교단 안에서 일어난 은사주의 갱신, 또는 '신오순절'(neo-Pentecostal) 운동이다. 주요 보수 복음주의의 영역 바깥에서 기원했지만 세기말에는 복음주의 운동의 많은 부분을 뒤바꿀 운명의 주인공이 되는 바로 그 운동이다.

1. 대륙별로 상이한 영적 갱신의 유형들

비록 역사적 오순절운동에서 기원한 영향이 있다는 사실을 1960년대의 초기 은사주의 운동의 많은 초기 특징과 표현 배경을 통해 추적할 수 있지만, 이 운동의 독특한 특징은 기독교 전통내 복음주의 유형보다는 예전주의 유형이 이 운동의 원천이었다는 것이다. 특히 성공회가톨릭파 개신교감독교회(Anglo-Catholic Protestant Episcopal Church, 미국성공회를 지칭하는 Protestant Episcopal Church에 가톨릭식 예전을 중시하는 성공회 일파인 Anglo-Catholic이란 표현이 덧붙여진 이름으로, 미국성공회 고교회파를 지칭-역주)가 진원지였는데, 1967년부터는 미국 루터교회와 일부 로마 가톨릭교회에서도 유사 현상이 나타났다. 미국에서는 처음에 보수 복음주의자 절대 다수가 이 운동을 싫어하거나 의심했다. 은사주의 운동에 대한 소식이 일정하게 미국 주류 종교계 신문의 헤드라인을 장식한 지 4년 정도가 지난 1963년 말에 미국 주요 복음주의 신문 편집자들은 은사주의 부흥을 그 해를 강타한 뉴스 목록 중 겨우 5위에 올려놓았다.[1] 반면 영국에서는 은사주의 운동을 매력적으로 받아들인 이들이 성공회 가톨릭파가 아니라 주로 잉글랜드 성공회와 침례교연합 내에서 점점 더 힘을 얻고 있던 복음주의 일파로, 그 결과 은사주의 갱신이 역사적 교단 내 복음주의자에게 더 큰 영향을 끼쳤다.

다른 영어권 세계에서는 궤도가 많이 달랐다. 남아프리카공화국에서는 미국에서처럼 갱신운동의 초기 영향이, 비록 시간이 지나면서 외연이 확장되기는 했지만, 복음주의 전통보다는 성공회 가톨릭 신앙에 대한 헌신도가 더 높았던 성공회교회에서 나타났다. 뉴질랜드에서는 성공회, 장로교, 침례교에서도 지지자가 많이 나왔지만, 가장 **빠른** 성장을 보인 곳은

---

1) 'These Were the Big Stories in 1963', *MM*, Jan. 1964, 8–10.

기독교형제단이었다. 호주에서는 뉴사우스웨일즈 지역이 개혁파 색깔이 강한 복음주의 성공회 전통 덕에 갱신운동의 확장을 막는데 성공했지만, 다른 지역 복음주의자들은 이 운동의 영향을 강하게 받았다. 1978년부터는 아넴랜드의 엘코섬(Elcho Island in Arnhem Land)에서 시작되어 호주 북부 및 서부의 여러 원주민 구역에 눈에 띄는 은사주의 부흥이 일어났다.[2] 1990년대 중반부터는 호주 은사주의 갱신이 역사적 교단 외부에서 근거지를 점점 더 확보하게 되면서, 몇몇 대형 독립교회가 대도시에서 성장했다.

2. 신유 부흥

20세기 후반 다양한 색깔의 신앙 갱신의 주요 원천 중 하나는 19세기 후반 북미로 기원을 거슬러 올라갈 수 있는 신유에 대한 기독교인의 관심 폭발이었다.[3] 성공회에서는 1919년에서 1924년까지 주로 호주를 중심으로 영어권 세계를 순회하며 치유사역에 임한 평신도 설교자 제임스 무어 힉슨(James Moore Hickson)과 연결된 사역이 주로 제1차 세계대전으로 입은 상처의 여파 중에 제일 먼저 눈에 띄었다.[4] 이 주제에 대한 관심은 제2차 세계대전 이후에도 간헐적으로 표출되었지만, 오순절신자를 제외하고는

---

2) Stuart Piggin, *Evangelical Christianity in Australia: Spirit, Word and World* (Melbourne: Oxford University Press, 1996), 197–202.

3) James Opp, *The Lord for the Body: Religion, Medicine, and Protestant Faith Healing in Canada, 1880–1930* (Montreal: McGill-Queen's University Press, 2006); Heather D. Curtis, *Faith in the Great Physician: Suffering and Divine Healing in American Culture, 1860–1900* (Baltimore: Johns Hopkins University Press, 2007).

4) Stuart Mews, 'The Revival of Spiritual Healing in the Church of England 1920–26', in W. J. Sheils (ed.), *The Church and Healing*, SCH 19 (Oxford: Blackwell, 1982), 299–331; Piggin, *Evangelical Christianity in Australia*, 103.

복음주의자는 여기에 거의 영향을 받지 않았다.

1945년 이후 신유 주제는 대서양 양편에서 새로운 관심의 대상이 되는데, 이는 부분적으로는 미국 성공회 소속 애그니스 샌퍼드(Agnes Sanford, 1897-1982)의 저술과 사역 덕이었다. 미국 장로교 선교사 자녀로 중국에서 태어난 샌퍼드의 신유에 대한 관심은 안수를 받은 후 우울증에서 해방된 개인 경험에서 시작되었다.[5] 다른 많은 미국 은사주의 갱신 개척자들과 마찬가지로, 성령의 은사에 대한 샌퍼드의 접근법은 눈에 띄게 성례적이었다. 즉 원래 복음주의 배경에서 자랐음에도 불구하고, 그녀는 자신의 내적 치유를 이끌어내고 다른 사람을 위해 신유사역을 시작할 수 있도록 해 준 것은 한 사제에게 털어 놓은 고해성사였다고 증언했다.[6] 1947년에 미국에서 출간된 처녀작 『치유하는 빛』(The Healing Light)에서 샌퍼드는 성령세례와는 개념상 연관이 거의, 혹은 전혀 없는 신유관을 선보였다. 치유는 그저 그리스도의 능력과 임재의 현현일 뿐이라는 것이다. 그러나 1953년 혹은 1954년에 두 친구에게 안수 받은 후 방언을 시작하고, 이어서 성령세례 받기를 간구했다. 이 시점부터 그녀의 사역은 더 분명한 은사주의 색깔을 드러내기 시작했다. 여름목회돌봄학교(Summer Schools of Pastoral Care)와 (1953년에 결성된) 성누가회(Order of St Luke)라는 이름의 치유 모임에 참석하면서, 샌퍼드와 남편 에드가 루이스 샌퍼드(뉴저지 주 성공회 사제)는 조용히 미국 성직자, 특히 성공회 성직자 사이에 성령의 초자연적 은사에 대한 사상을 퍼뜨렸다.[7]

1956년에 필라델피아에서 열린 제1회 성누가회 대회에 참석한 이들 중

---

5) Agnes Sanford, *The Healing Light* (Evesham: Arthur James, 1949), vii; Peter Hocken, *Streams of Renewal: The Origins and Early Development of the Charismatic Movement in Great Britain* (Exeter: Paternoster Press, 1986), 181.

6) Sanford, *Healing Light*, 133-139.

7) Hocken, *Streams of Renewal*, 181.

에 리처드 윙클러(Richard Winkler)라는 인물이 있었다. 일리노이 주 휘튼의 트리니티성공회교회 교구사제였던 그는 그 해 4월에 하나님의 성회 전도자 한 사람이 설교한 집회에서 '성령세례'를 체험했다. 이어서 윙클러는 아마도 미국성공회 최초의 명시적인 은사주의 기도회라고 할 수 있을 집회를 주최했다.[8] 에드가 샌퍼드는 1960년에 사망했지만 아내 애그니스의 사역은 계속 이어져 미국 뿐아니라 영국에까지 영향을 확장했다. 또한 애그니스는 1949년 이래 런던치유선교회(London Healing Mission) 책임자였던 호주 성공회 가톨릭파 사제 빌 우드(Bill Wood)에게도 결정적인 영향을 끼쳤다. 우드는 1956년과 1958년에 미국을 방문해서 샌퍼드를 만난 후 성누가회 집회에 참석했다. 이후 1963년 8월과 1964년 6월에 각각 영국을 방문한 샌퍼드는 두 번째 방문 당시 데번(Devon) 북부 리 대수도원(Lee Abbey) 성공회 수련원에서 열린 두 성직자 수련회에서 설교했다. 부분적으로 그녀의 방문 덕이라 할 수 있는 리 대수도원에 방언이 터진 사건이 1964년 여름에 보고되었다.[9]

치유 주제에 대한 좀 더 전형적인 가르침을 베푼 이는 캐스린 쿨먼(Kathryn Kuhlman, 1907-76)이었다. 쿨먼은 1930년대 초부터 덴버를 중심으로 미국 여러 지역을 순회하며 전도 사역을 펼쳤다. 1946년에 펜실베이니아 주 서부 프랭클린에서 성령에 대한 일련의 강연을 시작했는데, 그 결과 참석자 일부가 기적의 치유를 경험하기 시작했다.[10] 이어서 라디오 사역을 시작한 쿨먼은 미국에서 가장 유명한 여류 전도자가 되었다. 그러나 오순절 진영에서 널리 받아들여지지는 않았는데, 한편으로는 이혼 경력이 있었기 때문이고, 또한 자신의 '이적' 예배에서 방언을 허락하지 않았기 때

---

8) Ibid., 182.
9) Ibid., 107, 120.
10) Benny Hinn, *The Anointing* (Milton Keynes: Word, 1992), 75-85.

문이었다. 그럼에도 불구하고 1960년대 중반부터 단지 신유 이적의 은사주의적 이해 때문만이 아니라, 동시에 고전적인 오순절파 용어로 '성령 안에서 죽는'(slain in the Spirit) 경험, 즉 그녀가 기도해 준 이들이 바닥에 자주 쓰러지는 치유 형태 때문에 그녀는 북미에서 가장 영향력 있는 신유 전파자 중 하나로 유명해졌다.[11] 쿨만은 사후에 캐나다 은사주의 운동의 두 주도적 인물의 중요한 역할 모델이 되었다. 이스라엘 출신의 토론토 기반 전도자이자 성령의 특별한 '기름부으심'(anointing) 복음 전파자 베니 힌(Benny Hinn)과 1994년 '토론토블레싱'(Toronto Blessing) 시기에 토론토공항비니어드교회(Toronto Airport Vineyard church) 목사였던 존 아노트(John Arnott)가 바로 그들이었다.[12]

3. 오순절파 영향력과 부흥 갈망

이 시기 성령운동의 두 번째 원천은 더 많은 수의 역사적 오순절파 신자가 종파주의적 고립을 거부하고 다른 기독교인에게 더 폭넓은 영향력을 끼칠 수 있는 공간을 확보하려 한 경향이었다. 이런 노력은 헛되지 않았다. 역사적 교회에 속한 이들이 자기 교단의 양적 쇠퇴를 점점 더 인식하면서, 비록 최소한일지라도 그들 중 일부가 자신들이 지금껏 의혹의 눈초리로 바라보았던 이들을 통해 부흥을 경험하는데 마음을 열었다.

이 점에서 눈에 띄는 인물이 데이비드 두플레시스(David du Plessis, 1905-

---

11) Stanley M. Burgess (ed.), *The New International Dictionary of Pentecostal and Charismatic Movements* (Grand Rapids: Zondervan, 2002), 826-827.

12) David Hilborn (ed.), *'Toronto' in Perspective: Papers on the New Charismatic Wave of the Mid-1990s* (Carlisle: Paternoster Press, 2001), 131-132.

87)였다. 두플레시스는 아프리카너(Afrikaner, 남아프리카공화국 네덜란드계 백인-역주)로, 그의 가족은 사도신앙선교회(Apostolic Faith Mission)를 통해 초기 오순절운동에 연루되었다. 일리노이 주 자이언시티(Zion City)의 존 알렉산더 다위의 기독교가톨릭사도교회(Christian Catholic Apostolic Church)가 파송한 이 선교회의 첫 번째 선교사들이 남아프리카에 도착한 것은 1908년이었다.[13] 사도신앙선교회는 곧 남아프리카공화국에서 가장 큰 오순절 교회가 되었고, 전도자로 사역을 시작한 두플레시스는 교회 총무가 되었다. 1936년 1월에는 노련한 영국 오순절 전도자 스미스 위글스워스(Smith Wigglesworth, 1859-1947)가 두플레시스 앞에서 전례 없는 규모의 세계적인 부흥에 하나님이 그를 사용하시리라 예언했다.[14] 두플레시스는 이 예언을 25년 동안 간직하고 있었다. 그러나 1947년 5월에 취리히에서 오순절세계대회(Pentecostal World Conference)가 창설된 후 그에게 새로운 국제 사역의 문이 열렸다. 미국으로 이주한 그는 1951년부터 NCC 소속의 주류 에큐메니컬 지도자들과 교제하고, 이어서 국제적으로 (2차 바티칸공의회 기간에 비공식 입회자로 참석하기도 한) 로마 가톨릭교회 뿐 아니라 WCC와도 관계를 맺었다. 기독교를 오순절 관점으로 이해하는 진영의 순회 사절단 역할을 함으로써 그는 '미스터 오순절'(Mr Pentecost)이라는 별명을 얻었다. 오순절운동과 역사적 교회 간 간격을 좁히는 데 그보다 더 큰 기여를 한 사람은 없었다.

그럼에도 불구하고 비오순절 신자들에게 성령의 부어주심에 대한 갈망을 퍼뜨린 사람은 두플레시스만이 아니었다. 북미에서는 W. H. 브래

---

13) David J. Maxwell, *African Gifts of the Spirit: Pentecostalism & the Rise of a Zimbabwean Transnational Religious Movement* (Oxford: J. Currey; Harare: Weaver; Athens, Ohio: Ohio University Press, 2006), 38-40.

14) Hocken, *Streams of Renewal*, 19, 206.

넘(W. H. Branham, 1909-65), T. L. 오스본(T. L. Osborn, 1923-), 오랄 로버츠(Oral Roberts, 1923-2009)가 신유 메시지를 대중화했다.[15] 감리교와 성결운동 전통이 특히 오순절운동의 비옥한 토양이라는 사실을 증명했다. 브래넘이 유별난 교리를 주장함으로써 결국 삼위일체 기독교의 경계를 넘은 반면, 로버츠는 1968년 5월에 오순절성결교(Pentecostal Holiness Church)를 떠나 최근에 새로 조직된 연합감리교(United Methodist Church)로 이동했는데, 이는 오순절 신자가 역사적 교단으로 이동하여 '은사주의자'가 된 흔치 않은 사례였다.[16] 로버츠가 1976년에 설립한 오랄로버츠대학의 신학대학원은 1982년부터 1987년까지 연합감리교가 목회자 후보생 교육기관으로 공식 승인한 학교였다. 로버츠가 1987년에 교단을 떠났음에도 불구하고, 1977년에 설립된 연합감리교갱신봉사회(United Methodist Renewal Services Fellowship)가 교단 내 은사주의 영향력을 촉진시키는 데 지속적으로 공헌했다.[17]

1948년부터는 북미 늦은 비(Latter Rain) 운동이 기존의 오순절 교단들, 특히 하나님의 성회의 조직화된 사고방식에 점점 더 불만을 제기하면서, 종말에 전 교회에 사도적 사역을 회복시키시려는 하나님의 목적으로 대변되는 '신질서'를 강조했다.[18] 영국에서는 하나님의 성회를 선도하는 목

---

15) 이 시기 북미 치유 사역 성장에 대한 종합적인 연구 성과는 D. E. Harrell, *All Things Are Possible: The Healing and Charismatic Revivals in Modern America* (Bloomington: Indiana University Press, 1975)를 보라.

16) Allan Anderson, *An Introduction to Pentecostalism* (Cambridge: Cambridge University Press, 2004), 58-59, 150. UMC는 감리교회와 복음주의연합형제교회(Evangelical United Brethren Church)가 통합되어 탄생했다.

17) Michael T. Girolimon, "'The Charismatic Wiggle": United Methodism's Twentieth-Century Neo-Pentecostal Impulses', *Pneuma* 17 (1995), 89-103. 1995년 이래 연합감리교갱신봉사회는 올더스게이트갱신선교회(Aldersgate Renewal Ministries)로 이름을 바꾸었다.

18) Edith Blumhofer, *Restoring the Faith: The Assemblies of God, Pentecostalism, and American Culture* (Urbana: University of Illinois Press, 1993), 203-219.

사 도널드 지(Donald Gee, 1891-1966)와 신앙 배경이 사도교회인 세실 카우슨(Cecil Cousen, 1913-89)이 부흥에 목마른 복음주의자에게 오순절 신앙을 소개하는 비슷한 역할을 맡았다. 1949년부터 1951년까지 캐나다 온타리오 주 해밀턴에서 목회한 카우슨은 늦은 비 운동에 깊이 관여했고, 1957년부터는 최대 만천부까지 찍은 영국 최초의 은사주의 잡지 「더 보이스 오브 페이스」(The Voice of Faith)를 통해 이 가르침 일부를 전파했다.[19] 복음주의 진영에서 부흥에 대한 관심은 1859년 부흥운동 백주년을 맞은 1950년대 말에 추가 추진력을 확보했다. 제3장에서 언급했듯이, 1858-60년 영국 복음주의 대각성을 주제로 옥스퍼드대 PhD 논문을 쓴 얼스터(북아일랜드-역주) 출신 신학자 에드윈 오어가 강단과 글을 통해 연속되는 부흥 메시지를 지치지 않고 전세계에 전했다. 그는 세 명의 영어권 세계 은사주의 갱신 개척자에게 큰 영향을 끼쳤는데, 이 셋, 즉 남아프리카인 데니스 클락(Denis Clark), 스코틀랜드인 캠벨 매컬파인(Campbell McAlpine), 잉글랜드인 아서 월리스(Arthur Wallis)는 모두 형제단 출신이었다.[20] 아르미니우스주의적 복음주의자만큼이나 개혁파 복음주의자도 이런 열정을 공유했는데, 이는 부분적으로 순전한 부흥에 대한 마틴 로이드 존스의 열정 때문이었다. 실제로 1959년이 갱신운동 역사의 새로운 장을 여는 해였음에도 불구하고, 이 획기적 사건의 첫 번째 분명한 징조는 복음주의자들이 이것을 거의 예상치 못했던 곳에서 나타났다.

---

19) Hocken, Streams of Renewal, 25-29.

20) A. J. Appasamy, Write the Vision! Edwin Orr's Thirty Years of Adventurous Service (London: Marshall, Morgan & Scott, 1965), 211-212, 240.

4. 캘리포니아 성공회 신자와 루터파 신자가 성령을 받다

1959년 봄에 젊은 캘리포니아 성공회 신자 두 사람 존 베이커와 조운 베이커(John and Joan Baker)가 한 오순절교회를 찾았다가 방언과 함께 '성령세례'를 받았다.[21] 이후 이들의 경험은 캘리포니아 주 몬터레이파크 지역 성령교구(parish of The Holy Spirit)의 성공회 신자들에게 알려졌다. 교구 전임사제 프랭크 매과이어(Frank Maguire)는 밴나이스 소재 세인트마크스(St Mark's)성공회 교구를 맡고 있던 이웃 사제 데니스 베네트(Dennis Bennett, 1917-91)에게 조언을 구했다. 베네트는 영국에서 회중교회 목사 아들로 태어났지만, 어린 시절부터 미국에 살았다. 1949년부터 1951년까지 샌디에고에서 회중교회 목사로 일한 후 개신교감독교회(미국성공회-역주)로 목회지를 옮겼다. 1959년 11월에는 매과이어와 베네트가 자기 교회 교인 다수와 함께 은사를 체험했다. 이 사건과는 별개로, 로스앤젤레스 몬로비아 소재 성공회 교구 세인트루크스(St Luke's)교회도 비슷한 현상을 경험했다. 세인트마크스교회의 성공회 가톨릭파 신자 진 스톤(Jean Stone)이 「뉴스위크」와 「타임」에 연락하지 않았다면 이 갱신 경험들은 그저 각 지역에서 조금 주목 받은 것으로 그치고 말았을 것이다. 이렇게 뉴욕 루터파 해럴드 브레드슨(Harald Bredesen)과 함께 스톤은 자신이 명명한 용어 '은사주의 갱신'(charismatic renewal)의 가장 영향력 있는 홍보자 중 하나임을 입증했다. 이런 재빠른 움직임의 결과 「뉴스위크」와 「타임」이 이 사건을 각각 기사로 다루면서, 밴나이스에서 일어난 일이 전국적인 관심사가 되었다.[22]

자기 양떼 일부의 반대에 직면한 베네트는 세인트마크스를 1960년 4월

---

21) 미국 은사주의 갱신의 기원에 대해서는 Burgess, *New International Dictionary*, 369-370, 479-481을 보라.

22) 'Rector and a Rumpus', *Newsweek*, 4 July 1960; 'Speaking in Tongues', *Time*, 15 Aug. 1960.

에 사임한 후 시애틀 세인트루크스성공회교회 교구사제로 임명되었다. 베네트의 지도 아래 당시까지 쇠퇴하고 있던 교구는 아마도 미국에서 가장 유명했을 법한 은사주의 갱신의 중심지로 변화되었다. 베네트는 책도 몇 권 써서 미국 전역과 세계, 특히 영국에 갱신 메시지를 전파했는데, 이 중 가장 영향력이 컸던 책은 『오전 9시』(Nine O'Clock in the Morning, 1970)였다.[23] 강단과 활자로 갱신 메시지를 전한 또 한 사람의 영향력 있는 인물은 래리 크리스텐슨(Larry Christenson, 1928–)으로, 캘리포니아 주 샌페드로의 미국루터교회 목사였다. 크리스텐슨은 애그니스 샌퍼드의 저작에 영향을 받았고, 1961년 8월에 사중복음(Foursquare Gospel, 미국 오순절교단의 하나로, 한국에서는 [한국 토착교단인 기독교대한복음교회와는 다른] 대한예수교복음교회라는 이름으로 활동한다-역주)교회에서 '세례'(성령세례를 의미-역주)를 받았다. 비록 많은 미국 루터파 신자가 예언 은사의 부활이 성경의 권위를 강조하는 루터파 전통에 위협이 된다며 은사주의 주장에 반대했음에도 불구하고, 크리스텐슨은 루터파 목사직을 포기하지 않고 루터파 세계에 갱신을 전파하는 주요 국제 사도로 활약했다.

5. 갱신이 대서양을 건너다

복음주의 역사에서 아주 자주 그랬듯, 북미 또는 영국에서 시작된 영적 각성운동 또는 부흥운동도 기독교 출판물을 통해 대서양을 건넜다. 은사주의 운동의 경우에도 대서양 양쪽을 연결한 네 가지 경로가 특별히 중요했다.

---

23) Dennis Bennett, *Nine O'Clock in the Morning* (Plainfield, N.J.: Logos International, 1970).

1960년에 밴나이스의 세인트마크스에서 일어난 갱신운동 초기 단계에 진 스톤은 교구에 성삼위일체회(Blessed Trinity Society)라는 이름의 그룹을 만들었다. 다음 해 가을에 삼위일체회는 계간지 「트리니티」 발간을 시작했는데, 스톤은 이 잡지를 미국 내 모든 성공회 사제에게 보냈다. 1962년 3월부터는 편집진에 속한 데이비드 두플레시스를 통해 영국에도 소규모로 배포되었다. 「트리니티」는 이 캘리포니아 운동이 영국 복음주의자에게 영향을 끼치기 시작한 첫 번째 도관(conduit) 중 하나였다. 이 때 영향을 받은 영국 복음주의자 중 한 사람이 마이클 하퍼(Michael Harper, 1931-2010)로, 그는 런던 랭엄플레이스 소재 올소울즈교회에서 존 스토트를 보좌하는 신부였다.[24]

대서양을 건너 동쪽으로 전달된 두 번째 인쇄 매체는 「처치 오브 잉글랜드 뉴스페이퍼」(CEN)였다. 1961년 4월 28일에 시카고 교외의 한 교구에서 방언이 터졌다는 편집자의 해설이 달린 기사가 실렸는데, 이 교회는 휘튼의 트리니티교회를 뜻했다. 기사를 쓴 사람은 시카고 대부제(archdeacon)로, 이 오순절 사건을 조사하는 책임을 맡은 위원회 위원장으로 시카고 주교가 임명했다.[25] 1961년 8월 4일에 나온 후속 기사는 가톨릭 전통을 추구하는 다양한 미국 성공회 교회에서 나타난 현상을 다루었는데, 휘튼과 캘리포니아 밴나이스에 소재한 데니스 베네트의 이전 교구도 언급되었다. 대개의 경우 성령 치유 운동과 밀접한 관련이 있었을 뿐만 아니라, 로스앤젤레스가 '기이한 이단과 운동의 고향'이기 때문에, '오순절 침투' 같은 것이 일어나지 않으리라는 법도 없다고 지적했다. 이런 현상이 복음주의 진영 내에서 등장한 것이 아님을 이 기사가 강조했음에도 불구하고, 이 진영이 '순전히 열린 태도와 공감'의 반응을 보였다는 사실도 지적

---

24) Burgess, *New International Dictionary*, 479-480; Hocken, *Streams of Renewal*, 116-117.
25) *CEN*, 3507 (28 Apr. 1961), 10, 13, 14; Hocken, *Streams of Renewal*, 115-116을 보라.

했다.[26] 그 후 1961년 9월 8일에 CEN은 데니스 베네트가 쓴 긴 글을 실었다. 여기서 그는 일어난 사건은 성공회 견진성사(confirmation, 13-15세 정도에 받는 신앙고백 성사로, 개신교의 '입교'에 해당-역주)가 의도하는 바와 정확히 일치한다고 주장했다. 즉 성령을 온전히 받아들이는 성례라는 것이다. 베네트의 글이 '잉글랜드의 오순절운동 흐름'을 언급하는 글(후에 오순절 목사가 된 전 올소울즈교회 성공회 사제 후보자 리처드 볼트[Richard Bolt]의 사역 등)과 함께 실리기는 했어도, 영국 복음주의자에게는 상대적으로 별로 영향을 끼치지 못한 것 같다.[27]

세 번째이자 훨씬 중요한 인쇄 매체 교류는 1962년 9월에 발행된 성공회 복음주의 간행물 「더 처치맨」(The Churchman) 사설이었다. 편집자 필립 엣지컴 휴즈(Philip Edgcumbe Hughes, 1915-90)는 단호한 칼뱅주의자에, 1947년부터 1953년까지 브리스틀 틴들홀(Tyndale Hall in Bristol)에서 교수를 지낸 실력 있는 학자였다. 또한 마틴 로이드 존스의 절친한 친구이기도 했다.[28] 이미 1962년에 휴즈는 미국을 방문한 바 있었다. 그 때 방언을 하는 캘리포니아 성공회 사제와 평신도에게 개인 보고를 들었지만, 처음에는 이런 특이한 현상을 '오순절파식 과장과 더불어, 뜨거운 캘리포니아 태양 아래서 일어난 한 때의 바람'이라고 생각했다. 그러나 워싱턴에 도착한 그는 자신이 쓴 글을 읽은 진 스톤이 그에게 보내 둔 편지를 읽었다. 편지에서 스톤은 자신의 최근 은사주의 갱신 체험을 기술하고 캘리포니아로

---

26) *CEN*, 3521 (4 Aug. 1961), 7.

27) *CEN*, 3526 (8 Sept. 1961), 9; Hocken, *Streams of Renewal*, 116을 보라.

28) Andrew Atherstone, David Ceri Jones and William K. Kay, 'Lloyd-Jones and the Charismatic Controversy', in Andrew Atherstone and David Ceri Jones (eds.), *Engaging with Martyn Lloyd-Jones: The Life and Legacy of 'the Doctor'* (Nottingham: Apollos, 2011), 115. 휴즈는 호주 출신이지만, 작고 보수적인 '남아프리카공화국 잉글랜드국교회'에서 성공회 신자로 성장했다. 로저 벡위드(Roger Beckwith)가 *Chm* 104 (1990), 351-352에 쓴 부고를 보라.

와서 직접 눈으로 보라고 휴즈를 초청했다. 초청을 받아들인 휴즈는 자신의 사설에 저자가 누군지, 심지어 저자의 성별도 공개하지 않고 그녀의 편지 내용을 상세히 소개했다. 편지 내용은 어떻게 이 익명의 성공회 가톨릭파 신자가, '두려움' 속에서, 방언 체험 이후 자기 신학을 바꾸었는지, 또한 전에는 자신이 "끔찍할 정도로 '개신교적'이라며 애통해 했던" (성공회-역주) 공동기도서가 이제 '놀라울 정도로 건전하고 성령의 활력으로 가득한 것인지' 깨닫고 충격을 받았는지를 솔직하게 고백하는 것이었다. 휴즈는 자신이 목격한 이 운동에 대한 전적으로 호의적인 평가를 이어갔다. 즉 '삶을 변화시키고' '교회에 생기를 부여했다'는 것이다. "성령의 역사가 그리스도의 이름을 고백하는 이들의 삶을 통해 오늘날의 교회에 다시 한 번 강력하게 나타나기를 기독교인은 열심히 기도하고 소망해야 한다"는 것이 그의 결론이었다.[29]

나무랄데 없는 개혁파 복음주의 성공회 신자의 펜에서 나온 캘리포니아 성공회 내부 운동에 대한 이토록 긍정적인 평가는 비상한 효과를 발휘했다. 휴즈의 사설 덕에 성공회 복음주의 성직자 일부가 영국 갱신운동의 개척자가 되었다. 올소울즈교회의 마이클 하퍼, 미들랜즈 지역 버슬럼의 세인트존스교회(St John's, Burslem) 소속 필립 스미스(Philip Smith), 켄트 지역 길링엄 소재 세인트마크스교회(St Mark's, Gillingham)의 존 콜린스(John Collins)가 대표적이었다. 존 스토트는 세계 부흥을 위한 기도에 특별한 관심이 있던 올소울즈교회 교인 빌 그랜트(Bill Grant)에게 이 사설을 보여주었다. 그랜트는 휴즈의 허락 하에 이 사설을 재출간했다. 약 3만9천부가 올소울즈교회와 깊이 연관되어 있는 두 기도 모임, 은퇴한 CMS 인도 선교사 조지 잉그램(George Ingram, 1969년 사망)이 만든 초교파 모임인 세계

---

29) Chm 76 (1962), 131–135.

부흥을 위한 기도의 밤(Nights of Prayer for World-Wide Revival)과 잉그램이 1959년 말에 설립한 소규모 성공회 기도 모임인 부흥을 위한 성공회기도회(Anglican Prayer for Revival)에 배포되었다.30)

출판된 책이 네 번째이자 가장 중요한 전파 경로였다. 베네트의 『오전 9시』나 존 쉐릴(Sherrill)의 『그들이 다른 방언으로 말하다』(They Speak with Other Tongues, 1964) 같은 저작이 은사주의 가르침과 경험을 영어권 기독교 세계에 대중화시켰다.

이 중 아마도 가장 영향력 있는 책이 데이비드 윌커슨(David Wilkerson, 1931-2011)의 페이퍼백 『십자가와 칼』(The Cross and the Switchblade)일텐데, 대서양 양편에서 모두 베스트셀러가 되었다. 펜실베이니아 출신의 하나님의 성회 목사인 윌커슨은 1958년부터 뉴욕시에서 갱단을 대상으로 사역을 시작해서, 성령의 능력이 폭력에 찌든 젊은이들 사이에서도 효력을 발휘한다는 것을 발견했다.31) 뉴욕의 거리에서 경험한 것들을 묘사하는 흥미진진한 그의 책은 고전적인 오순절파식 성령 이해를 (미국 가톨릭교회 은사주의 갱신의 기원으로 간주되는) 1967년 두케인대학(Duquesne University)의 로마 가톨릭 신자에서부터 영국의 전통적인 복음주의자에 이르기까지 다양한 기독교 신자에게 널리 받아들여지게 했다. 특히 1960-70년대 영국 복음주의 교회의 젊은이에게 호소력이 컸다. 처음에는 이 책의 메시지가 너무 논쟁적인 것으로 인식되었기에 런던 위그모어스트리트(Wigmore Street) 소재 성서유니온 서점 책임자 에드워드 잉글랜드는 이 책을 숨겨 놓고 비밀리에 판매했다.32) 윌커슨의 사역을 통해 회심한 갱 중 하나인 푸에르토리

---

30) Hocken, Streams of Renewal, 79, 100, 110, 117–118.

31) Edith Blumhofer, The Assemblies of God: A Chapter in the Story of American Pentecostalism, 2 vols. (Springfield, Mo.: Gospel Publishing House, 1989), II, 140.

32) Hocken, Streams of Renewal, 149, 249. 후에 호더앤드스토턴(Hodder & Stoughton) 편집자가 된 잉글랜드는 영국 제일의 은사주의 서적 출판인 중 하나가 되었다.

코인 니키 크루스(Nicky Cruz)는 1965년말 영국을 방문해서, 촐리우드 소재 세인트앤드류스교회(St Andrew's, Chorleywood) 같이 갱신운동으로 유명해진 수많은 복음주의 교회에 상당한 영향을 끼쳤다.

크루스의 1965년 순회여행은 대서양을 오고 간 이런 교류 통로 중에 출판 뿐만 아니라 비행기 여행이 가능해진 시대에 핵심 인사들이 대서양을 건너 서로 방문하면서 이루어진 상호 영향도 있었다는 사실을 잘 보여준다. 프랭크 매콰이어는 1963년 5월에 영국을 찾아 존 스토트와 마틴 로이드 존스를 비롯한 인사들이 참석한 런던 모임에서 강연하기도 했다. 그 해 후반에는 애그니스 샌퍼드와 래리 크리스텐슨도 영국을 방문했다. 크리스텐슨의 방문은 마이클 하퍼가 방언 은사를 받은 중요한 계기였다.[33] 1965년 가을에 영국을 찾은 또 한 사람은 데니스 베네트였다. (1964년 9월에 갱신을 촉진시키기 위해) 설립된 파운튼재단(Fountain Trust)이 조직한 그의 강연 여행은 은사주의 갱신을 스코틀랜드 장로교(후에 성공회) 목사이자 신학자 토머스 스메일(Thomas A. Smail, 1928–)에게 소개한 중요한 계기였다. 톰 스메일은 1972년에 파운튼재단의 2대 총무가 되었다.[34]

재단 설립자이자 초대 총무였던 마이클 하퍼는 국제순복음실업인회(Full Gospel Businessmen's Fellowship International, FGBMFI)의 후원으로 1965년에 처음 미국에 방문했다. FGBMFI는 오랄 로버츠와 아르메니아계 미국인 백만장자 데모스 샤카리안(Demos Shakarian, 1913–93)이 1951년에 남부 캘리포니아에 설립한 주요 오순절파 조직이었다.[35] FGBMFI는 1965년 11월에 런던에서 큰 대회를 열었는데, 대회 후 강사들이 영국을 순회

---

33) Hocken, *Streams of Renewal*, 119–120.

34) Tom Smail, Andrew Walker and Nigel Wright, *Charismatic Renewal: The Search for a Theology* (London: SPCK, 1995), 7–21; Douglas McBain, *Fire Over the Waters: Renewal Among Baptists and Others from the 1960s to the 1990s* (London: Hodder & Stoughton, 1997), 70.

35) Blumhofer, *Assemblies of God*, II, 88–89를 보라.

했다.[36] 이런 대서양 횡단 교류를 통해 기원이 주로 복음주의 진영 외부였던 미국 운동이 1960년대 중반부터 대서양 건너, 특히 성공회와 영국 침례교에 뿌리를 내렸다. 잉글랜드에서 성공회 복음주의자에게 가장 영향력이 컸던 두 갱신운동 개척자는 마이클 하퍼와 존 콜린스(John Collins)였다. 콜린스는 1957년부터 1971년까지 길링엄 세인트마크스교회(St Mark's church, Gillingham) 교구 주관자 대리였고, 1980년에서 1985년까지는 런던 브롬턴 홀리트리니티교회(Holy Trinity Church, Brompton) 교구 주관자 대리였다. 세인트마크스교회에서 콜린스의 보좌신부였던 두 사람, 데이비드 왓슨(David Watson, 1933-84)과 데이비드 매킨스(David MacInnes, 1932-)는 장차 영국 복음주의에서 가장 유명해지는 인물들이다.

왓슨은 1965년부터 1982년까지 처음에는 세인트컷버츠교회(St Cuthbert's church) 교구 주관자 대리로, 이어서 1973년부터는 세인트마이클스르벨프리(St Michael's-le-Belfrey)교회 사제로 요크에서 목회하면서, 또한 여러 대학 전도선교회를 맡으면서 성장하던 많은 영국대학 기독인연합(Christian Union)에 분파성이 없고 지적으로 신뢰할 만한 갱신운동을 소개함으로써 지대한 영향을 끼쳤다. 매킨스는 버밍엄대성당 음악감독(1967-78)으로 일한 후, 1987년에서 2002년까지 옥스퍼드에 세워진 전략적 학생 교회인 세인트올데이츠(St Aldate's)의 교구 사제를 역임했다. 인정받는 성공회 복음주의 지도자였음에도 불구하고, 많은 성공회 복음주의자의 신앙 멘토였던 존 스토트는 1964년 1월에 열린 이슬링턴(Islington) 성공회 복음주의 성직자대회에서 은사주의식 '성령세례' 이해에 대해 부정적인 해석학적 판단을 내림으로써 전술한 인물들과 다른 길을 걸었다. 영국의 여러 자유교단(Free Churches, 잉글랜드의 성공회, 스코틀랜드의 장로회 같은 국교회가 아닌 비

---

36) Hocken, *Streams of Renewal*, 147-148.

국교과 교회를 의미-역주) 중에서 복음주의 성향이 가장 강한 침례교에서 은사주의 갱신의 선구자는 데이비드 포슨(David Pawson)과 잉글랜드 회중을 섬긴 두 스코틀랜드인 더글라스 맥베인(Douglas McBain)과 짐 그레이엄(Jim Graham)이었다. 포슨은 버킹엄셔 챌펀트세인트피터(Chalfont St Peter in Buckinghamshire)교회와 서리의 길드퍼드(Guildford in Surrey)교회의 영향력 있는 목회자였다. 이 운동은 1980년대에 잉글랜드와 웨일즈 침례교연합 소속 보수 복음주의 목회자 대다수의 지지를 확보했다.[37] 갱신운동이 영국 복음주의 풍경에서 두드러진 현상이 된 것이다.

6. 회복된 사도적 교회 추구 (제1부): 영국 및 뉴질랜드 은사주의 기원에 끼친 형제단의 영향

따라서 영국 은사주의 운동은 대서양 건너편 미국 성공회에 큰 빚을 졌다. 그럼에도 불구하고 이 운동은 영국 복음주의 전통의 핵심 원천들에서도 영감과 독자적 힘을 얻었다. 이 흐름에서 가장 중요한 단일 인물은 아서 월리스(Arthur Wallis, 1922–88)로, 전도자 레지날드 월리스(Captain Reginald Wallis)의 차남이었다.[38] 아버지와 아들이 모두 열린 형제단(Open Brethren)에서 자랐지만, 시간이 가면서 더 폭넓은 기독교 네트워크를 형성했다. 아서는 리치먼드 소재 듀크스트리트침례교회에서 침례를 받고, 사우샘프턴에 소재한 대형 독립 복음주의교회 어바브바교회(Above Bar

---

37) McBain, *Fire Over the Waters*를 보라.

38) 이어지는 월리스에 대한 이야기는 아들이 쓴 다음 전기에 의존한 것이다. Jonathan Wallis, *Arthur Wallis: Radical Christian* (Eastbourne: Kingsway, 1991); Roger Shuff, *Searching for the True Church: Brethren and Evangelicals in Mid-Twentieth-Century England* (Milton Keynes: Paternoster Press, 2005), 200–209.

Church)와 밀접한 관계를 유지했다. 그는 특히 형제단 저자 G. H. 랭(G. H. Lang, 1874-1958)의 영향을 많이 받았다. 랭은 오순절운동에 관여한 적은 거의 없었지만, 방언 같은 은사가 오직 사도 시대에만 주어진다는 형제단의 표준적 세대주의 견해를 거부할 정도로 독립적인 정신의 소유자였다. 월리스는 랭의 집에 정기적으로 찾아갔고, 1951년 초에는 예수께서 세례를 받으실 때 성령을 받은 것과 같은 방식으로 사역을 위해 자신을 구비하기 위해서 성령의 능력을 특별히 덧입기를 기대해야 하는가 하는 문제를 놓고 랭과 편지를 주고 받았다. 랭은 월리스에게 그래야 한다고 조언했다.

얼마 후 3월 10일에 월리스는 그런 체험을 실제로 하게 되는데, 방언을 하지는 않았지만, 스스로 이 체험을 성령으로 '충만해졌다'고 표현했다. 1951년 가을에는 헤브리디즈 열도의 루이스섬(Hebridean island of Lewis, 스코틀랜드 북서쪽의 영국령 열도의 하나-역주)에도 가서 신앙선교회 전도자 던컨 캠벨(Duncan Campbell, 1898-1972)과 연결되어 일어난 부흥의 열매를 직접 확인하기도 했다.[39] 캠벨을 만난 월리스는 그와의 만남을 통해 큰 영향을 받았다. 성결 전통에 서 있던 캠벨은 성령세례를 회심 이후의 두드러진 체험이라 가르쳤다.[40] 월리스가 자신과 사고와 정신이 맞는 사람을 만난 것이다.

1952년에 월리스는 이전에 형제단 소속이었던 데이비드 릴리(David Lillie)를 만났는데, 릴리는 교회가 사도적 능력과 순결로 회복되어야 한다는 랭의 가르침에 월리스보다 훨씬 더 영향을 받은 데다, 이미 1941년에 '성령세례'를 체험한 인물이었다. 월리스와 릴리는 엑서터 변두리 카운테

---

39) 캠벨에 대한 지극히 냉담하고, 아마도 불공정하다고 할 만한 평가에 대해서는 John MacLeod, *Banner in the West: A Spiritual History of Lewis and Harris* (Edinburgh: Birlinn, 2008), 262-267을 보라.

40) Ibid., 264; Andrew Woolsey, *Duncan Campbell: A Biography* (London: Hodder & Stoughton, 1974), 165.

스웨어(Countess Wear)에 있던 릴리의 고향 근처에서 일련의 성령 집회를 열었다. 세실 카우슨 같이 구체적으로 오순절 배경을 가진 이들이 강사진에 포함되었다. 동시에 월리스는 부흥에 대한 책을 쓰고 있었다. 그는 원고를 랭과 어바브바교회 리스 새뮤얼(Leith Samuel)에게 보내 그들의 지지를 확보했다. 『당신의 능력의 날』(*The Day of Thy Power*)은 1956년 6월에 출간되었다. 서문을 쓰는 데 이미 동의했던 던컨 캠벨은 서문에서 이 책이 '부흥 세계에서 초자연성을 인정하라는 강력한 요청'이라고 평가했다. 많은 점에서 월리스의 책은 온건한 칼뱅주의 관점에서 나온 부흥 주제에 대한 고전적 해설서였다. 즉 부흥은 비록 하나님의 백성의 뜨거운 기대와 기도에 대한 반응으로 허락되는 것임에도 불구하고, 분명히 하나님의 사역이자 성령의 부어주심이다. 특히 스펴전의 부흥을 위한 기도를 반복하는 것 같았다. 그럼에도 불구하고 월리스에 의하면 부흥의 의심할 바 없는 특징은 사도시대의 초자연적인 성령 은사들의 갱신으로, '다양한 이적과 기사를 동반하는 것'이었다.[41]

월리스는 오래된 교회에 소속된 복음주의자들과의 깊은 우정을 유지했다. 1988년 9월에 열린 그의 생애 감사예배는 어바브바교회에서 열렸는데, 이 교회는 갱신에 공감하는 것으로 유명한 교회는 아니었다.[42] 월리스는 마이클 하퍼에게 큰 영향을 끼쳤고, 1960-70년대에 파운튼재단 대회에서도 자주 강사로 활약했다.[43] 그럼에도 불구하고 자기 교회를 회복시키려는 하나님의 목적이 기존 교파 조직과의 단절을 필연적으로 동반할 수밖에 없다고 믿은 영국 은사주의 운동 일파의 가장 영향력 있는 개

---

41) Arthur Wallis, *In the Day of Thy Power: The Scriptural Principles of Revival* (London: Christian Literature Crusade, 1956), ix, 249, 74.

42) Wallis, *Arthur Wallis*, 311.

43) David Matthew (ed.), *Arthur Wallis 1922–1988: A Tribute* (Bradford: Harvestime Services, 1988), 22.

척자라 할 수 있다. 릴리 및 카우슨과 함께 월리스는 (이전에는 '가정교회' [house churches]로 알려졌던) '새로운' 또는 '사도적' 교회의 창립자 중 하나로 인정받는다. 이 교회는 다양한 네트워크를 통해 지금은 다른 곳에서와 마찬가지로 영국에서도 종교 지형을 형성하는 중요한 요소다. 영국에서 기원한 가장 눈에 띄는 사도적 교회 네트워크는 (이전에는 두 영어 단어를 띄어 썼던) 뉴프런티어스(Newfrontiers), 비니어드(Vineyard), 솔트앤라이트(Salt and Light), 익투스(Ichthus), 파이어니어(Pioneer), 멀티플라이(Multiply) 및 그라운드레벨(Ground Level)이다. 형제단 영향은 이들 중 몇 조직의 역사를 거슬러 올라가면 만날 수 있다. 솔트앤라이트 설립자 바니 쿰스(Barney Coombs)와 파이어니어 설립자 제럴드 코츠(Gerald Coates)는 모두 원래 형제단 출신이고, 익투스 설립자 로저 포스터(Roger Forster)는 젊은 시절 G. H. 랭의 영향을 많이 받았다.[44]

또한 월리스는 1963-64년에 뉴질랜드를 방문해서 이 나라 은사주의 갱신 시작에 큰 도움을 주었다. 거기서 그는 스코틀랜드 형제단 소속이었다가 1954년 11월에 은사를 체험하고 1959년에 뉴질랜드로 이주한 캠벨 매컬파인(Campbell McAlpine)과 가까이서 일했다. 1963-64년에 21개월 동안 뉴질랜드 형제단 대회에서 함께 사역하면서 월리스와 매컬파인은 방언 은사가 지속될 수 있다고 강조했다. 이에 대한 반응으로 수차례 분열이 일어나 새로운 은사주의 교회들이 세워졌다.[45] 1960년대 중반부터 뉴질랜드는

---

44) Andrew Walker, *Restoring the Kingdom: The Radical Christianity of the House Church Movement* (Guildford: Eagle, 1998); William K. Kay, *Apostolic Networks in Britain: New Ways of Being Church* (Milton Keynes: Paternoster Press, 2007); Peter Hocken, *The Challenges of the Pentecostal, Charismatic and Messianic Jewish Movements: The Tensions of the Spirit* (Farnham: Ashgate, 2009), 37–39; Shuff, *Searching for the True Church*, 218–220을 보라. 비록 형제단 출신이기는 하지만, 쿰스는 한동안 베이싱스토크의 침례교 목회자였다.

45) Shuff, *Searching for the True Church*, 215–216; Peter J. Lineham, 'Tongues Must Cease: The Brethren and the Charismatic Movement in New Zealand', *Christian Brethren Review* 34 (Nov.

갱신운동의 주요 중심지 중 하나로 떠올랐다.

7. 복음주의 예배의 변화

시기적으로 같고 결국에는 더 영향력을 발휘한 새로운 현대 기독교 음악의 창출자는 1960년대 후반부터 활동한 캘리포니아 예수운동(California Jesus movement)이었지만, 뉴질랜드 또한 복음주의 찬송의 얼굴을 곧 바꾸기 시작한 '말씀 노래'(Scripture songs)의 첫 번째 모음집 일부를 태동시킨 또 하나의 근원이었다.[46] 1968년에 뉴질랜드 부부 데이브 개럿과 데일 게럿(Dave and Dale Garratt)은 "노래로 부르는 말씀"(Scripture in Song)이라는 제목의 레코드를 제작하고, 이어서 1971년에는 찬양집 『찬양의 노래』(Songs of Praise), 1978년부터는 『노래로 부르는 말씀』이라는 제목의 찬양집과 카세트테이프를 발행하여 세계로 유통시켰다. 특히 영국에서는 아서 월리스의 형 피터가 세운 회사, 앵커 레코딩스(Anchor Recordings)를 통해 유통되었다.[47] 『생명수의 소리』(Sounds of Living Water, 1974), 『새로운 소리』(Fresh Sounds, 1976) 같은 다른 새 찬송집은 더 명시적으로 미국과 연결되어 있었다. 영국에서 1980년대에 가장 인기있었던 새 찬양집은 1979년에 시작된 주로 은사주의 기독교인의 연례 부활절 휴일 집회인 스프링하비스트(Spring Harvest)에서 불리던 노래 모음집이었는데, 이 집회는 1990년대 초

1983), 23-27.

46) Larry Eskridge, 'God's Forever Family: The Jesus People Movement in America, 1966-1977' (University of Stirling PhD thesis, 2005), 19, 266-307.

47) Matthew, *Arthur Wallis 1922-1988*, 7; *Scripture in Song*. Vol. I: *Music*, rev. ed. (London: Marshall, Morgan & Scott, 1978), 서문.

반 한때 총 7만에서 8만명까지 모였다.[48] 그러나 그 시기에 먼저는 아세테이트 슬라이드를 사용하는 프로젝터(OHP) 때문에, 이어서 디지털 프로젝터 때문에 판매량이 줄었다. 현대 과학 기술이 새로운 예배 자료를 급속히 전세계로 퍼뜨리는 데 기여했다. 1990년대에는 시드니 소재 하나님의 성회 교회인 힐스크리스천라이프센터(Hills Christian Life Centre)에서 나온 노래가 은사주의 및 복음주의 진영에서 국제적으로 유명세를 탔다.

교회의 갱신과 회복은 시대의 표현 문화 분위기에 맞는 더 주관적이고 솔직한 예배 체험 방식으로 표출되었다. 장기적으로 이는 예배에서 초자연적인 방언이나 예언 은사가 재등장한 것보다 더 오래 지속된 변화였음이 증명되었다. 새로 탄생한 교단 교회에서는 여전히 흔하게 일어나는 현상이기는 했지만, 1980-90년대 역사적 교단 내 은사주의 교회에서는 이런 (방언 및 예언-역주) 현상이 나타나는 빈도가 줄었다. 비록 은사주의 교회들이 종종 설교 길이를 줄이는 대신 늘림으로써 자신들이 하나님을 더 갈망하게 되었음을 표현하는 경향이 있었음에도 불구하고, 복음주의 교회의 예배는 갱신운동의 결과 점점 덜 지적이고 덜 형식적인 방향으로 변했다. 새로운 음악 형식을 차용하는데 시간차가 있기는 했지만, 사실상 인기 있는 교회 음악이 세속 음악 문화에서 유행하는 흐름에 더 가까워진 것이다. 오르간이나 피아노보다 기타, 전자 키보드, 드럼이 주요 악기가 되었다. 예배 찬양을 수없이 이어 부르며 회중을 인도하는 이는 안수받은 목회자가 아니라, 대개는 신학 교육을 받지 않은 찬양인도자였다. 영국에서는 심지어 미국에서보다 훨씬 더 일찍 20세기 말이 되면 복음주의 교회에서 가운을 입었든 아니든 성가대가 실제로 사라졌다. 남침례교 같은 미국 복음주의 일부 진영에서 여전히 흔히 전통 찬송을 사용하고 있는 것도 비슷

---

48) Rob Warner, *Reinventing English Evangelicalism, 1966-2001: A Theological and Sociological Study* (Milton Keynes: Paternoster Press, 2007), 67, 75-76.

한 경우였다. 은사주의 성공회권 일부에서 갱신이 춤을 활용한다거나, 심지어 향을 사용하는 전통적인 '가톨릭교회적' 예배의 보조 수단을 새롭고 창의적이고 활용하는 등의 노력을 보이기는 했지만, 원래 예전 전통에 속해 있던 많은 교회가 예전의 가치를 점점 더 가벼이 여겼다. 그러나 정말 최악의 변화는 은사주의 예배가 자신에게만 열중한 나머지 기도의 중재적(혹은 중보적) 측면을 잊어버리고 세상의 필요에 무관심하게 되었다는 것이다.[49]

은사주의 운동은 수많은 복음주의자의 예배 경험을 변화시켜, 하나님에 대한 응답에 새로운 기쁨과 해방을 가져다 주었지만, 동시에 피상성과 진부한 반복을 통해 다른 사람들, 특히 나이든 세대에게는 혼돈과 불만을 야기했다. 갱신운동은 서로 다른 전통에 속한 기독교인이 서로 하나될 수 있는 새로운 연대감을 형성했지만, 동시에 분열의 원인이 되기도 했다. 이런 분열의 원천 중 하나는 이해가 서로 달라 논쟁이 된 교회론과 관련이 있는데, 특히 교회 정치를 회중주의적으로 이해하는 데 익숙한 교회가 이 논쟁에 크게 휘말렸다.

8. 회복과 기름부음: 새로운 은사주의 교회에서의 권위

"기름부음이 없을 때에는 아마도 민주주의가 교회 정치의 가장 안전한 형태일 것이다. 그러나 하나님께서 지도자에게 기름 붓기 시작하시면, 민주주의는 하나님께서 당신의 방식으로 행하시도록 자리를 내 드러

---

[49] 이 흐름 및 관련 경향에 대해서는 David W. Bebbington, 'Evangelicals and Public Worship, 1965-2005', *EvQ* 79 (2007), 3-22를 보라.

야 한다."⁵⁰⁾ '새' 교회 네트워크인 회복주의자 뉴프런티어스 인터내셔널 (Restorationist New Frontiers International) 설립자 테리 버고(Terry Virgo)의 이 말은 세계 전역의 많은 신오순절운동에서 두드러진 흐름의 모본 하나를 제시한다. 버고는 흠잡을 데 없는 보수 복음주의 배경 출신이었다. 존 스토트의 설교로 회심했고, 서섹스 호브의 홀랜드로드침례교회(Holland Road Baptist Church in Hove, Sussex)에서 침례교도로 성장했다. 1965년부터 1968년까지 런던성경대학(LBC) 학생으로 있을 때에는 웨스트민스터채플에서 마틴 로이드 존스가 이끄는 사역에 정기적으로 참여했다.⁵¹⁾ 그는 저서 『교회의 회복』(Restoration in the Church, 1985)을 이전 교회의 침례교 목사 어니스트 러드맨(Ernest G. Rudman)에게 헌정하며, "그가 소중하게 여겼던 정말 많은 것을 내가 뒤엎어 버린 것 같은 때에도 끊임없이 격려해 준 것에 감사"한다며 헌정 이유를 밝혔다.⁵²⁾ 이렇게 뒤집힌 원칙 중 특히 중요한 것은 교회를 다스리기 위해 모인 신자들의 공동체인 회중 안에서 움직이시는 성령을 통해 하나님께서 그의 백성을 인도하신다는 침례교도로서의 러드맨의 이전 믿음이었다. 그러나 버고는 자기 교회 목사를 분명히 '하나님께서 기름 부으셨다'고 해서 그 목사가 교회의 다른 신자에게 허락되는 한 표보다 더 많은 표를 행사할 수는 없다는 것을 젊을 때 알고는 얼마나 깊은 충격을 받았는지 기록으로 남겼다. 이 책에서 그는 회중교회 정치 체계를 세상적인 민주주의 원리가 성령의 영역에 불법적으로 침투한 체제로 은근히 비판한다.⁵³⁾

---

50) Terry Virgo, *Restoration in the Church* (Eastbourne: Kingsway Publications, 1985), 135, *Renewal* 118 (Aug.-Sept. 1985), 24에서 재인용.
51) Kay, *Apostolic Networks*, 64-65; Atherstone, Jones and Kay, 'Lloyd-Jones and the Charismatic Controversy', in Atherstone and Jones, *Engaging with Martyn Lloyd-Jones*, 133.
52) Virgo, *Restoration in the Church*, 헌정 문구.
53) Ibid., 93-95.

(2005년에 영국와 해외에 500개 회중이 가입해 있던) 버고의 뉴프런티어스 네트워크[54]는 영국 및 전세계의 다른 새 교회 네트워크들에 비해서 상당히 온건하게 이 권위 의식을 적용했다. 은사주의 운동에 소속된 많은 집단이 사람(또는 민중)이 자기 목소리를 내야 한다는 계몽주의의 확신을 뒤집거나 혹은 전적으로 반박함으로써 현대성이라는 가치의 세속성에 대한 자신들의 불만과 반대를 급진적으로 표출했다. 이들은 강력한 개별 지도자의 역할을 선호하는 전형적인 낭만주의적 (혹은 아마도 포스트모던적) 사고를 가졌다. 원칙상으로는 모든 하나님의 백성에게 성령의 지혜라는 비범한 카리스마(charisma)가 주어졌지만, 이 카리스마는 실제로는 하나님이 특별히 만지셔서 기름 부으신 사람에게만 보존된 것이었다. 가톨릭교회의 전통적인 목회 이해와 마찬가지로, 교회의 질서는 성령의 '기름부음'을 특별한 수준으로 받았다고 인정받는 소수의 지도자와 하나님께서 특별히 지명하신 지도자의 기름부음 받음을 존중하고 그들의 지혜에 순종하는 것이 역할인 대다수 교회 신자 사이의 차이 위에 세워진다는 것이다.[55] 하나님께서 부여하신 권위에 전적으로 순종해야 한다고 가르친 중국 복음주의 지도자 니 두쉔(Ni Doushen), 즉 워치먼 니(Watchman Nee, 1903-72)라는 이름으로 더 잘 알려진 이 인물의 가르침의 영향이 상당히 컸다. 로잔 운동에 참여한 저명한 인물인 아르헨티나 오순절파 목사 후안 카를로스 오르티즈(Juan Carlos Ortiz, 1934-)가 가르친 제자도도 영향력이 있었다.

전세계에서 신오순절운동에 참여하는 진영 일부에서는 제자도 강조와 제자도의 반대말인 '목양'(shepherding) 혹은 '보호'(covering) 같은 표현들이 교회 지도자들의 극단적으로 권위적이고 강요하는 성향을 조장했다. 북

---

54) Kay, *Apostolic Networks*, 81.

55) 교회론이라는 용어를 사용하며 설명하지는 않지만, 기름부음의 개념에 대한 세계적으로 영향을 끼친 인기 있는 해설은 Hinn, *Anointing*을 보라.

미에서는 '목양'에 대한 가르침이 '포트로더데일 5인'(Fort Lauderdale Five)으로 알려진 그룹과 밀접한 관계가 있었다. 이들 5인은 찰스 심슨(Charles Simpson, 원래 남침례교인), 데릭 프린스(Derek Prince, 영국 오순절 신자이자 전 케임브리지대 킹스컬리지 연구원), 언 백스터(Ern Baxter, 캐나다 오순절 신자), 밥 멈퍼드(Bob Mumford, 미국 하나님의 성회), 돈 베이섬(Don Basham, 그리스도의 제자 교단)이었다.

비판이 많아지고, 1975-76년에 이들 5인 간 상호 공개 논쟁이 가열되면서, 미국 목양 운동은 기세를 잃고 1986년 말에 공식 해체되었다.[56] 영국에서도 많은 새 교회가 1980년대 중반에 극단적인 광신적 소종파 성향이나 '과중한'(heavy) 목양에서 이탈했다는 증거가 있다.[57]

9. 은사주의 갱신 재평가, 1978-81

1970년대 말에 은사주의 갱신운동은 교회 지도부의 최고층, 특히 성공회 최고부에 파고들기 시작했다. 1978년 램버스대회 개회 전에 갱신지도자 국제대회가 열렸는데, 이 대회는 성공회 주교 25명이 캔터베리대성당 제단 주위를 춤을 추며 도는 것으로 막을 내렸다.[58] 그러나 이 운동의 미래에 대한 의문이 각처에서 제기되고 있었다. 1978년 말에는 파운튼재단과 같은 유형의 호주 조직, 템플재단(Temple Trust)이 1979년 1월에 시드니에서 열릴 전국 대회가 마지막 대회가 될 것이라고 광고했다. 대표 앨런 랭

---

56) 더 자세한 내용은 S. David Moore, *The Shepherding Movement: Controversy and Charis*matic *Ecclesiology* (London: T. &. T. Clark International, 2003)을 보라.

57) Nigel Scotland, *Charismatics and the New Millennium: The Impact of Charismatic Christianity from 1960 into the New Millennium,* new ed. (Guildford: Eagle, 2000), 106-128.

58) *Renewal* 79 (Feb.-Mar. 1979), 10-11.

스태프(Alan Langstaff)는 '우리가 아는 대로, 은사주의 갱신은 끝을 향해 달려가고 있고 하나님이 그분의 교회와 이 땅에 성령의 새로운 물결을 시작하시려 한다는 것이 내 확신'이라고 이유를 설명했다. 이 결정 때문에 「리뉴얼」지는 사설에 에디 깁스(Eddie Gibbs)에게 바치는 기사 '바람이 사라졌는가?'를 실었다. 깁스의 대답은 '아마도'였다.[59] 「리뉴얼」 1979년 8-9월호에는 '열광과 기대가 익숙했던 그곳에 이제는 실망과 불편, 심지어 어느 정도 환멸까지도 있으리라는 사실을 미리 알리지 않고' 영국을 여행할 수는 없다는 톰 스메일의 사설이 실렸다. 스메일은 "그 자체로 하나의 사물로서의 은사주의 운동은 이제 막 종결되었다"고 결론내렸다.[60] 비슷한 평가가 1981년이 저무는 시점에서 뉴질랜드에서도 내려졌다. 뉴질랜드 은사주의 단체 기독교전진선교회(Christian Advance Ministries)의 신임 대표 데이비드 하퍼가 조직의 첫 10년을 되돌아보면서, 적어도 성공회에서는 갱신에 대한 열정이 쇠퇴했다고 평가했다.[61] 1981년에는 파운튼재단도 템플재단의 전철을 그대로 따르며 조직을 해체했다.

그러나 은사주의 운동의 사망 예측은 너무 일렀다. 더 강력하고 더 충만한 신앙 체험을 추구하는 열정이 영국과 오스트랄라시아의 1세대 은사주의자에게는 이제 자연스레 정체기에 접어들며 사그러들었다. 그러나 1980년대 초반부터 이 운동은 새로운 단계로 진입해서, 궁극적으로 세계 기독교의 특징을 형성하는 훨씬 중요한 요소가 된다.

---

59) *Renewal* 80 (Apr.–May 1979), 3–10.
60) *Renewal* 82 (Aug.–Sept. 1979), 2–4.
61) *Renewal* 96 (Dec. 1981–Jan. 1982), 29–31.

10. 은사주의 갱신의 국제화

캔터베리에서 열린 1978년 성공회 은사주의 지도자 대회의 열매 중 하나는 마이클 하퍼가 1979년에 세운 SOMA로, '사역의 해외 공유'(Sharing of Ministries Abroad)의 약자였다. 비서구세계 성공회에 은사주의 갱신 메시지를 퍼뜨리고자 한 의도적인 시도였다. 하퍼는 1987년 「리뉴얼」에서 다음과 같이 언급했다.

> 지난 12년 동안 나는 서구에 있는 우리가 성령의 사역의 정말 많은 영역을 누린 것, 부자처럼 우리가 세상의 영적 나사로에게 부스러기만 던진 불의한 처사를 깊이 생각해 왔다. 1978년부터 우리는 이런 죄악된 태도를 바꾸고 이런 불순종 행위를 드러내려고 노력해왔다.
> 파운튼재단을 떠난 1975년 이후 내 양심은 SOMA 사역이 시작되기까지 평안을 누리지 못했다. 세상의 절반 이상이 복음을 들어본 적이 없고, 교회의 절반 이상이 영적으로 굶주리고 있는데, 내가 배부르게 먹으며 이 상황을 위해 아무것도 하지 않는다면, 하나님과 평화를 누리며 살 수 없다는 사실을 깨닫는다.[62]

SOMA는 위력이 있어서 1987년에 여섯 대륙에서 활동하게 되지만, 영적 영향력의 방향이 유럽이나 북미에서 나머지 세상으로 흘러간 것이라기보다는 오히려 그 반대방향이었다는 것을 하퍼는 당시에는 알아채지 못했다. 영국에서는 카리브지역에서 온 이민자들이 흑인 오순절 및 은사주의 신앙을 영국 복음주의 교회의 지형에 보탰다. 아마도 영국에서 가장 중요

---

[62] Michael Harper, 'To Be Real It Must Be GLOBAL!', *Renewal* 136 (Sept. 1987), 6–8.

한 아프리카계 카리브인 교회는 하나님의 신약교회(New Testament Church of God)라 할 수 있는데, 이 교회는 1953년에서 1956년 사이에 자메이카에서 영국에 도입된 오하이오 주 클리블랜드에 본부가 있는 하나님의 교회(Church of God) 교단 소속이었다. 2000년에 이 교단은 잉글랜드와 웨일즈에서 교인 수 약 2만명까지 성장했다.[63] 흑인 오순절 교회는 복음주의연맹에 큰 영향을 끼쳤다. 1992년에 (클라이브 칼버[Clive Calver]를 보조하는) 복음주의연맹 영국 대표로, 이어서 1997년에는 연맹 전체 대표로 하나님의 신약교회 목사 조엘 에드워즈(Joel Edwards)가 임명된 것에서 알 수 있다.

오순절 및 은사주의 교회는 아시아 일부에서도 번성하고 있었다. 인도에서는 1960년대에 선교사에게 내주는 비자를 정부가 줄인 것이 완전히 토착화된 오순절 신앙이 특히 인도 남부 주들을 중심으로 성장하는 계기가 된 것 같다.[64] 동남아시아에서는 보수 복음주의 성공회 내 아주 은사주의적인 분파가 SOMA의 도움 없이도 이미 뿌리를 내리고 있었다. 싱가포르 은사주의 갱신은 1972년 9월에 감리교 앵글로-차이니즈학교(Methodist Anglo-Chinese School) 남학생 사이에 처음 나타난 후, 다른 두 학교로 퍼졌다. 중요한 영향력의 근원은 하나님의 성회 전도자 하워드 라이딩스(Howard Ridings)가 개최한 연속 청년 집회, 남학생 사이에 유통된 『십자가와 칼』, 니키 크루스의 책 『달려, 아이야, 달려』(Run, Baby, Run, 1968), 캘리포니아 주 애너하임 소재 멜로디랜드크리스천센터(Melodyland Christian Center) 목사 랄프 윌커슨(Ralph Wilkerson)[65]의 방문이었던 것 같다. 젊은

---

63) Nicole Rodriguez Toulis, *Believing Identity: Pentecostalism and the Mediation of Jamaican Ethnicity and Gender in England* (Oxford: Berg, 1997), 102-118; William K. Kay, *Pentecostals in Britain* (Carlisle: Paternoster Press, 2000), 31-36.

64) Michael Bergunder, *The South Indian Pentecostal Movement in the Twentieth Century* (Grand Rapids: Eerdmans, 2008), 58 및 여러 쪽.

65) 하나님의 성회 배경의 윌커슨은 『십자가와 칼』의 저자 데이비드 윌커슨과는 아무런 관련이

성공회 성직자 제임스 웡(James Wong)은 고등학생을 상담하라는 요청을 받았다가 결국 성령 세례를 받는 결과를 얻었다. 1972년 12월에는 말레이지아에서 태어난 싱가포르 성공회 주교 치우반잇(Chiu Ban It)이 WCC 세계 선교 및 전도위원회가 '오늘날의 구원'을 주제로 주최한 방콕대회에 참석했다. 방콕에서 논의된 주도적 구원 이해는 해방운동에서 주창하는 구원이었지만, 대회 기간 동안 피지에서 온 인도계 성공회 사제가 이 주교에게 데니스 베네트의 『오전 9시』를 건넸다. 그 결과 주교는 방언을 하기 시작했다. 치우반잇과 제임스 웡은 이어서 공통의 경험을 나눴다. 그보다 훨씬 전에 싱가포르 세인트앤드류스대성당은 싱가포르 교구와 동남아시아 성공회 구역 내 여러 지역의 갱신 중심지가 되어 있었다.[66] 옥스퍼드 세인트올데이츠교회의 유명한 교구 사제 마이클 그린이 방언을 받은 것은 1973년에 그가 치우의 초대로 싱가포르를 방문한 후 치우의 기도를 받고 나서였다. 그 결과 세인트올데이츠는 이어서 잉글랜드국교회 내에서 온건한 은사주의 영향을 파급하는 중심지가 되었다. 1982년에 은퇴한 치우를 계승한 이는 모지스 테이(Moses Tay)로, 헌신된 은사주의자였다. 1987년, 보수 복음주의의 은사주의 물결이 잉글랜드국교회보다 동남아시아 성공회 관구에 훨씬 더 강하게 몰려들었다.[67]

동남아시아에서 일어난 일은 아프리카 대륙에서는 훨씬 대규모로 진행되고 있었다. 남아프리카공화국 성공회 은사주의 갱신 개척자는 빌 버네트(Bill Burnett, 1917-94)로, 블룸폰테인 주교, 이어서 그레이엄스타운 주교를 지냈고, 1973년부터는 남아프리카관구교회(Church of the Province of

---

없었다.

66) 위 이야기는 Michael Poon and Malcolm Tan (eds.), *The Clock Tower Story: The Beginnings of the Charismatic Renewals in Singapore*, rev. ed. (Singapore: Trinity Theological College, Singapore, 2012)에 근거한 것이다.

67) Michael Green, *Asian Tigers for Christ* (London: SPCK, 2001).

South Africa, 남아프리카공화국 성공회-역주) 대주교였다. 그러나 이보다 훨씬 더 중요한 것은 토착 아프리카 오순절운동, 특히 서아프리카에서 일어난 운동이었다. 「리뉴얼」지 1985년 8-9월호는 서머싯의 마인헤드에서 열린 하나님의 성회 대회에 참여한 '나이지리아 출신의 오순절파 대주교' 벤슨 이다호사(Benson Idahosa)의 사역에 대해 지나가며 언급했다.[68] 이다호사(1938-98)는 1960년 초에 나이지리아 남부 베닌시티(Benin City)의 하나님의 성회 목사를 통해 회심했고, 사도교회 선교사 S. G. 엘턴(S. G. Elton)과 미국 오순절파 독립 전도자 T. L. 오스본(T. L. Osborn)이 가르친 번영신학의 영향을 받았다.[69] 1987년 1월에 이다호사는 이 잡지 표지에 등장했는데, 그에 관한 기사를 쓴 에드워드 잉글랜드는 이다호사의 국제 전도사역을 설명하며 그를 '이 세대에 가장 크게 기름부음 받은 사람 중 하나'라고 칭했다.[70] 영어권 세계에 오순절운동이 퍼져나가는 진앙지라는 것이 있다면, 지금은 그 진앙이 나이지리아에 있다. 서아프리카 오순절 신앙의 기원은 여럿이지만, 이들 중 일부는 20세기 초반에 시작되었고, 일리노이 주 자이언시티의 J. A. 다위(J. A. Dawie)와 간접적으로 연결되어 있었다.[71] 그러나 최근 수십년 간 나이지리아와 가나에 큰 영향을 끼친 신오순절운동의 뿌리를 찾으려면 1960년대로 시간을 거슬러 올라가야 한다. 성서유니온 운동의 국제화 과정에 대해서는 제3장에서 기술한 바 있다.

---

68) *Renewal* 118 (Aug.–Sept. 1985), 41.

69) Ogbu Kalu, *African Pentecostalism: An Introduction* (Oxford: Oxford University Press, 2008), 91–92.

70) *Renewal* 128 (Jan. 1987), 11–13.

71) 많은 연결고리들을 찾아 거슬러 올라가면 나이지리아와 가나에 끼친 영향의 근원은 필라델피아 소재 페이스터버너클(Faith Tabernacle)로 소급되는데, 이 교회는 원래 다위의 기독교가톨릭교회(Christian Catholic Church) 소속이었다. Adam Mohr, 'Out of Zion and into Philadelphia and West Africa: Faith Tabernacle Congregation, 1897–1925', *Pneuma* 32 (2010), 56–79를 보라.

11. 나이지리아와 새로운 아프리카 오순절 신앙의 기원, 1964-70

서아프리카에서 지배력이 막강한 비은사주의 선교회 주도의 복음주의와, 토착화되고 독특한 오순절 유형의 신앙을 표현하는 아프리카 복음주의의 발전을 가르는 가장 중요한 분기점은 1967년에서 1970년 사이의 비아프라 전쟁(Biafran war)이라 할 수 있을 것이다. 이 때 기독교인 비율이 높은 나이지리아 남동부는 북부 무슬림이 지배하는 나라를 떠나 독립하려고 했다. 남동부의 익보족(Igbo) 기독교인을 충격에 몰아 넣은 것은 영국과 북반구의 다른 '기독교' 국가들이 연방 정부를 지지했다는 사실이다. 이 때문에 분노한 분리주의 익보 정부는 선교사들이 세운 교회와 교단을 비애국적이라며 비난했다. 이런 무장 충돌, 대규모 실향민 발생, 기독교 국가라 생각했던 영국에 대한 엄청난 실망이라는 배경에서, 기독교 신앙을 토착적으로 표현하는 현상이 나타났다.

1964년 11월에 나이지리아 동부 지역을 책임지는 성서유니온 초대 순회총무 지명자 빌 로버츠(Bill Roberts)가 익보랜드(Igboland) 한복판에 있는 우무아히아(Umuahia) 소재 성서유니온 사무실에 도착했다.[72] 로버츠는 1954년 청년 시절에 복음주의 신앙을 갖게 된 성공회 신자였고, 케임브리지에 다니는 동안에는 CICCU 회원이었다. 1967년 6월 말에 비아프라 전쟁이 발발하면서 그의 사역은 여러 면에서 즉각적인 피해를 입었다. 성서유니온 사역이 막 시작되어 성장하고 있던 이바단대학 및 다른 서부 나이지리아 소재 대학에서부터 응수카 소재 나이지리아대학에 이르기까지 수많은 익보 대학생이 이주해야 했고, 결국 최종적으로는 전쟁으로 우무아

---

72) Bill Roberts, *Life and Death Among the Ibos* (London: Scripture Union, 1970)을 보라.

히아 성서유니온까지 폐쇄해야 했다. 여기서 이 학생들은 성서유니온 운동의 중요한 지도자로 활약하고 있었다.[73]

모든 중등학교가 전쟁으로 문을 닫았고, 따라서 로버츠도 성서유니온 사역의 초점을 교외 활동으로 전환해야 했다. 난민이 우무아히아로 쏟아져 들어왔는데, 성서유니온에 참여한 경험이 있는 많은 이들이 미션힐채플에 있던 성서유니온 본부로 찾아왔다. 이들은 다른 많은 유럽 선교사와는 달리 로버츠가 전쟁과 상관 없이 자기 자리를 지키기로 결정한 것에 감명받았다. 이들 대부분은 익보랜드의 주요 개신교 교파인 성공회 혹은 감리교인이었다. 이들은 우무아히아 성서유니온에서 교제하며 영적 갱신과 격려를 경험했다. 로버츠는 정규 주일 오후 성경공부 프로그램과 모임이 끝나면 놀이가 이어지는 한 주에 두 번하는 성경공부 모임, 기도, 예배 모임을 열었다. 매달 전도 집회도 열렸는데, 설교자는 언제나 현지인이었다. 사람이 많이 모여들었고, 로버츠의 기도편지에는 회심자의 수가 늘었다는 보고가 이어졌다. 우무아히아 교제의 명성이 퍼져나가면서, 이 사례를 본받아 젊은이들이 스스로 기도, 마을 전도, 병원 심방 같은 모임을 만들었다. 1968년 후반기에 휴가를 맞아 짧게 귀국했다가 다시 돌아온 로버츠는 구호 사역에 참여했고, 동부 지역 개신교 구호팀 현장 책임자로 임명받았다. 또한 돌아온 후 우무아히아 영적 갱신운동에 새로운 강조점이 추가된 것을 발견했다. 로버츠는 "모두가 성령에 대해 말하면서 성령으로 충만케 되기를 갈망하고 있었다"고 회상한다.[74] 방언과 신유에 대한 보고도 있었다. 로버츠는 이 현상을 지지했지만, 과해서는 안 된다고 경고했다.

우무아히아에서 깊어지고 있던 부흥은 1969년 4월에 도시가 연방군에

---

73) Richard Burgess, *Nigeria's Christian Revolution: The Civil War Revival and Its Pentecostal Progeny* (1967-2006) (Carlisle: Paternoster Press, 2008), 55-56, 87-88.

74) Roberts, *Life and Death*, 69.

게 함락되면서 갑작스레 종결되었다. 성서유니온의 집을 중심으로 성장하던 복음주의 학생 공동체는 오니차(Onitsha), 에누구(Enugu), 아바(Aba) 같은 주요 도심 뿐 아니라 익보랜드 전역의 마을로 흩어졌다. 그러나 이 강요된 이산이 사도행전 8장에 기록된 대로, 첫 예루살렘교회의 이산이 오히려 전략적 선교 수단이 되었다는 사실을 당시 이산을 경험한 많은 이들이 기억해 냈다. 이후 6개월 동안 익보랜드의 성서유니온 그룹 수가 25개에서 85개로 급증했다.[75] 로버츠는 우파마(Ufama)에서 한 알라두라(Aladura) '기도의 집'에서 두각을 나타냈던 세 청년, 스티븐 오카포르와 라파엘 오카포르(Stephen and Rafael Okafor), 아서 오리주(Arthur Orizu)와 교제를 시작했다. 그를 통해 이들은 복음주의 신앙으로 회심하고 자유의 시간 전도협회(The Hour of Freedom Evangelistic Association)를 설립했다. 니제르강 둑에 세워진 전략도시 오니차에 본부를 둔 '자유의 시간'은 익보랜드 전역에 급진적 은사주의 전도를 실천하는 강력한 단체가 되어 성서유니온 및 다른 조직에 속한 많은 청년을 이 단체의 기도와 전도단으로 끌어들였다. 전쟁은 1970년 1월에 끝났지만 익보랜드에서 성장하던 은사주의 부흥은 1970년대 내내 지속되었고 나이지리아 남서부와 북부의 대학생과 청년에게 확산되었다. 그 때부터 나이지리아 개신교의 목소리는 점차 오순절 색조를 띠었고, 1980년대에는 이다호사 같은 인물들을 통해 국제 무대에까지 울려 퍼졌다. 남반구 성령운동이 이제 북반구 복음주의에 영향을 끼치기 시작하고 있었다. 전세계에서 이 현상이 가장 두드러진 곳은 바로 풀러신학교였다.

---

75) Ibid., 79; Burgess, *Nigeria's Christian Revolution*, 89–90.

12. '이적과 기사'와 토론토블레싱(Toronto Blessing)

피터 와그너는 풀러신학교에서 공부를 마친 후 1956년부터 1971년까지 볼리비아에서 선교사로 일했다. 처음에는 남아메리카인디오선교회(South American Indian Mission) 소속이었고, 그 다음은 후에 이름을 안데스복음주의선교회(Andes Evangelical Mission)로 바꾸는 볼리비아인디오선교회(Bolivian Indian Mission)를 통해 일했다. 스코필드성경을 공부하며 세대주의자로 자라났기에 그는 볼리비아나 이웃한 칠레에서 접한 오순절 신자에게 거의, 혹은 전혀 공감대가 없었다. 그러다 1967-68년 안식년 기간에 풀러에 새로 생긴 세계선교대학원에서 도널드 맥가브란의 지도로 선교학을 공부했다. 맥가브란과 그의 실용주의적인 교회성장 이론은 와그너에게 엄청난 영향을 주었다. 와그너 또한 맥가브란에게 인상적이어서, 맥가브란은 와그너를 풀러 교수로 청빙하고자 했다. 와그너는 이 요청을 바로 받아들이지는 않았지만, 결국 1971년에 (풀러신학교가 소재한 캘리포니아의-역주) 패서디나로 갔다. 거기서 맥가브란 이론의 논리에 매혹을 느낀 와그너는 라틴아메리카에서 가장 빠르게 성장하는 교회, 즉 오순절교회의 성장 요인이 무엇이었는지를 알아내야 할 필요성을 느꼈다. 와그너는 점점 더 복음 설교가 이적과 기사로 확정되고 실증되기를 기대하는 오순절 신앙식 접근법이 적어도 악한 영의 실재를 의심 없이 받아들이는 '원시' 민족 사이에서는 **빠른 교회 성장의 핵심 요소**일 수 있다는 결론에 이르렀다. 어느 정도 불안감을 감수하면서도 그는 1982년 1월에 오랜 친구 존 윔버(John Wimber)에게 풀러에 와서 '기적과 교회성장'이라는 제목의 과목을 가르쳐 달라고 요청했다.[76]

---

76) C. Peter Wagner, 'My Pilgrimage in Mission', *International Bulletin of Missionary Research* 23 (1999), 164–167.

존 윔버(1934-97)는 원래 록 음악가이자 프로듀서였다가 1963년에 회심했다. 초기 기독교 및 목회 경험이 이루어진 곳은 캘리포니아 주 요바린다(Yorba Linda) 소재 복음주의 친우회(퀘이커) 회중이었다. 1975년에 풀러신학교에 시간제 학생으로 등록해서 와그너가 가르친 교회성장 과목을 하나 들었다. 와그너의 영향에 더하여 애그니스 샌퍼드, 은사주의 성공회 신자 모턴 켈시(Morton Kelsey), 잉글랜드 오순절 신자 도널드 지(Donald Gee) 같은 저자의 책에 감화를 받은 윔버는 복음을 효율적으로 전하기 위해서는 예수의 사역에서 나타난 것 같은 확실한 이적과 기사가 일어나야 한다고 확신하게 되었다. 그는 이 원리를 자신의 집에서 1977년에 시작한 공동체에 가르쳤다. 이 모임은 처음에는 척 스미스의 갈보리채플(Chuck Smith's Calvary Chapel) 교회 그룹 소속이었는데, 이 교회 네트워크의 성장은 캘리포니아에서 반문화(counter-culture)를 지향하는 이들을 대상으로 퍼져나간 예수운동과 밀접한 관련이 있었다.[77] 그러나 윔버가 풀러에서 가르치기 시작한 1982년 초에 예배에서 성령의 은사를 활용하라고 더 강조하고 또한 (퀘이커 전통의 영향이 확실한) 신비적 친밀감이라는 편안한 예배 방식을 추구하면서 그와 그가 이끈 공동체와 갈보리채플과의 관계가 단절되었다. 이 때문에 1974년에 예수운동 회원이자 유명한 작곡가이자 가수 밥 딜런의 친구인 켄 걸릭슨(Kenn Gulliksen)이 1974년에 설립한 비니어즈(Vineyards)라는 작은 교회 네트워크에 새로 가입했다. 윔버의 애너하임 소재 공동체는 비니어드크리스천펠로우쉽(Vineyard Christian Fellowship)으로 알려졌다.[78]

와그너가 시간이 가면서 오순절파의 강조점에 점점 더 공감한 것이 윔

---

77) Eskridge, 'God's Forever Family', 129-140.
78) Scotland, *Charismatics and the New Millennium*, 199-218; Hilborn, 'Toronto' in Perspective, 134-135.

버에게 영향을 준 것임에 틀림없기는 하지만, 와그너는 자신과 풀러 동료 인류학자 찰스 크래프트(Charles Kraft)가 처음에는 윔버의 강의에 어느 정도 주저하며 참석했지만, 얼마 안 되어 둘 다 '오늘날 목전에 일어나고 있는 성령의 사역에 우리가 마음을 열게 한, 삶을 바꾸는 패러다임 쉬프트'를 목격했다고 썼다.[79] 이 때부터 윔버가 가르치고 와그너의 참여도도 더 높아진 풀러의 '기적과 교회 성장' 과목은 신유와 축사를 더 강조했고, 실제로 신학교 강의실에서 이런 일이 일어나기도 했다. 과목의 인기도 급상승해서, 300명이 등록했다. 풀러에서 교회성장학 도널드 맥가브란 석좌교수로 승진한 와그너는 로잔운동과 AD 2000 운동[80]에서도 중요한 역할을 맡는 등, 복음주의 선교학에 큰 영향을 끼쳤다.

기독교인이 말씀을 전할 때 '이적과 기사'가 나타나야 한다는 것을 표준으로 만든 공공연한 오순절파식 기독교 선교 접근이 은사주의 운동의 많은 부분에 지금껏 저항적인 태도를 취해 왔던 미국 복음주의 기존 세력의 심장부를 마침내 뚫은 것이다. 1990년대에 와그너는 그가 성령의 '제3의 물결'(the Third Wave), '신사도 개혁'(the new apostolic reformation) 등으로 다양하게 이름 붙인 현상의 전세계적인 폭발을 연구하는 데 천착했다. 극단적으로 새로운 유형의 교회가 전통 교파들의 경계 너머에서 부상했다. '이적과 기사'가 복음 선포에 동반되어야 하기에 성령세례가 회심에 뒤이어서가 아니라 회심과 동시에 나타나야 한다는 기대가 이 운동의 특징이었다.[81]

---

79) Wagner, 'My Pilgrimage in Mission', 166.
80) (후에 'AD 2000 and Beyond 운동'으로 이름을 바꾸는) AD 2000 운동은 1989년에 2000년까지 전세계 모든 종족에게 복음을 전하자는 목표로 발족했다.
81) Wagner, 'My Pilgrimage in Mission', 164–167; John Wimber, *Power Evangelism: Signs and Wonders Today* (London: Hodder & Stoughton, 1985), 11, 50–51; Wagner's *Churchquake! How the New Apostolic Reformation Is Shaking up the Church as We Know It* (Ventura, Calif.: Regal

'신사도 개혁'의 중요한 요소 하나는 캘리포니아에서 급속히 증식한 비니어드교회 네트워크였다. 1986년에 윔버의 애너하임펠로우쉽은 신자가 5천명으로 늘었고, 걸릭슨은 윔버를 비니어드네트워크의 지도자로 임명하려고 준비하고 있었다. 비니어드교회들이 미국에서 시작되어 영국(1987년 9월 이후)과 다른 여러 나라로 퍼졌고, 20세기가 끝날 무렵에는 전세계에 900개 교회가 세워졌다. 영국의 비니어드교회 수는 1990년에 다섯 개 교회에 총 출석자 수 2,025명이었다가, 2000년에는 75개 교회에 총 출석자 수 9,700명으로 성장했다.[82] 이 숫자는 그 당시 약 20만명에서 40만명 정도 되던 영국 내 '새로운 교회들'의 총 회원수를 고려할 때 상대적으로 미미한 비율이었다.[83] 그러나 영국에서의 윔버의 영향력은 비니어드교회 경계를 훌쩍 뛰어 넘었다. 데이비드 왓슨의 초대를 받아 윔버는 1981년에 처음으로 영국을 방문하여 은사주의 성공회 복음주의의 '대성당'으로 급속히 자리잡아 가고 있던 런던 브롬턴의 홀리트리니티교회를 포함한 주요한 은사주의 성공회교회 일부에서 사역했다. 세 차례 남아프리카공화국 방문 중 첫 번째는 1981년에 있었고, 뉴질랜드는 1986년, 호주는 1990년, 영국은 1984, 1986, 1987, 1990, 1991년에 각각 방문했다. 호주와 영국에서 윔버가 특별히 지대한 영향을 끼친 대상 집단은 침례교인과 '새로운' 교회 목사들이었다. 또한 '캔자스시티 예언자들'(Kansas City prophets)이라 불린 그룹과도 한 동안 관계가 있었는데, 이 그룹에서 가장 유명한 인물 폴 케인(Paul Cain)은 1950년대에 윌리엄 브래넘(William Branham)의 동료였다.[84]

Books, 1999)도 보라.
82) Cory E. Labenow, *Evangelicalism and the Emerging Church: A Congregational Study of a Vineyard Church* (Farnham: Ashgate, 2009), 7.
83) Anderson, *Introduction to Pentecostalism*, 157; Scotland, *Charismatics and the New Millennium*, 25; Kay, *Pentecostals in Britain*, 176에 나오는 추정치들을 비교하라.
84) Hilborn, *Toronto' in Perspective*, 136-142.

토론토공항 비니어드교회는 1987년에 세워졌지만, 1991년이 되어서야 비니어드네트워크에 가입했다.[85] 1994년 1월에 회중이 예배하는 동안 '성령에 취한 것'으로 이해된 '거룩한 웃음,' 바닥에 쓰러짐 및 다른 육체로 나타나는 현상을 체험하기 시작했다. 이런 현상들은 존 웨슬리의 사역에서도 선례가 있었던 만큼 새로운 것은 아니었다. 1989년 이래 이 현상은 남아프리카인 오순절 신자이자 번영신학 지지자 로드니 하워드 브라운(Rodney Howard Browne, 1961-)의 플로리다 주 올랜도 및 다른 지역 사역에서도 두드러진 특징이 되었다. 토론토 현상의 자극제는 미주리 주 세인트루이스의 비니어드파 목사 랜디 클락(Randy Clark)의 방문이었는데, 그는 하워드 브라운이 오클라호마 주 털사에서 인도한 연속 집회에 참석해서 큰 감화를 받은 인물이었다.

또 하나의 간접 영향의 근원은 아르헨티나 부에노스아이레스의 레이데레이스(Reyde Reyes, 왕의 왕) 교회 목사 클라우디오 프레이드존(Claudio Freidzon)이었다. 토론토 비니어드교회 목사 존 아노트(John Arnott)는 1993년에 아르헨티나를 방문해서 그 곳에서 일어난 부흥을 조사하고, 프레이드존이 인도한 집회에도 참석했다. 네 달 만에 아노트의 교회 출석자가 네 배로 뛰어 천 명에 이르렀다. 숫자는 해외에서 찾아온 '복음주의 관광객' 덕분에 더 늘었다. 1994년 8월에 1,500개가 넘은 영국 교회 신자들이 이 교회를 방문했다.[86] 이 방문자 중에 남편 존과 함께 퍼트니에 소재한 첫번째 런던 비니어드교회 직원으로 일하던 엘러너 멈퍼드(Eleanor Mumford)도 있었다. 존 멈퍼드는 전에 런던에서 성공회 성직자로 일했고, 부부는 런던의 은사주의 성공회 지도자들과 밀접한 친분을 유지하고 있었다. 토론토에서 귀국한 엘러너는 브롬턴 홀리트리니티교회 보좌 신부 니키 검블

---

85) Eskridge, 'God's Forever Family', 379.

86) Scotland, *Charismatics and the New Millennium*, 232.

(Nicky Gumbel) 등 많은 목회자를 자기의 집으로 초대했다. 검블은 후에 엄청나게 성공을 거둔 프로그램으로, 기독교에 대해 관심을 갖고 탐구하는 이들을 위해 만들어진 '알파' 코스 책임자로 국제적인 명성을 얻게 되는 인물이었다. 이 회합의 결과 유사 현상이 브롬턴 홀리트리니티 직원에게, 이어서 회중에게 퍼져나갔다. 런던 지역의 다른 교회들, 특히 침례교와 '새로운' 교회들의 지도자들이 토론토를 방문하고 돌아온 후 이들 교회에서 비슷한 현상이 나타났다. 6월이 되면 '블레싱'의 영국 확산이 교회 언론과 세속 언론의 광범위한 주목을 받게 된다. 복음주의자는 이 문제로 분열했는데, 일부는 이 운동을 위대한 부흥의 소식으로 보았고, 다른 이들은 단순한 히스테리로 깎아내렸다. 이 운동은 또한 미국, 뉴질랜드, 호주, 남아프리카 및 영어권 바깥 세계에까지 퍼져나갔다.[87]

심지어 비니어드 운동 내부에서도 토론토블레싱이 성령의 전능한 부어주심으로 보편적으로 받아들여진 것은 아니었다. 1995년 중반부터 플로리다 주 펜사콜라 브라운스빌에서 하나님의 성회 교회에 부흥이 일어나 은사주의자들의 관심을 놓고 토론토블레싱과 경쟁했다. 1995년 말, 비니어드교회협회(Association of Vineyard Churches)가 토론토교회에 대한 지지를 철회하자, 이 교회는 이후 토론토공항크리즈천펠로우쉽이라는 독립교회로 남았다. 1996년이 되자 토론토블레싱의 열기가 식어 갔다. 이 현상의 가장 중요한 장기 효과는 토론토블레싱의 결과 처음에는 영국에서, 그 후 세계적으로 유명해진 브롬턴 홀리트리니티교회의 알파코스가 엄청나게 성장할 수 있는 기반을 닦은 것이라 할 수 있다.[88] 1990년대가 끝날 때 즈

---

87) 토론토블레싱에 대한 가장 좋은 연구서는 Hilborn, 'Toronto' in Perspective와 Jürgen Römer, The Toronto Blessing (Åbo: Åbo Academi University Press, 2002)이다.

88) Hilborn, 'Toronto' in Perspective, 321-322, 324; Scotland, Charismatics and the New Millennium, 250.

음 알파코스를 통해 전세계에서 2백만 명이 넘는 기독교인 회심자가 나왔다는 주장이 있다.[89]

13. 결론: 성령운동인가, 아니면 문화운동인가?

1945년부터 2000년까지 세계 복음주의의 신학적 지향성이 눈에 띄게 변했다. 고전적 복음주의의 하나님의 말씀으로서의 성경 강조가 성령의 은사 및 성령의 직통 계시를 강조하는 현상으로 보완되거나, 때로는 대체되기도 했다. 이런 방향 전환 현상은 신적 권위에 대한 인간의 모든 주장을 본질적으로 의심했고 검증되지 않은 직관이나 조명보다 기록된 문서에서 지식을 획득하는 것을 더 선호한 유럽 계몽주의의 지적 유산과 복음주의와의 역사적 결합의 고리를 돌이킬 수 없을 정도로 망가뜨렸다. 은사주의 갱신을 통해 경건 생활과 기독교 예배의 생동감을 경험한 이들은 자신들이 복음주의 신앙의 막힌 수로를 뚫어 주고, 신약성경의 매 쪽에 기록되어 있는 내용에 비해 조금도 부족함 없는 극적인 방식으로 인간의 삶을 변화시키는 하나님의 변치 않는 능력에 대한 기독교인의 확신을 회복시키는 위대한 성령운동의 수혜자라는 사실을 한치도 의심하지 않았다. 이 운동의 바깥에 있거나, 혹은 더 나아가 이 운동에 환멸을 느낀 이들은 이 운동을 문화적 용어로 분석하는 학문적 해설에 더 흥미를 느끼는 경향이 있었다. 즉 은사주의 갱신운동은 특수 체험을 교의 위에 두고, 자기 표현을 겸양보다 우위에 두며, 유연함을 구조 위에 두는 포스트모던 시대의 철학적,

---

89) Michael Green, *Adventure of Faith: Reflections on Fifty Years of Christian Service* (Harrow: Zondervan, 2001), 184.

문화적 분위기에 복음주의 전통이 적응한 결과라고 해석한 것이다.[90]

기독교 역사에 나타난 모든 갱신 혹은 부흥운동에 대해서도 마찬가지지만, 고백적 설명과 사회적 설명을 이분법적으로 분리시키는 것은 궁극적으로 틀린 것이다. 20세기 중반 복음주의는 성령의 자유와 향유가 존재할 여지를 전혀 남겨 놓지 않은 일종의 방어적 본문 스콜라주의라는 무기를 들고 개신교 자유주의의 지배력에 대항해 분연히 일어섰다. 서구 사회, 또한 점차 전세계 여러 사회가 표현의 자유와 형태의 다양성이라는 계몽주의 이후(post-Enlightenment, 또는 탈계몽주의) 가치를 포용하면서, 기독교 공동체의 문화 또한 이렇게 흘러갔다. 세계 복음주의 공동체는 그 결과 그토록 필요로 했던 영적 활력을 얻었지만, 말씀과 성령 사이에서 균형을 어디에다 맞추어야 하느냐를 두고 복음주의자들이 서로 다른 의견을 개진함으로써 응집력이 약해지는 결과도 동시에 얻었다. 기독교 역사가의 역할은 성령과 문화가 뒤섞여 끊임없이 얽히고 설킨 가닥을 풀어내려고 시도하는 것이 아니라, 독자들이 스스로 이 가닥의 실체를 분별하고 해석할 수 있도록 돕는 것이다.

---

90) 은사주의운동에 대한 이른 시기의 이런 유형의 학문적 해석은 David W. Bebbington, *Evangelicalism in Modern Britain: A History from the 1730s to the 1980s* (London: Unwin Hyman, 1989), 229-248을 보라. 여기서 베빙턴이 '모더니스트'로 표현한 용어의 의미는 이후에 사용된 용어 '포스트모더니스트'에 담긴 의미와 같다.

The Global Diffusion of Evangelicalism

제8장

해석학, 여성과 남성, 성윤리

복음주의 기독교인은 언제나 성경의 가르침을 자기 신앙과 삶의 절대 규범으로 삼는 데 진지하게 헌신함으로써 다른 이들과 구별되는 특징을 유지했다. 또한 성경의 근본 메시지는 성령의 조명을 통해 평범한 신자가 쉽게 접근하고 이해할 수 있다고 주장하는 것도 복음주의의 경향이다. 비록 복음주의 운동의 일부 진영, 특히 장로교 전통에 속한 이들이 학식 있는 목회자의 가르치는 권위를 강조하기는 하지만, 복음주의자는 보통 하나님의 말씀을 신자에게 효과적으로 전달하기 위해 사제나 신학자가 반드시 있어야 한다고 주장하지 않는다. 특정 문제에 대해 '성경이 말하는 것이 무엇인가'에 대한 정답을 정해 놓을 수 있으면, 이는 원리상으로는 어떤 다른 주장도 충분히 잠잠하게 할 수 있는 것으로 받아들여졌다. 그러나 다른 교회나 문화 배경에서 온 동료 복음주의자와 만남을 갖고 교제하는 선교 혹은 다른 기독교 활동에 참여한 적이 있는 복음주의자 대부분은 복음주의 신앙이 실제로 '성경이 말하는 것이 무엇인가'에 대한 통일된 견해를 보증하지 않는다는 분명한 현실을 직면하지 않을 수 없다. 속죄의 범위라든지, 교회 질서라든지, 세례의 바른 주체나 방식이라든지, 이런 주제들에 대해 복음주의는 처음 등장할 때부터 소속된 이들 간 깊고 넓은 이견을 직면하고 다뤄야만 했다. 복음주의 운동은 그 역사 내내 이런 이견과 불일치를 성경해석에 대한 파편적인 이해의 결과로 인식하려고 했고, 적합한 본문을 철저하고 통찰력 있게 주해하는 방법론을 적용함으로써 불일치의 범위를 최소화하거나 심지어 제거할 수 있다는 소망을 늘 피력했다.

중요하기도 하고, 어느 정도는 서로 연결되어 있는 복음주의 성경해석학 영역에서의 세 가지 경향이 이 책이 다루는 시기에 눈에 두드러지게 등장하고 유행했다. 하나는 성경 본문이 오늘날 어떻게 적용되어야 하느냐를 확정하기 위해 고민하는 와중에 결정적 논증으로 개인의 영적 체험이라는 증거에 호소하자는 공감대가 형성된 것이다. 이 호소는 급속히 늘어나던 오순절 혹은 은사주의 기독교 공동체 내에서 가장 널리 받아들여졌다.

두 번째는 성경해석의 과제가 단지 본문이 말하는 것이 무엇인가를 밝히는 것 이상이라는 것을 점점 더 인식하게 된 것이다. 19세기 초반 이래 유럽 신학과 특히 독일 철학 과목은 한 본문에 대한 원 저자의 의도가 반드시 그것을 읽는 독자나 듣는 청취자가 이해한 '의미'와 똑 같은 것은 아니기에, 하물며 다른 시대, 혹은 다른 문화 배경에서 그것을 읽거나 듣는 이들에게 '의미'한 바와 도무지 같을 수 없다는 사실에 관심을 집중했다. 에른스트 푹스(Ernst Fuchs), 게르하르트 에벨링(Gerhard Ebeling), 한스-게오르그 가다머(Hans-Georg Gadamer) 같은 인물들이 관련된 소위 '신해석학' (new hermeneutic)의 점증하는 영향력에 대한 반응으로 1945년 이후 시기에 응용 성서학의 초점은 석의에서 해석학으로 발전했다. 성경 영감을 복음주의적으로 이해하는 학자들에게 본문이 원 청취자에게 전하기로 한 원 의도와 원 의미를 확인하는 것은 여전히 최우선 순위였지만, 점점 더 많은 이 복음주의 학자들은 이것이 더 이상 해석 과제의 전부일 수는 없다고 생각했다. 그 본문이 전혀 다른 환경과 상황에서 살아가는 우리에게 의미하는 것이 무엇인지를 밝히려는 지속적인 노력 과정이 점점 더 논쟁의 초점이 되었다. 이 시기 세계 복음주의 공동체에서 성장한 해석학의 특징은 획일적이지 않았다. 예컨대, 많은 아프리카 기독교인에게는 자신들의 문화와 구약 혹은 신약 성경의 문화 세계의 유사성이 아주 컸기 때문에 본문이 원래 의미하는 것이 무엇이고, 이 본문이 또한 오늘날의 상황에 의미하는 것이 무엇이냐 하는 두 질문이 실제로 전혀 다른 것이 아니었다.[1] 반면에 종교적으로 다원적이고 점점 더 세속화되어 가는 문화 속에서 사는 20세기 말 북반구 복음주의자에게는 성경해석학의 이슈들이 더 이상 대학이나 신학교 강의실에만 갇혀 있는 것이 아니며, 심지어는 주일 설교나 주중 성경공부 시간에서 고개를 불쑥 들이미는 불청객이다. 이는 부분적으로 20세기 후반 복음주의 성경해석 역사에서 눈에 띄는 세번째 발전 때문이었다.

1945년 이후 시기부터 눈에 띄기 시작한 세 번째 흐름은 성경의 권위가 오늘날 어떻게 해석되어야 하느냐 하는 질문이 현대 사회의 흐름이 모든 교회에 던져 주어 고민하지 않을 수 없게 만든 극도로 치열한 두 가지 논쟁 영역에 집중되었다는 것이다. 즉 1980년대까지 두드러진 논의점이 된 것으로, 여성을 교회 지도자로 세우는 문제, 특히 여성 안수 문제였고, 두 번째는 1980년대부터 오늘날까지 점차 이 주제와 경쟁하거나, 심지어는 이 주제를 능가할 정도로 주목을 받아 복음주의자를 포함한 모든 기독교인에게 뜨거운 감자가 된 주제로, 바로 동성애의 도덕적 지위에 대한 논의였다. 비록 이 시기에 때로 복음주의권 논의의 예측하기 어려운 궤도를 추적하는 우선적인 연구 주제로 조명받을 만한 다른 주요 성윤리 이슈들, 예

---

1) Philip Jenkins, *The New Faces of Christianity: Believing the Bible in the Global South* (New York: Oxford University Press, 2006), 제2장을 보라.

컨대 이들 중 가장 확실한 낙태[2] 같은 이슈가 분명히 있었음에도 불구하고, 이 책처럼 한 장에서 소개하는 것으로 그칠 수밖에 없는 책으로는 이들 이슈를 충분히 다룰 수가 없다. 따라서 복음주의자들이 성경의 가르침을 성차(gender)와 성(sexuality) 영역에 어떻게 적용했는가에 관한 논의는 위에서 언급한 두 영역에 한정할 것이다.

그러므로 이 장은 동시 발생한 이들 세 흐름을 차례대로 요약하는 데 집중하려 한다. 그러나 상호 연결되어 있기에, 이들 세 흐름에 대한 논의는 순서대로 각각 엄밀하게 따로 분리해서 다루기 보다는, 한 주제를 다루는 와중에 다른 주제를 간헐적으로 동시 취급하는 경우도 많을 것이다.

1. 성령이 만민에게 임하다: 오순절 기독교와 여성 사역

20세기 후반 복음주의 기독교의 점점 더 다양화되고 눈에 두드러진 여러 표현 양식 중에서 특히 여성에게 공적 사역에서 눈에 띄는 탁월한 역할을 부여한 경우가 많았다는 점에서 탁월했던 그룹은 오순절 및 은사주의 교회였다. 예언자 요엘과 사도 베드로가 오순절에 선포한 것처럼, 성별에 상관없이 성령이 만민에게 임했다. 남성과 마찬가지로, 여성도 예언, 신유, 방언 같은 특별한 은사를 탁월하게 받고 행했다. 그럼에도 불구하고 오순절 및 신오순절 교회는 성경을 매우 문자적으로 해석하는 경향 또한 지니고 있었기에, 교회에서의 여성의 위치에 대한 신약의 가르침에 충실하려고 했다. 오순절운동을 연구하는 학문은, 그 학문이 북미 오순절운동

---

[2] Alister Chapman, *Godly Ambition: John Stott and the Evangelical Movement* (New York: Oxford University Press, 2012), 124-125에서 낙태에 대한 존 스토트의 입장이 다른 이슈들, 예컨대 여성 안수 같은 이슈들과 관련해서 점점 자유로운 견해를 표명하게 된 것과는 대조적으로, 낙태 문제에 대해서는 시간이 갈수록 더 보수적으로 변했다는 사실이 지적된다.

을 연구한 것이든 아니면 전세계에서 일어난 현상을 연구한 것이든, 이 역설의 한 면만을 강조하는 데 치중하는 경향이 있기 때문에, 오순절 교회는 한편으로는 여성해방의 기수로 세속 학자들의 찬사를 받을 수 있지만, 동시에 다른 한편으로는 목사의 상하 계층적 지배구조를 오래된 전통 교단에서보다 더 절대시하는 곳이라는 비판을 받을 수도 있다.[3] 실제로 오순절운동에서 남녀 성차에 대한 성령의 고귀하고 아름다운 무관심과, 사역 및 교회 질서에 대한 신약성경 가르침에 나타나는 남녀 구별에 대한 분명하고 지속적인 효력 사이의 긴장은 완전히 해결된 것은 아니지만, 개인의 성령 체험의 깊이와 힘에 호소하는 것으로 타협점을 찾았다.

그러므로 1980년대 미주리 주 중부의 아주 보수적인 시골 지역 오순절 여성 설교자들에 대해 연구한 한 학술서는 비록 이 지역 여러 오순절교회의 남성, 여성 신자가 가정, 교회, 사회에서의 적합한 성 역할에 대해 매우 전통적인 견해를 견지하고 있었음에도 불구하고, 놀라울 정도로 많은 수의 여성이 단지 순회 설교자 역할뿐 아니라 때로 실제로 교회 회중의 목회자로서도 기능하고 있음을 확인했다. 이런 여성들은 자주 비판받을 때마다 요엘 2장과 사도행전 2장을 언급할 뿐만 아니라, 하나님의 복이 그들의 사역에 임했다는 궁극적으로 반론이 불가능한 증거를 주장하며 자신의 지도자 역할을 정당화했다. 즉 만약 하나님께서 복을 주셔서 부르셨음에 틀림없다면, 이런 하나님의 부르심에 대한 유일하게 올바른 반응은 순종이라는 것이다.[4]

가나에서 급성장하는 신오순절운동에 대한 연구도 이와 비슷하게 교회

---

3) 미국 오순절운동과 관련된 이 역설의 두 측면을 균형있게 평가한 내용은 Grant Wacker, *Heaven Below: Early Pentecostals and American Culture* (Cambridge, Mass.: Harvard University Press, 2001), 158-176을 보라.

4) Elaine J. Lawless, *Handmaidens of the Lord: Pentecostal Women Preachers and Traditional Religion* (Philadelphia: University of Pennsylvania Press, 1988).

내의 상하 질서를 존중하는 태도를 전반적으로 강조하지만, 동시에 성령의 두드러진 부어주심이 체험으로 증거된 경우에 여성에게 중요한 지도자 역할과 지위를 부여한 일부 교회가 눈에 띈다는 사실도 강조했다. 이들은 주로 부교역자였고, 남편이 담임목사인 경우도 많았다. 이런 경우에 목사 사모 그리고/또는 부교역자는 자주 '엄마' 같은 역할을 했기에, 서아프리카 문화에서 엄마가 받는 엄청난 사랑과 존경이라는 혜택을 누렸다.[5] 그러나 경우에 따라 가나 오순절 교회에서 여성이 담임목사가 되기도 했다. 가장 유명한 사례가 1994년에 가나 수도 아크라에 설립된 솔리드록국제채플(Solid Rock Chapel International)로, 담임이 '영적 불도저'라는 별명으로 유명한 크리스티 도 테테 목사(Rev. Christie Doe Tetteh)였다. 가톨릭 신자로 자란 테테는 1977년에 나이지리아 오순절 신자 벤슨 이다호사(Benson Idahosa)가 아크라에서 연 전도집회에서 회심한 후 벤슨의 비서이자 목회 보조로 일했다. 싱가포르 하가이연구원(Haggai Institute)에서 지도자 훈련을 받은 후 하나님이 자신을 독립 목회자로 부르신다고 확신하며 1992년에 가나로 돌아왔다. "하나님께서 내가 하기를 원하시는 것을 구체적으로 보았다. 하나님은 이적과 기사 사역으로 내게 복 주셨다. 내가 목회자로 설 때마다 사람들의 삶에 즉각적인 치유와 축사가 일어나는 놀라운 증거가 있었다."[6]

성장한 아프리카 여성에게는 실로 드물게도 테테는 독신이었지만, 솔리드록 회중에 대한 그녀의 권위는 종종 모성애적 용어로 규정된다. 즉 교회 신자는 모두 테테의 영적 자녀로 인식되는 것이다.[7] 제인 수실은 성 역

---

5) Jane Soothill, *Gender, Social Change and Spiritual Power: Charismatic Christianity in Ghana* (Leiden: E. J. Brill, 2007), 121.

6) Brigid M. Sackey, *New Directions in Gender and Religion: The Changing Status of Women in African Independent Churches* (Lanham, Md.: Lexington Books, 2006), 96에서 재인용.

7) Soothill, *Gender, Social Change and Spiritual Power*, 169-172.

할에 대한 가나 오순절 교회 담론이 주류 교회의 담론과 다른 것은 이 담론이 여성의 순종에 대한 바울의 가르침을 반박하는 것이 아니라, 오히려 이 담론이 영적, 물질적 성공으로 증명되는 하나님의 복이라는 지극히 개인주의적인 윤리 인식과 결합되어 있다는 사실이라고 설득력 있게 주장한 바 있다. 결혼을 하면 남편에게 순종해야 하고, 오순절운동 전체적으로는 남성 지도자에게 순종해야 하는 것이 삶에서 하나님의 복을 받는 보증이라고 추천되지만, 자신이 하고 싶은 것을 하기 위해서 남편 또는 남성을 교회로 인도하는 가장 좋은 방법이 남성에 대한 순종이라는 것이 바로 역설이었다. 즉 남성의 머리됨에 순종하는 것이 여성이 힘과 부를 얻게 되는 길이라는 것이다.[8] 비록 번영신학에 대한 심각한 신학적 문제 제기가 있었음에도 불구하고, 아프리카 복음주의 내 다양한 오순절 진영은 남성의 권위에 여성이 순종해야 한다는 바울의 본문에 대한 전통적인 해석을 여성에게 능력을 부여하고 영감을 주는 실천적인 해석학과 결합함으로써, 그들만의 토착적 해석 및 적용 방식을 발견했다고 할 수도 있다.

2. 2차대전 후 교회와 여성 사역

1945년에는 복음주의 교회든 아니든 극소수의 교회만 여성에게 기독교 사역자로 안수를 베풀었다. 이 중 하나인 (1936년부터 여성안수를 시행한) 캐나다연합교회(The United Church of Canada, 감리교회, 회중교회, 장로교회를 중심으로 캐나다 주요 교단이 1925년에 연합하여 결성된 현재 캐나다 최대의 개신교 교파-역주)는 복음주의가 강한 교단이 아니다. 성공회에서는 1944년에 홍콩

---

8) Ibid., 103-136; Jane Soothill, 'The Problem with "Women's Empowerment": Female Religiosity in Ghana's Charismatic Churches', *Studies in World Christianity* 16 (2010), 82-99.

주교 R. O. 홀(R. O. Hall)이 마카오 성공회에서 성찬 사역이 중단될 위기를 맞은 특별한 전시 상황에서 성공회 여자 집사 플로렌스 리팀외(Florence Li Tim Oi)를 사제로 안수하기로 일방적인 결정을 내림으로써 엄청난 논란을 불러 일으켰다. 중국 내 동료 주교들 및 캔터베리대주교 제프리 피셔(Geoffrey Fisher)가 홀의 결정을 노골적으로 반대하자 1946년에 리팀외는 사제 사직서를 제출했고 홀은 이를 받아들였다.[9] 다시 한 번 홍콩 교구에서 오래도록 홍콩의 한 지역 교회를 맡았던 제인 황(Jane Hwang)과 교회선교회 선교사 조이스 베네트(Joyce Bennett)가 사제로 서품받은 1971년까지 성공회 사제로 안수받은 여성은 없었다.

전쟁 직후에 여성이 전반적으로 지도자 역할을 두드러지게 감당한 교단은 친우회(퀘이커-역주) 같이 특정 안수 목회자 체계가 없는 교단, 구세군 같이 목회를 전적으로 비성례전적으로 이해하는 이들, 또는 유니테리언 만민구원파(Unitarian and Universalist)처럼 신학 스펙트럼의 극단에 서 있는 이들 뿐이었다. 미국에서는 20세기 초반 근본주의 및 오순절 교회에서 여성 목사가 존재한 사례가 있었다.[10] 영국에서는 두 역사적 자유교회(Free Churches, 국교회로부터 '자유'를 추구하는 비국교파 교단으로, '자유주의'(liberal)를 의미하는 것은 아니다-역주) 교단, 즉 잉글랜드 및 웨일즈 회중교회와 영국 및 아일랜드 침례교연합이 각각 1917년과 1918년에 여성안수를 허용했지만, 그 때 이후 실제로 안수한 수는 많지 않았다. 1946년까지 회중교회가 안수한 여성은 총 27명, 침례교연합은 4명에 지나지 않았다. 더구나 극소수의 안수받은 침례교 여성은 1957년까지 목사(ministers, 영국 배

---

9) Jacqueline Field-Bibb, *Women Towards Priesthood: Ministerial Politics and Feminist Praxis* (Cambridge: Cambridge University Press, 1991), 84–85, 134–135, 327.

10) Mark A. Noll, *American Evangelical Christianity: An Introduction* (Oxford: Blackwell, 2001), 89–93.

경에서 성공회 이외의 교회에서 주로 안수받은 목사를 부르는 호칭-역주)보다는 '여자 목회자'(women pastors, 'pastor'와 'minister'는 교차적으로 쓰이는 경우가 많지만, 여기서는 pastor를 minister보다 못한 하위 개념으로 여성에게 적용한 경우-역주)라는 호칭으로 불렸다.[11] 비슷하게, 캐나다 매리타임침례교단(Maritime Baptist Convention, 캐나다 동부 연안 매리타임 주를 중심으로 결성된 침례교 조직-역주)이 1954년에 이미 여성 목회자를 안수했지만, 캐나다 침례교인 대다수는 그 후에도 오랫동안 여성안수에 강하게 반대했다.[12] 영국 감리교회는 1973년까지 여성을 목회자 후보로 받아들이지 않았다. 스코틀랜드국교회(장로교-역주)도 1968년까지 그랬다.[13] 미국에서는 북침례교단(Northern Baptist Convention, 1950년부터 1972년까지는 미국침례교단[American Baptist Convention])이 19세기 말부터 상당 수의 여성을 목사로 안수했지만, 훨씬 보수적인 남침례교단에서는 노스캐롤라이나 주 더럼의 애디 데이비스(Addie Davis)가 목사로 안수 받은 첫 여성이 된 것이 1964년이었다. 그러나 데이비스가 (남부에서는 아무도 청빙하지 않으려 했기 때문에, 자기를 목사로 청빙한, 그것도 북침례교단 소속의) 교회를 찾아 북부로 떠나야 했다는 사실을 주목할 필요가 있다.[14] (이후 1968년에 연합감리교회가 된) 감리교회는 여성을 보

---

11) F. D. Bacon, *Women in the Church* (London: Lutterworth Press, 1946), 100, 134–135; J. H. Y. Briggs, 'She-Preachers, Widows and Other Women: The Feminine Dimension in Baptist Life Since 1600', *Baptist Quarterly* 31 (1986), 346–347.

12) P. Lorraine Coops, '"Shelter from the Storm": The Enduring Evangelical Impulse of Baptists in Canada, 1880s to 1990s', in George A. Rawlyk (ed.), *Aspects of the Canadian Evangelical Experience* (Montreal: McGill-Queen's University Press, 1997), 221.

13) Field-Bibb, *Women Towards Priesthood*, 66, 117.

14) David W. Bebbington, *Baptists Through the Centuries: A History of a Global People* (Waco: Baylor University Press, 2010), 173; H. Leon McBeth, *The Baptist Heritage: Four Centuries of Baptist Witness* (Nashville: Broadman Press, 1987), 690; Nancy Tatom Ammerman, *Baptist Battles: Social Change and Religious Conflict in the Southern Baptist Convention* (New Brunswick, N.J.: Rutgers University Press, 1990), 91.

조 목회자와 '안수 받은 지역 설교자'로 받아들였지만, 완전한 성직자 지위를 부여한 것은 1956년이었다.[15] 북장로교회(PCUSA)는 1930년에 여성을 장로로 안수했지만, 말씀과 성례를 시행하는 목사로 안수할 수 있게 된 것은 역시 1956년이었다.[16]

남반구에서는 뉴질랜드가 이 이슈에서 가장 '앞선' 나라로 다른 나라와 격차를 벌였다. 여기서는 교단 내 복음주의의 힘과 교단이 여성 안수를 인정하는 방향으로 이동하는 속도와의 반비례 관계가 비록 완전히는 아니지만 대략적으로 관찰된다. 회중교회는 1951년 이래 여성을 안수했고, 감리교는 1959년부터, 장로교는 1965년, 침례교는 1973년, (교인 대부분이 성공회 가톨릭파인) 성공회는 1977년부터 여성에게 안수를 주었다. 전세계 최초의 성공회 여성 교구 주교 페니 제이미슨(Penny Jamieson)은 1990년에 더니든(Dunedin) 교구에서 서임되었다. 제이미슨은 복음주의자가 아니었고, 더니든 교구는 전통적으로 성공회 가톨릭파가 주도했다.[17] 호주에서는 1977년에 회중교회, 감리교회, 장로교회 전통이 연합해서 결성된 자유주의 성향의 연합교회(Uniting Church)가 처음부터 여성 안수를 허용했다. 복음주의 교단이라 할 수 있는 호주 침례교회는 1978년에 첫 여성 목사를 안수했고, 시드니와 멜버른 교구에서 아주 강한 보수 복음주의 색채를 유지한 호주 성공회는 1992년이 되어서야 여성에게 안수를 주었다.[18]

---

15) Field-Bibb, *Women Towards Priesthood*, 55.

16) http://www.witherspoonsociety.org/2006/women's_ordination.htm (접속: 30 July 2012).

17) Field-Bibb, *Women Towards Priesthood*, 50, 55; Ian Breward, *A History of the Churches in Australasia* (Oxford: Oxford University Press, 2001), 323–324, 385; Allan K. Davidson and Peter J. Lineham (eds.), *Transplanted Christianity: Documents Illustrative of New Zealand Church History* (Auckland: College Communications, 1987), 362; Kevin Ward, *A History of Global Anglicanism* (Cambridge: Cambridge University Press, 2006), 295.

18) Bebbington, *Baptists Through the Centuries*, 173; Stuart Piggin, *Evangelical Christianity in Australia: Spirit, Word and World* (Melbourne: Oxford University Press, 1996), 203–221.

여성에게 안수할 준비가 되어 있는 교회가 1945년에는 소수에 지나지 않았음에도 불구하고, 전후 시기에 여성을 기독교 사역에서 계속 배제하는 것이 정당한가 여부를 두고 뜨거운 논쟁이 다양한 교단에서 벌어졌다. 1차대전과 마찬가지로, 2차대전도 많은 나라에서 평소에는 여성에게 닫혀 있던 공적 삶의 여러 역할을 그들이 담당하도록 밀어 넣었기 때문에, 교회만 여성의 열정을 자극한 이런 지속적인 동기와 환경에서 면역된 지역으로 남을 수는 없었다. 1949년 2월에 호주 복음주의 정기간행물 「리폼드 시올로지컬 리뷰」(Reformed Theological Review) 에 실린 논문에서는 '여성이 거룩한 사역에 들어오도록 허용해야 하는가에 대한 부상하는 질문'을 석의 문제에 대한 교회 내의 유감스런 분열의 한 사례로 평가했다. 한때 침례교 목사였다가 당시에는 멜버른 서리힐스의 세인트스티븐스(St Stephen's)장로교회에서 목회하고 있던 저자 도노반 미첼(Donovan F. Mitchell)은 더 엄밀한 과학적 석의 자체로 이 불확실한 문제에 대한 답을 내리는 것은 불가능하다고 결론 내렸다. 대신 해결책은 '사도 전승'과 '자연법'을 새롭게 이중 강조하는 것이라 주장했다. 미첼은 역사적으로 여성은 이 두 가지 범주에 의해 공적 기독교 사역에서 배제되었다고 했다. 이 입장을 포기하라는 압박이 교회에 점증한 상황의 기원을 거슬러 올라가면 궁극적으로 마주치는 것이 프랑스대혁명과 루소 철학의 무신론적 평등주의였다. 미첼은 이런 상황에서 '복 있는 사람은 사도 전승의 권위에 따라 해석하고 결정할 수 있는 주석자다. 그는 사도직의 권위에 의지해서 주변의 압박을 견딜 수 있기 때문'이라 선언했다.[19] 이는 건전한 석의만으로는 이교도적 평등주의

---

19) Donovan F. Mitchell, 'Women and the Ministry: Whither Exegesis?', *RTR* 8 (1949), 1–11; Ian Breward, 'From Baptist Leader to Presbyterian Leader: The Rev. Donovan Mitchell (1890–1954)', in David W. Bebbington and Martin Sutherland (eds.), *Interfaces: Baptists and Others from the Seventeenth to the Twenty-First Centuries* (Milton Keynes: Paternoster Press, forthcoming)을 보라.

의 물결을 막는 것이 어렵다는 복음주의적 인식에 더하여, 전승의 권위에 대한 본질적으로 가톨릭교회식의 이해에 호소하려는 시도였다. 미첼의 글은 즉각 도널드 로빈슨(Donald W. B. Robinson)의 눈에 띄었다. 그는 후에, 즉 1982년에 성공회 시드니 대주교가 되는 인물로, 호주 성공회 내에서 여성안수에 저항하는 시드니 성공회 복음주의자의 강력한 캠페인을 주도했다. 그러나 결국 1992년 11월 교단 총회에서 여성안수 법안이 가까스로 통과되는 것을 저지하지는 못했다. 1985년에 로빈슨은 미첼의 글을 '내가 지금껏 이 주제에 대해 읽은 모든 글 중 가장 중요한 글이라 생각한다'고 했다.[20]

미첼, 그리고 그를 따른 로빈슨은 세속 평등주의가 가한 압박의 무게에 대응하기 위해서 사도 전승이라는 휘지 않는 강철과 함께, 위험할 정도로 이런 저런 모습으로 변조가 가능한 '순수 석의'를 강화하려 했다. 그러나 1949년 이후 수십년을 지나며 많은 개신교인을 대표하는 특징이 된 것은 오히려 대안적 대응, 즉 새로운 성경해석학의 자원을 발굴하는 것이었다. 이 대안적 반응의 기폭제는 1957-8년에 국교회인 스웨덴루터교회에서 여성안수 문제를 둘러싸고 벌어진 논쟁이었다. 이 교회는 (성공회인-역주) 잉글랜드국교회와 상호 교류가 있었기에, 여성 사역에 대한 이 교회의 입장 역시 잉글랜드 내 보수파와 진보파 모두의 집중 관심의 대상이었다. 1957년에 스웨덴국교회 총회는 63:62로 여성안수를 부결시켰지만, 1년 후에는 찬성하는 평신도들의 결정적인 표 덕에 69:27로 여성안수 법안을 통과시켰다. 두 투표 중간에 당시 하버드대학에서 가르치고 있던 스웨덴국교회 성직자 크리스테르 스텐달(Krister Stendahl)이 진짜 이슈는 해석학 이슈라고 주장하는 글을 스웨덴어로 출판했다. 1966년에 필라델피아 소재 포

---

20) Piggin, *Evangelical Christianity in Australia*, 206.

트레스출판사(Fortress Press, 미국복음주의루터교〈ELCA〉가 운영하는 출판사-역주)는 이 논문의 개정판을 영어로 출간했다.[21] 1951년에 스웨덴 여러 대학의 신약 교수 중 한 사람을 제외하고는 모두가 여성을 사제로 안수하자는 주장은 '심각한 해석학적 장애물'에 부딪힌다고 선언하는 문서를 발행하는 상황을 지켜 본 스텐달은 문제가 되는 이슈는 본문 석의라기보다는 성경 권위의 해석학이라고 반박했다. 그는 사제 계급이라는 개념은 사역에 대한 신약의 가르침에는 분명 존재하지 않는다는 사실에 주목했다. 성경 본문들은 사제직에 대한 신학을 상세히 설명하려 하기보다는 오히려 교회와 사회에서의 여성의 순종에 대한 이들 본문의 입장을 하나님의 원 창조 질서에 호소함으로써 정당화했다. 그러므로 기독교인이 사회에서는 여성 해방을 받아들이면서, 동시에 하나님 나라의 새로운 질서의 구현으로 이해되는 교회에서는 이를 거부하는 것은 일관성이 없다는 것이다. 만약 여성의 순종에 대한 성경의 가르침이 오늘날에도 규범적인 것으로 받아들여져야 한다면, 그렇다면 기독교인은 논리적으로 교회 질서 문제에서 뿐만 아니라 정치와 사회 문제에서도 양성 평등에 반대하며 저항해서 싸워야 한다는 것이다.[22]

스텐달의 주장은 독창적인데다, 그는 성경의 권위를 주장하는 것을 마치 어리석은 행위인 듯 느껴지게 함으로써 애초부터 복음주의자의 지지를 얻을 의도가 없었음을 분명히 했다. 그럼에도 불구하고 향후 20년 이상 복음주의 저자들의 글에 점점 더 많이 등장하게 되는 힘 있는 글이었다.[23] 1973년 7월에 틴들협회 신약연구그룹이 케임브리지에 모여 신약해석 관

---

21) Krister Stendahl, *The Bible and the Role of Women: A Case Study in Hermeneutics* (Philadelphia: Fortress Press, 1966).
22) Ibid., 39-40, 42-43.
23) 예컨대, Colin Craston, *Biblical Headship and the Ordination of Women*, Grove Pastoral Series 27 (Bramcote: Grove Books, 1986), 5, 19.

련 주제를 논했을 때, 당시 더럼대학 세인트존스컬리지(St John's College) 교원이던 로빈 닉슨(Robin Nixon)이 신약의 권위에 대한 논문에서 "(창조질서에 대한 바울의 가르침을 적용하기 위해) 우리는 어떤 종류의 문화적 치환을 해야 하며, 또한 그것이 우리가 성경의 창조 교리를 거의 비신화화해야 할 정도로 엄청난 것인가?"라는 질문을 제기하면서 스텐달의 책을 인용했다는 사실을 언급할 필요가 있다.[24] 이 때 발표된 논문들이 1977년에 출판되었을 때, 신학생회 대표가 일부 기고자의 입장이 틴들협회의 교리적 기초와 조화될 수 있는가 하는 의문을 제기한 것은 조금도 놀랄 일이 아니었다.[25]

3. 복음주의가 해석학을 발견하다

크리스테르 스텐달이 지적한 해석학의 요점이 1966년에 영어로 첫 출간된 당시에는 복음주의자들의 관심을 많이 끌지 못했을 수 있다. 그러나 다음 20년 동안 새로운 해석학의 흐름은 단지 여성의 역할만이 아니라, 심지어 몇몇 경우에는 성경 권위의 본질 자체에 대한 전통적인 복음주의 이해에 도전하는 방향으로 점점 더 많은 보수 학자들을 몰아갔다. '복음주의자와 여성안수'라는 주제로 1973년에 출판된 성공회 소책자의 공저자는 여성안수를 지지하는 성공회 복음주의자의 수가 수년 전만 해도 5명 혹은 10명 정도에 지나지 않다가 조사 당시 비록 여전히 소수이기는 하지만 상당

---

24) R. E. Nixon, 'The Authority of the New Testament', in I. H. Marshall (ed.), *New Testament Interpretation: Essays on Principles and Methods* (Exeter: Paternoster Press, 1977), 346.

25) T. A. Noble, *Tyndale House and Fellowship: The First Sixty Years* (Leicester: Inter-Varsity Press, 2006), 174–175.

한 수준으로 늘어났음을 확인했다. 여성을 안수 목회로 받아들이는 것을 금지하는 규정으로 많은 이들이 받아들이는 바울의 구절이 '대부분의 복음주의자에게 교회에서 여전히 모자를 써야 한다고 강요하는 것만큼이나 고리타분한 것은 아니라고 생각했거나, 혹은 (스텐달이 정확히 지적한 대로) 더 나이든 세대에게 여성의 투표권을 금해야 하는 이유로 받아들여졌다고 저자는 언급했다.[26] 실제로 1970년대와 그 이후까지도 고린도전서 11장에서 바울이 여성에게 공공 기도 시에 머리를 가리라고 권한 내용이 여전히 모든 여성이 교회에서 모자를 써야 한다고 규정하는 절대 규범으로 받아들여져야 한다고 주장하는 기독교형제단 등의 복음주의 공동체 내 여러 집단이 있었다는 사실을 기억해야 한다.[27] 그럼에도 불구하고 이제 복음주의자들은 자신들의 선임자들보다 해석학적 이슈가 무엇인지를 더 잘 인식한 상태로 이런 문제들에 접근하기 시작했다.

잉글랜드국교회에서는 1982-83년에 새로운 해석학 접근법의 잠재적 힘이 복음주의 공동체 내에서 다중 분열을 얼마나 크게 야기할 수 있는지가 분명해졌다. 그 해에 틴들협회의 유명한 회원 제임스 던(James D. G. Dunn)이 성공회 복음주의 잡지 「처치맨」(*Churchman*)에 '성경에 따른 성경의 권위'라는 제목으로 긴 논문을 발표했다. 여기서 그는 워필드의 성경무오설을 주해 면에서는 도무지 감당이 안 되고, 해석학적으로는 불량이고, 신학적으로는 위험하고, 교육적으로는 재앙에 가까운 이론이라고 공격했다. 던은 "하나님께서 여기서 지금 성경 말씀으로 우리에게 말씀하시는 그 권

---

26) Colin Craston, Joyce Baldwin and J. I. Packer, *Evangelicals and the Ordination of Women*, Grove Booklet on Ministry and Worship 17 (Bramcote: Grove Books, 1973), 3. 다른 두 공저자와는 달리 J. I. 패커가 여기서 여성을 장로로 안수하는 것을 성경이 절대적으로 금하고 있지는 않지만, '확실히 현명한 일은 아니'라고 주장한 사실을 주목할 필요가 있다(25-26).

27) Neil Dickson, 'Worn Symbols: Women's Hair and Head-Coverings in Brethren History', 미출판 발표원고 Charlotte Chapel, Edinburgh, 8 Oct. 2011.

위적인 말씀을 우리 귀가 제대로 들을 수 있는 때는 성경의 역사적 상대성을 적절히 인정할 때뿐"이라 주장했다.[28] 이 논문에 대한 반향이 엄청나, 이어서 1983년 3월에 이 잡지 후원회인 교회회(Church Society)[29]가 편집장 피터 윌리엄스(C. Peter Williams)와 편집진을 모두 해고했다. 윌리엄스를 대신한 인물이 좀 더 보수적인 학자 제럴드 브레이(Gerald L. Bray)였고, 새로운 편집진도 임명되었다. 이에 대한 대응으로, 새로운 '열린 복음주의' 성공회 잡지 「앤빌」(*Anvil*)이 윌리엄스를 편집장으로 새로 탄생했다. 던의 논문만이 분열을 야기한 유일한 원인은 아니었지만, 이는 결국 잉글랜드 국교회 내 개혁파(Reformed-'진보파'가 아니라, 종교개혁 시대 츠빙글리 및 칼뱅 등의 후손으로서의 개혁주의자-역주) 복음주의자와 '열린' 복음주의자 간 간격이 점점 더 벌어지는 분열의 신호탄이 된 상징적 사건이었다. 해석학이 논쟁의 중심에 있었던 것이다.[30]

복음주의권 내부의 학문 논쟁에서 해석학이 새로운 돌출 변수가 된 상황의 큰 몫은 앤소니 시슬턴(Anthony C. Thiselton)의 작품이 가져온 충격 때문이었다. 시슬턴의 책 『두 지평』(*The Two Horizons*)은 1980년에 첫 출간되었을 때에는 복음주의자의 관심을 많이 끌지 못했지만, 장기적으로 보았을 때 이 책이 복음주의에 끼친 영향은 지대했다. 시슬턴은 1967년부터 틴들협회에 속한 주도적인 성공회 회원이었고, 1973년 7월에 나온 틴들협회의 성경해석 연구그룹의 논문모음집에도 글을 실었다. 『두 지평』은 원래 저자의 쉐필드대학 박사학위 논문을 개정한 것인데, 이 논문의 심사위원

---

28) James D. G. Dunn, 'The Authority of Scripture According to Scripture', *Chm* 96 (1982), 104–122, 201–225 (인용은 118, 214쪽).

29) 교회회는 1950년에 교회협회(Church Association, 1865년 설립)와 전국교회연맹(National Church League, 1906년 설립)이 통합되어 설립된 단체다.

30) 일어난 사건 전반을 알고 싶으면 Andrew Atherstone, *An Anglican Evangelical Identity Crisis: The Churchman – Anvil Affair of 1981–1984* (London: Latimer Trust, 2008)을 보라.

중 하나였던 J. B. 토랜스(J. B. Torrance)는 "내가 지금껏 읽은 논문 중 가장 출중한 논문에 속한다"고 했다.[31] 하이데거, 불트만, 비트겐슈타인의 철학적 해석학에 대한 시슬턴의 연구는 난해하고 까다로웠다. 핵심 주장은 현대 철학의 범주들을 성경해석에 적용하는 것은, '순수한' 성경 석의에 잘못된 불순물을 더하는 것이기는커녕, 오히려 실제로는 성경 본문을 결국 그저 자신들의 태도 혹은 선판단의 메아리 밖에는 듣지 못하는 방식으로 읽는 해석자들에게 저항하기 위해 세워진 요새였다는 것이다.[32] 오직 자신들의 '선이해'(혹은 해석학적 지평들)를 알고 있는 이들만이 고대 성경 본문의 다른 해석학적 지평에 지혜롭게 참여할 수 있다.

시슬턴은 철두철미하게 기독교적이지 않은 철학에서 나온 통찰을 활용하려는 시도는 어떤 것이든 잘못된 것이라 생각한 코넬리우스 반틸의 제자들에게는 이 주장이 우호적으로 받아들여지지 않으리라는 사실을 너무도 분명하고 정확하게 예측했다.[33] 워필드와 패커의 성경권위관도 너무 명제적이고 '모호하다'는 이유로 넌지시 비판했다. 시슬턴에게 성경의 권위는, 그 특징이 청취자 혹은 독자의 믿음과는 관계가 없음에도 불구하고, 오직 '일종의 동의와 상호 관계가 성경 저자가 전달한 상황과 현대의 독자 혹은 청취자의 상황 사이에서 발생할 때'에만 역동적으로 경험되는 것이었다.[34] 1977년 노팅엄에서 열린 제2차 전국복음주의성공회회의(National Evangelical Anglican Congress)에서 시슬턴이 한 해석학 관련 강연은 대회의

---

31) Anthony C. Thiselton, *The Two Horizons: New Testament Hermeneutics and Philosophical Description with Special Reference to Heidegger, Bultmann, Gadamer, and Wittgenstein* (Exeter: Paternoster Press, 1980), xii에 나오는 J. B. Torrance의 서문.
32) Ibid., xx, 225.
33) Ibid., 9.
34) Ibid., 434–437.

대표 논지가 되었다.[35] 시슬턴 이후, 복음주의 성서학자, 신학자, 윤리학자는 주해 작업이 문화 상황과 주석자의 한계와는 별개로 떨어져 있는 자기만족적인 닫힌 과제인 듯이 글을 쓰는 것이 훨씬 더 어려워졌다는 것을 깨닫게 된다. 가장 탁월한 통찰력을 지닌 복음주의 설교자들에게도 이는 점점 더 분명해졌다. 1981년에 존 스토트는 일기에 "해석학이 오늘날의 교회에, 특히 복음주의 기독교인에게 이슈 넘버 원(Issue No.1)이라는 것이 내게 점점 더 선명해 진다. 우리의 차이는 주로 성경을 읽고 이해하는 방식이 다르다는 것에 있다"라고 써야했다.[36] 그러나 짐(제임스-역주) 패커나 비숍스게이트 소재 세인트헬렌스교회 교구 사제 딕 루카스 같은 다른 복음주의 성공회 지도자들은 새로운 해석학의 유행이 복음주의 진영에 새로운 자유주의를 몰래 들여보내는 트로이 목마가 되지는 않을까 걱정했다.[37]

시슬턴의 영향은 1991년과 (저자 사후인) 1996년에 두 권으로 출간된 풀러신학교 교수 폴 킹 쥬이트(Paul King Jewett)의 조직신학에도 분명히 나타났다. 쥬이트(1919–91)는 휘튼컬리지에서 고든 클락에게 배웠고, 한 때 복음주의신학회 회원이기도 했다. 그는 자신의 조직신학 1권 『하나님, 창조, 계시』(God, Creation, and Revelation)를 '전 동료이자 존경 받는 친구' 에드워드 카넬에게 헌정했다.[38] 쥬이트가 처음으로 널리 주목을 받은 것은 1975년에 『남성과 여성으로서의 사람』(Man as Male and Female)을 출간한 이후로, 풀러 전 동료 해럴드 린셀은 『교회와 성경무오성』에서 쥬이트를 신랄

---

35) Alister E. McGrath, *To Know and Serve God: A Life of James I. Packer* (London: Hodder & Stoughton, 1997), 215–216.

36) Chapman, *Godly Ambition*, 105에서 재인용.

37) McGrath, *To Know and Serve God*, 218–219; D. W. Bebbington, *Evangelicalism in Modern Britain: A History from the 1730s to the 1980s* (London: Unwin Hyman: 1989), 269.

38) Paul King Jewett, *God, Creation, and Revelation: A Neo-Evangelical Theology with Sermons by Marguerite Shuster* (Grand Rapids: Eerdmans, 1991).

하게 비판했다.³⁹⁾ 쥬이트는 사도 바울이 랍비식 주해 훈련과 갈라디아서 3:28에 나오는대로 그리스도 안에서는 남녀의 지위 차이가 사라졌다는 그의 독특한 기독교적 전망 사이에서 갈피를 잡지 못했다고 주장했다. 이따금씩 그는 랍비식 주해 훈련의 영향이 우세를 보인 경우를 예로 들었는데, 바울이 고린도전서 11장에서 창세기 22장의 두 번째 창조 내러티브에 대한 널리 수용된 랍비식 해석에 근거해서 여성의 종속을 가르친 경우가 바로 그 경우였다고 암시했다.⁴⁰⁾ 『하나님, 창조, 계시』에서 쥬이트는 시슬턴과 '신해석학'을 직접 끌어와서, 해석학의 과제는 "본문이 기록된 그 때 의미한 것이 무엇인가를 질문하는 것에 그칠 수 없으며," 동시에 "그 본문이 설교되는 지금 현재 의미하는 것이 무엇인가"도 물어야 한다고 주장했다. 해석자는 '본문을 단지 우리의 관념에만 맞추려 함으로써' 성경의 세계와 우리 세계 사이의 간격을 줄이려 시도한 계몽주의의 길을 따라서는 안 된다는 것이다.⁴¹⁾ 이것이 성차와 성이라는 영역을 성경적으로 가르치는 과정에서 실제로 의미한 바가 무엇이냐 하는 점은 쥬이트의 조직신학 제2권 『우리는 누구인가: 인간으로서의 우리의 존엄: 신복음주의 신학』(*Who We Are: Our Dignity as Human: A Neo-Evangelical Theology*)에 가서야 분명해졌다. 쥬이트가 사망할 때 이 책의 원고는 3분의2만 완성되어 있었는데, 이 원고를 패서디나 소재 녹스장로교회 목사 마거리트 슈스터(Marguerite Shuster)가 출판사로 보냈다. 이 2권에 대해서는 나중에 다시 다룰 것이다.

---

39) Harold Lindsell, *The Battle for the Bible* (Grand Rapids: Zondervan, 1976), 117-121; George M. Marsden, *Reforming Fundamentalism: Fuller Seminary and the New Evangelicalism* (Grand Rapids: Eerdmans, 1987), 280-282을 보라.

40) Paul King Jewett, *Man as Male and Female: A Study in Sexual Relationships from a Theological Point of View* (Grand Rapids: Eerdmans, 1975), 112-122, 134.

41) Jewett, *God, Creation, and Revelation*, 154, n. 65, Thiselton, *Two Horizons*, 60-61에서 재인용. n. 66 on p. 155도 보라.

4. 평등주의자와 상호보완주의자

복음주의자가 성경의 가르침을 오늘날의 상황에 적용하는 더욱 더 다양해지는 방식을 가늠할 수 있는 주된 시소(試訴, test case, 그 판결이 선례가 되어 다른 유사 사건에 영향을 미치는 것-역주)로 1980년대에 등장한 것이 바로 기독교 사역에서의 여성의 역할에 대한 질문이었다. 1950년대 말 이후 여성 해방운동의 영향에 점점 더 많이 노출되어 가던 문화 환경에서 서구 세계 기독교 교단 대다수는 여성안수를 반대하는 그들의 역사적 입장을 재고하거나 심지어 폐기하라는 압박에 시달렸다. 1950년대 말부터 여성에게 안수하기 시작한 주류 미국 개신교 교파들의 결정 과정에서 복음주의자가 눈에 띄는 역할을 하지는 않았지만, 1970년대에 북미에서 '복음주의 페미니즘'으로 알려지는 중요한 사상이 부상했다.[42] 1973년의 '시카고 복음주의 사회관심선언'에는 "우리는 교만으로 가득한 남성의 지배와 책임 없는 여성의 수동성을 조장했음을 인정한다. 따라서 우리는 남녀 모두가 상호 순종과 적극적인 제자도에 응하라고 요청한다"는 성명이 포함되었다.[43] 이 선언과 헌신의 결과 하나가 1974년 11월에 열린 사회행동을 위한 복음주의자 제2차 대회에서 조직된 여성 평등에 대한 세미나였다. 이 세미나가 1975년 1월에 복음주의여성대회(Evangelical Women's Caucus) 결성으로 이어져, 첫 대회가 그 해 11월에 워싱턴에서 열려 미국과 캐나다 18개 교단 출신의 여성 400명 이상을 끌어모았다. 이 부상하는 운동에 참여한 많은 이들에게 학문적 영감과 격려의 근본 원천이 된 책이 바로 쥬이트의 『남

---

42) Pamela D. H. Cochran, *Evangelical Feminism: A History* (New York: New York University Press, 2005)를 보라.

43) The Chicago Declaration of Evangelical Social Concern, Ibid., 14에서 재인용.

성과 여성으로서의 사람』(Man as Male and Female)이었다.[44]

또한 북미 및 다른 지역에, 남성 복음주의자를 포함하여, 스스로를 '페미니스트'로 규정하지는 않았지만 그리스도께서 만드신 신인류 안에서는 남녀가 근본적으로 평등하다는 것이 성경의 본질적 증언임을 확신하는 이들의 수가 늘어났다. 그러나 아마도 미국 내에서 훨씬 많은 수를 차지한 이들은 가족과 교회, 생활 및 (궁극적으로는) 사회 전반에서 머리가 되는 역할은 남성에게 주어지지만, 동시에 성경이 남녀 간 고유 역할의 상호 보완을 가르치고 있다는 믿음을 재확인하는 것으로 복음주의 페미니즘의 등장에 반응한 복음주의자였던 것 같다. 이 두 진영의 근본적 차이는 학회 주제가 '성경 및 신학 관점에서 본 남성과 여성'이었던 1986년 복음주의신학회에서 분명해졌다. 서로 반대편에 선 두 연대조직이 결성되었다. 하나는 평등주의자(egalitarians)가 만든 성경적 평등을 위한 기독교인(Christians for Biblical Equality)이었고, 상호보완주의자들(complementarians)은 성경적 남자다움과 여자다움 협회(Council on Biblical Manhood and Womanhood)를 조직했다.[45] 이들 두 조직은 그 후로도 계속 논쟁을 이어갔다. 존 파이퍼 (1980년 이후 미네소타 주 베들레헴침례교회 목사)와 웨인 그루뎀(장기간 일리노이 주 트리니티복음주의신학교 교수) 같은 상호 보완주의자는 성경이 '남성다움'과 '여성다움'이라는 영구적이고 구별된 특징이 있다고 가르치기 때문에, 이 구별이 모든 문화 속에 있는 교회와 가정 생활의 구조 내에서 계속 구현되어야 한다고 주장했다.[46]

---

44) Cochran, *Evangelical Feminism*, 15-16, 24-25; Virginia Ramey Mollencott, 'Evangelicalism: A Feminist Perspective', USQR 32 (1977), 95-103.

45) Stanley J. Grenz, *Women in the Church: A Biblical Theology of Women in Ministry* (Downers Grove: InterVarsity Press, 1995), 14-15.

46) John Piper and Wayne Grudem (eds.), *Recovering Biblical Manhood and Womanhood: A Response to Biblical Feminism* (Wheaton: Crossway, 1991).

반면 영국 성공회의 일레인 스토키 같은 복음주의 페미니스트는 두 성별이 변치 않는 정반대의 '본질'을 갖고 있다는 생각은 성경적이라기 보다는 그리스적이라고 반박했다. 이들은 상하관계가 아닌데다 동시에 영원토록 서로 사랑하는 관계를 유지하는 삼위로 계신 하나님이라는 모범에 근거해서 모든 인간 및 그 인간들의 상호 관계를 이해해야 한다는 성신학(theology of gender)을 주창했다.[47]

미국에서는 주류 교파 내 복음주의자의 존재감이 대개 너무 약해서 이들 교단이 1970년대부터 여성에게 안수하는 흐름을 제어할 수 없었다. 더 보수적인 교단들에서는 상호보완주의 견해가 교단이 여성안수를 허용하는 방향으로 이동하는 것을 막을 만큼, 혹은 실제 여성 사역을 공식 인정하는 방향으로 나아가는 것을 막을 만큼 충분히 강했다. 따라서 기독교개혁교회(CRC) 대회는 1990년에 투표를 통해 소속 교회들이 여성을 모든 교회 직분에 안수할 수 있다고 허용했으나, 1992년 대회는 이 결정을 비준하기를 거부했다. 다시 1993년 대회가 다시 한 번 투표로 여성안수를 허용하는 문을 열었으나, 1994년 대회가 이 결정 승인을 거부함으로써 이전의 순환 구도가 반복되었다. 1995년에는 타협안이 만들어져, 결국 각 지역 교회가 이 문제에 대해 자체 결정을 내릴 수 있도록 했다.[48] 이와는 반대로, 오히려 잉글랜드국교회에서는 성공회 복음주의자가 취한 입장이 여성안수의 장벽을 없애는 데 결정적인 작용을 했다.

---

47) Elaine Storkey, 'Evangelical Theology and Gender', in Timothy J. Larsen and Daniel J. Trier (eds.), *The Cambridge Companion to Evangelical Theology* (Cambridge: Cambridge University Press, 2007), 161-176.

48) Grenz, *Women in the Church*, 30-31.

5. 복음주의 성공회 신자와 잉글랜드국교회 여성안수

1992년 11월 11일에 잉글랜드국교회 총회는 세 주교원(three houses of bishops, 잉글랜드국교회 총회를 구성하는 하부 조직으로 총 세 주교원이 있다. 한국 장로교에는 없는 장로교 대회[synod], 즉 총회와 노회 조직의 중간에 위치한 규모와 기능의 교회조직과 유사-역주)에서 투표를 통해 필요한 성직자 및 평신도 회원 3분의 2의 동의를 받아 여성의 사제(priesthood, 부제[diaconate] 안수는 1987년부터 가능했다) 안수를 결의했다. 특히 평신도회(House of Laity)에서는 투표가 막상막하였는데, 회원 두 사람이 반대표를 던졌으면 결과가 뒤집힐 뻔 했다.[49] 반대표를 던진 이들은 대부분 교단 내 성공회 가톨릭파였다. 이들에게 이 이슈는 여성이 성찬 희생 제사의 신비를 성직자로서 수행할 때 남자였던 그리스도를 제대로 대변할 수 있느냐 하는 것이었다. 성공회 복음주의자 일부도 여성안수는 남성의 머리됨과 여성의 순종에 대한 성경의 가르침을 위반하는 것이라 믿으며 반대표를 던졌지만, 복음주의자 다수는 성공회 자유주의자와 더불어 여성안수에 찬성하는 표를 던졌다. 투표, 특히 평신도회 투표에서 아슬아슬한 승리를 만들어 낼 수 있었던 것이 바로 이들 복음주의자의 지지표였다는 사실이 널리 주목받았다. 논쟁 현장에서 발언한 복음주의자 일부는 자신들이 입장을 바꾸었다고 증언했다. 런던교구 사제였던 피트 브로드벤트(Pete Broadbent)는 자신이 1970년대에 노팅엄 소재 세인트존스컬리지에서 신학공부를 하고 있던 때에 쓴 논문 하나를 언급하며, 그 논문은 남성의 머리됨을 가르치는 것처럼 보이는 신약 본문들에 근거해서 여성안수를 강하게 반대하는 것이었다고 했다. 브로드벤트가 머리됨 본문이 여성안수 반대자들이 기댈 만한 비중있는 근거가 아

---

49) Sean Gill, *Women and the Church of England: From the Eighteenth Century to the Present Day* (London: SPCK, 1994), 257-259.

나라는 결론에 이르게 된 것은 1977년부터 1980년까지 더럼의 세인트니콜라스교회(St Nicholas's Church in Durham)에서 첫 보좌신부 직책을 수행하던 시기였다. 이 때 그가 보좌한 교구 사제가 조지 캐리(George Carey)로, 후에 캔터베리대주교가 되는 강력한 여성안수 지지자였다. 브로드벤트는 총회에 크리스테르 스텐달의 주장, 즉 만약 머리됨 주장이 유효하다면, 이것이 교회에만 적용되는 것이 아니라 사회 전체에도 적용되어야 한다는 주장을 정리해서 알려주었다.[50] 이 과정에서 의견을 바꾼 인물 중 하나가 존 스토트였다. 1963년에 쓴 글에서 그는 성경이 여성이 남성 위에서 권위를 행사하는 것을 허용하지 않았다고 직설적으로 주장했다. 그러나 1984년에는 여성 목회자가 혼자서 목회나 주교 역할을 감당하는 것은 우려함에도 불구하고, 여성안수를 지지한다고 선언했다. 2006년에는 여성이 주교직을 맡는 것을 반대해야 한다는 논리적인 이유는 없다고 인정한 것 같다.[51]

총회에서 중요한 논의가 있은 후 18개월이 지난 1994년 3월에 신약신학자로 유명한 성공회 복음주의자 딕 프랜스(Dick France, 한국에서는 R. T. France로 많이 알려져 있다-역주)가 옥스퍼드 위클리프홀에서 전한 설교에서 "만약 총회 투표가 20년 전에 진행되었다면 제 생각에 복음주의자 대부분은 여성의 장로 안수를 반대하는 쪽에 투표했을 겁니다. 저 자신도 그렇게 했겠지요."라고 말했다.[52] 계속해서 프랜스는 많은 복음주의자가 이 문제

---

50) *The Ordination of Women to the Priesthood: The Synod Debate 11 November 1992: A Verbatim Record* (London: Church House Publishing, 1993), 44.

51) Chapman, *Godly Ambition*, 123–124, 204–205.

52) R. T. France, "'It Seemed Good to the Holy Spirit and to Us'? Some Thoughts on Decision-Making in the Church, and on Christian Disagreement, in the Light of the Decision of the Church of England to Ordain Women to the Presbyterate', *Chm* 108 (1994), 234–241 (인용은 237쪽). 프랜스(1938–2012)는 당시 위클리프홀 학장이었다.

에서 마음을 바꾼 것이 그저 시대의 세속적인 분위기에 항복한 것으로 비춰져서는 안 된다고 주장했다. 오히려 해석학의 새로운 적용법이 복음주의자에게 영향을 끼친 상황을 증명하는 것이라고 했다.

> 우리는 이제 성경 저자들의 세계와 우리 세계의 '두 지평' 간 거리가 얼마나 먼지를 인정하는 법을 배웠고, 한 지평에서 언급된 것이 다른 지평에서는 어떻게 적용되어야 하는가 하는 어려운 질문을 던지는 법도 배웠습니다. 각 본문이 우리에게 주어질 당시의 전체 성경의 배경과 상황을 더 잘 아는 법도 배웠고, 한 본문을 더 넓은 상황, 즉 본문의 역사적 상황 내에서 파악하고, 또한 성경 정경 내에서 그 본문의 위치를 파악하는 데 실패한 해석에 대해서는 의심하는 법도 배웠기를 희망합니다.[53]

6. 미끄러운 내리막길? 여성안수에서 동성애 논쟁으로

프랜스의 옥스퍼드 설교가 앤소니 시슬턴의 작품을 직접 인용한 것은 아니지만, 암시는 분명했다. 현대 페미니스트 및 평등주의 사상 배경 때문에 실제로 복음주의자들이 성경의 증언을 재고했을 수도 있지만, 프랜스의 관점에서는 이들이 입장을 바꾸게 만든 가장 중요한 요소는 새로운 해석학이었다. 그는 2000년에 출간된 그로브 소책자 시리즈에서, 로마서 16장에 나오는 사도 바울의 동료 사역자 27명 명단을 조사한 후 이 중 10명이 여성이었고, 그 중 하나인 유니아는 바울이 사도로 명명할 만큼 귀중히

---

53) Ibid., 238.

여겼다고 주장했다(로마서 16:7, 널리 쓰이는 한글 성경 중에서는 『현대인의 성경』 번역만이 프랜스의 견해를 지지한다: '그들은 사도들 가운데서도 뛰어난 사람들이며'- 역주). 그러나 신약의 증거가 모호하다는 것을 프랜스는 인정할 준비가 되어 있었다. 일부 구절, 예컨대 디모데전서 2:11-15은 여성의 역할을 최소한의 특정 영역에 제한하는 것 같지만, 로마서 16장 같은 다른 본문은 당당하게 사역과 지도력에서의 여성의 역할에 찬사를 보낸다.

그는 1992년 결정이 성공회 복음주의자의 견해를 양극단으로 나누었다는 사실을 주목했다. 즉 1993년 2월에 보수파 압력 집단 '리폼'(Reform)이 탄생한 것이다.[54] 성경의 단순한 가르침에 호소하는 리폼은 여성 안수를 반대하는 것이 아니라, 여성을 교구 회중을 담당하는 수록 성직자(incumbent)나 주교 교구를 책임지는 주교로 임명하는 등, 가르치는 최고 권위를 갖게 되는 지위로 안수하는 것에 반대한다. 리폼 지지자는 오늘날 복음주의자가 해석학에 지나치게 비중을 두는 것을 탐탁치 않게 여기며, 복음주의에서 오랜 역사를 가진 본문 석의의 '기본 상식 법칙', 즉 성경 저자의 원래 의도를 밝히는 것 외에는 오늘에 적절한 적용을 찾아내기 위해 애쓸 필요가 없다는 원칙에 호소한다.[55] 1994년에 「처치맨」에 실린 프랜스의 글에 대해 당시 헐의 교구 사제였고 리폼의 유명한 회원이던 멜빈 팅커(Melvin Tinker)는 즉각적인 반론을 펼쳤다. 복음주의자가 변화하는 문화 상황의 현재성과 적절함을 지나치게 강조한 '발달 해석학'(developmental hermeneutic)에 광범위하게 굴복한 결과, 성경 가르침의 원 의도를 뒤집어 놓을 정도로 성경의 원리들이 '적용'되고 있다는 호주 시드니 복음주의 지

---

54) R. T. France, *A Slippery Slope? The Ordination of Women and Homosexual Practice - A Case Study in Biblical Interpretation*, Grove Biblical Series 16 (Cambridge: Grove Books, 2000).

55) Jonathan Fletcher, 'Interpreting the Bible', http://reform.org.uk/download-fi le/downloads/interpreting.pdf (접속일: 5 June 2012).

도자인 무어컬리지의 존 우드하우스의 불만을 팅커는 공감하며 인용했다.[56] 팅커는 고린도전서 11장에서 바울이 '남성에 대한 여성의 순종은 하나님께서 인간 관계에서 바른 질서를 세우시기 위해 규정하신 상하계층구조(hierarchy)의 본질이 되는 부분'이라고 가르치고 있다는 쥬이트의 『남성과 여성으로서의 사람』에 나오는 언급을 (쥬이트의 전체 논지를 언급하지 않은 채로) 인용하는데, 이는 자신의 주장을 뒷바침하기 위해 전혀 어울리지 않는 인물 쥬이트를 끌어들인 것이라 할 수 있었다.[57]

팅커 논문의 핵심이자 가장 논란이 된 비판은 복음주의자가 발달 해석학을 선택함으로써 조만간 이 방법을 적용하여 어쩔 수 없이 동성애를 지지할 수밖에 없는 미끄러운 내리막길(slippery slope)에 선 상태가 되었다는 것이었다. 딕 프랜스가 여성의 역할에 관한 본문을 재해석해야 한다고 지적하면서 사용한 논증은 동성애 행위를 성경이 명백히 금지하고 있는 것에 핑계를 갖다 붙이는 이들이 사용한 논증과 똑 같은 것이라고 팅커는 주장했다.[58] 프랜스의 2000년 그로브출판사 소책자는 깊은 숙고 끝에 나온 팅커의 글에 대한 응답이었다. 그의 대답은 시대의 압박이 복음주의자가 여성 사역에 대한 성경의 가르침을 재고하도록 부추긴 요인임을 부인할 수 없음에도 불구하고, 또한 실제로 오늘날 동성애에 관해서도 비슷한 연구가 필요함에도 불구하고, 심사숙고해서 연구하면 다루기 곤란한 동성애 이슈와는 결과가 다르게 나올 것이라는 것이었다. 여성사역에 대한 신약 본문의 증언은 실제로 뒤섞여 있고, 순전한 정신을 가진 다양한 복음주의자들을 상호 반대되는 결론으로 이끌 수 있다는 것이었다. 그러나 동성애

---

56) Melvin Tinker, "'It Seemed Good to the Holy Spirit and to Us'? A Reply to Dick France", *Chm* 108 (1994), 242–246 (인용은 245쪽).
57) Jewett, *Man as Male and Female*, 57, Tinker, 'It Seemed Good', 245에서 재인용.
58) Tinker, 'It Seemed Good', 245.

행위에 대해서는 그런 모호함이 없다는 것이 프랜스의 생각이었다. 즉 성경의 증거를 정직하게 재고할 경우 이르는 결론은 이 문제에 대해서는 유일하게 수용할 수 있는 견해가 기독교의 전통적인 입장이라는 것이다.[59]

7. 복음주의자와 동성애

교회 지도자와 관련된 여성 역할을 언급하는 신약 본문을 수정주의적으로 해석하는 복음주의는 어느 정도 시간이 지나면 좀 더 근본적인 도덕 이슈인 동성애에 대한 입장도 비슷하게 뒤집을 수밖에 없다는 팅커의 주장이 과연 옳았을까? 이 질문에 대한 대답을 얼마간 듣기 위해 사후 1991년에 출간된 폴 킹 쥬이트의 조직신학 제2권 『우리는 누구인가: 인간으로서의 우리의 존엄』으로 돌아가려 한다. 이 책은 인간의 성에 대한 주제를 상당히 길게 다룬다. 그의 핵심 논지는 창세기 1장에 따르면 하나님의 형상으로 창조되었다는 것은 남녀가 상호 관계 속에서 창조되었음을 의미한다. 첫 번째 창조 내러티브는 '남자와 여자 관계가 평등하며, 삶의 모든 영역에서 상호보완적'이라는 가르침으로 전혀 모호한 점이 없다.[60] 그러나 이런 이해는 고대 이스라엘의 가부장 문화 때문에 유대교 전통에서 사라졌다. 기독교인이 구약 사회 질서에서 나타난 가부장제를 절대화할 필요가 없는 것처럼 구약의 정치 질서에서 나타난 왕정을 절대화해서도 안 된다. 예수의 분명한 가르침과 갈라디아서 3장에서 그리스도 안에서 남녀를 분리하는 모든 상하계급체계가 폐지되었다는 바울의 주장은 남자와 여자

---

59) France, *A Slippery Slope?*, 22–23.
60) Paul King Jewett, *Who We Are, Our Dignity as Human: A Neo-Evangelical Theology* (Grand Rapids: Eerdmans, 1996), 149.

를 창조하신 하나님의 원래 창조 목적의 회복을 뜻한다.[61]

이 책의 긴 부록에서 쥬이트는 이 신학 원리를 동성애 주제에 적용했다.[62] 성경이 전체적으로 남자와 여자 간 관계를 인간을 위한 하나님의 창조 목적에 부합하는 것으로 제시한다면, 비록 동성애 성향을 가진 이들에게 깊이 공감한다 하더라도, 마치 이 통일된 성경의 증언이 존재하지 않는 듯이 동성애 주제에 접근할 자유가 복음주의자에게는 없다고 주장했다. 따라서 쥬이트는 동성애가 '하나님의 창조 질서의 일부'라고 주장하는 동성애 그룹 '이벤절리컬컨선드'(Evangelicals Concerned)의 내규에 나오는 진술을 성경이 지지한다고 보지 않았다.[63] 그는 "우리는 동성애를 회개장부의 창조 항목(회개장부의 왼쪽에 창조, 오른쪽에 타락 항목이 있으면, 동성애는 타락 항목에 들어가야 한다는 뜻-역주)에 나오는 것이 아니라 타락의 결과로 보아야 한다"고 고백했다.[64]

그럼에도 불구하고 쥬이트는 인간의 타락한 상태에서는 결혼 관계 내에서 기독교인이 때로 두 가지 악 중 차악으로서 이혼을 받아들여야 하는 경우가 있는 것처럼, 서로 헌신된 동성관계의 합법성이 경우에 따라서는 두 개의 악 중 덜 악한 것으로 인정되어야 하는 경우가 있다는 확신도 피력했다. 교회가 동성 결합을 축복하거나 축하해서는 안 되지만, 특정 상황에서는 받아들여야 한다는 것이다. 쥬이트는 이 입장이 어떤 면에서는 만족스럽지 못하다는 것을 솔직히 인정했지만, 성경의 증언이 기독교 전통이 역사 속에서 동성애에 보여준 과도한 공포의 근거를 제시하지 않는 동시에, 그렇다고 해서 동성 관계가 하나님의 창조 질서와 목적에 부합한다고 주

---

61) Ibid., 149-167.
62) Ibid., 290-350.
63) '이벤절리컬컨선드'에 대해서는 본서 제8장 352를 보라.
64) Jewett, Who We Are, 330, 340.

장하는 신학 입장의 근거를 제공하는 것도 아니라고 했다.[65]

따라서 평등성과 상호보완성 두 요소 모두를 특징으로 하는 이성 관계가 인간 정체성의 성경적 기반이라는 쥬이트의 성경 해석은 동성 관계를 원칙상 지지할 수 없는 사상이었다. 비슷한 주장이 쥬이트와는 관계없이 독립적으로 1998년에 전개되었는데, 주인공은 밴쿠버에서 활동한 침례교 신학자 스탠리 그렌츠(Stanly Grenz)와 그의 책『환영하지만 긍정하지 않는』(Welcoming but Not Affirming)이었다. 다음 장에서 살펴보겠지만, 일부 보수 복음주의자는 그렌츠에게 '탈복음주의자'(post-evangelical, 또는 후기복음주의자)라는 꼬리표를 붙였다. 그러나 이 이슈에 대한 그의 입장은 애매하지 않았다. 그 역시 "우리는 우리를 위한 하나님의 의도가 하나님의 형상을 지니고 사는 자가 되는 것임을 깨닫는다. 즉 남자와 여자로서 서로 관계를 맺음으로써 온전한 인간됨을 이루는 것"이라고 주장했다.[66] 그렌츠는 동성애자가 이성애자와 다를 바 없이 모든 성적 행위에서 교회의 규율을 사랑하고 따라야 한다고 강조한 점에서 쥬이트보다 더 보수적인 목회 지침을 내렸음에도 불구하고, 쥬이트와 마찬가지로, 복음주의 교회는 동성애자를 교회 회원으로 받아들여야 한다고 주장했다.[67] 교회 내에 동성애자가 앉고 설 자리를 만들어 주려는 쥬이트와 그렌츠의 의지는 창조질서에 대한 호소에 엄격하게 제한되고 근거한 것이라기 보다는, 상호 관계가 붕괴된 타락한 세상에서 따라야 할 행동 양식을 은혜의 원리 위에 구축하려는 것이었다.

이들의 주장은 엄격한 보수파와 복음주의권 동성애 옹호자 양 진영에

---

65) Ibid., 341–350.
66) Stanley J. Grenz, *Welcoming but Not Affirming: An Evangelical Response to Homosexuality* (Louisville, Ky.: John Knox Press, 1998), 104.
67) Ibid., 132–136.

공히 받아들여질 수 없었음에도 불구하고, 목회자에게 필요한 견고한 신학적 기반을 제공하려는 진지한 노력의 과정에서 단지 증거구절만을 제시하고 마는 수준을 넘어섰다. 동성 관계가 하나님의 창조목적에 부합하지 않는다는 핵심 결론에서는 그렌츠와 쥬이트가 그들과 가장 사상적으로 가까운 영국 복음주의자 마이클 베이시(Michael Vasey)보다 더 보수적이었다. 베이시는 1995년에 『나그네와 친구』(Strangers and Friends)를 출간한 성공회 복음주의자로, 더럼 소재 성공회 복음주의 대학 크랜머홀(Cranmer Hall)의 예전학 교수였다. 베이시는 저자의 문화적 지평을 고려하는 것이 중요하다는 시슬턴의 주장을 적용하여, '우리가 서신들을 통해서 알고 있는 이 사람은 비동성애자 사회보다 오늘날의 동성애자 사회를 더 편안하게 느꼈을 수도 있다는 주장이 있다'는, 사도 바울과 관련된 깜짝 놀랄만한 주장을 펼쳤다.[68] 인용문에서 보듯, 베시가 주장한 것은 본질상 상황윤리였다.

> (성경에 등장하는) 성행위는 그 의미를 그 행위가 속한 사회의 질서에서 끌어온다. 이는 십계명에서 간음을 금하는 사례에서 유래한 것이 분명하다. 금지된 것은 본질적으로 잘못된 특정 육체 행위가 아니라 사회 질서를 세우는 데 핵심이 되는 사회 관계를 위협하는 성행위다.[69]

로마서 1장에서 바울은 동성애 자체를 정죄하는 것이 아니라 그가 자기 시대에 세상에서 본 것, 즉 우상숭배, 노예제, 사회 지배와 연결된 착취 관

---

68) Michael Vasey, *Strangers and Friends: A New Exploration of Homosexuality and the Bible* (London: Hodder & Stoughton, 1995), 133.
69) Ibid., 231.

계를 정죄하고 있다는 것이다.[70] 일부 독자는 팅커의 '미끄러운 내리막길' 이라는 표현은 그렌츠나 쥬이트보다는 베이시에게 더 잘 어울린다고 생각할 수 있을 것이다.

1980년대부터 동성애 문제는 복음주의권을 선점한 윤리 논쟁 목록의 최상위에 위치한 여성 사역 이슈와 경쟁하다가 결국에는 그 자리를 차지해 버렸다. 동성애 행위를 수용할 수 있는가 하는 주제에 대한 복음주의자의 지극히 보수적인 입장에 불만을 가진 이들이 처음 등장한 것은 1970년대였다. 그 이전, 즉 1968년 10월에 이미 무디성경학교 졸업자인 예언의 하나님의 교회(Church of God of Prophecy) 전직 목사 트로이 페리(Troy Perry)가 로스앤젤레스에 공개적으로 동성애를 지지하는 메트로폴리탄공동체교회(Metropolitan Community Church)를 세웠다. 그러나 이 새롭고 급진적인 초교파교회가 곧 미국 전역 및 세계에 지교회를 세웠음에도 불구하고, 복음주의 공동체와 접촉하는 경우는 아주 드물었다.[71] 반면, 뉴욕시 출신의 복음주의 정신과 의사 랄프 블레어(Dr Ralph Blair)는 놀랍게도 워싱턴 DC에서 열린 전미복음주의연맹(NAE) 대회 장소 건너편에 모임 장소를 마련해서 1976년 2월에 '이벤절리컬컨선드'를 조직했다. NAE 참석자들에게 새 조직의 설립 안내 전단지가 배부되었다. 블레어의 조직은 주로 미국 서부 해안을 중심으로 지역별 그룹을 설립하거나 혹은 기존의 게이 및 레즈비언 복음주의자를 위해 느슨한 연대를 가진 관계망을 형성했다.[72] 서부 해안 지역 예수운동(Jesus Movement) 후기 단계에는 동성애가 로니 프리

---

70) Ibid., 132.
71) http://en.wikipedia.org/wiki/Troy_Perry (접속일: 5 June 2012).
72) http://www.evangelicalsconcerned.org (접속일: 5 June 2012), http://www.ecwr.org/about-us/who-we-are/history.html (접속일: 5 June 2012). 예수운동(Jesus Movement)에서의 프리스비(Frisbee)의 역할에 대해서는 Larry Eskridge, *God's Forever Family: The Jesus People Movement in America* (New York: Oxford University Press, 2013), ch. 3을 보라.

스비(Lonnie Frisbee, 1949-93)라는 다채롭고 논쟁적인 인물 때문에 이슈로 부각되었다. '지저스프릭(Jesus freak, Jesus Movement에 참여한 열광적 젊은이들을 일컫는 표현-역주) 안에 기괴함(freak)을 심은' 인물로 알려진 프리스비는 갈보리채플의 척 스미스, 후에는 비니어드 운동의 존 웜버와도 가깝게 지냈지만, 화려한 '이적과 기사' 전도 사역을 이후 동성애와 난교로 발전하는 생활방식과 결합했다.[73]

영국에서는 1976년 1월에 조직된 게이 및 레즈비언 기독교운동(Gay and Lesbian Christian Movement)이 1979년 5월부터 내부에 복음주의자 모임을 만들었다. 그러나 1991년 통계로 약 100명 정도만이 모임의 회원으로 소속되어 있는 작은 모임이었다.[74] 조금 더 보수적인 영국 네트워크 커리지(Courage)는 1988년 5월에 제레미 마크스(Jeremy Marks)가 설립했다. 원래는 게이 및 레즈비언 복음주의자를 지원하고 상담하기 위해 만들어진 커리지는 복음주의연맹(EA)에 소속된 단체였지만, 1990년대 말에는 안정적이고 사랑에 기반한 동성 관계의 합법성을 인정하는 단체로 입장을 선회했다.

그 결과, 복음주의 연맹과의 관계도 2002년에 단절되었다.[75] 커리지가 채택한 새로운 접근법과 동일한 입장을 취한 이들 중 하나는 로이 클레멘츠 박사(Dr Roy D. Clements)로, 1979년부터 1999년까지 케임브리지 소재 대규모 학생 회중인 에덴침례교회 목사였고, 이 시기 영국 복음주의에서 가장 영향력 있고 지적으로 탁월한 인물 중 하나였다. 목회지에서 사임한 후 클레멘츠는 자신이 동성애자였으며, 이어서 아내와 가족을 떠났다고

---

73) http://www.inplainsite.org/html/vineyard_lonnie_frisbee.html (접속일: 21 Dec. 2011).
74) Sean Gill (ed.), *The Lesbian and Gay Christian Movement: Campaigning for Justice, Truth and Love* (London: Cassell, 1998), 34–35, 73.
75) http://www.courage.org.uk/articles/eapressrelease.shtml (접속일: 5 June 2012).

공표했다. 이는 수많은 영국 복음주의자를 큰 충격에 몰아넣은 사건이었다. 클레멘츠는 후에 1999년 8월에 존 스토트와 주고받은 개인 서신 일부를 출판했는데, 여기서 클레멘츠는 동성애 관계와 복음주의 성경 권위관이 함께 갈 수 있는가 하는 문제를 두고 스토트와 논쟁을 벌였다. 그는 자신이 '데리다, 로티 같은 극단적인 포스트모던 비평가들의 특징인 성경 해석의 다원적이고 혼합적인 불확정성'을 수용하지 않지만, 그럼에도 더 이른 시기 역사에 등장했던 다른 이슈들과 마찬가지로 이 이슈에서도 성경을 믿는 기독교인이 성경 해석에서 심각한 오류를 범했다는 결론에 이르렀다며 스토트를 설득하려 했다.[76] 다시 한 번 해석학이 당대 복음주의 논쟁의 중심을 차지한 것이다.

로니 프리스비나 로이 클레멘츠 같은 복음주의 지도자의 사례는 당연히 상당한 주목을 받았다. 그러나 20세기 말에 동성애 이슈에 대한 복음주의자의 견해가 획기적으로 바뀌는 분명한 신호가 있었다고 말하기는 어렵다. 1996년에 실시된 조사에 따르면 잉글랜드 내 보수 복음주의 교회 신자 96%가 동성애 행위가 기독교 신앙고백과 함께 가기 어렵다고 답했는데, 이와는 대조적으로 잉글랜드국교회 총회에 속한 신자 중에서는 52.5%만 그런 답변을 했다.[77] 1990년대에 발행된 이 문제에 대한 복음주의 성명서들이 실제로 목회적으로 더 민감한 관심을 표하고 신학적으로도 더 숙고가 깊어졌다는 사실을 보여주었음에도 불구하고, 본질적인 도덕 입장은 변하지 않았다. 예컨대, 잉글랜드국교회 복음주의협의회(The Church of England Evangelical Council)는 1995년 세인트앤드류스데이(St Andrew's Day, 스코틀랜드의 수호성인 사도 안드레를 기념하는 날로 11월 30일-역주)에 복음주의

---

76) Clements to Stott, 20 Aug. 1999, at http://www.courage.org.uk/articles/article.asp?id=142 (접속일: 21 Dec. 2011).

77) Gill, *Lesbian and Gay Christian Movement*, 109.

학자 일곱 명이 작성한 성명서를 공표했는데, 결론은 교회는 남자와 여자 간의 결혼, 또는 금욕을 전제로 한 독신이라는 두 가지 소명 이외의 다른 대안에 도덕적 합법성을 부여할 권리가 없다는 것이었다.

그러나 폴 킹 쥬이트가 사용한 것과 비슷한 용어를 사용해서, 이 성명서 또한 어느 정도의 유연성이 목회에서는 필요하고, 교회의 교제권 내에서 그리스도를 따르기를 간절히 바라는 모든 사람은 이 두 가지 소명에 부합하지 못하는 경우에도 격려와 도움을 받아야 한다는 것을 강조했다.[78]

비서구 세계에서는 동성애가 여전히 인정받을 수 없는 혐오 행위로 간주된 많은 지역에서 등장한 동성애 이슈 관련 복음주의 성명서에 모호함이 덜했다. 성공회 내에서는, 특히 1998년 램버스대회에서 나이지리아와 우간다 출신 복음주의 주교들이 미국감독교회(미국성공회-역주)가 동성애자를 사제로 안수하고, 심지어 주교로 서임하려고 준비하고 있는 움직임에 반대하는 운동의 선봉에 섰다.[79]

20세기 말 동성애 이슈는 다른 어떤 주제보다 21세기 기독교 내에서 보수주의자와 자유주의자를 가르는 주요한 상징적 분리선이 될 가능성이 농후했다. 복음주의자는 '신해석학' 지성인 진영의 흐름에 더하여, 성(gender) 역할과 성(sex)윤리 문제에 대한 기독교의 전통 입장과 시대의 기준 사이의 점점 더 심해지는 불화가 그들의 성경해석 원리, 원칙을 재고하라고 강요하는 상황에 직면했다. 성 역할 이슈에서는 복음주의 학자 대다수 및 공식 신학교육을 받은 이들 중 상당수가 성경의 가르침을 여성의 교회 지도자로서의 자격 문제에 어떻게 적용해야 하는가 하는 질문에 대한 자신들의 전통적인 답변과 이해가 잘못된 것이었다고 결론내렸다. 서기 2000년

---

78) 세인트앤드류스데이 성명서 http://www.aco.org/listening/book_resources/docs/St%20 Andrew%27s%20Day%20Statement.pdf (접속일: 5 June 2012).

79) Ward, *History of Global Anglicanism*, 306-315를 보라.

에 복음주의 평신도 대부분도 같은 결론에 이르렀는가 하는 점은 확실치 않다. 심지어 개인의 영적 체험에 우선권을 부여하는 아프리카의 많은 새로운 오순절 교회에서도, 목회 지도자로 활약한 신자 절대 다수는 남성이었다. 그러나 성윤리 영역에서는, 비록 게이와 레즈비언 압력단체의 압박이 심해진 까닭에 복음주의 신학자와 윤리학자가 성경의 증거를 재조사해야 하는 상황에 직면해 있음에도 불구하고, 복음주의의 도덕적 확신에 대한 그리 큰 변화는 20세기 말까지 없었음이 확실하다.

제9장

복음주의: 확산인가 붕괴인가?

1. 흐름: 1945년부터 2000년까지

기독교의 복음주의적 표현 양식은 2000년이 되면 1945년에 그랬던 것보다 전세계 기독교운동 내에서 훨씬 더 눈에 띄는 유형의 기독교가 된다. 미국에서 1940년대 후반의 '신복음주의자'는 지성을 경멸하는 근본주의자와 스스로를 구분 짓기 위해 고군분투하는 변방 집단이었다. 비록 여러 역사적 교단 안에 그들을 지지하는 이들이 많았음에도 불구하고, 어쨌든 이들은 '주류'(the mainline, 신학 및 사회문화적 영향력이 훨씬 커진 지금에도 미국 복음주의, 또는 복음주의자는 신학적으로 진보적인 소위 '주류' 집단과 대립되는 진영으로, 주로 '주류 기독교인' vs. '복음주의자' 형식으로 통용된다-역주)는 아니었다. 2000년에 '주류' 자유주의 기독교는 숫자가 줄어들어, 심지어 사회적 소수파가 되었다고도 할 수 있는 반면, 여러 유형의 복음주의자는 이제 미국 개신교의 중심 무대를 점령했다.[1] 영국, 캐나다, 오스트랄라시아에서는 1945년에는 약하고 고립되어 있던 보수 복음주의가 주요 교단에서 안수받은 목회자가 되어 지도력을 발휘할 수 있는 길이 열렸다. 대서양 양편에서는 다수가 스스로를 이민자 민족 공동체로 규정하는 새로운 교회들과 더불어, 기존 교단이 다가서지도 붙잡지도 못했던 젊은 세대에 호소하는 다른 많은 교회들이 크게 성장했다. 이들 대부분은 신학과 정서에서 복음주의적이었다. 세계 무대를 주목한다면, 1945년에는 학계 논평가들이 거의 주목한 적이 없었던 오순절 유형의 기독교가 20세기 말에 전세계 모든 교회 집단 중 가장 빠른 성장세를 보였기에, 이에 관한 일군의 단행본 학술 서적 출간도 줄을 이었다. 비록 대다수 세계의 새로운 오순절운동이 지역별 토착 세계관에 진 큰 빚을 고려하지 않고는 이 운동을 올바로 이해할 수 없음에도 불구하고, 20세기 후반기가 지나면서 복음주의의 고전적인 표지들의 (비록 전부는 아닐지라도) 많은 부분을 담지한 기독교의 한 양식이 세계로 확산되었다는 사실 자체는 논쟁의 여지가 없다.

그렇다면 던져야 할 핵심 질문은 복음주의의 이 양적, 지리적 확산이 정체성과 신학적 통일성을 수반하고 생산해 냈느냐 하는 점이다. 예컨대, 영국에서는 복음주의 다양성의 폭이 현격히 넓어져서, 20세기 말에는 복음주의 운동의 내부 분열 현상이 어떤 종류든 지속된 범복음주의 연합 의식보다 훨씬 두드러졌다.[2] 이 분열은 더 이상 (국교회인-역주) 성공회와 (비국교회인-역주) 여러 자유교회 간의 역사적 분계선을 따르지 않았고, 오히려 지금껏 그랬던 것보다 훨씬 더 심각하게 교파를 넘나들며 뿌리 깊은 신학적, 문화적 분열을 낳았다.

---

1) D. Michael Lindsay, *Faith in the Halls of Power: How Evangelicals Joined the American Elite* (New York: Oxford University Press, 2007)을 보라.

2) David W. Bebbington, 'Evangelical Trends, 1959–2009', *Anvil* 26 (2009), 93–106.

그러므로 오늘날 잉글랜드국교회 내 복음주의자는 이따금 겹치는 부분이 있음에도 불구하고 크게 세 개의 구별되는 집단으로 나뉘어 있다. 이는 전국적으로 볼 때도 그렇고 개별 교구 단위로 볼 때도 마찬가지다. '열린' (open) 복음주의자는 진보적 성경 해석, 여성 성직자 지지, 여성 주교 희망, 잉글랜드국교회 내외부에서 비복음주의자와 건설적 관계 형성 의지를 특징으로 하는 사람들이다. 이들은 현재 2003년에 결성된 '풀크럼'(Fulcrum, 지주)이라는 조직에 주로 소속되어 있다.[3] '개혁파'(Reformed) 복음주의자는 성경적 설교에 우선순위를 둔 더 칼뱅주의적인 신학을 추구하며, 여성이 교회에서 머리 역할을 수행하는 것에 반대하며, 에큐메니컬 활동에 참여하는 것을 대개 경계한다. 이들의 관심사를 대변한 조직이 (1835년에 설립된) 교회회(Church Society)와 리폼(1993년 탄생)이었다. 은사주의 계열 복음주의자는 성공회 예전에 느슨하게 기대어 있었고, 성경 강해보다는 성령 충만한 예배를 훨씬 강조하는 경향을 띠었으며, 대개 비은사주의 성공회 신자보다는 비성공회 은사주의자와의 교제를 더 즐겼다. 이들은 자주 성공회 경계를 초월한 단체들, 예컨대 '알파'(Alpha), '뉴와인'(New Wine, 1989년 탄생) 같은 그룹과 관계를 맺었다.[4]

비슷한 제휴 양상이 호주 등 다른 지역 성공회에서도 나타났다. 호주에서는 개혁파 복음주의 성공회가 시드니 주교교구를 지배한 반면, 멜버른 주교교구는 좀 더 '열린' 입장에 섰다.[5] 비슷한 분류 기준을 다른 교파 복음

---

3) 풀크럼의 기원에 대해서는 Graham Kings, 'Founding of Fulcrum', *Fulcrum Newsletter* (Aug. 2006), at http://www.fulcrum-anglican.org.uk/news/2006/newsletter09.cfm?doc=137 (접속일: 9 July 2012)을 보라.

4) Graham Kings, 'Canal, River and Rapids: Contemporary Evangelicalism in the Church of England', *Anvil* 20 (2003), 167–184. '뉴와인'의 역사에 대해서는 http://www.new-wine.org/home/about-us/our-history (접속일: 9 July 2012)를 보라.

5) Stuart Piggin, *Evangelical Christianity in Australia: Spirit, Word and World* (Melbourne: Oxford University Press, 1996), 193–194, 204.

주의자에게도 적용할 수 있다. 예를 들어, 영국 침례교 신자 대다수는 똑같이 열린, 개혁파, 은사주의 복음주의자, 이 세 가지 유형을 사용해 구분할 수 있다. 물론, 이 세 범주는 상호 대적하고 배제하는 적대 계파라기보다는 대표하는 성향을 반영하는 것이다.

종교 환경이 극단적으로 다원적이고 자발적인(voluntaryist) 미국에서는 복음주의 공동체 내 분파가 늘 영국보다 훨씬 교회론적으로 다양했지만, 심지어 미국에서도 넓게 볼 때는 유사한 흐름이 감지되었다. 1990년대에 일부 복음주의자는 여러 포스트모던 문화 주제를 다양한 수준으로 수용하는 전도 및 예배 전략을 추구했지만, 어떤 이들은 설교된 말씀과 성경 진리에 대한 명제적 이해를 강조하는 신앙을 희석시키는 시도는 무엇이든 단호하게 반대했다. 복음주의 진영 내부의 이런 다양성을 고려하여, 1999년 12월자 「크리스채니티 투데이」는 1990년대 말 복음주의의 상태를 정기적으로 평가하고 앞으로 올 새로운 세기를 예측하는 기획 기사의 일부로 빌리 그레이엄의 발언 일부를 인용했다. "교회 역사상 아마도 가장 큰 기회와 책임에 직면해 있다고 할 수 있는 이 시점에서 우리는 혼란에 빠져있고, 당혹감을 느끼며, 분열되어 있고, 거의 패배한 것으로 보인다."[6] 이런 비관적인 판단을 정당화할 만한 증거가 이 책에 넘치도록 많이 제시된 것처럼 보일 수도 있다. 따라서 이 장은 이제 20세기 후반 복음주의가 1945년 이래 두드러진 양적, 지리적 확장 때문에 엄청나게 확산되어서, 이제 신학적으로 불안정하고, 정의를 내리는 것이 불가능할 정도가 되었다는 사실에 무게중심을 두고 살펴보려 한다.

그럼에도 불구하고 분열과 불확실성이라는 상태가 기독교 역사에서 예외라기보다는 오히려 일상의 규범이었다는 사실을 교회의 현재 상태에 절

---

6) CT, 6 Dec. 1999, 36, Stanley J. Grenz, *Renewing the Center: Evangelical Theology in a Post-Theological Era* (Grand Rapids: Baker Academic, 2000), 11에서 재인용.

망하고 있을 수도 있는 기독교인에게 상기시키는 것이 교회사가의 소명의 일부라는 점을 미리 언급하고 싶다.

먼저, 1999년에 「크리스채니티 투데이」가 인용한 그레이엄의 발언은 실제로는 1955년에 이 잡지가 창간되던 때에 나온 것이라는 점을 지적해야 한다. 1999년 사설에 실린 통찰력 넘치는 언급은 "세부적인 것들은 그레이엄의 1955년 연설 이후 변했을 수 있지만, 복음주의자는 여전히 사회에서의 자기 역할 문제로 혼란스러워 하며, 조직은 분열되어 있으며, 복음주의자가 의미하는 것이 도대체 무엇인가를 놓고 갈피를 못 잡고 있다"는 것이었다.[7] 1980년대 후반과 1990년대에 데이비드 웰스(David F. Wells) 같은 복음주의 신학자는 현대 복음주의의 신학적 일관성 결여와 문화적 감금상태를 정당하게 비판하며, 1950-60년대의 복음주의 연합전선을 그리운 듯이 회고하는 경향을 보였다.[8]

그러나 이 책 제2장에서 설명한 것처럼, 미국에서 두 세계대전 중간기에 근본주의 논쟁의 와중에 형성된 '신복음주의' 합의는 허약했기에 단명한 반면, 영국에서는 같은 시기에 '복음주의자'라는 용어의 의미가 여전히 유연성이 강했기 때문에, 몇 년이 지나면 더 이상 복음주의 공동체에 속하는 것으로 대개 인정받지 못하게 되는 꽤 자유주의적인 정서도 당시에는 어느 정도 포용했다. 2000년에 영국 내 복음주의가 1945년에 그랬던 것보다 훨씬 다양성이 더하고 일관성이 덜하다는 인상은 아마도 틀림없이 2차대전 직후 시기에 자유주의적인, 심지어 '온건중도파'(centrist) 성향의 복음주의를 지향한 사람들은 (2000년 영국 복음주의권과의-역주) 비교 대상에 넣어서

---

7) Ibid., (본문의 기울임꼴은 1999년 「크리스채니티 투데이」에 실린 그대로를 반영한 것이다).

8) David F. Wells, "'No Offense: I Am an Evangelical": A Search for Self-Definition', in A. James Rudin and Marvin R. Wilson (eds.), *A Time to Speak: The Evangelical-Jewish Encounter* (Grand Rapids: Eerdmans, 1987), 36; *No Place for Truth, or Whatever Happened to Evangelical Theology?* (Grand Rapids: Eerdmans, 1993), 127-136.

는 안된다는 수상쩍은 전제 때문일 것이다.[9]

이 범주에 있던 많은 이들이 1960년대에 근본적으로 복음주의 신앙을 포기했다는 사실은 분명하기에 논쟁거리가 아니지만, 역사가는 이미 지나간 일을 다시 끄집어 내서 논란을 이끌어 내고자 하는 유혹을 조심해야 한다. 변방에서의 이런 분열 이후에 남은 보수 복음주의자들은 복음주의의 순전한 대변자로서의 자신들의 신뢰성을 구축하는 데 성공했지만, 1950년대 대부분 시기에 이런 신뢰성은 논쟁의 대상이었다. 1990년대에는 이전에 스스로 보수 복음주의로 규정한 큰 규모의 여러 복음주의 진영 안에서 새로운 단계의 재편성 및 재정의 작업이 시작되었다는 점에는 의심의 여지가 없어 보이지만, 이 단계가 복음주의 운동의 붕괴(disintegration)를 필연적으로 예고한 것이라 할 수는 없다. 실제로, 비슷한 재편성 과정을 경험한 이 운동의 더 이른 시기, 예컨대 1830년대, 1910년대, 1950년대 같은 시기에 대한 분석은 이 운동이 변방에서 일어난 중요한 여러 분열에서 살아남을 수 있는 능력을 지녔다고, 심지어 이 운동에 대해 전망이 가장 비관적인 내부인이나 공감대가 없는 외부 비판자가 예측했던 붕괴에 굴복하지 않고도 중심부를 재편할 수 있는 힘이 있었다고 주장하는 경향이 있다. 문헌을 지배하는 두 나라, 즉 미국과 영국의 복음주의 흐름을 중심으로 모든 것을 일반화하는 위험도 있다. 예컨대, 캐나다의 복음주의 경험을 볼 때, 공공 영역에서의 세속화 경향이 미국보다 더 강했던 반면, 복음주의자들이 교파 및 인종 경계를 초월해서 강한 운명 공동체로서의 정체성을 유지하는 것이 미국보다 더 쉬웠다고 할 수도 있다.[10] 반면, 영국 사례는 단

---

9) 여기서 사용된 표현은 데이비드 베빙턴의 책, *Evangelicalism in Modern Britain: A History from the 1730s to the 1980s* (London: Unwin Hyman, 1989), 251-253에 나오는 것을 그대로 따랐다.

10) 이 점은 밴쿠버의 목사 브루스 밀른 박사(Revd Dr Bruce Milne)가 알려주었다.

결된 복음주의 공동체와 더 급진적인 세속 사회 간에 필요한 상호 교류가 없었음을 보여준다.

비록 역사적인 북반구 중심지의 복음주의 운동에 한정한다면 지금까지는 비관론자들이 옳았다는 것이 증명될 수 있겠지만, 급성장하는 남반구 복음주의 기독교가 비슷한 궤적을 따르지 않으리라는 것은 거의 확실해 보인다. 그럼에도 불구하고 아마도 가장 중요한 고민을 던져주는 것은 바로 이 남반구 복음주의 기독교다. 비서구세계 오순절 운동에서 나타난 성령의 역사가 너무 현저해서 1730년대에 복음주의가 시작될 때부터 이 운동을 규정하는 특징이 되어 온 것, 즉 성경의 권위를 근거로 모든 기독교인의 경험을 판단하는 말씀 중심성이 위기에 처했는가? 이 질문을 좀 더 딱딱한 형태로 바꾸면 다음과 같다. 내부 다양성이 강조되어야 하는 오늘날 전세계 신오순절운동이 복음주의의 특징을 제대로 대변하고 있다고 말할 수 있을까?

이 광범위한 질문에 대한 최종 판단을 내리기까지 수십년이 필요할 것 같기는 하지만, 이 마지막 장에서 최소한 증거 일부만이라도 간략하게 살펴볼 필요가 있다. 복음주의의 붕괴를 예언하는 것은 너무 이른감이 있지만, 그럼에도 불구하고 복음주의 운동의 내구성을 부식시킬 가능성을 보여준 지난 세기 말의 두드러진 현상들에 주목해야 한다. 이 중 처음 것은 복음주의 세계에서 일어난 여러 분열로, 특히 은사주의 진영에서 일어난 분리와 이탈이다. 다른 지역에서보다 특히 미국에서 이런 일이 많이 일어났지만, 이런 분열이 거대한 물결이었다고 말하기는 어렵다. 그럼에도 불구하고 이 분열의 당사자 중에는 유명하고 영향력 있는 인물들이 있었고, 이 때문에 복음주의 신학 체계 내부에서 신학이 취약해지거나 불안정해지는 현상이 나타났다.

2. 회복된 사도적 교회 추구 (제2부): 은사주의 복음주의자와 성례전 전통의 매력, 1973-2000

제7장에서 해설한 은사주의 운동의 본질은 영적 갱신을 단지 신자 개인의 영역으로 제한하지 않고, 전체로서의 교회의 영적 갱신에 관심을 가진다는 것이다. 역사적 교단에 소속되어 있든지 그 바깥에 있든지 상관없이, 모든 은사주의 지도자는 성령께서 교리를 타협하고 전도 열심을 잃은 교회를 순결과 능력을 지닌 사도적 유형의 교회로 회복시키고 있다고 믿었다. 그들이 가정한 원형의(primitive) 상태로 교회를 회복시키려는 여러 복음주의 운동은 기독교 전통 중 가톨릭이나 정교회가 가진 특징적 요소를 많게든 적게든 드러내는 경우가 종종 있었다. 이는 기독교 (플리머스) 형제단과 옥스퍼드 (소책자) 운동이 특정한 핵심 교회론적 특징들, 특히 이 두 전통에서 각각 빵 쪼개기(Breaking of Bread)와 성체성사(Eucharist)로 알려진 성찬의 중심성 주장을 공통으로 공유했을 때인 1830-40년대에도 마찬가지였다.

20세기 마지막 20년 동안 형성된 상황에 대해서도 비슷한 비교가 가능하다. 이 때 일부 복음주의자, 특히 은사주의 배경의 복음주의자는 복음주의, 은사주의, 성례주의 전통의 통합 혹은 자칭 '수렴'(convergence)을 추구하기 시작했다. 수렴운동의 주요 원천은 근본주의 침례교인으로 자라난 휘튼컬리지 전직 교수 로버트 웨버 박사(Dr Robert E. Webber, 1933-2007)의 후기 저작들로, 여기서 웨버는 복음주의자들이 교부 시대의 예배 전통으로 돌아가야 한다고 했다. 1985년에 웨버는 개신교감독교회(미국성공회-역주)에서 찾아볼 수 있는 더 예전적이고 성례전적인 기독교 신앙을 찾아 떠난 자신의 순례여정 및 몇몇 동료 복음주의자들의 비슷한 순례를 자세히 기술한 『캔터베리 순례길 위의 복음주의자들』(*Evangelicals on the Canterbury*

Trail)을 출간했다.[11] '수렴' 운동은 새로운 기독교 공동체 둘을 탄생시킨 데서 정점에 이르렀다. 복음주의감독교회(The Communion of Evangelical Episcopal Churches)는 1995년에 버지니아 주 프레더릭스버그에서 조직되었다.[12] 역사적 개신교 입장에서 이탈한 좀 더 급진적인 그룹은 은사주의감독교회(Charismatic Episcopal Church)로, 1992년 6월에 라구나힐스(Laguna Hills) 소재 은사주의교회인 스톤마운틴교회(Stone Mountain Church) 목사였던 랜돌프 애들러(Randolph Adler)를 수장으로 캘리포니아에서 설립되었다. 애들러는 처음에는 성경 율법을 세속 사회에 적용하려 했던 기독교 재건주의운동(Christian reconstructionist movement)의 영향을 받았다가, 후에 성례 및 예전 전통의 영향을 점차로 받은 인물이었다.[13] 존 헨리 뉴먼(John Henry Newman)이나 H. E. 매닝(H. E. Manning) 같이 한때 성공회 복음주의자였던 19세기 초반 인물들이 그랬듯이, 사도성(apostolicity)에 대해 연구하던 복음주의자가 복음주의 진영을 이탈하는 경우들이 있었다. 그러나 20세기 후반에는 이런 순례의 주된 수혜자가 로마가톨릭교회가 아니라 동방정교회였다.

1973년에는 달라스신학교와 휘튼컬리지를 졸업하고 CCC 간사로도 활약했던 피터 길퀴스트(Peter Gillquist)가 CCC 출신 동료 몇 사람과 함께 캘리포니아 주 버클리와 시카고 지역에서 가장 세가 강했던 신언약사도회(New Covenant Apostolic Order)라는 이름의 가정교회 네트워크를 만들었다. 다른 주요 지도자였던 잭 스파크스(Jack Sparks)를 포함하여 많은 저명한 회

---

11) Robert E. Webber, *Evangelicals on the Canterbury Trail: Why Evangelicals Are Attracted to the Liturgical Church* (Harrisburg, Pa.: Morehouse Publishing, 1985); *CT*, Apr. 2007, 1-2에 나온 웨버의 부고, Peter Hocken, *The Challenges of the Pentecostal, Charismatic and Messianic Jewish Movements: The Tensions of the Spirit* (Farnham: Ashgate, 2009), 71-73도 보라.

12) http://www.theceec.org (접속일: 5 July 2012)를 보라.

13) http://www.cec-na.org/aboutus/history.html (접속일: 5 July 2012)를 보라.

원이 캘리포니아에서 예수운동에 참여한 전적이 있었고, 이들이 교육받은 기관들에는 웨스트민스터신학교, 애즈베리신학교, 오랄로버츠대학, 트리니티복음주의신학교 같은 유명한 보수 복음주의 학교가 들어갔다.[14] 기독교의 원형을 회복시키기 원했던 길퀴스트와 스파크스 그룹의 관심은 교부 저작 연구로 이어졌다. 사도회의 예배 형식은 점점 더 사도전승과 권위의 필요성을 강조하는 예전 중심으로 바뀌어갔다. 1979년에 사도회는 복음주의정교회(Evangelical Orthodox Church)로 재편되었다. 1987년 봄, 18개 교회, 신자 약 2천명이 소속되어 있던 이 교단은 안티오크정교회(Antiochian Orthodox Church)와 연합하여 '안티오크복음주의정교선교회'(the Antiochian Evangelical Orthodox Mission)라는 이름의 새 교단이 되었다가, 1995년부터 안티오크 지부 교구로 동방정교회에 편입되었다.[15] 1990년에는 프란시스 쉐퍼의 아들 프랭크(프랭키)가 그리스정교회로 소속을 옮겼다. 그는 『혼자 춤추다』(Dancing Alone)를 출간해서 자신의 영적 순례를 상세히 밝혔고, 이어서 자기 아버지가 지적으로 엄정하지 못했다고 비판하는 내용의 자서전을 출판하여 아버지의 명성에 손상을 입혔다.[16] 한때 장로교인이었고 후에 비니어드 운동에 참여해서 목사가 된 찰스 벨(Charles Bell)은 1993년에 프

---

14) Larry Eskridge, 'God's Forever Family: The Jesus People Movement in America, 1966–1977' (University of Stirling PhD thesis, 2005), 342–344; Michael Harper, *True Light: An Evangelical's Journey to Orthodoxy* (London: Hodder & Stoughton, 1997), 148; http://cdn.calisphere.org/data/13030/w8/kt6z09r9w8/files/kt6z09r9w8.pdf (접속일: 5 July 2012).

15) http://www.antiochian.org/node/17756 (접속일: 5 July 2012); Peter E. Gillquist (ed.), *Coming Home* (Ben Lomond, Calif.: Conciliar Press, 1992); *Becoming Orthodox: A Journey to the Ancient Christian Faith* (Ben Lomond, Calif.: Conciliar Press, 1992).

16) Frank Schaeffer, *Dancing Alone: The Quest for Orthodox Faith in the Age of False Religion* (Brookline, Mass.: Holy Cross Orthodox Press, 1994); *Crazy for God: How I Grew up as One of the Elect, Helped Found the Religious Right, and Lived to Take All (or Almost All) of It Back* (New York: Carol & Graf Publishers, 2007); Os Guinness, 'Fathers and Sons: On Francis Schaeffer, Frank Schaeffer, and *Crazy for God*', *Books and Culture*, Mar.–Apr. 2008, at http://www.christianitytoday.com/bc/2008/marapr/1.32.html (접속일: 5 July 2012).

제9장 복음주의: 확산인가 붕괴인가?   367

랭크 쉐퍼에게 맞섰다가, 놀랍게도 초대기독교 전통 연구를 통해 새로운 확신을 얻게 되었고, 그 결과 자신의 비니어드교회를 정교회로 탈바꿈시킨 유명한 정교회 사제 세라핌 벨 신부(Father Seraphim Bell)로 거듭났다.[17] 제7장에서 이미 다룬대로, 미국 은사주의 갱신의 가장 초기, 또한 가장 영향력 있는 전파자 중 하나였던 진 스톤도 (이혼 후 진 스톤 윌런스[Jean Stone Willans]가 된 후) 1998년에 홍콩에서 시리아정교회에서 안수 받은 새 남편의 전례를 따른 후 1968년 이후 거기서 부부가 함께 주로 마약 중독자를 대상으로 사역했다.[18]

동방정교회로 떠난 북미 복음주의자가 모두 은사주의자였던 것은 아니지만, 그들의 전례는 마이클 하퍼에게 큰 충격을 주었다. 하퍼가 정교회를 실제로 처음 접한 것은 1990년 1월에 핀란드에 있을 때였는데, 거기서 그는 1991년 7월에 브라이턴에서 열리는 세계복음화 관련 국제 은사주의 대회에 참석할 정교회 대표를 모집하고 있었다. 또 한 사람의 중요한 영향력의 근원은 1993년 1월에 영국을 방문한 미국인 안티오크정교회 사제 마이클 카이저(Michael Keiser)였다. 카이저는 점점 더 자유주의화되어 가던 개신교감독교회(미국성공회)를 떠나 정교회에서 영적 고향을 찾은 많은 보수적인 성공회 신자와 가까운 교제를 누렸다. 마이클 하퍼는 1992년 11월에 잉글랜드국교회 총회가 여성을 사제로 안수한 것에 당혹감을 느끼고, 소속될 다른 교회를 찾기 시작했다. 1993년 6월에 그는 「처치 오브 잉글랜드 뉴스페이퍼」에 '정교회 선택'(The Orthodox Option)이라는 제목의 글을 실었는데, 여기서 안티오크복음주의정교선교회가 설립된 것을 설명하고

---

17)   Hieromonk Alexios Karakallinos, 'Contours of Conversion and the Ecumenical Movement: Some Personal Reflections' (1994), http://www.orthodoxinfo.com/inquirers/fralexistalk.aspx (접속일: 5 July 2012); *CEN*, 5158 (4 June 1993), 7.

18)   Stanley M. Burgess (ed.), *The New International Dictionary of Pentecostal and Charismatic Movements* (Grand Rapids: Zondervan, 2002), 1197.

'나는 영국인 중에서 영국 정교회가 큰 부흥을 맞을 때가 찼다고 믿는다'는 견해를 밝혔다. 하퍼의 기사는 같은 마음을 품은 성공회 성직자들이 '정교회로 가는 순례'(Pilgrimage to Orthodoxy)라는 이름의 그룹을 조직하는 계기가 되었다.[19]

그 해에 얼마 지나지 않아 길퀴스트와 정교회로 적을 옮긴 다른 미국인 복음주의자들이 영국에 가서 마이클 하퍼와 진 하퍼 및 여러 인물을 만나 이들에게 심오한 영향을 끼쳤다. 1995년 3월 15일에 하퍼 부부는 런던 안티오크정교회대성당에서 정교회 신자로 받아들여졌고, 몇 달 후 마이클은 안티오크정교회 사제로 안수받았다.[20] '마이클 하퍼 신부'라는 새로운 호칭으로 그는 「리뉴얼」지 편집 고문직을 유지했다.[21] 1996년 1월에 「리뉴얼」에 실린 글에서 하퍼는 이 잡지의 30년 역사와 은사주의 갱신운동 역사를 전체적으로 조감했다. 1960년대 말에 갱신운동이 곧 사라질 것이라 예측했던 이들의 회의론이 오류였음을 지적한 반면, 동시에 널리 기대했던 교회의 광범위한 변혁 혹은 부흥을 이끌어 내지는 못했다는 사실도 분명히 했다. 그가 이렇게 비교를 통해 실패를 설명한 것은 성경의 권위에 호소하는 랭엄플레이스 소재 올소울즈교회의 전통이 원래 그의 뿌리였음을 반영한 동시에, 새로운 교회에 대한 헌신을 표현한 것이었다.

> 타협 정신이 편만하다. 더 심각한 것은 지도자를 깎아내리고 존경하지 않는 행위가 교회에 유행처럼 퍼져 나가는 것이다. 평등이 지성인을 지배하고 있어서, 구약과 신약 모두에 그토록 깊이 새겨진 '다스

---

19) *CEN*, 5158 (4 June 1993), 7.
20) Michael Harper, *True Light: An Evangelical's Journey to Orthodoxy* (London: Hodder & Stoughton, 1997), 4–5.
21) *Renewal* 230 (July 1995), 3–4.

림', '권위' 같은 개념이 교회와 가정에서 무시당한다. 지도자들은 더 이상 예전에 하던 대로 일할 수 없는데, 이는 지도자들이 그렇게 하는 것을 사람들이 원하지도 않고, 이들을 실로 가치있게 평가하지도 않기 때문이다.[22]

3. '탈복음주의' 와 '탈보수주의'

복음주의 운동의 내구성을 부식시킬 잠재력이 있는 두 번째 영향은 첫 번째 요소와도 밀접하게 연관되어 있는데, 바로 자칭 '탈복음주의자'(post-evangelicals), 또는 다른 이들에게 그렇게 불린 이들의 부상이다. 미국에서 가장 영향력 있는 '탈복음주의자'는 브라이언 맥클라렌(Brian McLaren, 1956-)으로, 매릴랜드 주 스펜서빌 소재 시더릿지공동체교회(Cedar Ridge Community Church) 창립 목사이자 이머징교회운동 지도자였다. (주로 2000년 이후에 출간된 서적들을 통해) 포스트모던 인식론에 빠져든 맥클라렌은 이 때문에 결국 고전적 복음주의 교리 입장을 포기했다. 영국에서는 동방정교회로 이동한 마이클 하퍼와 함께하거나 그를 따른 영국 성공회 복음주의자가 거의 없었는데, 이는 미국 복음주의자보다 영국 복음주의자가 교회론에 대한 이해도가 더 높았기 때문이었던 같다. 갱신운동이 1990년대로 진입하면서 영국에서 더 흔해진 것은 어느 정도 '갱신된' 복음주의에 속한 일부 저명 지도자들이 다양한 영적 안식처로, 즉 일부는 성공회 가톨릭파 신앙으로, 일부는 다양한 '탈복음주의' 그룹으로 조금씩 분산되어 이동한 것이다. 성공회 가톨릭, 즉 고교회파 신앙으로 이동한 두드러진 사례는

---

22) *Renewal* 336 (Jan. 1996), 12.

침례교 목사이자 (지금은 런던신학교[LST]가 된) 런던성경대학(LBC) 부학장, 또 스프링하비스트 지도자였던 닉 머서(Nick Mercer)로, 그는 1995년에 성공회 가톨릭과 사제가 되었다. 이는 갑작스런 결정이 아니라, 머서가 자신이 '신학적으로는 침례교인이지만, 미적으로는 성공회 가톨릭'이라 인식하게 되고, 또한 신앙의 미적 감각이 복음주의 침례교 신학에 승리를 거둔 긴 과정의 정점이었다.[23]

데이브 톰린슨(Dave Tomlinson)도 이 두 번째 범주에 속하는 인물이다. 영국 신'사도' 교회의 저명 지도자이자 또 한 사람의 스프링하비스트 선각자로, 1995년에 『탈복음주의자』(The Post-Evangelical)를 출간했는데, 이 제목으로 '탈복음주의' 현상 등장 관련 논쟁이 과열되었다. 톰린슨은 신학을 두드러지게 포스트모던 방식으로 이해했다. 포스트모더니티와 같은 구도를 가진 것은 분명했다. 그는 "탈복음주의 진리 인식은 명제적 진술이나 도덕적 확실성에서 나온다기 보다는 상징과 모호성, 상황적 판단에서 발견된다"고 주장했다. '모든 것이 정확한 언어 형태의 진술로 환원될 수 있다는 개념은 주체-객체 관계에 근거한 두드러지게 계몽주의적인 관점'이라 선언한 것에서 볼 수 있듯이, 톰린슨은 역사적 복음주의보다는 바르트에 가까운 성경관을 지지했다.[24]

톰린슨의 책은 상당한 논쟁과 자기 의문을 특히 영국 복음주의 스펙트럼의 은사주의 진영에 속한 이들에게 불러 일으켰다. 이 진영에서는 1990년대부터 통찰력 있는 참여자들이 은사주의 운동의 특징이 된 승리주의와 자기 만족에 스스로 의문을 제기하기 시작했다.[25] 북미에서는 별로 알려

---

[23] 머서의 'Living Intimately with Strangers – a Postevangelical Pilgrimage?', in Graham Cray, Maggi Dawn, Nick Mercer, Michael Saward, Pete Ward and Nigel Wright, *The Postevangelical Debate* (London: SPCK, 1997), 57–74를 보라(인용문은 69쪽).

[24] Dave Tomlinson, *The Post-Evangelical* (London: SPCK, 1995), 90.

[25] 이전에 이 운동에 소속되어 활동했던 영국 침례교 목사이자 스프링하비스트 주강사였던

지지 않았음에도 불구하고, 『탈복음주의자』는 미국에서 태어났지만 캐나다에서 활동한 침례교 신학자 한 사람의 주의를 끌었다. 그는 북미의 많은 복음주의 변증학이 진리에 대한 명제주의적, 합리주의적 관점에 의존하는 것에 점점 불편을 느꼈다. 저술 『중심 갱신』(Renewing the Center, 2000)에서 스탠리 그렌츠(1950-2005)는 톰린슨이 제기한 서툰 도전을 깔끔하게 요약했다. "복음주의가 어떤 면에서는 근대성(모더니티)의 산물이었던 것처럼, 그렇다면 포스트모던 감수성이 탈복음주의 정신으로 당연히 연결된다는 주장을 기정 사실로 받아들여야 하는가?"[26]

그렌츠는 포스트모더니티의 특정 요소에는 공감했지만, 복음주의의 사망이 임박했다는 추론은 받아들이지 않았다. 성경적 정통에는 복음의 사람인 복음주의자가 자신의 하나님 체험을 말하는 이야기가 고유하고 필수적인 요소였음에도 불구하고, 그렌츠는 복음주의 신앙의 핵심은 형식적인 교리 진술에 대한 충성에 있다기보다는, 18세기 복음주의 부흥에 생기를 불어 넣은, 그가 만들어낸 용어인 '회심 경건'(convertive piety)이라는 요소에 있다고 주장했다. 복음주의자들이 신학의 꽤 많은 근본 요소들에서 서로 동의하지 못하고 늘 분열되어 있었다는 것은 분명한 사실이었지만, 그럼에도 그리스도 안에 있는 하나님의 구원하시는 은혜와 성령의 변화시키는 능력으로 근원적으로 변했다는 증언에서는 언제나 하나였다. 포스트모던 시대에 복음주의의 '토대주의'(foundationalism, 명제 진술을 통해 현상학적 확실성을 추구하는 계몽주의 이후 시대의 방식)가 궁극적으로 몰락했다는 것이 그의 생각이었지만, 복음주의자들에게 찾아온 도전과 기회는 복음주의 신앙의

롭 워너가 이 운동을 비판적이고 날카롭게 평가한 책 Rob Warner, *Reinventing English Evangelicalism, 1966-2001: A Theological and Sociological Study* (Milton Keynes: Paternoster Press, 2007)을 보라.

[26] Grenz, *Renewing the Center*, 167; 영향력 있는 영국 은사주의 성공회 신자 그레이엄 크레이의 비슷한 질문은 Cray et al., *Post Evangelical Debate*, 1-18에 나오는 첫 논문을 보라.

지속적인 실재를 어떻게 계몽주의 시대의 규범이 더 이상 보편적으로 받아들여지지 않는 시대의 새로운 문화 환경에 맞추어 갱신하고 '다시 상상' 해 내느냐 하는 것이었다.[27]

　복음주의 신앙과 포스트모던 문화관을 적어도 일부일지라도 조화시키고자 한 그렌츠의 노력은 캐나다 신학계보다는 미국 신학계를 지향한 것이었기에, 그의 영향력도 의심의 여지 없이 국경선 남쪽에서 더 강했다. 미국 침례교신학자 로저 올슨(Roger E. Olson)은 캐나다 침례교 신학자 클라크 피녹(Clark H. Pinnock) 등 마음 맞는 다른 신학자들과 함께 그렌츠를 그가 '탈보수주의자'(postconservatives)라고 명명한 그룹에 포함시킨다. 이들은 '복음주의 생활, 예배, 믿음을 하나님의 말씀에 비추어 지속적으로 개혁'하는 일에 헌신했기 때문에 이렇게 분류될 수 있다는 것이다.[28] 이런 헌신은 (복음을 들어본 적이 없는 모든 이들의 영원한 정죄와 심판의 확실성 등) 복음주의 전통에서 이전부터 널리 받아들여졌던 특정 입장에 대한 성경적 근거에 의문을 제기할 준비가 되어 있다는 점에서 급진적이지만, 올슨에 따르면, 그렇다고 해서 '자유주의자'라는 딱지를 붙여서는 안 된다. 이들과 비슷하지만 더 큰 영향력을 여전히 발휘하고 있는 '탈복음주의적' 복음주의자는 영국 성공회신학자 N. T. 라이트(N. T. Wright, 1948-)다. 1970년대 초에 옥스퍼드를 다닌 톰 라이트는 옥스퍼드 대학간기독인연합(Oxford Inter-Collegiate Christian Union, 케임브리지의 CICCU에 대응하는 옥스퍼드 조직-역주) 회장이었고, E. P. 샌더스(E. P. Sanders)가 개척한 소위 바울에 대한 '새관점'('New Perspective' on Paul)의 영향을 강하게 받았다. 많은 이들이 그

---

27) Grenz, *Renewing the Center*, 325–351.

28) Roger E. Olson, 'Postconservative Evangelical Theology and the Theological Pilgrimage of Clark Pinnock', in Stanley E. Porter and Anthony R. Cross (eds.), *Semper Reformandum: Studies in Honour of Clark H. Pinnock* (Carlisle: Paternoster Press, 2003), 16–37 (인용문은 36쪽).

의 명쾌한 신약 종말론 주해를 환경 이슈에 대한 헌신을 촉구하는 변혁적이고 영감 넘치는 해석으로 인정함에도 불구하고, (단지 대리 속죄에 대한 것만이 아니라 하나님의 구원 목적의 광범위한 영역과 관련되어 있는) 로마서의 중심 주제에 대한 그의 일관된 재해석은 일부 보수 복음주의자의 반대를 촉발했다.

그렌츠나 라이트 같은 탈보수주의자는 탈보수주의가 탈복음주의와 같은 것이 아니라고 강조하며, 탈보수주의의 등장을 세계 복음주의 공동체의 임박한 붕괴 신호로 보지도 않는다. 반면, 더 보수적인 성향을 지닌 이들에게는 탈보수주의와 탈복음주의 간에 분명한 구분 기준이 있거나 있을 수 있다. 보수 복음주의의 주요 요소를 어떤 것이든지 수정하는 것은 스스로를 본질적으로 자기 모순적인 데다 거의 사라진 '자유주의적 복음주의'로 규정하는 것이므로, 섞인 것이 없는 순수 자유주의로 이끄는 미끄러운 내리막길에 서 있는 것이다. 따라서 1980년대 이후 강력한 보수 복음주의 입장을 대변하는 신학 변증학계에서 가장 많은 책을 써내고 가장 유능한 학자로 명성을 떨치는 일리노이 주 트리니티복음주의신학교 교수 돈 카슨은 『중심 갱신』에 대한 서평을 기고하면서, 그렌츠가 복음을 포스트모던 세계관에 맞게 길들이고 있다고 비판했다. 이 서평이 분명히 주장하는 바는, 요컨대 그렌츠가 '탈복음주의자'가 되었다는 것이었다. '성경 교리의 틀을 새로 만들려는 그렌츠의 노력은 포스트모던 상대주의에 지나치게 길들여진 것이므로, 이 사상은 실제로 복음주의 진영 바깥에 서 있다.'[29] 그러나 그렌츠는 죽기까지 보수적인 강해 설교자 브루스 밀른이 목회하던 밴쿠버 제일침례교회의 신실한 신자 자리를 지켰고, 자기 장례식 설교도

---

29) D. A. Carson, 'Domesticating the Gospel: A Review of Stanley J. Grenz's Renewing the Center', available at http://www.sbts.edu/resources/files/2010/07/sbjt-064_win02-carson.pdf (접속일: 5 July 2012; 인용문은 94쪽).

밀른에게 부탁했다.[30] 복음주의의 상태에 대한 평가는 학문적인 신학 논쟁에만 집중하다가 영성과 교회 생활의 증거를 무시할 경우 잘못될 방향으로 오도될 수 있다.

4. 복음주의의 미래와 21세기의 도전

우리가 다루는 시기 막판에 북반구 탈보수주의자와 보수주의자는, 이전에 자유주의적 복음주의자와 근본주의자가 그랬던 것처럼, 유럽 계몽주의의 유산(이 시기에는 계몽주의의 '후기 현대'(late modern) 또는 포스트모던 유형의 유산)의 여러 측면을 오래 전에 성도들에게 전해진 신앙과 어떻게 조화시켜야 하는가 하는 문제를 놓고 격렬하게 싸웠다. 북반구 복음주의 신학 공동체 내에서 진행된 이런 여러 논쟁은 모두 중요했고, 21세기에도 사그라질 징조는 보이지 않는다. 그러나 이것들이 복음주의의 미래를 최종 결정할 것 같지는 않다. 복음주의 전세계 확산이 결국 복음주의의 전세계 붕괴로 바뀐다고 해도, 그것이 북반구에 있는 소수의 탈보수 복음주의 신학자들의 철학적, 해석학적 대담함 때문이라고 할 수는 없을 것이다. 이는 오히려 남반구에서 폭발적으로 성장하는 대중 기독교 안에서 십자가의 구원론적 중심성과 윤리적 표준을 여전히 붙들면서도, 바르고 전인적인(holistic) 성경 중심 복음에서 떠나 여기 저기서 제한된 건강과 부를 약속하는 조악한 신유 신학에 십자가를 종속시키는 일종의 종교적 유물론 쪽으로 균형추가 기울게 되는 경우 때문일 것이다.

대다수 세계에서 십자가의 죄를 사하는 능력에 대한 메시지를 믿는 신

---

30) 이는 2001년에 은퇴할 때까지 18년 간 밴쿠버 제일침례교회 담임 목사직을 역임한 브루스 밀른 박사가 필자에게 개인적으로 알려준 내용이다.

자들이 직면하는 가장 심각한 도전은 계몽주의의 회의주의에서 비롯된다기 보다는 오히려 만연한 빈곤, 기아, 전염병, 구조적 불의라는 일상의 실재에서 나온다. 종교 의식과 전문 종교인의 전통적인 역할이 능력을 제시하고 질병과 악을 쫓아내는 문화에서는 그리스도의 승리와 성령의 능력이 신앙의 중심부를 차지하는 오순절 유형의 복음주의가 엄청난 인기를 끌었다. 문제는 이토록 뿌리 깊이 현지 문화에 토착화된 다양한 기독교가 어둠의 권세를 물리치는 그리스도의 승리에 대한 메시지를 하나님 나라가 이 땅에 온전히 임하리라는 것을 인정하고 기대하는 성경적 종말론 위에서 기반을 마련하는 데 성공하느냐 못하느냐에 달려 있는 것이다.[31] 21세기 첫 수년 간 복음의 온전한 순전성을 지키기 위한 전투는 북미 지역 신학교 강의실이 아니라, 주로 아프리카, 아시아, 라틴아메리카의 빈민가, 도시의 슬럼 지역과 마을에서 주로 벌어지고 있다.

---

31) 아프리카기독교가 앞으로 올 세상, 즉 내세와 종말에 대한 올바른 인식을 이미 잃어버렸다는 논란 많은 주장에 대해서는 Paul Gifford, 'African Christianity and the Eclipse of the Afterlife', in Peter Clarke and Tony Claydon (eds.), *The Church, the Afterlife and the Fate of the Soul*, SCH 45 (Woodbridge: Boydell & Brewer for the Ecclesiastical History Society, 2009), 413-429를 보라.

참고문헌

주요 정기간행물

Christian Century

Christian Record

Christianity Today

Church of England Newspaper

Church Times

Crusade

IFES Journal

International Review of Mission

Moody Monthly

Newsweek

Renewal

Sunday School Times

The Times

Third Way

Time

사전 및 백과사전

Burgess, Stanley M. (ed.) (2002), *The New International Dictionary of Pentecostal and Charismatic Movements*, Grand Rapids: Zondervan.

Crockford's Clerical Directory, London: Oxford University Press.

Garraty, John A., and Mark C. Carnes (eds.) (1999), *American National Biography*, 24 vols., New York: Oxford University Press.

Larsen, Timothy, David Bebbington and Mark A. Noll (eds.) (2003), *Biographical Dictionary of Evangelicals*, Leicester: Inter-Varsity Press.

Who Was Who, 1971–1980 (1989), 2nd ed., London: A. & C. Black.

Willimon, William H., and Richard Lischer (eds.) (1995), *Concise Encyclopedia of Preaching*, Louisville, Ky.: John Knox Press.

일차자료 및 이차자료

Adeyemo, Tokunboh (ed.) (2006), *Africa Bible Commentary*, Nairobi: WordAlive Publishers.

Adogame, Afe (2011), *Who Is Afraid of the Holy Ghost? Pentecostalism and Globalization in Africa and Beyond*, Trenton, N.J.: Africa World Press.

Adogame, Afe, and James Spickard (eds.) (2010), *Religion Crossing Boundaries: Transnational Religious and Social Dynamics in Africa and the New African Diaspora*, Leiden: E. J. Brill.

Ammermann, Nancy Tatom (1990), *Baptist Battles: Social Change and Religious Confl ict in the Southern Baptist Convention*, New Brunswick, N.J.: Rutgers University Press.

―― (ed.) (1993), *Southern Baptists Observed: Multiple Perspectives on a Changing Denomination*, Knoxville: University of Tennessee Press.

Anderson, Allan (2004), *An Introduction to Pentecostalism*, Cambridge: Cambridge University Press.

Anderson, Allan, and Edmond Tang (eds.) (2005), *Asian and Pentecostal: The Charismatic Face of Christianity in Asia*, Oxford: Regnum Books, 2005.

Appasamy, A. J. (1965), *Write the Vision! Edwin Orr's Thirty Years of Adventurous Service*, London: Marshall, Morgan & Scott.

Asamoah-Gyadu, J. K. (2009), 'Bediako of Africa: A Late 20th Century Outstanding Theologian and Teacher', *Mission Studies* 26, 5–16.

Atherstone, Andrew (2008), *An Anglican Evangelical Identity Crisis: The Churchman – Anvil Affair of 1981-1984*, London: Latimer Trust.

―― (2011), 'The Keele Congress of 1967: A Paradigm Shift in Anglican Evangelical Attitudes', *Journal of Anglican Studies* 9, 175–197.

Atherstone, Andrew, and David Ceri Jones (eds.) (2011), *Engaging with Martyn Lloyd-Jones: The Life and Legacy of 'the Doctor'*, Nottingham: Apollos.

Bacon, F. D. (1946), *Women in the Church*, London: Lutterworth Press.

Bacote, Vincent, Laura C. Miguélez and Dennis L. Okholm (eds.) (2004), *Evangelicals and Scripture: Tradition, Authority and Hermeneutics*, Downers Grove: InterVarsity Press.

Bahnsen, Greg (1986), 'Pressing Toward the Mark: Machen, Van Til, and the Apologetical Tradition of the OPC', at http://www.cmfnow.com/articles/PA064.htm.

Baker, Deane-Peter (2007), *Tayloring Reformed Epistemology: Charles Taylor, Alvin Plantinga and the de jure Challenge to Christian Belief*, London: SCM.

—— (ed.) (2007), *Alvin Plantinga*, Cambridge: Cambridge University Press.

Barbour, Robin (2000), *J. S. Stewart in a Nutshell*, n.p.: Handsel Press.

Barclay, Oliver R. (1997), *Evangelicalism in Britain 1935-1995: A Personal Sketch*, Leicester: Inter-Varsity Press.

Barclay, Oliver R., and Robert M. Horn (2002), *From Cambridge to the World: 125 Years of Student Witness*, Leicester: Inter-Varsity Press.

Barr, James (1977), *Fundamentalism*, London: SCM Press.

—— (1984), *Escaping from Fundamentalism*, London: SCM Press.

Bebbington, David W. (1989), *Evangelicalism in Modern Britain: A History from the 1730s to the 1980s*, London: Unwin Hyman.

—— (2003), 'Evangelism and Spirituality', in Alan P. F. Sell and Anthony R. Cross (eds.), *Protestant Nonconformity in the Twentieth Century*, Carlisle: Paternoster Press, 184–215.

—— (2005), *The Dominance of Evangelicalism: The Age of Spurgeon and Moody*, Leicester: Inter-Varsity Press.

―― (2006), 'The Place of the Brethren Movement in International Evangelicalism', in Neil T. R. Dickson and Tim Grass (eds.), *The Growth of the Brethren Movement: National and International Experiences: Essays in Honour of Harold Rowdon*, Milton Keynes: Paternoster Press, 241-260.

―― (2007), 'Evangelicals and Public Worship, 1965-2005', *EvQ* 79, 3-22.

―― (2009), 'Evangelical Trends, 1959-2009', *Anvil* 26, 93-106.

―― (2010), *Baptists Through the Centuries: A History of a Global People*, Waco: Baylor University Press.

Bebbington, David W., and Martin Sutherland (eds.) (forthcoming), *Interfaces: Baptists and Others from the Seventeenth to the Twenty-First Centuries*, Milton Keynes: Paternoster Press.

Beckwith, Roger (1990), 'Philip Edgcumbe Hughes', *Chm* 104, 351-352.

Bediako, Kwame (1989), 'World Evangelisation, Institutional Evangelicalism and the Future of the Christian World Mission', in Vinay Samuel and Albrecht Hauser (eds.), *Proclaiming Christ in Christ's Way: Studies in Integral Evangelism*, Oxford: Regnum Books, 52-68.

―― (1992), *Theology and Identity: The Impact of Culture upon Christian Thought in the Second Century and Modern Africa*, Oxford: Regnum Books.

―― (1994), 'Jesus in African Culture: A Ghanaian Perspective', in William A. Dyrness (ed.), *Emerging Voices in Global Christian*

Theology, Grand Rapids: Zondervan, 93-121.

—— (1995), *Christianity in Africa: The Renewal of a Non-Western Religion*, Edinburgh: T. & T. Clark.

Begbie, Jeremy (1991), *Voicing Creation's Praise: Toward a Theology of the Arts*, Edinburgh: T. & T. Clark.

Bennett, Dennis (1970), *Nine O'Clock in the Morning*, Plainfield, N.J.: Logos International.

Bennett, John C. (1954), 'Billy Graham at Union', *USQR* 9, 9-14.

Bergunder, Michael (2008), *The South Indian Pentecostal Movement in the Twentieth Century*, Grand Rapids: Eerdmans.

Berlet, Chip, and Matthew N. Lyons (2000), *Right-Wing Populism in America: Too Close for Comfort*, London: Guilford Press.

Blumhofer, Edith (1989), *The Assemblies of God: A Chapter in the Story of American Pentecostalism*, 2 vols., Springfield, Mo.: Gospel Publishing House.

—— (1993), *Restoring the Faith: The Assemblies of God, Pentecostalism, and American Culture*, Urbana: University of Illinois Press.

Bowen, Roger (1996), 'Rwanda: Missionary Reflections on a Catastrophe', *Anvil* 13, 33-44.

Boyd, Robin (2007), *The Witness of the Student Christian Movement: 'Church Ahead of the Church'*, London: SPCK.

Bratt, James D. (1984), *Dutch Calvinism in Modern America: A History of a Conservative Subculture*, Grand Rapids: Eerdmans.

Brencher, John (2006), *Martyn Lloyd-Jones (1899-1981) and Twentieth-Century Evangelicalism*, Carlisle: Paternoster Press.

Breward, Ian (2001), *A History of the Churches in Australasia*, Oxford: Oxford University Press.

Briggs, J. H. Y. (1986), 'She-Preachers, Widows and Other Women: The Feminine Dimension in Baptist Life Since 1600', *Baptist Quarterly* 31, 337-352.

Bromiley, G. W. (1947), 'The Authority of the Bible: The Attitude of Modern Theologians', *EvQ* 19, 127-136.

Brown, Callum G. (2006), *Religion and Society in Twentieth-Century Britain*, Harlow: Pearson Longman.

Bruce, F. F. (1947), 'The Tyndale Fellowship for Biblical Research', *EvQ* 19, 52-61.

—— (1980), *In Retrospect: Remembrance of Things Past*, Glasgow: Pickering & Inglis.

Burgess, Richard (2008), *Nigeria's Christian Revolution: The Civil War Revival and Its Pentecostal Progeny* (1967-2006), Carlisle: Paternoster Press.

Callen, Barry L. (2003), 'Clark H. Pinnock, His Life and Work', in Stanley E. Porter and Anthony R. Cross (eds.), *Semper Reformandum: Studies in Honour of Clark H. Pinnock*, Carlisle: Paternoster Press, 1-15.

Cameron, Nigel M. de S., and Sinclair B. Ferguson (eds.) (1986), *Pulpit and People: Essays in Honour of William Still on his 75th Birthday*, Edinburgh: Rutherford House Books.

Carnell, Edward J. (1948), *An Introduction to Christian Apologetics: A Philosophic Defense of the Trinitarian-Theistic Faith*, Grand Rapids:

참고문헌 **383**

Eerdmans.

──— (1957), *Christian Commitment: An Apologetic*, New York: Macmillan.

──— (1959), *The Case for Orthodox Theology*, Philadelphia: Westminster Press.

Carpenter, Humphrey (1978), *The Inklings: C. S. Lewis, J. R. R. Tolkien, Charles Williams and Their Friends*, London: George Allen & Unwin.

Carpenter, Joel (1997), *Revive Us Again: The Reawakening of American Fundamentalism*, New York: Oxford University Press.

Carson, D. A. (1996), *The Gagging of God: Christianity Confronts Pluralism*, Grand Rapids: Zondervan.

──— (2000), 'Domesticating the Gospel: A Review of Stanley J. Grenz's Renewing the Center', originally published in *Modern Reformation*, available at http://www.sbts.edu/resources/files/2010/07/sbjt-064_win02-carson.pdf.

Carson, D. A., and J. D. Woodbridge (eds.) (1986), *Hermeneutics, Authority and Canon*, Leicester: Inter-Varsity Press.

──— (1993), *God and Culture: Essays in Honor of Carl F. H. Henry*, Grand Rapids: Eerdmans.

Carson, D. A., R. T. France, Alec Motyer and Gordon J. Wenham (eds.) (1994), *New Bible Commentary 21st Century Edition*, Leicester: Inter-Varsity Press; Downers Grove: InterVarsity Press.

Chadwick, Owen (1990), *Michael Ramsey: A Life*, Oxford: Clarendon Press.

Chapman, Alister (2008), 'Anglican Evangelicals and Revival 1945-59', in Kate Cooper and Jeremy Gregory (eds.), *Revival and Resurgence in Christian History*, SCH 44, Woodbridge: Boydell & Brewer for the Ecclesiastical History Society, 307-317.

―― (2012), *Godly Ambition: John Stott and the Evangelical Movement*, New York: Oxford University Press.

Chester, Timothy (1993), *Awakening to a World of Need: The Recovery of Evangelical Social Concern*, Leicester: Inter-Varsity Press.

Chestnut, R. A. (1999), 'The Salvation Army or the Army's Salvation? Pentecostal Politics in Amazonian Brazil, 1962-1992', *Luso-Brazilian Review* 36, 33-49.

Church, J. E. (1981), *Quest for the Highest: An Autobiographical Account of the East African Revival*, Exeter: Paternoster Press.

Church of England, Archbishops' Commission on Evangelism (1945), *Towards the Conversion of England*, Westminster: Press and Publications Board of the Church Assembly.

Clark, Gordon H. (1963), *Karl Barth's Theological Method*, Nutley, N.J.: P. & R. Publishing.

Cochran, Pamela D. H. (2005), *Evangelical Feminism: A History*, New York: New York University Press.

Colquhoun, Frank (1955), *Harringay Story: The Official Record of the Billy Graham Greater London Crusade 1954*, London: Hodder & Stoughton.

Coomes, Anne (1990), *Festo Kivengere: A Biography*, Eastbourne: Monarch.

참고문헌 **385**

―― (2002), *African Harvest: The Captivating Story of Michael Cassidy and African Enterprise*, London: Monarch.

Craston, Colin (1986), *Biblical Headship and the Ordination of Women*, Grove Pastoral Series 27, Bramcote: Grove Books.

Craston, Colin, Joyce Baldwin and J. I. Packer (1973), *Evangelicals and the Ordination of Women*, Grove Booklet on Ministry and Worship 17, Bramcote: Grove Books.

Cray, Graham, Maggi Dawn, Nick Mercer, Michael Saward, Pete Ward and Nigel Wright (1997), *The Post Evangelical Debate*, London: SPCK.

Crowe, Philip (ed.) (1967), *Keele '67: The National Evangelical Anglican Congress Statement*, London: Falcon Books.

Cruz, Nicky (1968), *Run, Baby, Run*, Plainfield, N.J., Logos International.

Curtis, Heather D. (2007), *Faith in the Great Physician: Suffering and Divine Healing in American Culture, 1860-1900*, Baltimore: Johns Hopkins University Press.

Davidson, Allan K., and Peter J. Lineham (eds.) (1987), *Transplanted Christianity: Documents Illustrating Aspects of New Zealand Church History*, Auckland: College Communications.

Davidson, F. (ed.), assisted by A. M. Stibbs and E. F. Kevan (1953), *The New Bible Commentary*, London: Inter-Varsity Fellowship.

Dillistone, F. W. (1980), *Into All the World: A Biography of Max Warren*, London: Hodder & Stoughton.

Douglas, J. D. (ed.) (1975), *Let the Earth Hear His Voice. International*

Congress on World Evangelization Lausanne, Switzerland: Official Reference Volume: Papers and Responses, Minneapolis: World Wide Publications.

Downs, Frederick S. (1971), *The Mighty Works of God: A Brief History of the Council of Baptist Churches in North East India: The Mission Period, 1836-1950*, Gauhati: Christian Literature Society.

Dudley-Smith, Timothy (1999), *John Stott: The Making of a Leader*, Leicester: Inter-Varsity Press.

──── (2001), *John Stott: A Global Ministry*, Leicester: Inter-Varsity Press.

Dunn, James D. G. (1982), 'The Authority of Scripture According to Scripture', *Chm* 96, 104-122, 201-225.

Ellison, H. L. (1954), 'Some Thoughts on Inspiration', *EvQ* 26, 210-217.

──── (1958), *From Tragedy to Triumph: The Message of the Book of Job*, London: Paternoster Press.

Enns, James (2012), 'Saving Germany – North American Protestants and Christian Mission to West Germany, 1945-1974', University of Cambridge PhD thesis.

Eskridge, Larry (2005), 'God's Forever Family: The Jesus People Movement in America, 1966-1977', University of Stirling PhD thesis.

──── (2013), *God's Forever Family: The Jesus People Movement in America*, New York: Oxford University Press.

(n.d. [1947]), *Evangelical Essentials: Report of the 113th Islington Clerical Conference, Held in the Church House, Westminster, January 14th,*

1947, Under the Chairmanship of the Rev. HUGH R. GOUGH, O.B.E., M.A., London: Church Book Room Press.

(1948), *Evangelicals Affirm in the Year of the Lambeth Conference: The Proceedings of the Congress Held in London, April 13th–14th, 1948*, London: Church Book Room Press.

Ferdinando, Keith (2004), 'The Legacy of Byang Kato', *International Bulletin of Missionary Research* 28, 169–174.

Field-Bibb, Jacqueline (1991), *Women Towards Priesthood: Ministerial Politics and Feminist Praxis*, Cambridge: Cambridge University Press.

Fletcher, Brian (2004), 'The Diocese of Sydney and the Shaping of Australian Anglicanism 1940–62', in Geoffrey R. Treloar and Robert D. Linder (eds.), *Making History for God: Essays on Evangelicalism, Revival and Mission in Honour of Stuart Piggin*, Sydney: Robert Menzies College, 111–132.

Frady, Marshall (1979), *Billy Graham: A Parable of American Righteousness*, Boston, Mass.: Little Brown.

Frame, John M. (1995), *Cornelius Van Til: An Analysis of His Thought*, Phillipsburg: P. & R. Publishing.

France, R. T. (1994), '"It Seemed Good to the Holy Spirit and to Us"? Some Thoughts on Decision-Making in the Church, and on Christian Disagreement, in the Light of the Decision of the Church of England to Ordain Women to the Presbyterate', *Chm* 108, 234–241.

—— (2000), *A Slippery Slope? The Ordination of Women and*

Homosexual Practice – A Case Study in Biblical Interpretation, Grove Biblical Series 16, Cambridge: Grove Books.

Freshwater, Mark Edwards (1988), *C. S. Lewis and the Truth of Myth*, Lanham, Md.: University Press of America.

Freston, Paul (2001), *Evangelicals and Politics in Asia, Africa and Latin America*, Cambridge: Cambridge University Press.

Frizen, Edwin L., Jr. (1992), *Seventy-Five Years of IFMA, 1917-1992: The Nondenominational Missions Movement*, Pasadena, Calif.: William Carey Library.

Frykenberg, R. E. (2008), *Christianity in India from Beginnings to the Present*, Oxford: Oxford University Press.

Gatu, John G. (2006), *Joyfully Christian + Truly African*, Nairobi: Acton Publishers.

George, Timothy, James Earl Massey and Robert Smith, Jr. (eds.) (2010), *Our Sufficiency Is of God: Essays on Preaching in Honor of Gardner C. Taylor*, Macon, Ga.: Mercer University Press.

Gibbard, Noel (2002), *The First Fifty Years: The History of the Evangelical Movement of Wales, 1948-98*, Bridgend: Bryntirion Press.

Gifford, Paul (1998), *African Christianity: Its Public Role*, London: Hurst.

—— (2004), *Ghana's New Christianity: Pentecostalism in a Globalising African Economy*, London: Hurst.

—— (2009), 'African Christianity and the Eclipse of the Afterlife', in Peter Clarke and Tony Claydon (eds.), *The Church, the Afterlife and the Fate of the Soul*, SCH 45, Woodbridge: Boydell & Brewer for the Ecclesiastical History Society, 413–429.

—— (2009), *Christianity, Politics and Public Life in Kenya*, London: Hurst.

Gill, Sean (1994), *Women and the Church of England: From the Eighteenth Century to the Present Day*, London: SPCK.

—— (ed.) (1998), *The Lesbian and Gay Christian Movement: Campaigning for Justice, Truth and Love*, London: Cassell.

Gillquist, Peter E. (1992), *Becoming Orthodox: A Journey to the Ancient Christian Faith*, Ben Lomond, Calif.: Conciliar Press.

—— (ed.) (1992), *Coming Home*, Ben Lomond, Calif.: Conciliar Press.

Girolimon, Michael T. (1995), '"The Charismatic Wiggle": United Methodism's Twentieth-Century Neo-Pentecostal Impulses', *Pneuma* 17, 89–103.

Glover, Willis B. (1954), *Evangelical Nonconformists and Higher Criticism in the Nineteenth Century*, London: Independent Press.

—— (1954), 'The Old Evangelicalism and the New', *Religion in Life* 23, 286–296.

Goodhew, David (2003), 'The Rise of the Cambridge Inter-Collegiate Christian Union, 1910–1971', *JEH* 54, 62–88.

Graham, Billy (1997), *Just as I Am: The Autobiography of Billy Graham*, London: Harper Collins.

Grass, Tim (2011), *F. F. Bruce: A Life*, Milton Keynes: Authentic Media.

Green, Michael (2001), *Adventure of Faith: Reflections on Fifty Years of Christian Service*, Harrow: Zondervan.

—— (2001), *Asian Tigers for Christ*, London: SPCK.

Grenz, Stanley J. (1995), *Women in the Church: A Biblical Theology of Women in Ministry*, Downers Grove: InterVarsity Press.

—— (1998), *Welcoming but Not Affirming: An Evangelical Response to Homosexuality*, Louisville, Ky.: John Knox Press.

—— (2000), *Renewing the Center: Evangelical Theology in a Post-Theological Era*, Grand Rapids: Baker Academic.

Grubb, Norman P. (1952), *Continuous Revival*, London: Christian Literature Crusade.

—— (1969), *Once Caught, No Escape: My Life Story*, London: Lutterworth Press.

Guinness, Os (2008), 'Fathers and Sons: on Francis Schaeffer, Frank Schaeffer, and Crazy for God', *Books and Culture* (Mar.–Apr.), online at http://www.christianitytoday.com/bc/2008/marapr/1.32.html.

Gundry, Robert H. (1982), *Matthew: A Commentary on His Literary and Theological Art*, Grand Rapids: Eerdmans.

Guthrie, D., and J. A. Motyer (eds.) (1970), *The New Bible Commentary Revised*, London: Inter-Varsity Press.

Hanciles, Jehu (2008), *Beyond Christendom: Globalization, African Migration, and the Transformation of the West*, Maryknoll: Orbis Books.

Hankins, Barry (2008), *Francis Schaeffer and the Shaping of Evangelical America*, Grand Rapids: Eerdmans.

Harper, Michael (1997), *True Light: An Evangelical's Journey to Orthodoxy*, London: Hodder & Stoughton.

Harrell, D. E. (1975), *All Things Are Possible: The Healing and Charismatic Revivals in Modern America*, Bloomington: Indiana University Press.

Hart, D. G. (1999), 'Evangelicals, Biblical Scholarship and the Politics of the Modern American Academy', in David N. Livingstone, D. G. Hart and Mark A. Noll (eds.), *Evangelicals and Science in Historical Perspective*, New York: Oxford University Press, 306–326.

Hebert, Gabriel (1957), *Fundamentalism and the Church of God*, London: SCM Press.

Hennell, Michael (1973), 'An Episode in Twentieth Century Church History', *Theology* 76, 480–483.

Henry, Carl F. H. (1946), *Remaking the Modern Mind*, Grand Rapids: Eerdmans.

—— (1947; new ed. 2003), *The Uneasy Conscience of Modern Fundamentalism*, Grand Rapids: Eerdmans.

—— (1976–83), *God, Revelation and Authority*, 6 vols., Waco: Word Books.

—— (1986), *Confessions of a Theologian: An Autobiography*, Waco: Word Books.

Henry, Carl F. H., and W. Stanley Mooneyham (eds.) (1967), *One Race, One Gospel, One Task: World Congress on Evangelism Berlin 1966: Official Reference Volumes: Papers and Reports*, 2 vols., Minneapolis: World WidePublications.

Hession, Roy (1996), *My Calvary Road: One Man's Pilgrimage*, Fearn:

Christian Focus.

Hession, Roy and Revel (1950), *The Calvary Road*, London: Christian Literature Crusade.

Hickin, Leonard (1978), 'The Revival of Evangelical Scholarship', *Chm* 92, 125-133.

Hilborn, David (ed.) (2001), *'Toronto' in Perspective: Papers on the New Charismatic Wave of the Mid-1990s*, Carlisle: Paternoster Press.

Hinn, Benny (1992), *The Anointing*, Milton Keynes: Word.

Hocken, Peter (1986), *Streams of Renewal: The Origins and Early Development of the Charismatic Movement in Great Britain*, Exeter: Paternoster Press.

——— (2009), *The Challenges of the Pentecostal, Charismatic and Messianic Jewish Movements: The Tensions of the Spirit*, Farnham: Ashgate.

Hooper, Walter (ed.) (1979), *They Stand Together: The Letters of C. S. Lewis to Arthur Greeves (1914-1963)*, New York: Macmillan.

Howard, David M. (1986), *The Dream That Would Not Die: The Birth and Growth of the World Evangelical Fellowship 1846-1986*, Exeter: Paternoster Press.

Hughes, Philip Edgcumbe (1962), 'Editorial', *Chm* 76, 131-135.

Hutchinson, M., and O. Kalu (eds.) (1998), *A Global Faith: Essays on Evangelicalism and Globalization*, Sydney: Centre for the Study of Australian Christianity.

Hutchinson, M., and J. Wolffe (2012), *A Short History of Global Evangelicalism*, Cambridge: Cambridge University Press.

Hylson-Smith, Kenneth (1988), *Evangelicals in the Church of England*

1734-1984, Edinburgh: T. & T. Clark.

Inter-Varsity Fellowship (1935), *Evangelical Belief*, London: Inter-Varsity Fellowship.

Jacobs, Donald R. (1992), 'My Pilgrimage in Mission', *International Bulletin of Missionary Research* 42, 146-149.

Jenkins, Philip (2006), *The New Faces of Christianity: Believing the Bible in the Global South*, New York: Oxford University Press.

―― (2011), *The Next Christendom: The Coming of Global Christianity*, 3rd ed., New York: Oxford University Press.

Jewett, Paul King (1975), *Man as Male and Female: A Study in Sexual Relationships from a Theological Point of View*, Grand Rapids: Eerdmans.

―― (1991), *God, Creation, and Revelation: A Neo-Evangelical Theology with Sermons by Marguerite Shuster*, Grand Rapids: Eerdmans.

―― (1996), *Who We Are, Our Dignity as Human: A Neo-Evangelical Theology*, Grand Rapids: Eerdmans.

Johnson, Douglas (1979), *Contending for the Faith: A History of the Evangelical Movement in the Universities and Colleges*, Leicester: Inter-Varsity Press.

Johnson, Todd M., and Kenneth R. Ross (eds.) (2009), *Atlas of Global Christianity*, Edinburgh: Edinburgh University Press.

Kalu, Ogbu (2008), *African Pentecostalism: An Introduction*, Oxford: Oxford University Press.

Karakallinos, Hieromonk Alexios (1994), 'Contours of Conversion and the Ecumenical Movement: Some Personal Reflections', online at http://www.orthodoxinfo.com/inquirers/fralexistalk.aspx.

Kay, William K. (2000), *Pentecostals in Britain*, Carlisle: Paternoster Press.

―― (2007), *Apostolic Networks in Britain: New Ways of Being Church*, Milton Keynes: Paternoster Press.

Kendall, Elliott (1978), *The End of an Era: Africa and the Missionary*, London: SPCK.

Kessler, J. B. A., Jr. (1968), *A Study of the Evangelical Alliance in Great Britain*, Goes, Netherlands: Oosterbaan & Le Cointre.

Kings, Graham (2003), 'Canal, River and Rapids: Contemporary Evangelicalism in the Church of England', *Anvil* 20, 167–184.

―― (2006), 'Founding of Fulcrum', *Fulcrum Newsletter* (Aug.), at http://www.fulcrumanglican.org.uk/news/2006/newsletter09.cfm?doc=137 (접속일: 9 July 2012).

Krueger, Myles S. (2009), *James S. Stewart*, Cambridge: James Clarke.

Labenow, Cory E. (2009), *Evangelicalism and the Emerging Church: A Congregational Study of a Vineyard Church*, Farnham: Ashgate.

Laird, John (1981), *No Mere Chance*, London: Hodder & Stoughton and Scripture Union.

Larsen, Timothy J., and Daniel J. Trier (eds.) (2007), *The Cambridge Companion to Evangelical Theology*, Cambridge: Cambridge University Press.

Lawless, Elaine J. (1988), *Handmaidens of the Lord: Pentecostal Women Preachers and Traditional Religion*, Philadelphia: University of Pennsylvania Press.

Lehtonen, Risto (1998), *Story of a Storm: The Ecumenical Student Movement in the Turmoil of Revolution, 1968-1973*, Grand Rapids: Eerdmans; Helsinki: Finnish Society of Church History.

Lewis, C. S. (1942), *The Screwtape Letters*, London: Geoffrey Bles, Centenary Press.

—— (1955), *Surprised by Joy: The Shape of My Early Life*, London: Geoffrey Bles.

—— (1956), *Mere Christianity*, London: Collins.

—— (1961), *Reflections on the Psalms*, new ed., London: Fontana.

—— (1965), *Screwtape Proposes a Toast*, London: Fontana.

Lindsay, D. Michael (2007), *Faith in the Halls of Power: How Evangelicals Joined the American Elite*, New York: Oxford University Press.

Lindsell, Harold (1976), *The Battle for the Bible*, Grand Rapids: Zondervan.

—— (1979), *The Bible in the Balance*, Grand Rapids: Zondervan.

Lineham, Peter J. (1977), *There We Found Brethren: A History of Assemblies of Brethren in New Zealand*, Palmerston North: G. P. H. Society.

—— (1980), *No Ordinary Union: The Story of Scripture Union Children's Special Service Mission and Crusader Movement of New Zealand, 1880-1980*, Wellington: Scripture Union in New Zealand.

—— (1983), 'Tongues Must Cease: The Brethren and the Charismatic Movement in New Zealand', *Christian Brethren Review* 34 (Nov.), 23-27.

Logan, George R. (1956), 'A Memoir of Dr Lamont's Life', in Daniel Lamont, *Studies in the Johannine Writings*, London: James Clarke, 7-62.

Lowman, Pete (1983), *The Day of His Power: A History of the International Fellowship of Evangelical Students*, Leicester: Inter-Varsity Press.

Ludwig, Frieder, and J. Kwabena Asamoah-Gyadu (eds.) (2011), *African Christian Presence in the West: New Immigrant Congregations and Transnational Networks in North America and Europe*, Trenton, N.J.: Africa World Press.

McBain, Douglas (1997), *Fire Over the Waters: Renewal Among Baptists and Others from the 1960s to the 1990s*, London: Hodder & Stoughton.

McBeth, H. Leon (1987), *The Baptist Heritage: Four Centuries of Baptist Witness*, Nashville: Broadman Press.

McDermott, Gerald R. (2010), *The Oxford Handbook of Evangelical Theology*, New York: Oxford University Press.

McGrath, Alister E. (1997), *To Know and Serve God: A Life of James I. Packer*, London: Hodder & Stoughton.

—— (1999), *Thomas F. Torrance: An Intellectual Biography*, Edinburgh: T. &. T. Clark.

—— (2009), *The Open Secret: A New Vision for Natural Theology*, Malden, Mass.: Blackwell.

MacLeod, A. Donald (2007), *C. Stacey Woods and the Evangelical Rediscovery of the University*, Downers Grove: IVP Academic.

McLeod, Hugh (2007), *The Religious Crisis of the 1960s*, Oxford: Oxford University Press.

MacLeod, John (2008), *Banner in the West: A Spiritual History of Lewis and Harris*, Edinburgh: Birlinn.

McMahon, Robert J. (1970), *To God Be the Glory: An Account of the Evangelical Fellowship of India's First Twenty Years, 1951-1971*, New Delhi: Christian Literature Institute.

MacMaster, Richard K., with Donald R. Jacobs (2006), *A Gentle Wind of God: The Influence of the East Africa Revival*, Scottdale, Pa.: Herald Press.

Manley, G. T. (ed.), assisted by G. R. Robinson and A. M. Stibbs (1947), *The New Bible Handbook*, London: Inter-Varsity Fellowship.

Marsden, George M. (1981), *Understanding Fundamentalism and Evangelicalism*, Grand Rapids: Eerdmans.

—— (1987), *Reforming Fundamentalism: Fuller Seminary and the New Evangelicalism*, Grand Rapids: Eerdmans.

Marshall, I. H. (1982), *Biblical Inspiration*, London: Hodder & Stoughton.

—— (ed.) (1977), *New Testament Interpretation: Essays on Principles and Methods*, Exeter: Paternoster Press.

Martin, Linette (1979), *Hans Rookmaaker: A Biography*, London: Hodder & Stoughton.

Martin, William (1991), *A Prophet with Honor: The Billy Graham Story*, New York: William Morrow.

Marwick, Arthur (1998), *The Sixties: Cultural Revolution in Britain,*

France, Italy and the United States, c. 1958-1974, Oxford: Oxford University Press.

Matthew, David (ed.) (1988), *Arthur Wallis 1922-1988: A Tribute*, Bradford: Harvestime Services.

Maxwell, David J. (2006), *African Gifts of the Spirit: Pentecostalism and the Rise of a Zimbabwean Transnational Religious Movement*, Oxford: J. Currey; Harare: Weaver; Athens, Ohio: Ohio University Press.

Mews, Stuart (1982), 'The Revival of Spiritual Healing in the Church of England 1920-26', in W. J. Sheils (ed.), *The Church and Healing*, SCH 19, Oxford: Blackwell, 299-331.

Michaels, J. Ramsey (1981), *Servant and Son: Jesus in Parable and Gospel*, Atlanta: John Knox Press.

Miller, Steven P. (2005), 'Billy Graham, Civil Rights, and the Changing Postwar South', in Glenn Feldman (ed.), *Politics and Religion in the White South*, Lexington: University Press of Kentucky, 157-186.

Mitchell, Donovan F. (1949), 'Women and the Ministry: Whither Exegesis?', *RTR* 8, 1-11.

Moberg, David O. (1972), *The Great Reversal: Evangelism Versus Social Concern*, Philadelphia: Lippincott; London: Scripture Union.

Mohr, Adam (2010), 'Out of Zion and into Philadelphia and West Africa: Faith Tabernacle Congregation, 1897-1925', *Pneuma* 32, 56-79.

Mollencott, Virginia Ramey (1977), 'Evangelicalism: A Feminist

Perspective', *USQR* 32, 95–103.

Moore, S. David (2003), *The Shepherding Movement: Controversy and Charismatic Ecclesiology*, London: T. & T. Clark International.

Morgan, Jill (1951), *A Man of the Word: Life of G. Campbell Morgan*, London: Pickering & Inglis.

Murray, Iain H. (1990), *David Martyn Lloyd-Jones: The Fight of Faith 1939–1981*, Edinburgh: Banner of Truth Trust.

—— (2000), *Evangelicalism Divided: A Record of Crucial Change in the Years 1950 to 2000*, Edinburgh: Banner of Truth Trust.

Nelson, Rudolph (1987), *The Making and Unmaking of an Evangelical Mind: The Case of Edward Carnell*, Cambridge: Cambridge University Press.

Newbigin, Lesslie (1966), *Honest Religion for Secular Man*, London: SCM Press.

—— (1983), *The Other Side of 1984: Questions for the Churches*, Geneva: World Council of Churches.

—— (1986), *Foolishness to the Greeks: The Gospel and Western Culture*, London: SPCK.

—— (1989), *The Gospel in a Pluralist Society*, London: SPCK.

—— (1993), *Unfinished Agenda: An Updated Autobiography*, Edinburgh: St Andrew Press.

Nicholls, Bruce (ed.) (1986), *The Church: God's Agent for Change*, Exeter: Paternoster Press for the World Evangelical Fellowship.

Noble, T. A. (2006), *Tyndale House and Fellowship: The First Sixty Years*, Leicester: Inter-Varsity Press.

Noll, Mark A. (1991), *Between Faith and Criticism: Evangelicals, Scholarship, and the Bible*, 2nd ed., Leicester: Apollos.

—— (1994), *The Scandal of the Evangelical Mind*, Grand Rapids: Eerdmans; Leicester: Inter-Varsity Press.

—— (2001), *American Evangelical Christianity: An Introduction*, Oxford: Blackwell.

Noll, Mark A., David W. Bebbington and George A. Rawlyk (eds.) (1994), *Evangelicalism: Comparative Studies of Popular Protestantism in North America, the British Isles, and Beyond 1700-1990*, New York: Oxford University Press.

The Nottingham Statement: The Official Statement of the Second Evangelical Anglican Congress Held in April 1977 (1977), London: Church Pastoral Aid Society.

Oakes, Peter (2004), 'F. F. Bruce and the Development of Evangelical Biblical Scholarship', *BJRL* 86, 99-124.

O'Brien, Peter T., and David G. Peterson (eds.) (1986), *God Who Is Rich in Mercy: Essays Presented to Dr. D. B. Knox*, Homebush West, NSW: Lancer Books.

Olson, Roger E. (2003), 'Postconservative Evangelical Theology and the Theological Pilgrimage of Clark Pinnock', in Stanley E. Porter and Anthony R. Cross (eds.), *Semper Reformandum: Studies in Honour of Clark H. Pinnock*, Carlisle: Paternoster Press, 16-37.

Omenyo, Cephas (2008), 'In Remembrance of the Late Professor Dr. Kwame Bediako', *Exchange* 37, 387-389.

Opp, James (2006), *The Lord for the Body: Religion, Medicine, and*

Protestant Faith Healing in Canada, 1880–1930, Montreal: McGill-Queen's University Press.

The Ordination of Women to the Priesthood: The Synod Debate 11 November 1992: A Verbatim Record (1993), London: Church House Publishing.

Orr, J. Edwin (1975), *Evangelical Awakenings in Southern Asia*, Minneapolis: Bethany Fellowship.

Packer, J. I. (1958), *'Fundamentalism' and the Word of God: Some Evangelical Principles*, London: Inter-Varsity Fellowship.

Padilla, C. René (ed.) (1976), *The New Face of Evangelicalism: An International Symposium on the Lausanne Covenant*, London: Hodder & Stoughton.

Padilla, C. René, and Chris Sugden (eds.) (1985), *Texts on Evangelical Social Ethics 1974–1983 (i)*, Grove Booklet on Ethics 58, Bramcote: Grove Books.

Patterson, Bob E. (1983), *Carl F. H. Henry*, Waco: Word Books.

Piggin, Stuart (1996), *Evangelical Christianity in Australia: Spirit, Word and World*, Melbourne: Oxford University Press.

Pinnock, Clark H. (1967), *A Defense of Biblical Infallibility*, Nutley, N.J.: P. & R. Publishing.

—— (1984), *The Scripture Principle*, San Francisco: Harper & Row.

Piper, John, and Wayne Grudem (eds.) (1991), *Recovering Biblical Manhood and Womanhood: A Response to Biblical Feminism*, Wheaton: Crossway.

Plantinga, Alvin (1967), *God and Other Minds: A Study of the Rational*

Justification of Belief in God, Ithaca, N.Y.: Cornell University Press.

—— (1974), *The Nature of Necessity*, Oxford: Clarendon Press.

—— (1977), *God, Freedom and Evil*, 2nd ed., Grand Rapids: Eerdmans.

—— (2000), *Warranted Christian Belief*, Oxford: Oxford University Press.

Pollock, John C. (1958), *Shadows Fall Apart: The Story of the Zenana Bible and Medical Mission*, London: Hodder & Stoughton.

—— (1965), *Billy Graham: The Authorized Biography*, New York: McGraw-Hill.

Poon, Michael, and Malcolm Tan (eds.) (2012), *The Clock Tower Story: The Beginnings of the Charismatic Renewals in Singapore*, rev. ed., Singapore: Trinity Theological College, Singapore.

Porter, Andrew (1996), 'Empires in the Mind', in P. J. Marshall (ed.), *The Cambridge Illustrated History of the British Empire*, Cambridge: Cambridge University Press, 185–223.

Price, Robert M. (1983), 'Inerrant the Wind: The Troubled House of North American Evangelicals', *EvQ* 55, 129–144.

Ramm, Bernard L. (1983), *After Fundamentalism: The Future of Evangelical Theology*, San Francisco: Harper & Row.

Randall, Ian M. (1995), 'Conservative Constructionist: The Early Infl-uence of Billy Graham in England', *EvQ* 95, 312–318.

—— (1996), 'Schism and Unity: 1905–1966', in Steve Brady and Harold Rowdon (eds.), *For Such a Time as This: Perspectives on Evangelicalism, Past, Present and Future*, London: Evangelical

Alliance; Milton Keynes: Scripture Union, 163–177.

—— (2000), *Educating Evangelicalism: The Origins, Development and Impact of London Bible College*, Carlisle: Paternoster Press.

—— (2005), *The English Baptists of the Twentieth Century*, Didcot: Baptist Historical Society.

—— (2005), *A School of the Prophets: 150 Years of Spurgeon's College*, London: Spurgeon's College.

—— (2008), *Spiritual Revolution: The Story of OM*, Milton Keynes: Authentic Media.

Rawlyk, George A. (ed.) (1997), *Aspects of the Canadian Evangelical Experience*, Montreal: McGill-Queen's University Press.

Reed, Colin (2007), *Walking in the Light: Reflections on the East African Revival and Its Link to Australia*, Brunswick East, Victoria: Acorn Press.

Rees, Jean (1971), *His Name Was Tom: The Biography of Tom Rees*, London: Hodder & Stoughton.

'A Response to Lausanne' (1974), *IRM* 63, 574–576.

Robert, Dana (2006), 'World Christianity as a Women's Movement', *International Bulletin of Missionary Research* 30:4 (Oct.), 180–188.

Roberts, Bill (1970), *Life and Death Among the Ibos*, London: Scripture Union.

Robbins, John W. (1993), 'An Introduction to Gordon H. Clark', *Trinity Review* (July–Aug.), 1–10; online at http://www.trinityfoundation.org/PDF/101a- AnIntroductiontoGordonHClark.pdf.

Römer, Jürgen (2002), *The Toronto Blessing*, Åbo: Åbo Academi

University Press.

Russell, C. Allyn (1981), 'Donald Grey Barnhouse: Fundamentalist Who Changed', *Journal of Presbyterian History* 59, 33–57.

Ryken, Philip G., Derek W. H. Thomas and J. Ligon Duncan III (2003), *Give Praise to God: A Vision for Reforming Worship: Celebrating the Legacy of James Montgomery Boice*, Phillipsburg: P. & R. Publishing.

Sackey, Brigid M. (2006), *New Directions in Gender and Religion: The Changing Status of Women in African Independent Churches*, Lanham, Md.: Lexington Books.

Samuel, V., and C. Sugden (eds.) (1983), *Sharing Jesus in the Two-Thirds World*, Bangalore: Partnership in Mission-Asia.

Sanford, Agnes (1949), *The Healing Light*, Evesham: Arthur James.

Sangster, Paul (1962), *Doctor Sangster*, London: Epworth Press.

Schaeffer, Francis A. (1982–5), *The Complete Works of Francis Schaeffer*, 5 vols., Wheaton: Crossway Books.

Schaeffer, Frank (1994), *Dancing Alone: The Quest for Orthodox Faith in the Age of False Religion*, Brookline, Mass.: Holy Cross Orthodox Press.

—— (2007), *Crazy for God: How I Grew up as One of the Elect, Helped Found the Religious Right, and Lived to Take All (or Almost All) of It Back*, New York: Carol & Graf Publishers.

Scotland, Nigel (2000), *Charismatics and the New Millennium: The Impact of Charismatic Christianity from 1960 into the New Millennium*, new ed., Guildford: Eagle.

Sherrill, John L. (1964), *They Speak with Other Tongues*, New York: Revell.

Shuff , Roger (2005), *Searching for the True Church: Brethren and Evangelicals in Mid-Twentieth-Century England*, Milton Keynes: Paternoster Press.

Simmons, Martha, and Frank A. Thomas (eds.) (2010), *Preaching with Sacred Fire: An Anthology of African American Sermons, 1750 to the Present*, New York: W. W. Norton.

Smail, Tom, Andrew Walker and Nigel Wright (1995), *Charismatic Renewal: The Search for a Theology*, London: SPCK.

Soothill, Jane (2007), *Gender, Social Change and Spiritual Power: Charismatic Christianity in Ghana*, Leiden: E. J. Brill.

—— (2010), 'The Problem with "Women's Empowerment": Female Religiosity in Ghana's Charismatic Churches', *Studies in World Christianity* 16, 82–99.

Stackhouse, John G., Jr. (1993), *Canadian Evangelicalism in the Twentieth Century: An Introduction to Its Character*, Toronto: University of Toronto Press.

Stanley, Brian (1978), 'The East African Revival: African Initiative Within a European Tradition', *Chm* 92, 6–22.

—— (1990), *The Bible and the Flag: Protestant Missions and British Imperialism in the Nineteenth and Twentieth Centuries*, Leicester: Apollos.

—— (ed.) (2003), *Missions, Nationalism, and the End of Empire*, Grand Rapids: Eerdmans.

―― (2009), *The World Missionary Conference, Edinburgh 1910*, Grand Rapids: Eerdmans.

Stendahl, Krister (1966), *The Bible and the Role of Women: A Case Study in Hermeneutics*, Philadelphia: Fortress Press.

Still, William (1991), *Dying to Live, Fearn*: Christian Focus Publications.

Stockwell, A. J. (2008), 'Leaders, Dissidents and the Disappointed: Colonial Students in Britain as Empire Ended', *Journal of Imperial and Commonwealth History* 36, 487–507.

Stott, John R. W. (1956), *Fundamentalism and Evangelism*, London: Crusade Booklets.

―― (1958), *Basic Christianity*, London: Inter-Varsity Fellowship.

―― (1975), 'The Significance of Lausanne', *IRM* 64, 288–294.

―― (1986), *The Cross of Christ*, Leicester: Inter-Varsity Press.

Sylvester, Nigel (1984), *God's World in a Young World: The Story of Scripture Union*, London: Scripture Union.

Thiselton, Anthony C. (1980), *The Two Horizons: New Testament Hermeneutics and Philosophical Description with Special Reference to Heidegger, Bultmann, Gadamer, and Wittgenstein*, Exeter: Paternoster Press.

Thomas, Jacob (2003), *From Lausanne to Manila: Evangelical Social Thought*, New Delhi: ISPCK.

Tinker, Melvin (1994), '"It Seemed Good to the Holy Spirit and to Us"? A Reply to Dick France', *Chm* 108, 242–246.

Tizon, Al (2008), *Transformation After Lausanne: Radical-Evangelical Mission in Global–Local Perspective*, Oxford: Regnum Books.

Tomberlin, James E., and Peter Van Inwagen (eds.) (1985), *Alvin Plantinga*, Dordrecht: D. Reidel Publishing.

Tomlinson, Dave (1995), *The Post-Evangelical*, London: SPCK.

Torrance, Thomas F. (1941), *The Modern Theological Debate: Notes of Three Addresses Delivered at the T.S.P.U. Conference, Bewdley, Dec. 30-Jan. 2, 1941*, London: Theological Students' Prayer Union of the Inter-Varsity Fellowship.

Toulis, Nicole Rodriguez (1997), *Believing Identity: Pentecostalism and the Mediation of Jamaican Ethnicity and Gender in England*, Oxford: Berg.

Treloar, Geoffrey R. (forthcoming), *The Disruption of Evangelicalism: The Age of Mott, Machen and McPherson*, Leicester: Inter-Varsity Press.

Triton, A. N. [Oliver R. Barclay] (1970), *Whose World?*, London: Inter-Varsity Press.

Van Til, Cornelius (1967), *The Defense of the Faith*, 3rd ed., Philadelphia: P. & R. Publishing.

Vasey, Michael (1995), *Strangers and Friends: A New Exploration of Homosexuality and the Bible*, London: Hodder & Stoughton.

Virgo, Terry (1985), *Restoration in the Church*, Eastbourne: Kingsway Publications.

Wacker, Grant (2001), *Heaven Below: Early Pentecostals and American Culture*, Cambridge, Mass.: Harvard University Press.

Wagner, C. Peter (1999), *Churchquake! How the New Apostolic Reformation Is Shaking up the Church as We Know It*, Ventura,

Calif.: Regal Books.

—— (1999), 'My Pilgrimage in Mission', *International Bulletin of Missionary Research* 23, 164–167.

Wainwright, Geoffrey (1976), *Lesslie Newbigin: A Theological Life*, New York: Oxford University Press.

Walker, Andrew (1988), *Restoring the Kingdom: The Radical Christianity of the House Church Movement*, Guildford: Eagle.

Wallis, Arthur (1956), *In the Day of Thy Power: The Scriptural Principles of Revival*, London: Christian Literature Crusade.

Wallis, Jim, and Joyce Holladay (eds.) (1991), *Cloud of Witnesses*, Maryknoll: Orbis Books; Washington, D.C.: Sojourners.

Wallis, Jonathan (1991), *Arthur Wallis: Radical Christian*, Eastbourne: Kingsway.

Walls, Andrew F. (2008), 'Kwame Bediako and Christian Scholarship in Africa', *International Bulletin of Missionary Research* 32, 188–193.

Walls, Andrew F., and Wilbert R. Shenk (1990), *Exploring New Religious Movements: Essays in Honour of Harold W. Turner*, Elkhart, Ind.: Mission Focus.

Ward, Kevin (2006), *A History of Global Anglicanism*, Cambridge: Cambridge University Press.

—— (2008), 'The East African Revival of the Twentieth Century: The Search for an Evangelical African Christianity', in Kate Cooper and Jeremy Gregory (eds.), *Revival and Resurgence in Christian History*, SCH 44, Woodbridge: Boydell & Brewer for the

Ecclesiastical History Society, 365–387.

Ward, Kevin, and Emma Wild-Wood (eds.) (2012), *The East African Revival: History and Legacies*, Farnham: Ashgate.

Ward, Michael (2008), *Planet Narnia: The Seven Heavens in the Imagination of C. S. Lewis*, New York: Oxford University Press.

Warner, Rob (2007), *Reinventing English Evangelicalism, 1966–2001: A Theological and Sociological Study*, Milton Keynes: Paternoster Press.

Watford, Jack D. (1995), *Yesterday and Today: A History of Crusaders* (n.p. [Crusaders Union]).

Webber, Robert E. (1985), *Evangelicals on the Canterbury Trail: Why Evangelicals Are Attracted to the Liturgical Church*, Harrisburg, Pa.: Morehouse Publishing.

Wells, David F. (1987), '"No Offense: I Am an Evangelical": A Search for Self- Definition', in A. James Rudin and Marvin R. Wilson (eds.), *A Time to Speak: The Evangelical–Jewish Encounter*, Grand Rapids: Eerdmans, 20–44.

—— (1993), *No Place for Truth, or Whatever Happened to Evangelical Theology?*, Grand Rapids: Eerdmans.

Wenham, John W. (1998), *Facing Hell: An Autobiography 1913–1996*, Carlisle: Paternoster Press.

Weston, Paul (comp.) (2006), *Lesslie Newbigin, Missionary Theologian: A Reader*, London: SPCK.

Wilkerson, David (1963), *The Cross and the Switchblade*, New York: B. Geis Associates.

Wilson, A. N. (1991), *C. S. Lewis: A Biography*, new ed., London: Harper Collins.

Wimber, John (1985), *Power Evangelism: Signs and Wonders Today*, London: Hodder & Stoughton.

Wirt, Sherwood E. (1968), *The Social Conscience of the Evangelical*, New York: Harper & Row; London: Scripture Union.

Woolsey, Andrew (1974), *Duncan Campbell: A Biography*, London: Hodder & Stoughton.

Wright, David F. (1980), 'Soundings in the Doctrine of Scripture in British Evangelicalism in the First Half of the Twentieth Century', *TynB* 31, 87–106.

Wuthnow, Robert (1988), *The Restructuring of American Religion: Society and Faith Since World War II*, Princeton: Princeton University Press.

Yeh, Allen (2008), 'Se hace camino al andar: Periphery and Center in the Missiology of Orlando Costas', University of Oxford DPhil thesis.

웹사이트

http://cdn.calisphere.org/data/13030/w8/kt6z09r9w8/files/kt6z09r9w8.pdf

http://christianmusic.suite101.com/article.cfm/stuarthinehowgreatthouart

http://en.wikipedia.org/wiki/AnglicanDioceseofSydneyhttp:/www.witherspoonsociety.org/2006/women'sordination.htm

http://en.wikipedia.org/wiki/TroyPerry

http://www.etsjets.org/about/constitution

http://gospel-culture.org.uk

http://www.ibr-bbr.org/brief-history-ibr

http://reform.org.uk/download-file/downloads/interpreting.pdf

http://thefellowship.info/cbf/files/29/2982b463-235d-43ad-9173-917ee67d6b8b.pdf

http://www2.wheaton.edu/bgc/archives/docs/Berlin66/stott3.htm

http://www.aco.org/listening/bookresources/docs/St%20Andrew%27s%20Day%20Statement.pdf

http://www.alliancenet.org/CCContentPage/0,,PTID307086_CHID798774_CIID,00.html

http://www.alliancenet.org/partner/ArticleDisplayPage/0,,PTID307086CHID581348CIID1907714,00.html

http://www.allianceofbaptists.org

http://www.antiochian.org/node/17756

http://www.artscentregroup.org.uk/abouthistory.php

http://www.cec-na.org/aboutus/history.html

http://www.courage.org.uk/articles/article.asp?id=142

http://www.courage.org.uk/articles/eapressrelease.shtml

http://www.ecwr.org/about-us/who-we-are/history.html

http://www.evangelicalsconcerned.org

http://www.gocn.org

http://www.inplainsite.org/html/vineyardlonniefrisbee.html

http://www.jedwinorr.com/bio.html

http://www.langhampartnership.org/about-us/history

http://www.lausanne.org/all-documents/lop-3.html#9,

http://www.lausanne.org/documents/lau2docs/294.pdf

http://www.lausanne.org/en/documents/lops/79-lop-21.html

http://www.lausanne.org/en/documents/manila-manifesto.html

http://www.lausanne.org/en/gatherings/cape-town-2010.html

http://www.manhattan-institute.org/html/chicsuntimes-hollywood.html

http://www.new-wine.org/home/about-us/our-history

http://www.oac.cdlib.org/data/13030/w8/kt6z09r9w8/files/kt6z09r9w8.pdf

http://www.presaffirm.org.nz

http://www.theceec.org

http://www.wheaton.edu/bgc/archives/bgeachro/bgeachron02.html

http://www.yuricareport.com/Dominionism/HansRookmaakerAndSchaefferInArt.html

색인

ㄱ

가나 141
가투, 존 248, 259, 262
갈보리채플 313, 353
강해설교 177, 180-84
거스리, 도널드 162, 167
건드리, 로버트 174
검블, 니키 316
계몽주의 149, 191, 213, 224, 318, 370, 374
고든-콘웰신학교 122
고백적복음주의자연맹 180
교회선교회(CMS) 74
교회성장운동 256
교회와 성경무오성 170, 205, 338
교회회 51, 232

국제기독교교회협의회(ICCC) 98, 211
국제복음주의학생회(IFES) 47, 91
국제성경무오협회(ICBI) 171
그럽, 노먼 97, 133, 136
그레이엄, 빌리 41, 110, 120, 129, 201, 243
그레이엄, 룻 264
그렌츠, 스탠리 350, 371
그루뎀, 웨인 341
그리피스, 마이클 95
그린, 마이클 307
근대성 195, 371
근본주의 36, 57-58, 61, 68, 72
기니스, 하워드 97-98
기독교개혁교회 196, 218, 342
기독교세계 21, 33

기독교의 기본진리 182, 193
기독교형제단 81, 93-96
기독학생운동 (SCM) 81
기독학생회(IVCF) 47-49, 51
기독교 형제단 93-96
기적(이적) 281, 296, 312, 314, 326, 353
기타리, 데이비드 47
길퀴스트, 피터 365

ㄴ

나겐다, 윌리엄 132, 135
나이지리아 309-327
낙태 324
남인도교회 51, 222
남침례교 60, 175, 329
냉전 43, 106
녹스, 데이비드 브러턴 153, 184
놀, 마크 155, 218
뉴비긴, 레슬리 51, 194, 221-22
뉴스위크 185, 286
뉴질랜드 97-126
늦은비운동 284

ㄷ

다위, 존 알렉산더 185, 202
답슨, 제임스 71
대다수 세계 38
대학 기독인회 87, 155, 166
대학생선교회 193
더글라스 166, 168, 170-71
던, 제임스 335
데이비슨 159
데인, 잭 127, 243, 248
도나버협회 282, 288
독립선교부 211
동남아시아 39, 306
동방정교회 365-69
동성애 53, 345-56
동아프리카부흥 135-40
두플레시스, 데이비드 185, 188
드보스트, 룻 파디야 275
딘, 존 143, 146
딘, 팀 215

ㄹ

라브리 212
라이트, N. T. 156

라이트, 엘윈 121-22, 127
래드, 조지 엘던 156, 208
램, 버나드 198, 213
램버스대회 35
랭, G. H. 295
랭, 존 93, 152
랭엄재단 183
런던성경대학 47, 91, 94, 159
레어드, 존 94, 141, 147, 249
레이먼트, 대니얼 160, 167
로마 가톨릭 198, 201, 275
로버츠, 오랄 111, 284, 292
로빈슨, 존 223
로이드 존스, 마틴 88, 136, 178-79, 285, 301
로잔대회(또는 로잔회의) 22, 24, 28, 70, 75
로잔세계복음화위원회(LCWE) 266
로잔언약 248, 250, 261-275
로잔운동 49, 126, 241, 272
로잔회의 242-44
로크마커르, 한스 214
루이스, C. S. 195, 226-32
르완다 130, 135
리뉴얼 304, 308, 368
리스, 폴 123, 131

린셀, 해럴드 61, 70, 170, 201, 253, 257, 269, 338
린지, T. M. 74
릴리, 데이비드 295

ㅁ

마샬, 하워드 156, 158, 172-73
마스덴, 조지 64, 218
마이클스, 램지 173
마틴, 윌리엄 65
매킨타이어, 칼 59, 98, 210, 212
맥가브란, 도널드 50, 267, 312, 314
맥그라스, 알리스터 196
맥도널드, 조지 227, 230
맥베인, 더글라스 294
머리, 이언 65, 90
메이첸, 그레셤 197, 200
명제주의 371
모건, 조지 캠벨 178
모리스, 레온 100, 156
모순율 200-01, 203, 207, 213
모티어, 알렉 92, 162, 164
몰, 하워드 99
무디, D. L. 111

문화기독교 49, 270
미국기독교회협의회 59, 210
미국종교학회 157
미전도종족 255, 267, 273
밀른, 브루스 373

ㅂ

바, 제임스 90
바럼, 로렌스 135
바레트, C. K. 81
바르트주의자 160, 168, 211
바르트, 카를 82, 84, 160, 169, 203, 211
바빙크, 헤르만 197
바이어하우스, 페터 260, 264
바클레이, 올리버 239
반틸, 코넬리우스 62, 193, 196-99, 209, 218, 337
반하우스, 도널드 그레이 179, 184
방언 88, 281, 286, 299
배너오브트루스 89
배로스, 클리프 112
백스터, 언 303
뱅쿠버 리전트컬리지 48, 96

버거, 피터 224
버고, 테리 301
버위, 조지 129, 137
번영신학 308, 327
변증학 23, 191
베네트, 데니스 286, 288, 292, 307
베네트, 조이스 328
베디아코, 크와메 47, 188, 190
베를린 세계전도회의 117
베를린세계전도회의 37, 69-70, 155
베빙턴, 데이비드 20
베이섬, 돈 303
베이시, 마이클 351
베이커, 조운 286
베이커, 존 286
베이커, 짐 111
베일비, 제임스 141
벨, L. 넬슨 65
벨, 찰스 366
변증학 24, 121-24, 131-39
보나, 호레이셔스 204
보엔, 마이클 181
보이스, 제임스 몽고메리 179
복음주의신학회(ETS) 153, 155, 174, 206, 338, 341

색인　417

복음주의연맹　44, 91, 108, 121,
　　　　123, 127
복음주의연방구제기금　108
복음주의 페미니즘　340
볼드윈, 조이스　163, 165
볼트, 리처드　289
뵈메, 야콥　227
부흥, 부흥운동　285, 287, 319
부흥을 위한 성공회기도회　291
분리주의　70, 124
브라이트먼, 에드가　206, 236
브래넘　315
브로밀리, 제프리　84, 160
브루스　49, 95, 153, 156, 165,
　　　　168, 177
브리스틀침례교대학　83
브리스틀 틴들홀　78, 163, 289
블레어, 랄프　352
비니어드　52, 297, 315
비슬리 머리, 조지　165
비아프란 전쟁　147, 309
빌리 그레이엄 전도대회　53, 66
빌리 그레이엄 전도협회(BGEA)
　　　　64, 111, 115, 236, 242, 272
빙엄, 제프리　137

ㅅ

사도교회　285
사도신앙선교회　283
사도전승　366
사이더, 로널드　237, 241
사하라 이남 아프리카　39
사회복음　185, 206, 265
샌퍼드, 애그니스　183-84, 188,
　　　　191, 205
샌퍼드, 에드가 루이스　280
성경권위　74, 84, 159-60, 163,
　　　　166, 169, 176, 186, 192,
　　　　203, 225, 232, 287, 323,
　　　　335, 363, 368
성경무오성　102-03, 105-11,
　　　　129, 138, 221
성경영감　67, 71, 74, 160, 166,
　　　　168-69
성경 및 의료선교회(BMMF)
　　　　127, 243
성경성직자선교회(BCMS)　74
성경장로교회　210
성공회 가톨릭파　78, 278, 330
성공회 복음주의 그룹운동　76
성누가회　280-81
성령　209

성삼위일체회 288
성서유니온 95, 141, 144
성윤리 323
세계교회협의회 45, 52
세계복음주의협회(WEF) 49, 120, 123-26, 266
세계화 105, 116
세대주의 55
세속신학 222
세속주의 12-13, 27, 49
셔프, 로저 18
소얀워, 폴루 145
소저너스 237
수실, 제인 326
쉐퍼, 프란시스 171, 173, 193, 209-16, 264
스메일, 토머스 292
스미스, 윌버 무어헤드 61
스미스, 척 313, 353
스미스 경, 아서 122
스코틀랜드국교회 84-86, 100, 180
스탠리, 브라이언 20
스텐달, 크리스테르 332, 334, 344
스토트, 존 23, 78, 95, 181-82, 184, 193, 241, 248, 257, 261, 265, 268, 290
스톤, 진 286, 288-89, 367
스튜어트, 제임스 85, 178
스틸, 윌리엄 48, 101, 113-14
스타입스, 앨런 159, 161
스퍼전, 찰스 83
스프링하비스트 298, 370
시드니 무어컬리지 76, 100, 165
시슬턴, 앤소니 336, 345
시카고 복음주의사회관심선언 171
시카고 성경무오선언 107
신앙선교 97, 295
신오순절운동 301, 308
신유 279
신정통 69, 163
신화 229-30
실베스터, 나이절 143
십대선교회 107, 238
십자군연합 99

ㅇ

아노트, 존 185, 282, 316
아르헨티나대학성경협회 245
아리스토텔레스 200

아리코, 루벤 145
아머딩, 허드슨 263
아우두, 이사야 143
아처, 글리슨 205
아츠센터그룹 216
아크로피 크리스톨러 연구소 189
아프리카내지교회 124
아프리카내지선교회(AIM) 74
아프리카 및 마다가스카 복음주의협회(AEAM) 47, 124, 128, 187
아프리카성경주석 190
아프리카 오순절운동 308
아프리칸앤터프라이즈 140
안티오크정교회 366
알더르스, G. C. 162
알파코스 317
암스테르담 자유대학 215, 218
압둘-하크, 아크바르 116, 118
앙드레, 장 253
애들러, 랜돌프 365
앤더슨, 프랜시스 100, 156
앤빌 336
앨런, 톰 85
어드먼스 출판사 125, 129
어린이특별선교회(CSSM) 94

어바브바교회 294, 296
언쇼-스미스, 해럴드 73, 75, 136
에든버러세계선교대회 266
에스코바르, 사무엘 99, 246, 263, 270, 274
에큐메니컬운동 222
엘리슨 96, 168
여성 안수 327-34
연합교회 327
영국교회협의회 91, 107, 223, 225
예수전도단(YWAM) 149
오세이-멘샤, 고트리드 248
오순절운동 39, 134, 277, 283, 324
오어, 에드윈 133, 285
오켕가, 해럴드 58, 61, 67, 106, 138, 236
올소울즈교회 75, 181, 288, 290, 368
올슨, 로저 372
와그너, 피터 52, 267, 312
와이즈먼, 도널드 96, 156
왓슨, 데이비드 293, 315
요더, 존 하워드 140, 263
우즈, 스테이시 98, 103, 179
울프, 존 20

웁살라대회 242
워렌, 릭 48
워렌, 막스 75-76
워치먼 니 302
워필드, B. B. 79, 177, 202, 204, 337
월드비전 108, 238
월리스, 아서 285, 294
월리스, 짐 237, 241
월터스토프, 니콜라스 22, 218
웨남, 고든 165
웨남, 존 164
웨버, 로버트 364
웨스트먼트컬리지 174
웨스트민스터센트럴홀 92, 136, 178
웨스트민스터신앙고백 84, 170
웨스트민스터신학교 165, 197, 366
웨스트민스터채플 49, 52, 111-12
웨슬리, 존 207
웬함, 고든 102-04
웰스, 데이비드 361
윈터, 데이비드 251
윌커슨, 데이비드 291
윔버, 존 52, 312-13, 353

은사주의갱신 286
은혜 128, 137, 231, 245
이다호사, 벤슨 308, 326
이민(이주) 17-18, 90-91
이벤절리컬 쿼털리 94-95, 104-05, 109
이적과 기사 운동 52
인종, 인종주의 101, 239-40, 243
잉글랜드, 에드워드 291, 308
잉글랜드국교회 26, 72
잉글랜드자유교회 81-83

ㅈ

자연신학 192, 199, 219
자유주의 기독교(신학) 235, 357
재건주의(신율) 199, 365
전미복음주의협회(NAE) 59
전제주의 198, 203, 214, 221
절충협회 80
제3세계 110
제이콥스, 도널드 139
젤레마, 윌리엄 62
조지, 티모시 116-17
존더반출판사 125
존슨, 더글러스 94

중도파 75, 85, 361
쥬이트, 폴 킹 201, 338, 348, 355
지, 도널드 285, 313

ㅊ

채프먼, 알리스터 267
처치, 조 131, 259
처치맨 289, 335, 346
청교도 78, 89, 181
치우반잇 24, 201-02
침례교연맹 177

ㅋ

카넬, 에드워드 68, 169, 193,
　　　　199-200, 205, 209
카슨, 돈 152, 165, 172, 373
카우슨, 세실 285, 296
카이퍼, 아브라함 197, 204, 218
카토, 바이앙 47, 187, 190
카텔, 로이 123
카펜터, 조엘 236
칼뱅, 장 192
칼뱅주의 196-97

칼빈 칼리지 169, 218
캐리, 조지 344
캘리포니아 60, 133, 268, 289,
　　　　298, 315
캠벨, 던컨 295
커닝햄, 로렌 149
커리지 353
커비, 길버트 112, 251, 268
케이텔, 에버릿 127
케이펀, 존 256, 265
케임브리지 리들리홀 76
코만도작전 82
코스타스, 올란도 247, 258, 273
코츠, 제럴드 297
콜린스, 존 290, 293
크래프트, 찰스 314
크루쉐이드 78, 251
크루스, 니키 292, 306
크리스 웰 175
크리스채니티투데이 63, 66-67,
　　　　117, 185, 194, 205, 228,
　　　　239, 259, 269, 360
크리스텐슨, 래리 287, 292
클라우니, 에드먼드 201, 215
클라우니, 폴 215
클락, 고든 62, 200, 205, 213
클락, 랜디 316

클레멘츠, 로이 353
키드너, 데릭 167
키벵게레, 페스토 137, 140, 248, 260
킹, 마틴 루터 185, 236, 239

ㅌ

타임 212, 217, 286
탈보수주의 369, 372
탈복음주의 231, 244-46
터너, 해럴드 51, 226
테일러, J. R. 74
테일러, 가드너 칼빈 184
테일러, 클라이드 122, 127
테테, 크리스티 도 326
토랜스, 토머스 84
토론토블레싱 282, 312-17
토리, R. A. 41
톰린슨, 데이브 370
트라우트먼, 찰스 103
트리니티복음주의신학교 48
틴들하우스 91, 94, 135, 152, 188
틴들협회 88, 333, 336
팅커, 멜빈 346

ㅍ

파디야, 르네 49, 158, 247, 255, 262
파운튼재단 191-92, 194, 200
파이퍼, 존 341
패커, 제임스 78, 171
패터슨, 페이지 176
페이스신학교 210
포드, 레이튼 237, 244, 263
포스트모더니티 37, 191, 370-71
폴웰, 제리 71, 111
풀러, 대니얼 169
풀러, 찰스 61
풀러신학교 48, 61, 69, 71, 160, 169, 172, 311
퓨, 하워드 65, 67, 71, 206
프랜스, R. T.('딕') 165, 344
프리스비, 로니 354
프리켄버그 24
플란팅가, 앨빈 194, 217
피녹, 클라크 173, 372
피니, 찰스 111
피어스, 밥 238
피치, 윌리엄 162

ㅎ

하지, 찰스 43, 129-30
하퍼, 마이클 252, 288, 292, 305, 367
학생기독교운동(SCM) 81
합리주의 192, 208
해먼드, T. C. 76, 101, 184
해석학 23, 166, 200, 293, 321-24, 334
허바드, 데이비드 169, 202
허친슨, 마크 103
헤슌, 로이 136
헨리, 칼 58, 61, 66, 71, 117, 170, 193, 199, 201, 259, 295
현대주의 36, 57, 195
현상학 157
호주 38, 56, 105, 144, 151, 304, 358
홀리트리니티교회, 브롬턴 293, 316
황, 제인 328
회중교회 82
휘튼컬리지 48, 98, 200, 205, 228, 338
휴즈, 필립 엣지컴 289

복음주의 세계확산
The Global Diffusion of Evangelicalism

2014년 6월 30일 초판 발행

지은이 | 브라이언 스탠리
옮긴이 | 이재근

편　집 | 백승현, 정희연
디자인 | 김복심, 이보람
펴낸곳 | 사)기독교문서선교회
등　록 | 제16-25호(1980. 1. 18)
주　소 | 서울시 서초구 방배로 68
전　화 | 02) 586-8761~3(본사)　031) 942-8761(영업부)
팩　스 | 02) 523-0131(본사)　031) 942-8763(영업부)
홈페이지 | www.clcbook.com
이메일 | clckor@gmail.com
온라인 | 기업은행 073-000308-04-020, 국민은행 043-01-0379-646
　　　　　예금주: 사)기독교문서선교회

ISBN 978-89-341-1386-7 (93230)

* 낙장 · 파본은 교환해 드립니다.

이 도서의 국립중앙도서관 출판시도서목록(CIP)은
서지정보유통지원시스템 홈페이지(http://seoji.nl.go.kr)와
국가자료공동목록시스템(http://www.nl.go.kr/kolisnet)에서
이용하실 수 있습니다.
(CIP제어번호: CIP2014016885)